Manfred Kaschube

Nachschlagewerk, Lösungen der Übungsaufgaben für Band I -
Was Sie schon immer wissen wollten!
Lösungen für Fragen des Alltags

Band II

Bibliografische Information der Deutschen Nationalbibliothek:
Die Deutsche Nationalbibliothek verzeichnet diese Publikation
in der Deutschen Nationalbibliografie; detaillierte bibliografische
Daten sind im Internet über dnb.dnb.de <http://dnb.dnb.de/> abrufbar.

Herstellung und Verlag:
BoD - Books on Demand, Norderstedt

ISBN: 9783744849296

Vorwort

Liebe Leser,

Band II „Nachschlagewerk, Lösungen der Übungsaufgaben für Band I" beinhaltet ein „kleines" Nachschlagewerk für die mathematischen Grundlagen, die Excel-Programme zur Lösung der Aufgaben in den Beispielen aus beiden Bänden und die Lösungen zu den Übungsaufgaben aus Band I.

Sollten Sie beim Lesen von Band I „Was Sie schon immer wissen wollten! Lösungen für Fragen des Alltags" oder beim Lösen der Übungsaufgaben doch noch Fragen haben, so finden Sie in diesem Band neben den mathematischen Grundlagen auch umfangreiche Herleitungen, Formeln und vieles mehr. Band II bietet Ihnen schnelle Hilfe, weil beide Bände gleich gegliedert sind. Dies erspart Ihnen das Wälzen von Lehrbüchern oder zeitraubende Internetrecherchen.

Wie heißt es bei Wikipedia: „Ein Nachschlagewerk ist ein Buch oder ähnliches Werk, das schnellen Zugang zu Wissen liefert. ....." In diesem Sinne kann das vorliegende Buch auch unabhängig von Band I als Nachschlagewerk für folgende Kapitel der Mathematik dienen: 1. Zahlensysteme, 2. Grundrechenarten, Potenzieren, Radizieren und Logarithmieren, 3. Prozent- und Promillerechnung, 4. Zins- und Zinseszinsrechnung, Ratensparen, Rentenberechnung und Tilgung, 5. Flächen- und Körperberechnung, Wichtige Lehrsätze, 6. Durchschnitts- und Mischungsrechnung, 7. Dreisatz, 8. Kombinatorik und 9. Mathematische Funktionen. Das 10. Kapitel „Verschiedenes" enthält nur die Übungsaufgaben und deren Lösungen. Die Informationen zum Lösen folgender Beispielaufgaben: die Formeln zum Eierkochen und für das perfekte Weihnachtsgeschenk, der Ewige Kalender sowie die „Toastbrotformel" sind unmittelbar im 10. Kapitel von Band I enthalten.

Die vielen Excel-Programme zur Lösung der Beispiel- und Übungsaufgaben können Sie darüber hinaus zur Lösung der eigenen Aufgaben nutzen, indem Sie die Eingaben der Programme modifizieren. Noch eine Anmerkung zur weiteren Nutzung dieser Programme: Kopieren Sie die Programme in eine neue Datei. Hier können Sie dann nach Herzenslust die Programme für Sie arbeiten lassen. So könnten Sie folgende Excel-Programme nutzen, um die Abmessungen für einen perfekten Weihnachtsbaum zu bestimmen (2.6.3), Wie groß werden meine Kinder, wenn sie erwachsen sind (2.6.6)?, die Erbschaftssteuer zu berechnen (3.1.2.1), die Menge an Feingold im Familienschmuck zu ermitteln (3.2.2..), Welchen Betrag kann ich steuerfrei sparen (4.1.3.7 bis 9)?, Welche Kaufkraft hat mein heutiges Einkommen in 20 Jahren (4.1.6.7)?, Wie kann man nach der Methode „Pi mal Daumen" die Flughöhe eines Vogels bestimmen (5.4.3.5)?, ein Fahrtenbuch führen (6.3.4), Ihr Glück beim LOTTO mit einem Zahlengenerator (8.12) erhöhen und einen eigenen Wandkalender (10.5.7) berechnen, gestalten sowie ausdrucken und, und, und. Wenn Sie weitere Informationen zu den Themen in den Programmen haben möchten, dann schauen Sie sich bitte die entsprechenden Beispiele aus Band I an.

Die Excel-Programme finden Sie unter http://www.alltagsantworten.de im Ordner „Beispiele". Alle Programme wurden mithilfe des Tabellenkalkulationsprogramms Microsoft Excel 2003 erstellt.

Viel Spaß beim Nachschlagen! Ich hoffe, dass ich Ihre Neugierde geweckt habe, die Entdeckungsreise durch die Mathematik anhand der vielen Alltagsbeispiele vorzusetzen.

Manfred Kaschube

Hamburg im Dezember 2014

Inhalt

1. Zahlensysteme

1.1 Allgemeines

Das wohl bekannteste Zahlensystem ist das Zehner- oder Dezimalsystem mit der Basis 10. Dieses System ist ein Stellenwertsystem (Positionssystem), bei dem man Zahlen durch eine Folge von Ziffern schreibt, wobei der Wert der Ziffer von der Stelle innerhalb der Folge abhängt. Zahlensysteme können auf jeder beliebigen Basiszahl aufgebaut werden. Aus der elektronischen Datenverarbeitung und Computertechnik sind das Binär- oder Dualsystem mit der Basis 2 und das Hexadezimalsystem mit der Basis 16 bekannt.

Bei Inschriften zur Bezeichnung von Jahresangaben oder zum Nummerieren werden manchmal noch römische Zahlen benutzt.

1.2.1 Dezimal- oder Zehnersystem

Im Dezimalsystem werden die Zahlen durch die arabischen Ziffern **0, 1, 2, 3, 4, 5, 6, 7, 8** und **9** dargestellt. Zahlen mit mehr als drei Stellen werden zur besseren Lesbarkeit in Gruppen zu je drei Stellen mit Punkt geschrieben.

Für die Zahl **17.632** ergibt sich im Dezimalsystem [1.1]:

$$1*10^4 + 7*10^3 + 6*10^2 + 3*10^1 + 2*10^0 = 1*10.000 + 7*1.000 + 6*100 + 3*10 + 2*1$$

Hierbei sind **1, 10, 100, 1.000** und **10.000** Potenzen von **10** [1.2].

Tabelle II_1.1.1: Potenzen von 10 (10^0 - 10^8)

Potenzen (10^n)	10^8	10^7	10^6	10^5	10^4	10^3	10^2	10^1	10^0
Abkürzung	H Mio.	Z Mio.	Mio.	HT	ZT	T	H	Z	E
Zahl	100.000.000	10.000.000	1.000.000	100.000	10.000	1.000	100	10	1
Zahl geschrieben	Hundert Million	Zehn Million	Million	Hundert-tausender	Zehn-tausender	Tausender	Hunderter	Zehner	Einer

Tabelle II_1.1.2: Potenzen von 10 (10^9 - 10^{12})

Potenzen (10^n)	10^{12}	10^{11}	10^{10}	10^9
Abkürzung	Bill.	H Mrd.	Z Mrd.	Mrd.
Zahl	1.000.000.000.000	100.000.000.000	10.000.000.000	1.000.000.000
Zahl geschrieben	Billion	Hundert Milliarden	Zehn Milliarden	Milliarde

1.2.1.1 Darstellung von Dezimalzahlen

Für die Zahl **8.306.415** ergeben sich unter Anwendung dieser Darstellungsform folgende Tabelle:

Tabelle II_1.2: Darstellung der Dezimalzahl 8.306.415

Potenzen (10^n)	10^6	10^5	10^4	10^3	10^2	10^1	10^0
Abkürzung	Mill.	HT	ZT	T	H	Z	E
Zahl	1.000.000	100.000	10.000	1.000	100	10	1
Ziffern	8	3	0	6	4	1	5

8 Mill.	=	$8*10^6$	=	8.000.000
3 HT	=	$3*10^5$	=	300.000
0 ZT	=	$0*10^4$	=	0
6 T	=	$6*10^3$	=	6.000
4 H	=	$4*10^2$	=	400
1 Z	=	$1*10^1$	=	10
5 E	=	$5*10^0$	=	5
		Summe:		8.306.415

1.2.2 Römische Zahlen

Römische Zahlen dienten im Römischen Reich zum Schreiben von Zahlen und wurden in Europa bis zum 12. Jahrhundert verwendet. Heute schreibt man sie nur zur Nummerierung oder bei Inschriften [1.3]. In einer römischen Zahl hat jedes Zahlenzeichen einen festen Wert und stellt somit kein Stellenwertsystem dar.

Die folgende Tabelle beinhaltet die römischen Zahlenzeichen in der heute benutzten Form und die entsprechenden Zahlenwerte im Dezimalsystem:

Tabelle II_1.3: Römische Zahlen

Römische Zeichen	M	D	C	L	X	V	I
Wert im Dezimalsystem	1.000	500	100	50	10	5	1

Die Umwandlung der römischen Zahl **MDCLXVI** in eine Dezimalzahl ergibt sich, wenn die Werte der römischen Zahlenzeichen addiert werden:

$$
\begin{array}{rcl}
M & = & 1.000 \\
D & = & 500 \\
C & = & 100 \\
L & = & 50 \\
X & = & 10 \\
V & = & 5 \\
I & = & \underline{1} \\
\text{Summe:} & & \underline{\underline{1.666}}
\end{array}
$$

1.2.2.1 Regeln für die Wandlung in römische Zahlen

So einfach ist es nicht immer, denn es sind folgende Regeln zu beachten [1.3]:

a) Die Zahlen werden von rechts nach links geschrieben, wobei man mit dem wertmäßig größten Zahlenzeichen beginnt.

b) Ein Zahlenzeichen wird höchstens dreimal hintereinander gesetzt. Für das vierte Zahlenzeichen schreibt man das nächstgrößere und setzt das kleinere Zahlenzeichen **einmal** davor, wobei das kleinere Zahlenzeichen subtrahiert wird.

$$
\begin{array}{lclcl}
\textbf{zum Beispiel:} & \textbf{I} & = & 1 & \\
& \textbf{II} & = & 1+1 & = 2 \\
& \textbf{III} & = & 1+1+1 & = 3 \\
& \textbf{IV} & = & -1+5 & = 4 \\
& \textbf{V} & = & 5 & \\
\end{array}
$$

$$
\begin{array}{lll}
\mathbf{X} & = & 10 \\
\mathbf{XX} & = & 10 + 10 \qquad = 20 \\
\mathbf{XXX} & = & 10 + 10 + 10 \qquad = 30 \\
\mathbf{XL} & = & -10 + 50 \qquad = 40 \\
\mathbf{L} & = & 50 \\
\mathbf{C} & = & 100 \\
\mathbf{CC} & = & 100 + 100 \qquad = 200 \\
\mathbf{CCC} & = & 100 + 100 + 100 = 300 \\
\mathbf{CD} & = & -100 + 500 \qquad = 400 \\
\mathbf{D} & = & 500
\end{array}
$$

c) Die Zahlenzeichen V, L, D dürfen in einer Zahl nur einmal erscheinen, denn für zweimal könnte man X, C, und M schreiben.

$$
\begin{array}{lllll}
\mathbf{\sout{VV}} & = & 5 + 5 & = 10 & = \mathbf{X} \\
\mathbf{\sout{LL}} & = & 50 + 50 & = 100 & = \mathbf{C} \\
\mathbf{\sout{DD}} & = & 500 + 500 & = 1.000 & = \mathbf{M}
\end{array}
$$

Diese Zahlenzeichen treten nie vor einem größeren Zahlenzeichen auf, da

$$
\begin{array}{lllll}
\mathbf{\sout{VX}} & = & -5 + 10 & = 5 & = \mathbf{V} \\
\mathbf{\sout{LC}} & = & -50 + 100 & = 50 & = \mathbf{L} \\
\mathbf{\sout{DM}} & = & -500 + 1.000 & = 500 & = \mathbf{D}
\end{array}
$$

d) Vor einem Zahlenzeichen stehen nie zwei kleinere, sondern nur eins.

1.2.2.2 Beispiele für Umwandlung von Dezimal- in römische Zahlen

Dezimalzahl: **römische Zahl:**

1.963 $= 1.000 + (-100 + 1.000) + 50 + 10 + 3$ **MLMXIII**

3.600 $= 1.000 + 1.000 + 1.000 + 500 + 100$ **MMMDC**

489 $= (-100 + 500) + 50 + 10 + 10 + 10 + (-1 + 10)$ **LDXXXIX**

34 $= 10 + 10 + 10 + (-1 + 5)$ **XXXIV**

1.2.2.3 Beispiele mit der Excel-Tabellenfunktion „RÖMISCH"

Syntax dieser Tabellenfunktion:

RÖMISCH (*Zahl; Typ*)

- *Zahl:*   Die Dezimalzahl eingeben, die Sie umwandeln möchten.

- *Typ:*   Mit dem Argument **Typ** können Sie die Schreibweise der römischen Zahl bestimmen. Die Schreibweise wird mit höherem Typ (0 - 4) kürzer.

Mit dem Rechner nach Abbildung II_1.1 sollen folgende Dezimalzahlen in römische Zahlen gewandelt werden:

Dezimalzahlen: **2.989; 1.888; 649; 39; 8; 49; 449; 999;**
                             3.999 (Ist die größte Dezimalzahl, die über diese
                                       Tabellenfunktion gewandelt werden kann.)
      und **4.000** (keine Wandlung)

Dezimalzahlen	römische Zahl, Typ0	römische Zahl, Typ1	römische Zahl, Typ2	römische Zahl, Typ3	römische Zahl, Typ4
2.989	MMCMLXXXIX	MMLMXXXIX	MMLMXXXIX	MMLMXXXIX	MMLMXXXIX
1.888	MDCCCLXXXVIII	MDCCCLXXXVIII	MDCCCLXXXVIII	MDCCCLXXXVIII	MDCCCLXXXVIII
649	DCXLIX	DCVLIV	DCIL	DCIL	DCIL
39	XXXIX	XXXIX	XXXIX	XXXIX	XXXIX
8	VIII	VIII	VIII	VIII	VIII
49	XLIX	VLIV	IL	IL	IL
449	CDXLIX	CDVLIV	CDIL	CDIL	CDIL
999	CMXCIX	LMVLIV	XMIX	VMIV	IM
3.999	MMMCMXCIX	MMMLMVLIV	MMMXMIX	MMMVMIV	MMMIM
4.000	#WERT!	#WERT!	#WERT!	#WERT!	#WERT!

Abbildung II_1.1: Umwandlung von Dezimal- in römische Zahlen

Aus Abbildung II_1.1 ist ersichtlich, welchen Einfluss der Typ (0 - 4) in der Excel - Tabellenfunktion auf die Länge der Schreibweise hat. Dies ist besonders bei den Umwandlungen der Dezimalzahlen **999** und **3.999** zu erkennen.

1.2.3 Binär - oder Dualsystem

Das Binär- oder Dualsystem [1.4] ist die Basis für die Informationsverarbeitung in der elektronischen Datenverarbeitung. Auch das Dualsystem ist ein Stellenwertsystem, wobei jede Stelle eine bestimmte Wertigkeit besitzt, die sich aus der Potenz von 2 ergibt.
In einem Computer ist das Bit die kleinste Informationseinheit und kann die Werte 1 und 0 annehmen. Diese Werte stellen die Ziffern des Dualsystems dar.

In einem einfachen Stromkreis, der aus der Batterie, einem Kontakt und einer Glühlampe besteht, kann man ein Bit durch den Schaltkontakt **'EIN'** und **'AUS'** darstellen.
In der Stellung **'EIN – 1'** leuchtet die Lampe

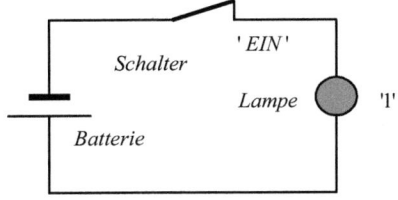

Abbildung II_1.2: Bit-Zustand '1'

und in der Stellung **'AUS - 0'** nicht.
Die Glühlampe leuchtet nur, wenn der Schaltkontakt geschlossen ist und somit Strom durch die Wendel der Glühlampe fließt und diese zum Glühen bringt.

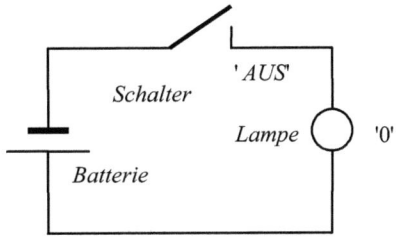

Abbildung II_1.3: Bit-Zustand '0'

Tabelle II_1.4: Darstellung des Bits

Bit – Zustand	Schaltkontakt	Glühlampe	
0	AUS	leuchtet nicht	○
1	EIN	leuchtet	●

Tabelle II_1.5.1: Potenzen von 2

Potenzen (2^n)	2^7	2^6	2^5	2^4	2^3	2^2	2^1	2^0
Dezimale Wertigkeit	128	64	32	16	8	4	2	1
Bezeichnung	MSB							LSB

19

Bei einer Dualzahl bedeuten:

LSB: **Least Significant Bit** (Bit mit der niedrigsten Wertigkeit)
MSB **Most Significant Bit** (Bit mit der höchsten Wertigkeit)

Tabelle II_1.5.2 Potenzen von 2

Potenzen (2^n)	2^{15}	2^{14}	2^{13}	2^{12}	2^{11}	2^{10}	2^9	2^8
Dezimale Wertigkeit	32.768	16.384	8.196	4.096	2.048	1.024	512	256

1.2.3.1 Umwandlung von Dual- in Dezimalzahl

Die **Dualzahl 1111** ergibt folgende Dezimalzahl [1.2]:

$$
\begin{aligned}
\mathbf{1110} \quad &= 1*2^3 + 1*2^2 + 1*2^1 + 0*2^0 \\
&= 1*8 + 1*4 + 1*2 + 0*1 \\
&= 8 + 4 + 2 + 0 = \mathbf{14}
\end{aligned}
$$

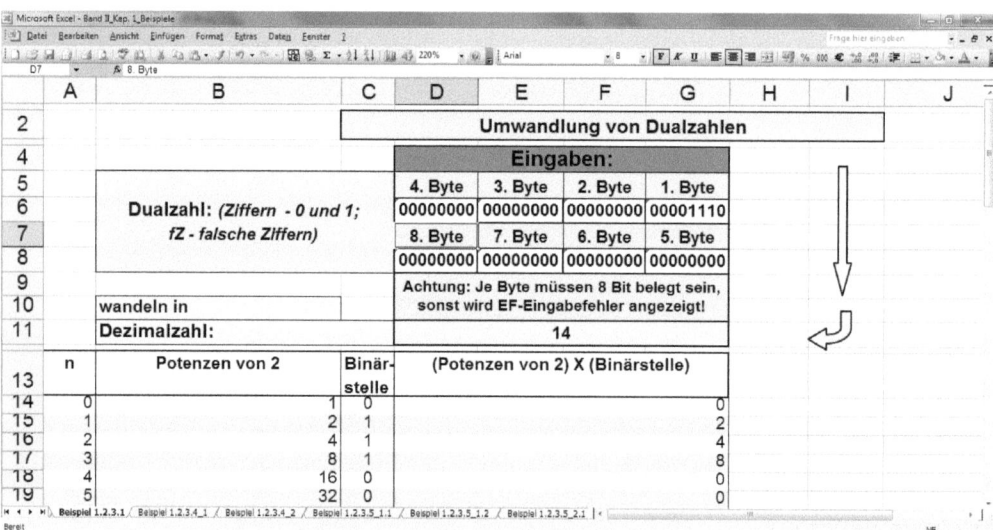

Abbildung II_1.4: Umwandlung einer Dual- in Dezimalzahl

Die folgende Tabelle zeigt die Darstellung von Dualzahlen (0000 bis 1111) mit einem Halbbyte (4 Bit) und eine Visualisierung mit Kreisen. Ein gefüllter Kreis entspricht einer leuchtenden Lampe (Zustand: '1') und ein nicht gefüllter Kreis symbolisiert eine nicht leuchtende Lampe (Zustand: '0').

Tabelle II_1.6: Visualisierung von Dualzahlen

Dezimal-zahl	Dualzahl	Dualzahl – Visualisierung	Dezimal-zahl	Dualzahl	Dualzahl – Visualisierung
0	0 0 0 0	○ ○ ○ ○	8	1 0 0 0	● ○ ○ ○
1	0 0 0 1	○ ○ ○ ●	9	1 0 0 1	● ○ ○ ●
2	0 0 1 0	○ ○ ● ○	10	1 0 1 0	● ○ ● ○
3	0 0 1 1	○ ○ ● ●	11	1 0 1 1	● ○ ● ●
4	0 1 0 0	○ ● ○ ○	12	1 1 0 0	● ● ○ ○
5	0 1 0 1	○ ● ○ ●	13	1 1 0 1	● ● ○ ●
6	0 1 1 0	○ ● ● ○	14	1 1 1 0	● ● ● ○
7	0 1 1 1	○ ● ● ●	15	1 1 1 1	● ● ● ●

○   **Lampe ist aus – Bit-Zustand '0'**

●   **Lampe ist an – Bit-Zustand '1'**

1.2.3.2 BCD-Code

Der BCD-Code [1.5] (engl. Binary Coded Decimal) stellt eine binär codierte Dezimalzahl dar, wobei jede Stelle der Dezimalzahl durch 4 Bit codiert wird. Hierbei werden von den $2^4 = 16$ Möglichkeiten nur die Ziffern 0 bis 9 verwendet.
Den BCD-Code benutzt man zur Ansteuerung von LED- und LCD-Zahlendisplays.
Seit Anfang der 70er-Jahre werden in Deutschland Zeitzeichen gesendet. Auf dieser Basis können Funkuhren betrieben werden, die sich selbst stellen und somit automatisch die Zeit-umstellungen von Winter- auf Sommerzeit und umgekehrt im Frühjahr und Herbst vorneh-men. Das Zeitzeichen wird auf Langwelle 77,5 kHz (Sender DCF77 [1.6] bei Frankfurt/ Main) übertragen. Beim codierten Zeitzeichen werden sämtliche Datums- und Zeitinforma-tionen im Laufe einer Minute im BCD-Format gesendet. Hierbei bleiben noch Bits frei, die seit November 2006 zur Übertragung von Wetterdaten genutzt werden. Bei entsprechend

ausgerüsteten Funkuhren/ Wetterstationen werden europaweit für 60 Regionen viertägige Wettervorhersagen angezeigt [1.7].

Tabelle II_1.7: BCD-Code

Dezimal	BCD	Dezimal	BCD
0	0 0 0 0	5	0 1 0 1
1	0 0 0 1	6	0 1 1 0
2	0 0 1 0	7	0 1 1 1
3	0 0 1 1	8	1 0 0 0
4	0 1 0 0	9	1 0 0 1

Zahlendarstellung bei einer Digitaluhr

In einer Digitaluhr werden die Informationen für die Stunden (Std.), Minuten (Min.) und Sekunden (Sek.) im BCD-Code an ein Anzeigedisplay ausgegeben.

Uhrzeit:	Std.		Min.		Sek.	
	1	**4**	**4**	**5**	**3**	**9**
BCD-Code:	**0001**	**0100**	**0100**	**0101**	**0011**	**1001**

1.2.3.3 Bit, Byte, Kilobit, Megabyte …

In der Computertechnik und digitalen Informationsverarbeitung werden zur Größenangabe für Speicherbereiche und bei der Adressierung von Speicherplätzen 2er-Potenzen zusammengefasst.

So bezeichnet man:

1 Bit	zwei Zustände (0, 1)
4 Bit:	als Nibble oder Halbbyte
8 Bit oder 1 Byte:	1 Byte $= 2^8 = 256$ Werte (0 – 255)
1 Word:	2 Byte $= 2^{16} = 65.536$ Werte (0-65.535)
1 KBit (Kilobit):	2^{10} Bit $= $ **1.024 Bit**
1 KB = 1KByte (Kilobyte):	2^{10} Byte $= $ **1024 Byte**
1 MB = 1MByte (Megabyte):	$2^{10} * 2^{10}$ Byte $= 2^{20}$ Byte $= 1.024 * 1.024$ Byte
	$= $ **1.048.576 Byte**
1 GB = 1GByte (Gigabyte):	$2^{10} * 2^{10} * 2^{10}$ Byte $= 2^{30}$ Byte $= 1.024 * 1.024 * 1.024$ Byte
	$= $ **1.073.741.824 Byte**
1 TB = 1TByte (Terabyte):	$2^{10} * 2^{10} * 2^{10} * 2^{10}$ Byte $= 2^{40}$ Byte
	$= 1.024 * 1.024 * 1.024 * 1.024$ Byte
	$= $ **1.099.511.627.776 Byte**

1.2.3.4 Beispiele zur Umwandlung von Dual- in Dezimalzahlen

1. Folgende Dualzahl: 00000010 00000000   0001000 11111111 = 33.556.735
(4. Byte)   (3. Byte)   (2. Byte)   (1. Byte)

Abbildung II_1.5: Umwandlung einer Dual (4 Byte)- in Dezimalzahl

2. Wie viele Speicherplätze (Byte) stehen in einem 1GB Speicherstick zur Verfügung?

1 GB = 1GByte (Gigabyte) $= 2^{30}$ **Byte**

Dualzahl: **01000000 00000000 00000000 00000000 = 1.073.741.824 Byte**
(Anzahl der Speicherplätze)

23

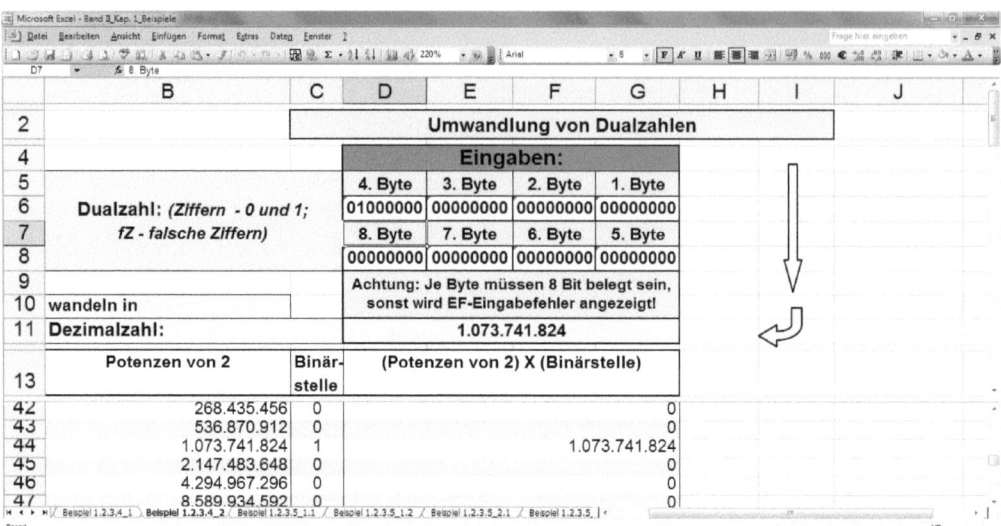

Abbildung II_1.6: Anzahl der Speicherplätze im 1 GB Stick

1.2.3.5 ASCII-Code

ASCII ist die Abkürzung für „American Standard Code for Information Interchange"
(sprich: Asski) und bedeutet übersetzt „Amerikanischer Standard-Code für Informations-
austausch" [1.8]. Der ASCII-Code mit einer Größe von 7 Bit kodiert somit $2^7 = 128$ Zeichen. Diese Zeichen sind alle Buchstaben des lateinischen Alphabets, alle Ziffern sowie
Steuer- und Sonderzeichen und ermöglichen den Datenaustausch zwischen verschiedenen
Hard- und Softwaresystemen. Zum Beispiel werden Eingaben, die am Computer über die
Tastatur erfolgen, in ASCII- Zeichen gewandelt -intern verarbeitet- und über die Grafikkar-
te auf dem Display angezeigt.

Tabelle II_1.8: Auswahl von ASCII-Zeichen

Zeichen	Dezimalzahl	ASCII-Code	Zeichen	Dezimalzahl	ASCII-Code
0	48	0110000	Leerzeichen	32	0100000
↓	↓	↓	, (Komma)	44	0101100
9	57	0111001	. (Punkt)	46	0101110
A	65	1000001	etc.		
Z	90	1011010			

1. Folgende Zeichen sollen in ASCII-Zeichen gewandelt werden:

Tabelle II_1.9: Umwandlung von Schrift- in ASCII-Zeichen

Zeichen	Dezimalzahl	ASCII-Code
Z	90	?
. (Punkt)	46	?

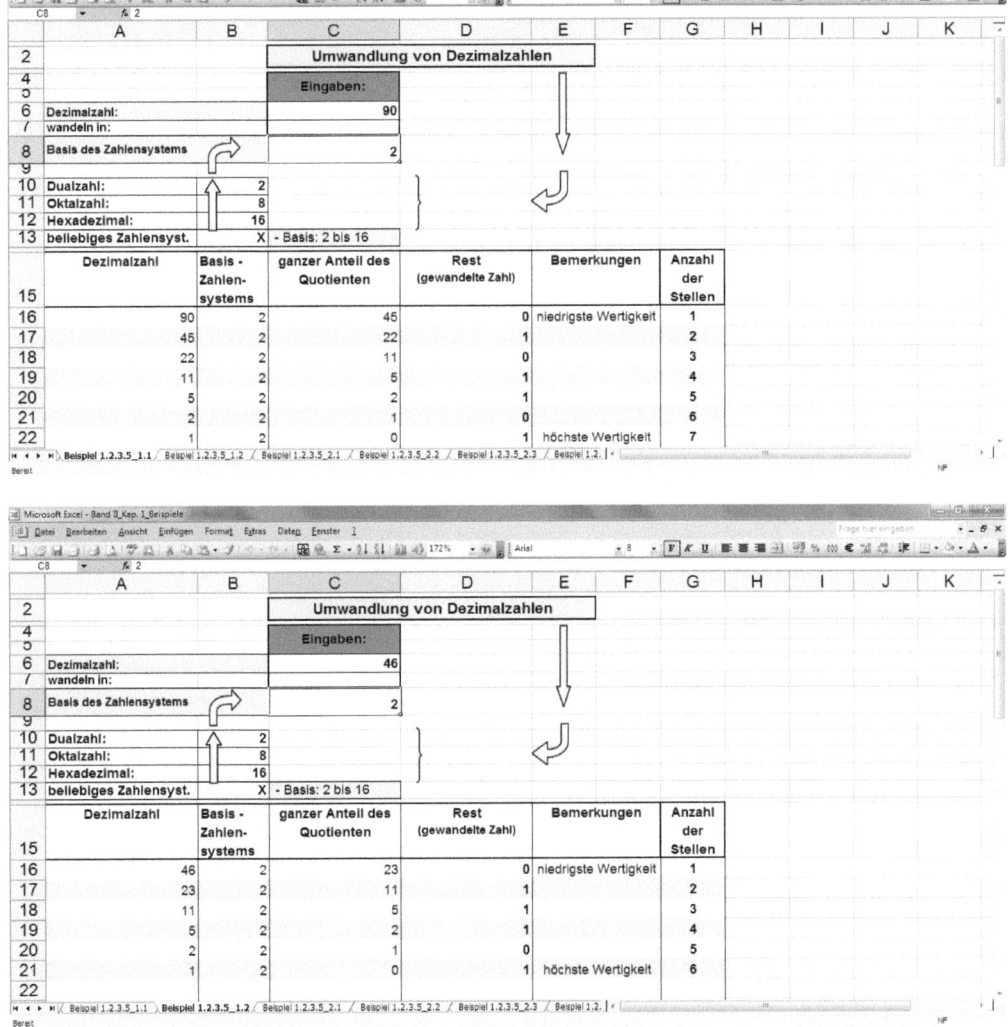

Abbildung II_1.7: Umwandlung der Dezimalzahlen (90 - oben) (46 - unten) in ASCII-Zeichen (Dualzahlen)

Tabelle II_1.10: ASCII-Zeichen

Zeichen	Dezimalzahl	ASCII-Code
Z	90	**1011010**
. (Punkt)	46	**0101110**

2. Über die Computertastatur wird folgender Text eingegeben: A B C

Welche ASCII-Zeichen (Code) entstehen?

Tabelle II_1.11: ASCII-Zeichen – Text 'ASCII'

Zeichen	Dezimalzahl	ASCII-Code
A	65	1000001
B	66	1010010
C	67	1000011

Die Wandlungen des Textes in den ASCII-Code finden Sie in den Excel-Programmen - Band II_Kap.1_Beispiele 1.2.3.5_2.1 - 2.3.

1.2.4 Umwandlungsverfahren vom Dezimal- ins Dualsystem

In Beispiel 1.2.3.4 wurde eine Dual- in eine Dezimalzahl umgewandelt. Die umgekehrte Wandlung ist etwas komplizierter. Bei dem Umrechnungsverfahren dividiert man die Dezimalzahl durch die Zahlenbasis, in dem die Dezimalzahl gewandelt werden soll. Entsteht hierbei ein Rest, so wird dieser als Ziffer geschrieben. Der ganze Anteil des Quotienten wird fortlaufend durch die Basis geteilt, bis das Ergebnis null wird.

1.2.4.1. Umwandlung von Dezimal- in Dualzahlen

Dezimalzahl: 2004 $\Longrightarrow$ **Dualzahl: 11111010100**

2004 : 2	= 1.002	Rest **0 (LSB)**
1002 : 2 =	501	Rest **0**
501 : 2 =	250	Rest **1**
250 : 2 =	125	Rest **0**
125 : 2 =	62	Rest **1**
62 : 2 =	31	Rest **0**
31 : 2 =	15	Rest **1**
15 : 2 =	7	Rest **1**
7 : 2 =	3	Rest **1**
3 : 2 =	1	Rest **1**
1 : 2 =	0	Rest **1 (MSB)**

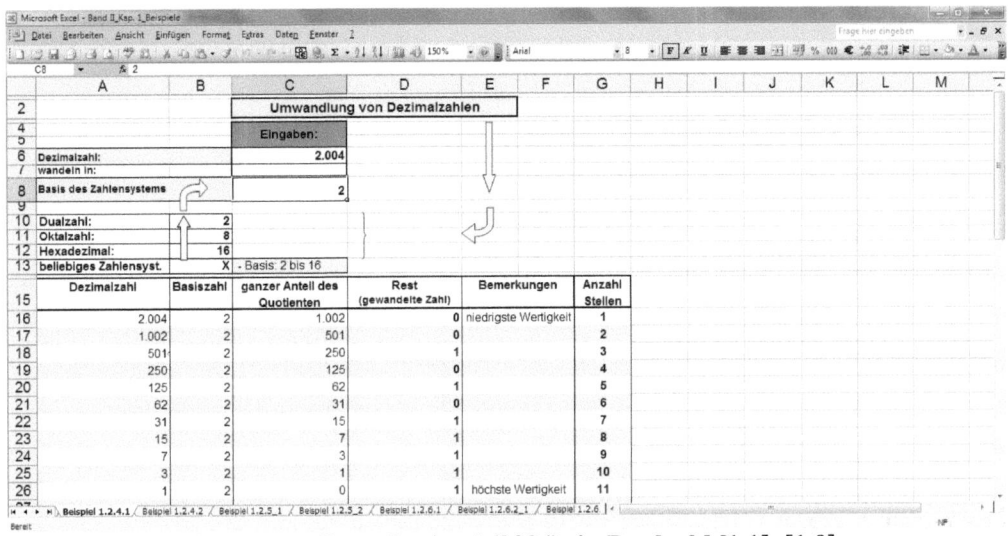

Abbildung II_1.8: Umwandlung Dezimal (2004)- in Dualzahl [1.1], [1.9]

1.2.4.2. Probe -Umwandlung von Dual- in Dezimalzahl

$$\begin{array}{lrll}
\text{MSB-} & 1 * 2^{10} & = & 1.024 \\
& 1 * 2^{9} & = & 512 \\
& 1 * 2^{8} & = & 256 \\
& 1 * 2^{7} & = & 128 \\
& 1 * 2^{6} & = & 64 \\
& 0 * 2^{5} & = & 0 \\
& 1 * 2^{4} & = & 16 \\
& 0 * 2^{3} & = & 0 \\
& 1 * 2^{2} & = & 4 \\
& 0 * 2^{1} & = & 0 \\
\text{LSB-} & 0 * 2^{0} & = & \underline{0} \\
& & & \underline{\underline{2.004}}
\end{array}$$

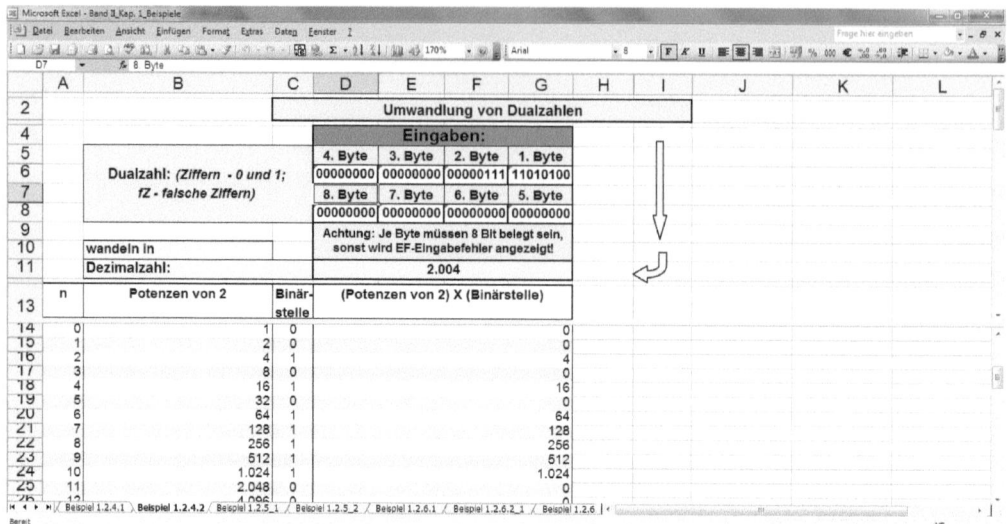

Abbildung II_1.9: Umwandlung Dual (11111010100) - in Dezimalzahl (2004) [1.1]

1.2.5 Umwandlungsverfahren vom Dezimalsystem in beliebige Zahlensysteme

1.2.5.1 Umwandlung vom Dezimal- in das 6er-Zahlensystem

Dezimalzahl: 2008   ⟹   **6er-System: 13144**

2008 : 6 = 334	Rest **4 (LSB)**
334 : 6 = 55	Rest **4**
55 : 6 = 9	Rest **1**
9 : 6 = 1	Rest **3**
1 : 6 = 0	Rest **1 (MSB)**

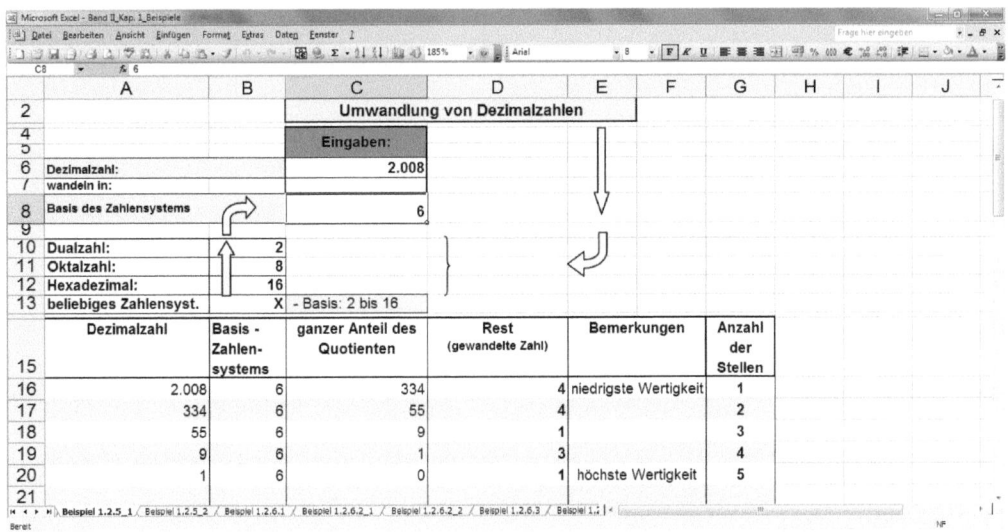

Abbildung II_1.10: Umwandlung von einer Dezimalzahl (2008) in das 6er-System [1.1]

1.2.5.2 Probe Umwandlung vom 6er- ins Dezimalsystem

$$
\begin{aligned}
\text{MSB-} \quad 1 * 6^4 &= 1.296 \\
3 * 6^3 &= 648 \\
1 * 6^2 &= 36 \\
4 * 6^1 &= 24 \\
4 * 6^0 &= 4 \\
\hline
&\underline{\mathbf{2.008}}
\end{aligned}
$$

29

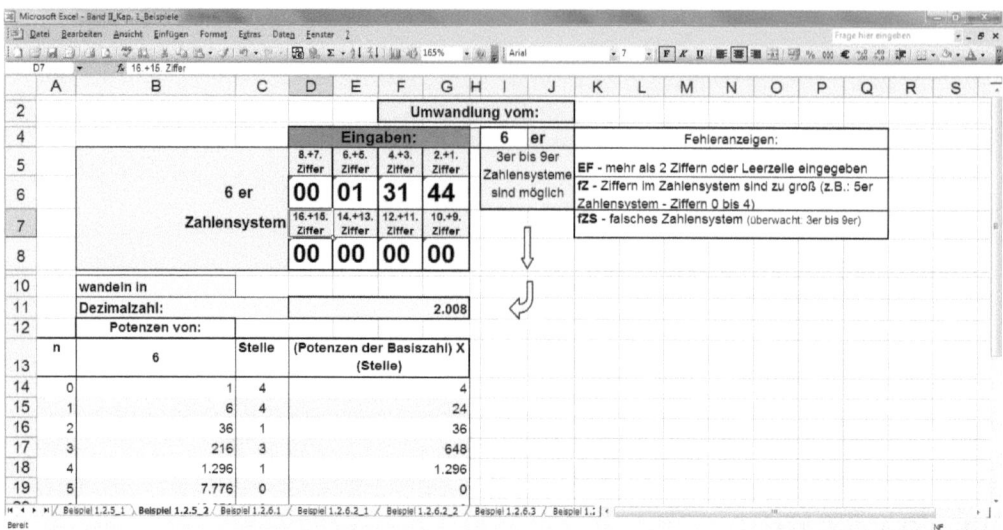

Abbildung II_1.11: Umwandlung Zahl im 6er-System (13144) in Dezimalzahl (2008) [1.1]

1.2.6 Hexadezimale Zahlensystem

Das hexadezimale Zahlensystem [1.10] wird auch als Hexadezimal- oder Sedezimalsystem bezeichnet. Dieses Zahlensystem ist eine einfache Informationsdarstellung von Dualzahlen. Hierbei werden 4 Bit (Halbbyte) einer Dualzahl durch eine hexadezimale Ziffer ersetzt. So ergeben 4 Bits $2^4 = 16$ Ziffern (0 bis 15) im Hexadezimalsystem. Damit man die Ziffern 10 bis 15 auch einstellig darstellen kann, werden die Buchstaben A bis F (a bis f) des Alphabets benutzt.

Tabelle II_1.12: Darstellung der hexadezimalen Ziffern 10 bis 15

Dezimalzahl	Dualzahl	Dualzahl – Visualisierung	Hexadezimale Ziffern
10	1 0 1 0	●○●○	A bzw. a
11	1 0 1 1	●○●●	B bzw. b
12	1 1 0 0	●●○○	C bzw. c
13	1 1 0 1	●●○●	D bzw. d
14	1 1 1 0	●●●○	E bzw. e
15	1 1 1 1	●●●●	F bzw. f

○   **Lampe ist aus – Bit-Zustand '0'**

●   **Lampe ist an   – Bit-Zustand '1'**

1.2.6.1 Umwandlung von Dual- in Hexadezimalzahlen

Binärzahl: 0001 0001 0011 1011 1101 1001

Hexadezimalzahl: 1   1   3   b   D   9

Dezimalzahl: 1.129.433

Aus einer 21stelligen Dualzahl, die sehr unübersichtlich ist, wird eine sechsstellige Hexadezimalzahl.

Die Umwandlung der Hexadezimalzahl **113bD9** ergibt folgende Dezimalzahl:

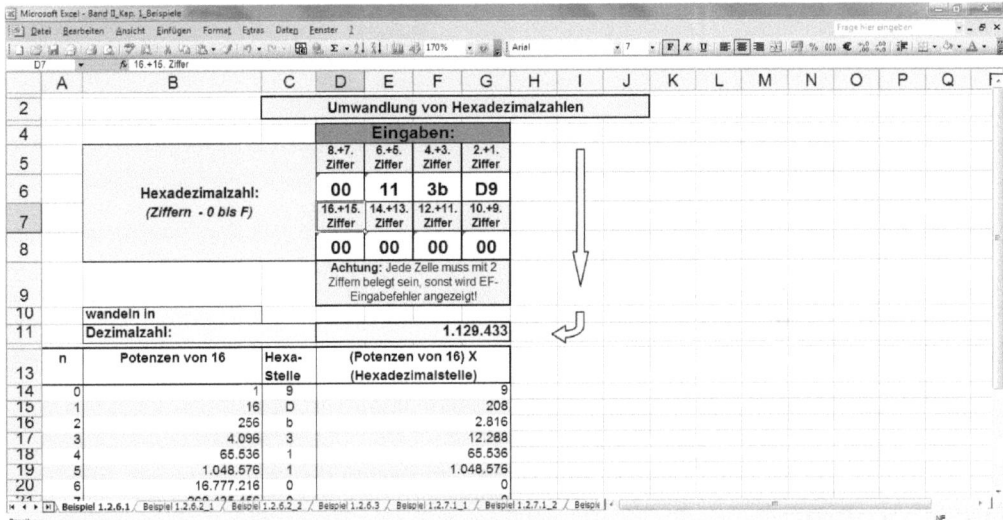

Abbildung II_1.12: Umwandlung einer Hexadezimal- in eine Dezimalzahl

$1*16^5 + 1*16^4 + 3*16^3 + b*16^2 + D*16^1 + 9*16^0 =$
$1*1.048.576 + 1*65.536 + 3*4.096 + 11*256 + 13*16 + 9*1 = 1.129.433$

1, 16, 256, 4.096, 65.536 und **1.048.576** sind Potenzen von **16**.

Tabelle 1.13: Potenzen von 16

Potenzen (16^n)	16^7	16^6	16^5	16^4	16^3	16^2	16^1	16^0
Dezimale Wertigkeit	268.435.456	16.777.216	1.048.576	65.536	4.096	256	16	1

1.2.6.2 Umwandlungsverfahren von Dezimal- in Hexadezimalzahlen

Die Umwandlung einer Zahl aus dem Hexadezimalsystem in eine Dezimalzahl und umgekehrt erfolgt analog den Regeln und Verfahren, wie es in den Beispielen 1.2.5.1 und 1.2.5.2 (Band II) beschrieben wurde.

1. Umwandlung

$\Longrightarrow$

Dezimalzahl: 3.399   **Hexadezimalzahl: D47**

$$3.399 : 16 = 212 \qquad \text{Rest } \mathbf{7} \text{ (niedrigste Wertigkeit)}$$
$$212 : 16 = 13 \qquad \text{Rest } \mathbf{4}$$
$$13 : 16 = 0 \qquad \text{Rest } \mathbf{D} \text{ (höchste Wertigkeit)}$$

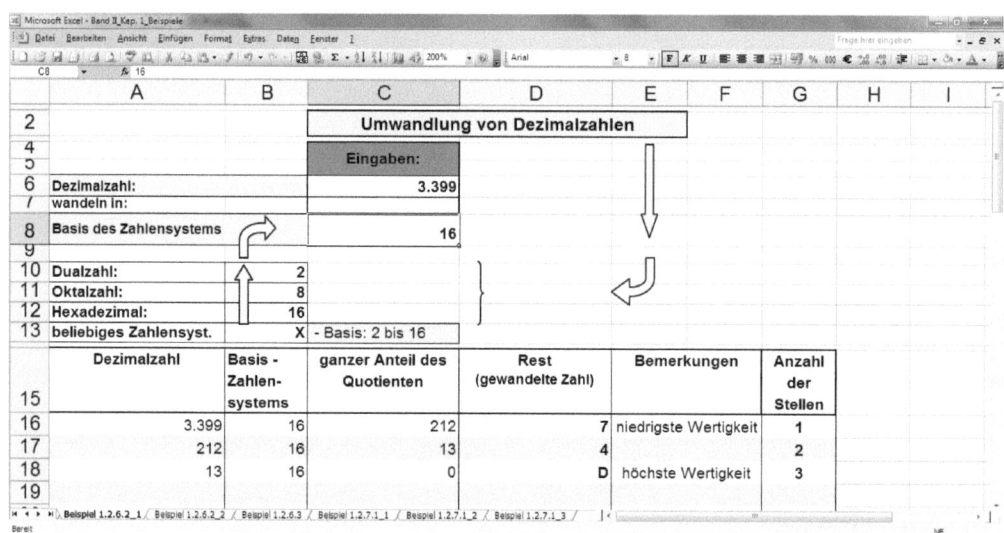

Abbildung II_1.13: Umwandlung einer Dezimal- in eine Hexadezimalzahl [1.1]

2. Probe

$$D(13) * 16^2 = 1.792$$
$$4 * 16^1 = 208$$
$$7 * 16^0 = 7$$
$$\underline{\mathbf{3.399}}$$

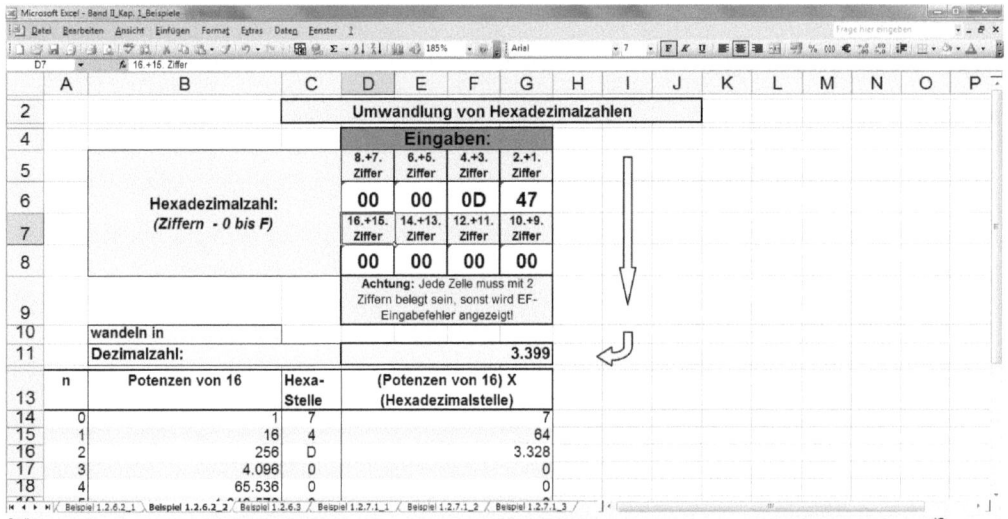

Abbildung II_1.14: Umwandlung einer Hexadezimal- in eine Dezimalzahl

1.2.6.3 Umfang einer 4stelligen Hexadezimalzahl

kleinste Dualzahl:	**0000 0000 0000 0000**
maximale Dualzahl:	**1111 1111 1111 1111**
kleinste Hexadezimalzahl:	**0 0 0 0**
maximale Hexadezimalzahl:	**F F f f**

Tabelle II_1.14: Darstellung der Hexadezimalzahl FFFF

Potenzen (16^n)	16^3	16^2	16^1	16^0
Dezimale Wertigkeit	4.096	256	16	1
Hexadezimalzahl	F	F	f	f

$$F*16^3 + F*16^2 + f*16^1 + f*16^0 = 15*4.096 + 15*256 + 15*16 + 15*1 = 65.535$$

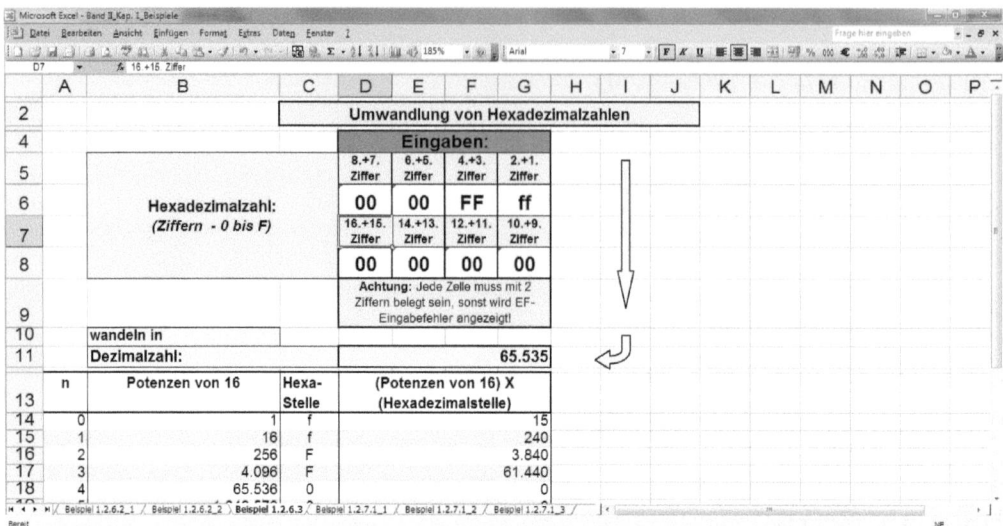

Abbildung II_1.15: Umwandlung 4stellige Hexadezimal- in Dezimalzahl

Eine 4stellige **Hexadezimalzahl FFFF** ergibt die Dezimalzahl **65.535.**

1.2.7 Darstellung und Kennzeichnung der Zahlensysteme

Damit man die Zahlen der unterschiedlichen Zahlensysteme unterscheiden kann, werden Kennbuchstaben hinter die Zahlen gesetzt.

Tabelle II_1.15: Kennzeichnung der Zahlensysteme

Zahlensystem	Kennbuchstaben
Dezimal-	D, d kann auch entfallen
Dual- oder Binär-	B, b
Oktal-	Q, q
Hexadezimal	H, h
BCD-	BCD, bcd

Die Tabelle II_1.16. zeigt die Darstellung der Ziffern oder Zahlen 0 bis 15 der Zahlensysteme Dezimal, Dual, Hexadezimal und BCD.

Tabelle II_1.16: Darstellung der Zahlensysteme

Dezimal	Dual	Oktal	Hexadezimal	BCD
0	0 0 0 0			0 0 0 0 0 0 0 0
		0	**0**	
1	0 0 0 1	1	1	0 0 0 0 0 0 0 1
2	0 0 1 0	2	2	0 0 0 0 0 0 1 0
3	0 0 1 1	3	3	0 0 0 0 0 0 1 1
4	0 1 0 0	4	4	0 0 0 0 0 1 0 0
5	0 1 0 1	5	5	0 0 0 0 0 1 0 1
6	0 1 1 0	6	6	0 0 0 0 0 1 1 0
7	0 1 1 1	7	7	0 0 0 0 0 1 1 1
8	1 0 0 0	10	8	0 0 0 0 1 0 0 0
9	1 0 0 1	11	9	0 0 0 0 1 0 0 1
10	1 0 1 0	12	A bzw. a	0 0 0 1 0 0 0 0
11	1 0 1 1	13	B bzw. b	0 0 0 1 0 0 0 1
12	1 1 0 0	14	C bzw. c	0 0 0 1 0 0 1 0
13	1 1 0 1	15	D bzw. d	0 0 0 1 0 0 1 1
14	1 1 1 0	16	E bzw. e	0 0 0 1 0 1 0 0
15	1 1 1 1	17	F bzw. f	0 0 0 1 0 1 0 1

1.2.7.1 Beispiele zur Kennzeichnung der Zahlensysteme

255 = 1111 1111B = 377Q = FFH = 0010 0101 0101BCD
(↑ Programme - Band II_Kap. 1_Beispiele 1.2.7.1_1 bis _3)

1.3 Übungsaufgaben zu den Zahlensystemen

1.3.1   Ein Notebook hat einen Arbeitsspeicher von **512 MB** (Mega-Byte) und wird auf **1024 MB** erweitert. Rechnen Sie den gesamten Arbeitsspeicher in Gigabyte (GB) und Byte (B) um.

1.3.2   Ihr Computer hat eine Festplatte mit einer Speicherkapazität von **320 GB**. Wie lautet die Zahlenangabe in Mega-Byte (MB)?

1.3.3   Wandeln Sie folgende Dezimal- in Dualzahlen um.
     22   1.018   8.087

1.3.4   Wandeln Sie **FECAH, 7429H** (H- Kennzeichnung Hexadezimalzahl) und **1dF2H** in Dezimalzahlen um.

1.3.5   Wandeln Sie folgende Zahl **abch** (h- Kennzeichnung Hexadezimalzahl) in eine Dualzahl um.

1.3.6   Die Zahlen **1259, 65537** und **10099** sind in BCD-Zahlen umzuwandeln.

1.3.7   Wandeln Sie folgende Dezimalzahlen **96, 485, 949** und **1763** in römische Zahlen um.

1.3.8   Welcher Hexadezimalzahl entspricht **1.000**?

22FH, 5bbH, 3E8H, 423H, 1B8H (H- Kennzeichnung Hexadezimalzahl)

1.3.9   Ein Tisch kippelt, wobei an einem Bein zum Fußboden ein Spalt von 3,2 mm auftritt. Ein Blatt aus Papier (Papierdicke: 0,1 mm ↑ Band I Beispiel 1.2.4.2) soll gefaltet werden, um provisorisch Abhilfe zu schaffen.
     a) Schätzen Sie, wie oft das Blatt zu falten ist.
     b) Berechnen Sie die Anzahl der Faltungen.

1.3.10   Ein USB-Stick hat eine Speicherkapazität von **8 GB**. Rechnen Sie die Speicherkapazität in Mega-Byte (MB) und Byte um.

1.4 Lösungen der Übungsaufgaben zu den Zahlensystemen

zu 1.3.1: $2^{30} =$ 01000000 000000000 00000000 00000000B

1.024 MB = 2^{30}Byte = 1.073.741.824 Byte = 1 GB

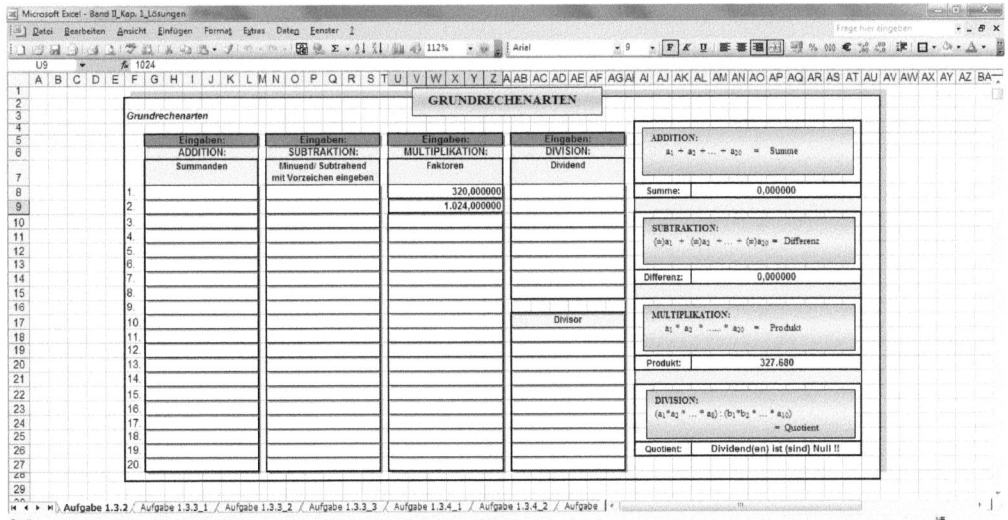

Abbildung II_1.16: Lösung zur Aufgabe 1.3.1

zu 1.3.2:   1GB = 1.024 MB

320 GB = 320 * 1.024 MB = 327.680 MB

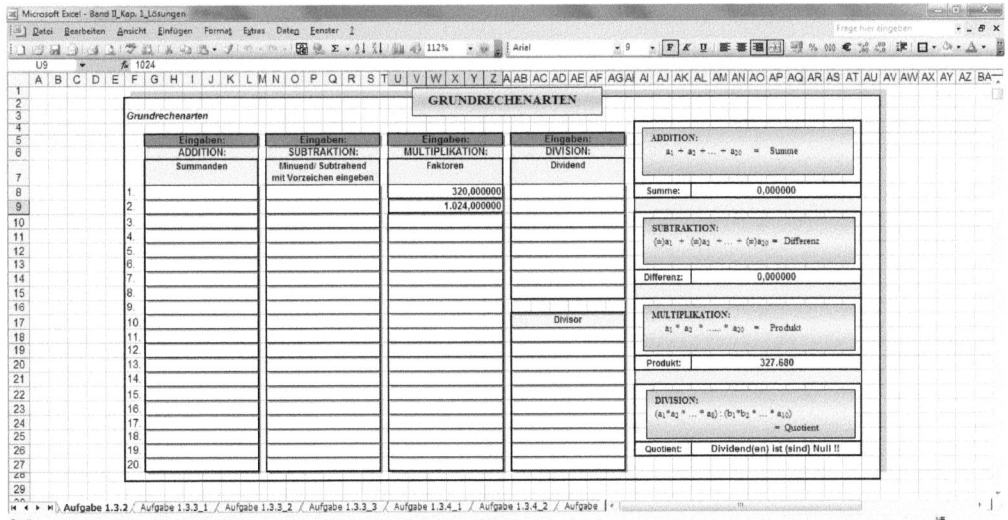

Abbildung II_1.17: Lösung zur Aufgabe 1.3.2

zu 1.3.3_1:   **22 = 1 0110B**

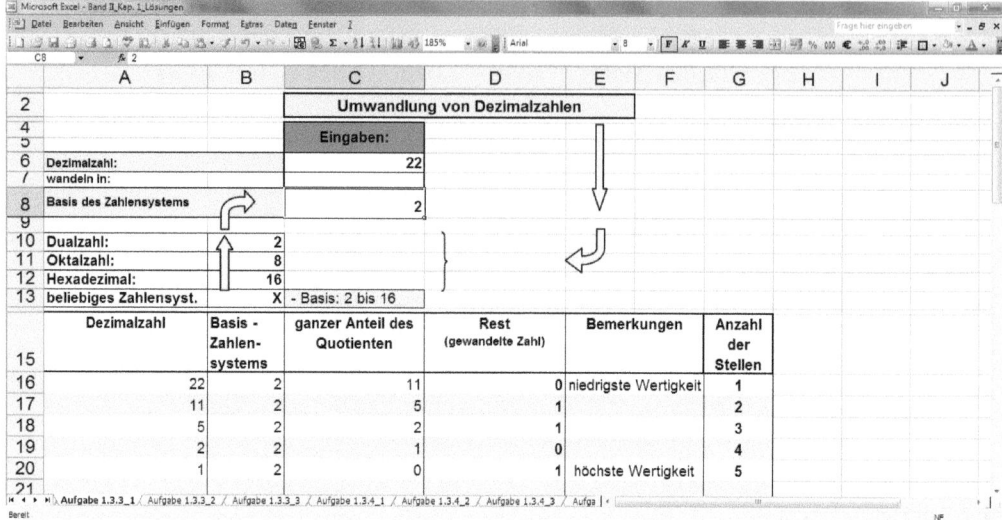

Abbildung II_1.18: Lösung zur Aufgabe 1.3.3_1

zu 1.3.3_2:   **1.018 = 11 1111 1010B**

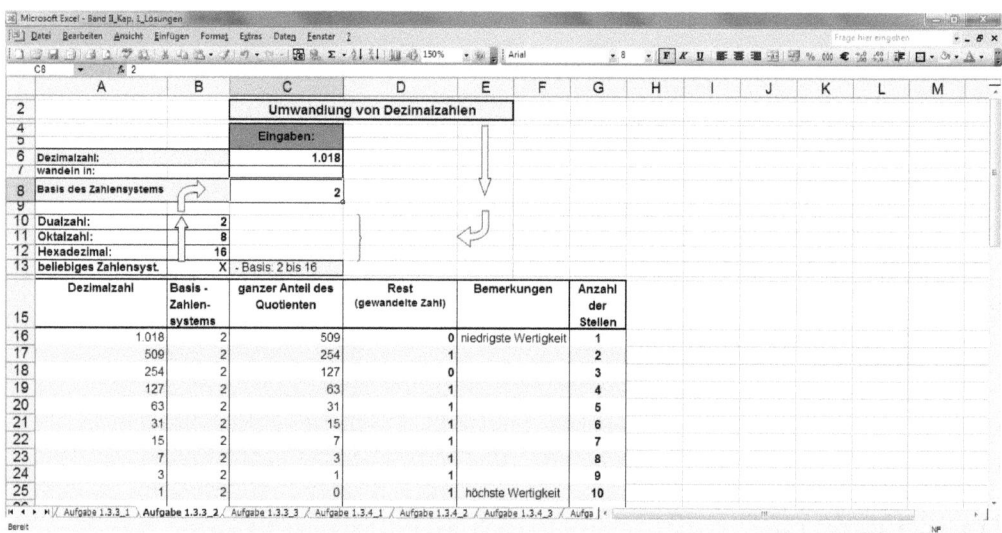

Abbildung II_1.19: Lösung zur Aufgabe 1.3.3_2

zu 1.3.3_3:   **8.087 = 0001 1111 1001 0111B**

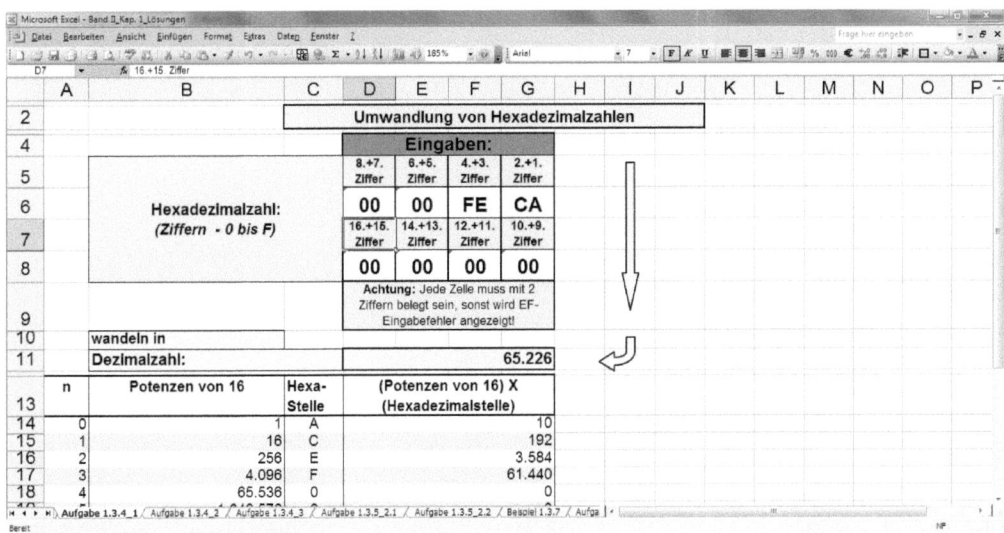

	Dezimalzahl	Basis-Zahlensystems	ganzer Anteil des Quotienten	Rest (gewandelte Zahl)	Bemerkungen	Anzahl der Stellen
16	8.087	2	4.043	1	niedrigste Wertigkeit	1
17	4.043	2	2.021	1		2
18	2.021	2	1.010	1		3
19	1.010	2	505	0		4
20	505	2	252	1		5
21	252	2	126	0		6
22	126	2	63	0		7
23	63	2	31	1		8
24	31	2	15	1		9
25	15	2	7	1		10
26	7	2	3	1		11
27	3	2	1	1		12
28	1	2	0	1	höchste Wertigkeit	13

Abbildung II_1.20: Lösung zur Aufgabe 1.3.3_3

zu 1.3.4_1:   **FECAH = 65.226**

Abbildung II_1.21: Lösung zur Aufgabe 1.3.4_1

zu 1.3.4_2:   **7429H = 29.737**

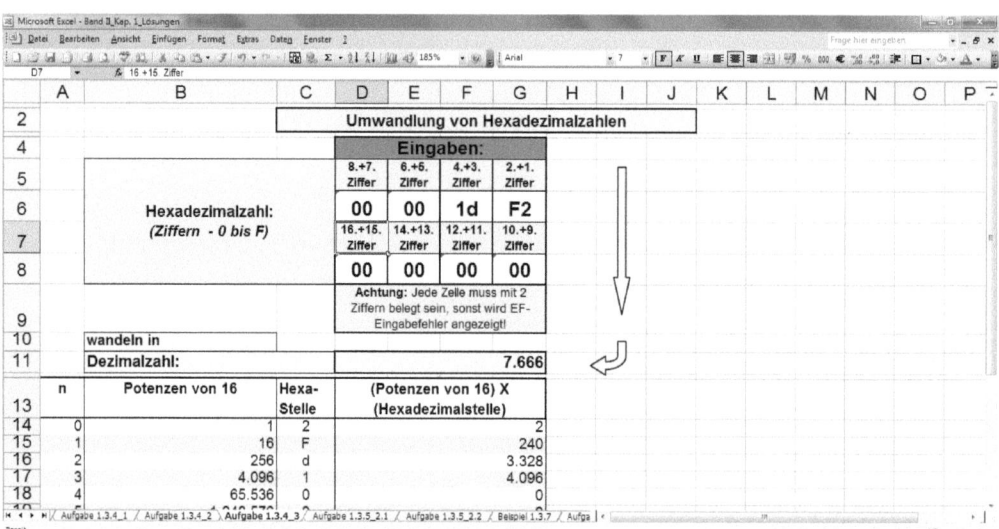

Abbildung II_1.22: Lösung zur Aufgabe 1.3.4_2

zu 1.3.4_3:   **1dF2H = 7.666**

Abbildung II_1.23: Lösung zur Aufgabe 1.3.4_3

zu 1.3.5:   Hexadezimalzahl: **abch**   Dualzahl: **1010 1011 1100 B**

1. Die Wandlung von Hexadezimalzahlen in Dualzahlen ist einfach, indem für jede Hexadezimalziffer die Dualzahl geschrieben wird.

$$\text{abch} = 1010 \ \ 1011 \ \ 1100 \ B$$

oder

2. Mit den Umwandlungsprogrammen wird im ersten Schritt die Hexadezimalzahl in eine Dezimalzahl und im zweiten Schritt in die Dualzahl gewandelt.

2.1: Hexadezimal- in Dezimalzahl wandeln: abc h = 2.748

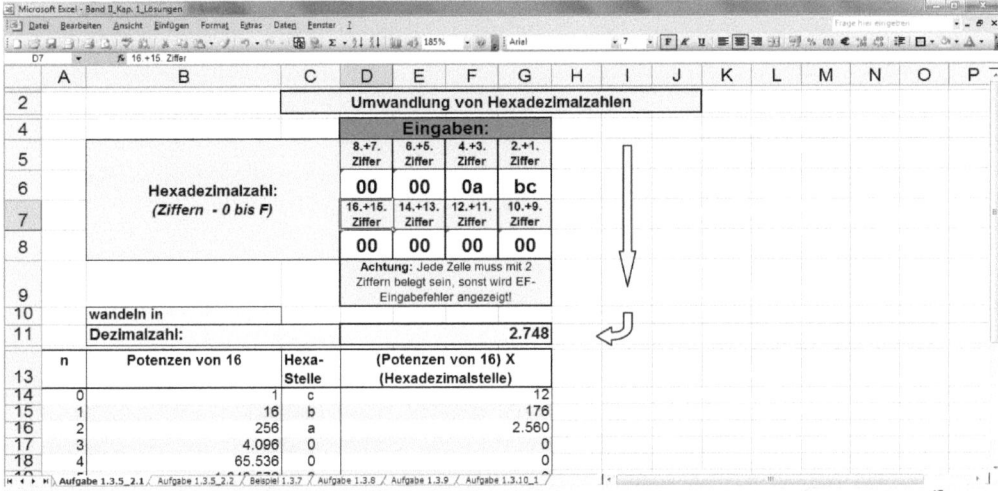

Abbildung II_ 1.24: Lösung zur Aufgabe 1.3.5_2.1

2.2: Dezimal- in Dualzahl wandeln:

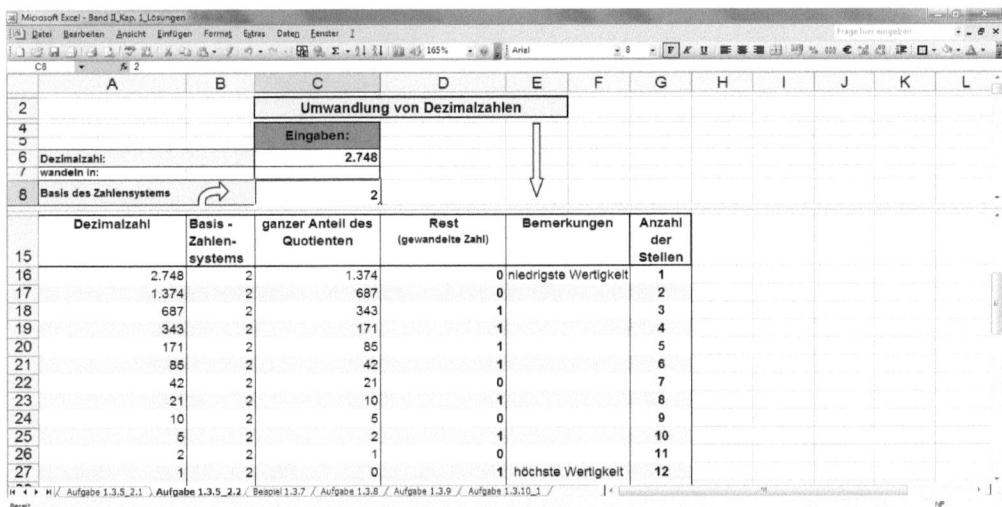

Abbildung II_1.25: Lösung zur Aufgabe 1.3.5_2.2

zu 1.3.6:

1	2	5	9	
0001	0010	0101	1001	BCD

6	5	5	3	7	
0110	0101	0101	0011	0111	BCD

1	0	0	9	9	
0001	0010	0101	1001	1001	BCD

zu 1.3.7:

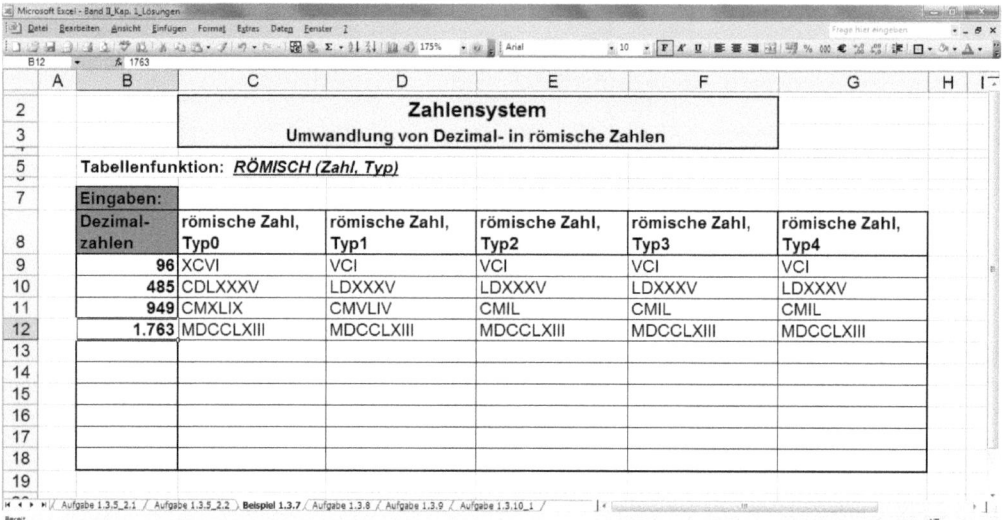

Abbildung II_1.26: Lösung zur Aufgabe 1.3.7

zu 1.3.8:   **Lösung:**   **3E8H**

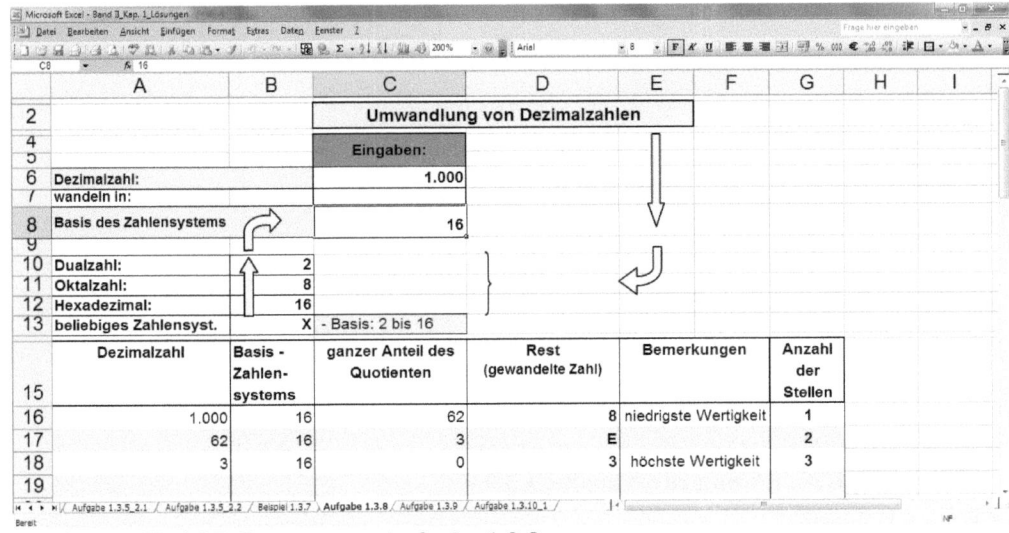

Abbildung II_1.27: Lösung zur Aufgabe 1.3.8

zu 1.3.9: Spaltbreite: **3,2 mm**
in $^1/_{10}$ mm: **32 −1 = 31**

b) Faltungen   Dicke des Paketes

1.	0,1mm * 2 = 0,2 mm
2.	1. Faltung * 2= 0,1 mm * 2 * 2= 0,4 mm
3.	2. Faltung *2 = 0,1mm * 2 * 2 * 2 = 0,8 mm
4. …….	0,8 mm * 2 = 1,6 mm
5. …….	1,6 mm * 2 = 3,2 mm

Lösung: 5 mal

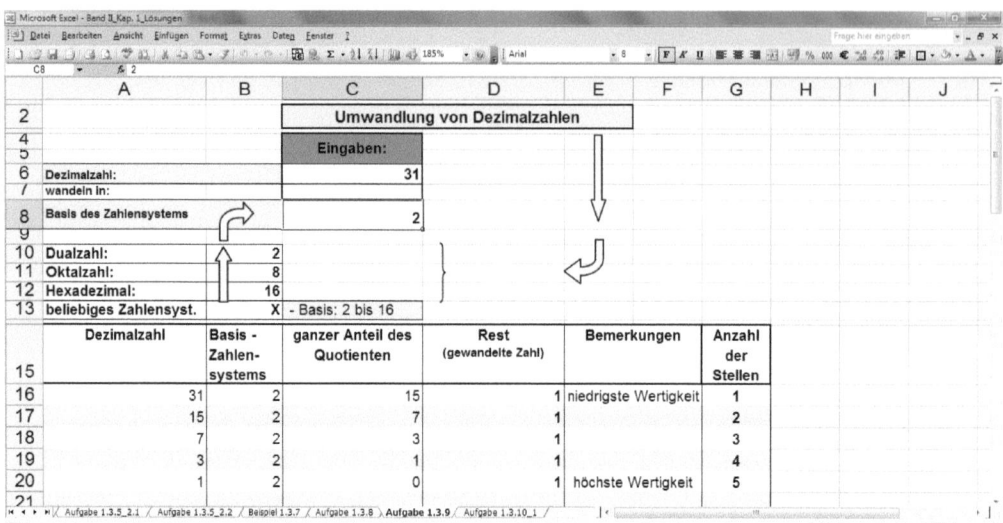

Abbildung II_1.28: Lösung zur Aufgabe 1.3.9

zu 1.3.10_1: 1 GB = 1.024 MB = 2^{30} Byte = 1.073.741.824 Byte

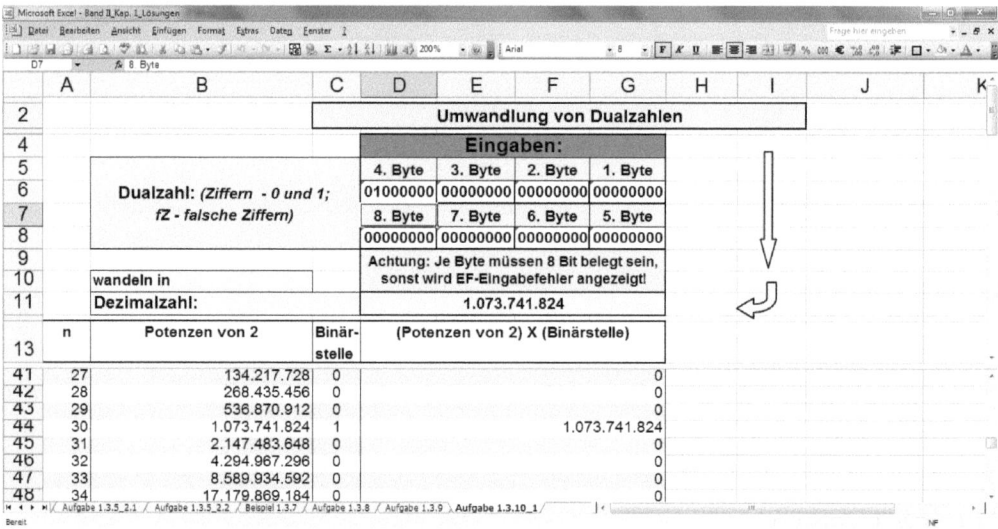

Abbildung II_1.29: Lösung zur Aufgabe 1.3.10_1

zu 1.3.10_2: 8 GB = 8 * 1.024 MB = 8.192 MB = 8 * 1.073.741.824 Byte
= 8.589.934.592 Byte

2. Grundrechenarten, Potenzieren, Radizieren und Logarithmieren

2.1 Rechenregel der Grundrechenarten

Die Tabelle II_2.1 enthält die wichtigsten Rechengesetze der Grundrechenarten [2.1] bis [2.3].

Tabelle II_2.1: Rechengesetze

Nr.	-Gesetz	Addition/ Subtraktion	Multiplikation	Division
1	**Kommutativ** (Vertauschungs)	$a+b = b+a$	$a*b = b*a$	
2	**Assoziativ** (Verbindungs)	$(a+b)+c = a+(b+c)$	$(a*b)*c = a*(b*c)$	
3a		$a*(b\pm c) = a*b\pm a*c)$		
3b	**Distributiv** (Verteilungs)	$(a+b)*(c+d) = a*c+a*d+b*c+b*d$		
3c				$(a\pm b):c = a:c\pm b:c$ $(c \neq 0)$
4a		$(a+b)^2 = a^2+2a*b+b^2$		
4b	**Binomische Formeln**	$(a-b)^2 = a^2-2a*b+b^2$		
4c		$(a+b)*(a-b) = a^2-b^2$		

2.2 Bruchrechnung

Brüche sind Teile eines Ganzen. Ein Bruch drückt aus, in welchem Verhältnis das Teil zum Ganzen steht. Teilt man ein Ganzes in 2, 3, 4,... gleichgroße Teile, so erhält man Halbe, Drittel, Viertel, ...

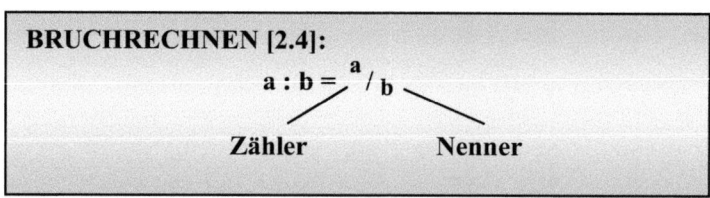

BRUCHRECHNEN [2.4]:

$$a : b = {}^a/_b$$

Zähler   Nenner

Nenner: Der Nenner gibt an, in wie viele gleichgroße Teile ein Ganzes zerlegt wird.

Zähler: Der Zähler gibt an, wie viele von diesen Teilen zusammengefasst werden.

zum Beispiel:

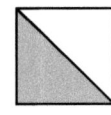 $1 : 2 = {}^1/_2$

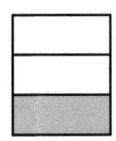 $1 : 3 = {}^1/_3$

 $1 : 4 = {}^1/_4$

2.2.1 Rechnen mit Brüchen

Echter Bruch: Zähler ist kleiner als Nenner

$$\frac{18}{39}; \frac{11}{27}; \frac{2}{8}$$

Unechter Bruch: Zähler ist größer als Nenner

$$\frac{18}{9}; \frac{11}{7}; \frac{22}{8}$$

Gemischte Zahl:	Besteht aus einer ganzen Zahl und einem echten Bruch

$$1\frac{18}{39};\ 2\frac{11}{27};\ 6\frac{2}{8}$$

Dezimalbruch:	Jeder Bruch lässt sich in einen Dezimalbruch umwandeln, in dem man den Zähler durch den Nenner dividiert.

$$\frac{2}{8} = 2 : 8 = 0,25$$

Gleichnamige Brüche:	Brüche mit gleichen Nennern

$$\frac{18}{9};\ \frac{11}{9};\ \frac{2}{9}$$

Ungleichnamige Brüche:	Brüche mit verschiedenen Nennern

$$\frac{19}{39};\ \frac{17}{27};\ \frac{3}{9}$$

Kürzen:	Zähler und Nenner werden durch die gleiche Zahl dividiert.

$$\frac{12}{36} = \frac{12 : 4}{36 : 4} = \frac{3}{9} = \frac{1}{3}$$

Erweitern:	Zähler und Nenner werden mit der gleichen Zahl multipliziert.

$$\frac{2}{6} = \frac{2 * 4}{6 * 4} = \frac{8}{24}$$

2.2.1.1 Addition und Subtraktion von Brüchen

Bei der Addition und Subtraktion von gleichnamigen Brüchen werden die Zähler addiert bzw. subtrahiert. Dabei wird der Nenner beibehalten.

$$\frac{a}{n} \pm \frac{b}{n} = \frac{a \pm b}{n}$$

Wenn die Brüche nicht gleichnamig sind, so kann man sie durch Erweitern gleichnamig machen.

$$\frac{a}{c} \pm \frac{b}{d} = \frac{a * d}{c * d} \pm \frac{b * c}{c * d}$$

Soll der Nenner möglichst klein sein, so bestimmt man den kleinsten gemeinsamen Nenner (Hauptnenner), der häufig als kleinstes gemeinsames Vielfaches (kgV) bezeichnet wird. Das kgV bestimmt man durch zerlegen der natürlichen Zahl in Primfaktoren. Jede natürliche Zahl ist entweder eine Primzahl oder lässt sich als Produkt von Primzahlen (Primfaktoren) darstellen. Eine Primzahl ist durch 1 und sich selbst teilbar. Die Zahl 1 zählt nicht zu den Primzahlen, so dass die Folge mit 2 beginnt.

Primzahlen: 2, 3, 5, 7, 11, 13, 17, 19, 23, 29, 31, 37, 41, 43, 47, 53 ...

Beispiele

$$\frac{a}{n} \pm \frac{b}{n} = \frac{a \pm b}{n} \qquad \frac{3}{5} + \frac{7}{5} = \frac{10}{5} = 2$$

$$\frac{a}{c} \pm \frac{b}{d} = \frac{a * d}{c * d} \pm \frac{b * c}{c * d} \qquad \frac{4}{7} + \frac{11}{9} = \frac{4 * 9}{7 * 9} + \frac{7 * 11}{7 * 9} = \frac{36}{63} + \frac{77}{63} = \frac{113}{63}$$

2.2.1.2 Multiplikation und Division von Brüchen

Das Produkt von Brüchen ergibt wieder einen Bruch, wobei die Produkte der Zähler und Nenner gebildet werden.

$$\frac{a}{b} * \frac{c}{d} = \frac{a*c}{b*d}$$

Die Division ist die Umkehrung der Multiplikation, so gilt:

$$\frac{a}{b} : \frac{c}{d} = \frac{a*d}{b*c}$$

Man dividiert durch einen Bruch, indem man mit dem der Kehrwert des Bruches multipliziert.

Beispiele

$$\frac{a}{b} * \frac{c}{d} = \frac{ac}{bd} \qquad \frac{18}{39} * \frac{11}{27} = \frac{18*11}{39*27} = \frac{198}{1053} = \frac{22}{117}$$

$$8 * \frac{13}{16} = \frac{8*13}{1*16} = \frac{104}{16} = \frac{13}{2} = 6\frac{1}{2}$$

$$\frac{a}{b} : \frac{c}{d} = \frac{ad}{bc} \qquad \frac{12}{94} : \frac{13}{6} = \frac{12*6}{94*13} = \frac{72}{1222} = \frac{36}{611}$$

$$11 : \frac{17}{16} = \frac{11*16}{1*17} = \frac{72}{1222} = \frac{176}{17}$$

2.3 Potenzen

Die Produkte aus zwei oder mehreren gleichen Faktoren nennt man Potenz. Das Produkt $a * a * a * a * a$ ist eine Potenz. Man schreibt kürzer a^5 (sprich: a hoch 5), **a** ist die **Grundzahl (Basis)**, **n** ist die **Hochzahl (Exponent)** dieser Potenz. Der Exponent gibt an, wie oft die Basis als Faktor geschrieben wird.

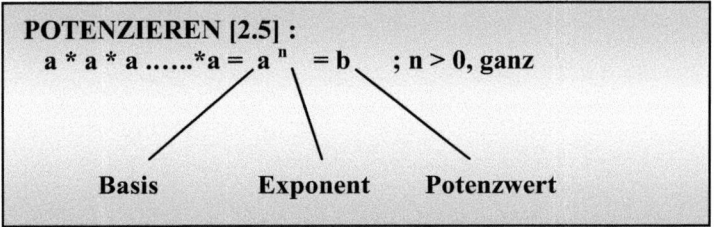

2.3.1 Spezielle Potenzen

- $a^1 = a$

- $0^n = 0$ für $n \neq$ (ungleich) 0

- 0^0 nicht erklärt

- $1^n = 1$ für $n > 0$

- Festlegung: $a^0 = 1 (a \neq 0)$

- $a^{-n} = 1/a^n (a \neq 0)$

2.3.2 Potenzgesetze

Für m, n ganze Zahlen und a, b beliebig reell, aber $\neq 0$, so gilt:

$$[2.5]$$
$$a^m * a^n = a^{m+n}$$
$$a^m : a^n = a^{m-n}$$
$$a^m * b^m = (a*b)^m$$
$$a^m : b^m = \left(\frac{a}{b}\right)^m$$
$$(a^m)^n = a^{m*n} = (a^n)^m$$

Beispiele :

$$2^3 * 2^2 = 8 * 4 = 2^{3+2} = 32 \qquad 2^3 : 2^2 = \frac{8}{4} = 2^{3-2} = 2$$

$$3^2 * 2^2 = (3 * 2)^2 = 36 \qquad 3^2 : 2^2 = \frac{9}{4} = \left(\frac{3}{2}\right)^2 = \frac{9}{4}$$

$$\left(2^3\right)^2 = 2^{3*2} = 64 = \left(2^2\right)^3 = 64$$

2.3.3 Zehnerpotenzen

Das Zehner- oder Dezimalsystem (↑ Band II Kap. 1.2.1) mit der Basis 10 hat im alltägli-chen Leben eine große Bedeutung. In der folgenden Tabelle sind für einige Zehnerpotenzen die Abkürzungen und Namen aufgelistet.

Tabelle II_2.2: Abkürzungen und Namen für Zehnerpotenzen [2.6]

Abkürzung	Name	Bezeichnung	Zehnerpotenz
E	Exa	Trillionen	10^{18}
P	Peta	Billiarden	10^{15}
T	Tera	Billionen	10^{12}
G	Giga	Milliarden	10^{9}
M	Mega	Millionen	10^{6}
K	Kilo	Tausend	10^{3}
			10^{0}
m	Milli	Tausendstel	10^{-3}
μ	Mikro	Millionstel	10^{-6}
n	Nano	Milliardstel	10^{-9}
p	Piko	Billionstel	10^{-12}
f	Femto	Billiardstel	10^{-15}
a	Atto	Trillionstel	10^{-18}

2.4 Wurzelziehen oder Radizieren

Ist aus der Potenzgleichung **b** = **a^n** bei bekannten n und b (≥ 0) die Basis a zu ermitteln, so ergibt sich das Wurzelziehen oder Radizieren.

Bei der Gleichung a = $^n\sqrt{b}$ (sprich: a ist die n-te Wurzel aus b) bezeichnet: **a** die **Wurzel** oder den **Wurzelwert, n** den **Wurzelexponenten, b** den **Radikand** oder die **Wurzelbasis** und $\sqrt{}$ das **Wurzelsymbol**.

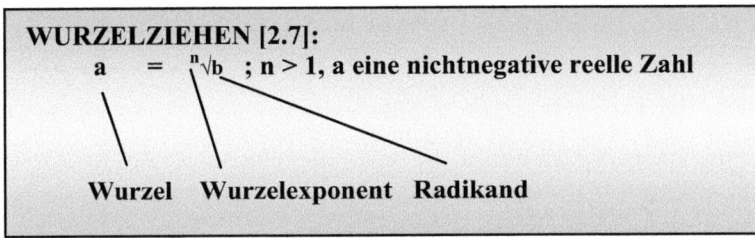

```
WURZELZIEHEN [2.7]:
   a   =   ⁿ√b  ; n > 1, a eine nichtnegative reelle Zahl



       Wurzel  Wurzelexponent  Radikand
```

Das Radizieren ist die erste Umkehrung des Potenzierens**, denn bei nicht negativem Radikanden heben sich Potenzieren und Radizieren mit gleichen Exponenten gegenseitig auf:**

$$\left(\sqrt[n]{b}\right)^n = \sqrt[n]{b^n} = b \qquad b \geq 0$$

Dies kann man für Proberechnungen nutzen.

Beispiele:

$$\sqrt[2]{0{,}0169} = 0{,}13 \qquad , denn \; 0{,}13^2 = 0{,}0169$$

$$\sqrt[4]{16} = 2 \qquad , denn \; 2^4 = 16$$

$$\sqrt[3]{-27} = nicht \; möglich, Radikand \; darf \; nicht \; negativ \; sein$$

2.4.1 Spezielle Wurzeln

- $\sqrt[n]{0} = 0$ für n> 0, natürlich

- $\sqrt[n]{1} = 1$ für n> 0, natürlich

- $\sqrt[0]{b}$ nicht erklärt

2.4.1.1 Quadrat- und Kubikwurzeln

Bei einem Wurzelexponent von 2 spricht man von einer Quadratwurzel oder von der zweiten Wurzel mit folgender Schreibweise:

$$\sqrt{b} = \sqrt[2]{b}$$

Ist der Wurzelexponent 3 so bezeichnet man die Wurzel als Kubikwurzel oder dritte Wurzel und schreibt:

$$\sqrt[3]{b}$$

2.4.2 Wurzelgesetze

Für m, n > 0 und natürlich, a ≥ 0 und b > 0 gilt:

$$[2.7]$$

$$\sqrt[n]{a} * \sqrt[n]{b} = \sqrt[n]{a*b} \qquad \sqrt[m]{a} * \sqrt[n]{a} = \sqrt[m*n]{a^{m+n}}$$

$$\sqrt[n]{a} : \sqrt[n]{b} = \sqrt[n]{\frac{a}{b}} \qquad \sqrt[m]{a} : \sqrt[n]{a} = \sqrt[m*n]{a^{n-m}}$$

$$\sqrt[n]{\sqrt[m]{a}} = \sqrt[m*n]{a} = \sqrt[m]{\sqrt[n]{a}}$$

Beispiele:

$$\sqrt[2]{4} * \sqrt[2]{16} = 2 * 4 = \sqrt[2]{4*16} = 8$$

$$\sqrt[2]{16} * \sqrt[4]{16} = 4 * 2 = \sqrt[2*4]{16^{2+4}} = 8$$

$$\sqrt[2]{16} : \sqrt[2]{9} = \frac{4}{3} = \sqrt[2]{\frac{16}{9}} = \frac{4}{3}$$

$$\sqrt[2]{16} : \sqrt[4]{16} = \frac{4}{2} = {}^{2*4}\sqrt{16^{4-2}} = 2$$

$$\sqrt[2]{\sqrt[4]{256}} = 2 = {}^{4*2}\sqrt{256} = 2 = \sqrt[4]{\sqrt[2]{256}} = 2$$

2.4.3 Zusammenhang zwischen Potenzieren und Wurzelziehen

Für alle b ≥ 0; b reell; m, n natürlich; n ≥ 2; m > 0 gilt:

$$b^{\frac{1}{n}} = \sqrt[n]{b} \qquad b^{-\frac{1}{n}} = \frac{1}{\sqrt[n]{b}}$$

$$b^{\frac{m}{n}} = \sqrt[n]{b^m} \qquad b^{-\frac{m}{n}} = \frac{1}{\sqrt[n]{b^m}}$$

2.5 Logarithmieren

Ist aus der Potenzgleichung **b = aⁿ** bei bekannter **Basis a** und bekanntem **Potenzwert b** der **Exponent n** zu ermitteln, so ergibt sich das Logarithmieren.
Bei der Gleichung **n = log$_a$ b** (sprich: n ist der Logarithmus von b zur Basis a) bezeichnet: **n** den **Logarithmus**, **b** den **Numerus** (die zu logarithmierende Zahl), **a** die Grundzahl oder die **Basis des Logarithmus** und **log** das **Rechensymbol**.

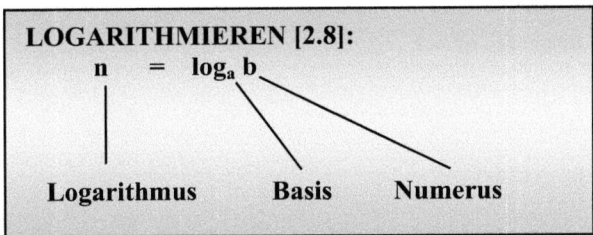

LOGARITHMIEREN [2.8]:
$$n = \log_a b$$
Logarithmus   Basis   Numerus

Das Logarithmieren **und** Potenzieren **mit der gleichen Basis heben sich gegenseitig auf,**
dass heißt das Logarithmieren ist die zweite Umkehrung des Potenzierens.

$$a^{\log_a b} = \log_a(a^b) = b$$

Dies kann man nutzen, um die ermittelten Logarithmen zu überprüfen.

Beispiele:

$$\log_{10} 1.000 = 3 \qquad , denn \quad 10^3 = 1.000$$

$$\log_4 0,5 = -\frac{1}{2} \qquad , denn \quad 4^{-\frac{1}{2}} = \frac{1}{4^{\frac{1}{2}}} = \frac{1}{\sqrt{4}} = 0,5$$

$$\log_{0,2} 5 = -1 \qquad , denn \quad 0,2^{-1} = \frac{1}{0,2} = 5$$

$$\log_2(2^{10}) = 10 \qquad , denn \quad 2^{10}$$

2.5.1 Spezielle Logarithmen

- $\log_a a = 1$

- $\log_a 1 = 0$; **folgt aus** $a^0 = 1$

- $a^{\log_a b} = b$

- $\log_1 a$ **- nicht erklärt**

2.5.2 Logarithmengesetze

Für u, v > 0; r beliebig reell und a > 0; a ≠ 1:

$$[2.8]$$
$$\log_a(u * v) = \log_a u + \log_a v$$
$$\log_a\left(\frac{u}{v}\right) = \log_a u - \log_a v$$
$$\log_a u^r = r * \log_a u$$
$$\log_a \sqrt[n]{u} = \frac{1}{n}\log_a u$$

Da bei den Logarithmengesetzen jede Rechenart auf die nächst kleine Rechenstufe zurückgeführt wird (Multiplikation → Addition; Division → Subtraktion usw.), kann man sich mit Logarithmen das Rechnungen mit großen Zahlen vereinfachen.

Beispiele:

$$\log_2(4 * 4) = \log_2 4 + \log_2 4 = 2 + 2 = 4$$
$$\log_2\left(\frac{16}{4}\right) = \log_2 16 - \log_2 4 = 4 - 2 = 2$$
$$\log_2 4^3 = 3 * \log_2 4 = 3 * 2 = 6$$
$$\log_2 \sqrt[2]{256} = \frac{1}{2}\log_2 256 = \frac{1}{2} * 8 = 4$$

2.5.3 Logarithmensysteme

2.5.3.1 Natürlicher Logarithmus

Der Logarithmus zur Basis e (Eulersche Zahl: 2.7182818284.....) nennt man natürlichen Logarithmus [2.8]. Er wird in Zusammenhang mit Exponentialfunktionen verwendet (↑ Band II Kap. 9).

Schreibweise:

$$\log_e b = \ln b$$

2.5.3.2 Dekadischer Logarithmus

Der Logarithmus zur Basis 10 nennt man dekadischen Logarithmus oder Zehnerlogarithmus und wird bei numerischen Rechnungen im Dezimalsystem verwendet (↑ Band II Kap. 1).

Schreibweise:

$$\log_{10} b = \lg b$$

2.5.3.3 Binärer Logarithmus

Der Logarithmus zur Basis 2 nennt man binärer Logarithmus und wird in der Informatik bei Rechnungen im Binärsystem verwendet (↑ Band II Kap. 1).

Schreibweise:

$$\log_2 b = lb\ b$$

2.5.3.4 Wechsel der Logarithmensysteme

Für a, b, c > 0 und ≠ 1 gilt:

$$\log_a b * \log_b a = 1 \qquad\qquad \log_a b = \frac{1}{\log_b a}$$

Beispiele:

$$\log_2 16 * \log_{16} 2 = 4 * \frac{1}{4} = 1 \qquad\qquad \log_2 16 = 4 = \frac{1}{\log_{16} 2} = \frac{1}{\frac{1}{4}} = 4$$

$$\log_c b = \frac{\log_a b}{\log_a c} = \frac{\lg b}{\lg c} = \frac{\ln b}{\ln a} = \frac{lb\ b}{lb\ c}$$

Beispiel:

$$\log_3 15 = \frac{\log_5 15}{\log_5 3} = \frac{\lg 15}{\lg 3} = \frac{\ln 15}{\ln 3} = \frac{lb\ 15}{lb\ 3} = 2,464973521$$

$$\lg b = \frac{\ln b}{2,3025851} = 0,43429449 * \ln b$$

Beispiel:

$$\lg 100 = 2 = \frac{\ln 100}{2,3025851} = 1.9999999994 \approx 2$$
$$= 0,43429449 * \ln 100 = 2,000000037 \approx 2$$

$$\ln b = \frac{\lg b}{0,43429448} = 2,3025851 * \lg b$$

Beispiel:

$$\ln 100 = 4,605170186 = \frac{\lg 100}{0,43429448} = 4,605170206$$
$$= 2,3025851 * \lg 100 = 4,6051702$$

$$lb\, b = \frac{\lg b}{0,30103} = 3,329281 * \lg b$$

Beispiel:

$$lb\, 1.024 = 10 = \frac{\lg 1.024}{0,30103} = 9,999999856 \approx 10$$
$$= 3,329281 * \lg 1.024 = 10,02213445 \approx 10$$

$$lb\, b = \frac{\ln b}{0,693147} = 1,44269554 * \ln b$$

Beispiel:

$$lb\, 64 = \frac{\ln 64}{0,693147} = 6,000001563 \approx 6$$
$$= 1,44269554 * \ln 64 = 6,000002076 \approx 6$$

2.5.4 Zusammenhang zwischen Potenzieren, Radizieren und Logarithmieren

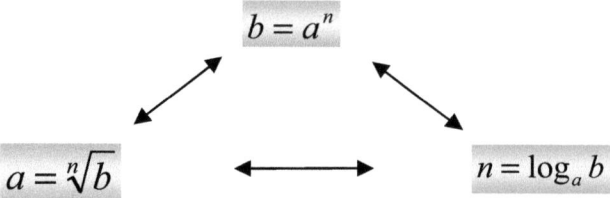

2.6 Übungsaufgaben zu den Grundrechenarten, Potenzieren, Radizieren und Logarithmieren

2.6.1 Konzentrationsfähigkeit:
Innerhalb von 90 Sekunden sind alle Fehler in den folgenden Rechenaufgaben zu finden.

Tabelle I_2.3: Rechenaufgaben

Aufgaben	Aufgaben	Aufgaben	Aufgaben
4+11=15	14 -11= 3	19+11=30	3+13= 16
17 - 5=22	27 - 5=12	24 - 5=29	17 - 6=11
18+ 6=24	6+ 9=14	28- 22=14	16+ 9=25
10+12=22	11+ 12=23	10 - 2=12	16+ 12=28
18+ 9=26	24 - 9=13	8+ 12=20	28 - 9=19

Aufgaben	Aufgaben	Aufgaben	Aufgaben
22+13=35	30 -11= 19	19+12=31	13+16=29
7 - 5=12	27- 15=12	25 - 5=20	15 - 6= 9
18 - 6=12	16+ 9=25	28 - 22= 6	16+ 3=19
10+11=21	17+ 12=29	10 - 2 = 8	16- 12=28
8+ 9=17	14 - 9= 3	18 + 2=20	4 + 9=13

2.6.2 In einer Digitalkamera wird eine Speicherkarte mit 4 GByte (Gigabyte) verwendet. Für eine hohe Bildqualität wird die Kamera so eingestellt, dass pro Bilddatei 3 MByte (Megabyte) benötigt werden.
Wie viele Bilder passen auf die Speicherkarte?

2.6.3 Die Formel für den perfekten Weihnachtsbaum lautet 1: 0,65 (Höhe-Breite-Verhältnis). Bitte wandeln Sie das Verhältnis für den perfekten Weihnachtsbaum in einen Bruch um. Bei einer Weihnachtsbaumhöhe von 1,80 m ist die Breite zu ermitteln.

2.6.4 Berechnen Sie die Angaben der Bildauflösung (Pixel) in Mega-Pixel (MPixel) um.

Tabelle I_2.4: Bildauflösungen

Bildauflösung	Anzahl in MPixel
800 X 600	?
1280 X 960	?
1800 X 1200	?
2048 X 1536	?
2272 X 1704	?

2.6.5 Berechnen Sie den Gesamtwiderstand der Parallelschaltung der Widerstände R_1 und R_2.
$R_1 = 1,58$ Ohm $[\Omega]$ $R_2 = 2,75$ Ohm $[\Omega]$
Bemerkungen:
Der Gesamtwiderstand R zweier parallel geschalteter Widerstände R_1 und R_2 berechnet sich aus folgender Beziehung:

$$\frac{1}{R} = \frac{1}{R_1} + \frac{1}{R_2}$$

2.6.6 Der Vater hat eine Größe von 177 Zentimeter und die Mutter von 165 Zentimeter. Welche Größe hat die Tochter, wenn sie erwachsen ist?

2.6.7 Wie viele Bits umfasst ein Kilobyte? Antworten Sie spontan. Sie Denken vielleicht an 1.000, nein es sind .....

2.6.8 Die Lichtgeschwindigkeit beträgt 300.000 km/s. Rechnen Sie die Lichtgeschwindigkeit in m/s, cm/s und mm/s um.

2.6.9 Berechnen Sie die Raumdiagonale eines Zimmers mit folgenden Abmessungen: 5 x 6 x 2,5 m (L x B x H) - (↑ Band II_Kap. 5.3)

2.7 Lösungen zu den Übungsaufgaben - Grundrechenarten, Potenzieren, Radizieren und Logarithmieren

zu 2.6.1:

Tabelle 2.5: Lösungen zu den Rechenaufgaben

Aufgaben		Aufgaben		Aufgaben		Aufgaben	
4+11=15		14 -11= 3		19+11=30		3+13= 16	
17 - 5=22	f	27 - 5=12	f	24 - 5=29	f	17 - 6=11	
18+ 6=24		6+ 9=14	f	28- 22=14	f	16+ 9=25	
10+12=22		11+ 12=23		10 - 2=12	f	16+ 12=28	
18+ 9=26	f	24 - 9=13	f	8+ 12=20		28 - 9=19	

Aufgaben		Aufgaben		Aufgaben		Aufgaben	
22+13=35		30 -11= 19		19+12=31		13+16=29	
7 - 5=12	f	27- 15=12		25 - 5=20		15 - 6= 9	
18- 6=12		16+ 9=25		28 - 22= 6		16+ 3=19	
10+11=21		17+ 12=29		10 - 2= 8		16- 12=28	f
8+ 9=17		14 - 9= 3	f	18 + 2=20		4 + 9=13	

f - Fehler

zu 2.6.2:   Auf der 4 GB Speicherkarte können **circa 1.365 Bilder** gespeichert werden.

1 GB = 1 GByte (Gigabyte): $2^{10}*2^{10}*2^{10}$ Byte = 2^{30} Byte = 1.024*1.024*1.024 Byte
= **1.073.741.824 Byte**

4 GB = 4 * 1.073.741.824 Byte   = **4.294.967.296 Byte**

1 MB = 1MByte (Megabyte): $2^{10}*2^{10}$ Byte = 2^{20} Byte = 1.024*1.024 Byte
= **1.048.576 Byte**

3 MB = 3 * 1.048.576 Byte   = **3.145.728 Byte**

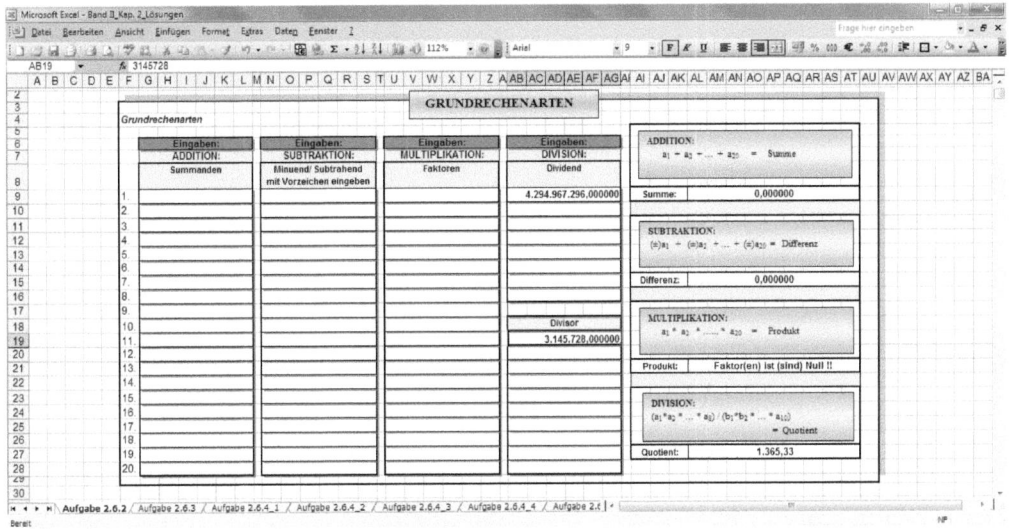

Abbildung II_2.1: Lösung zur Aufgabe 2.6.2

zu 2.6.3: Der Weihnachtsbaum hat die perfekte Form, wenn er bei einer Höhe von 1,80 m eine **Breite von 1,20 m** besitzt.

$$1 = \frac{100}{100}; \quad 0,65 = \frac{65}{100}$$

$$\frac{a}{b} : \frac{c}{d} = \frac{ad}{bc} \qquad \frac{100}{100} : \frac{65}{100} = \frac{100 * 100}{100 * 65} = \frac{100}{65} \approx \frac{3}{2}$$

Bei einem **Verhältnis** von **rund 3:2 (Höhe : Breite)** hat der Weihnachtsbaum eine perfekte Form.

$$Breite = \frac{2}{3} * 1,8\,m = 1,20\,m$$

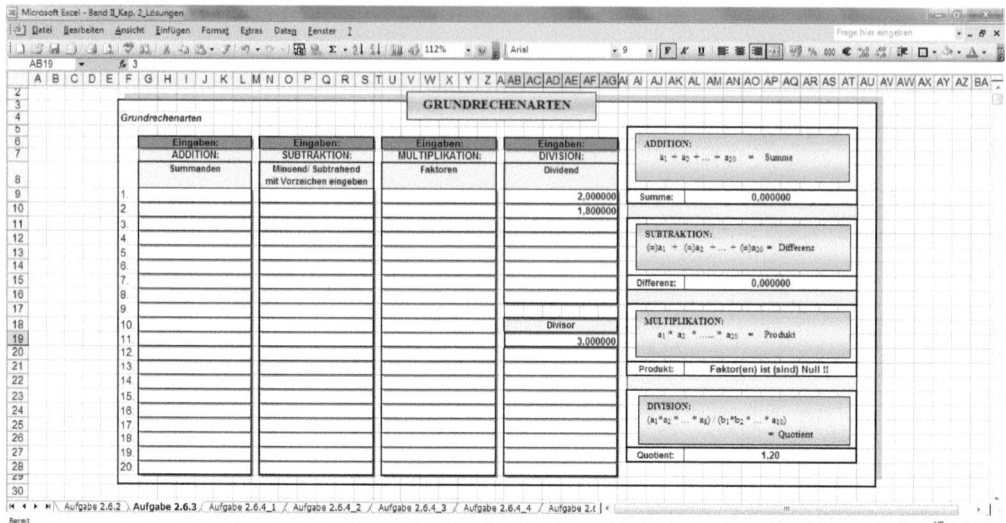

Abbildung II_2.2: Lösung zur Aufgabe 2.6.3

zu 2.6.4

Tabelle 2.6: Berechnungen - Bildauflösungen

Bildauflösung (Pixel)	Anzahl der Pixel
800 X 600	480.000
1280 X 960	1.228.800
1800 X 1200	2.160.000
2048 X 1536	3.145.728
2272 X 1704	3.871.488

(↑ Excel-Programm Band II_Kap. 2_Lösungen Aufgabe 2.6.4_1 bis _5)

zu 2.6.5: Die Parallelschaltung der Widerstände ergibt einen **Gesamtwiderstand** von **rund 1 Ohm**.

$$R = \frac{R_1 * R_2}{R_1 + R_2} = \frac{1,6\Omega * 2,6\Omega}{1,6\Omega + 2,6\Omega} = \frac{4,16\Omega^2}{4,2\Omega} = 0,99047\Omega \approx 1\Omega$$

$R_1 = 1,6$ Ohm $[\Omega]$ $\qquad$ $R_2 = 2,6$ Ohm $[\Omega]$

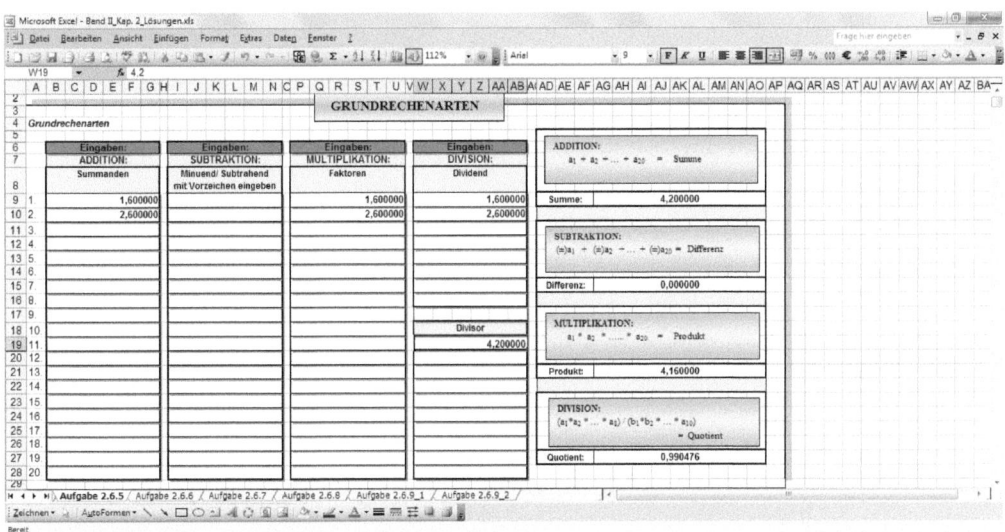

Abbildung II_2.3: Lösung zur Aufgabe 2.6.5

zu 2.6.6: Die Größe der erwachsenen Tochter wird im **Bereich von 156 bis 173 Zentimetern** liegen.

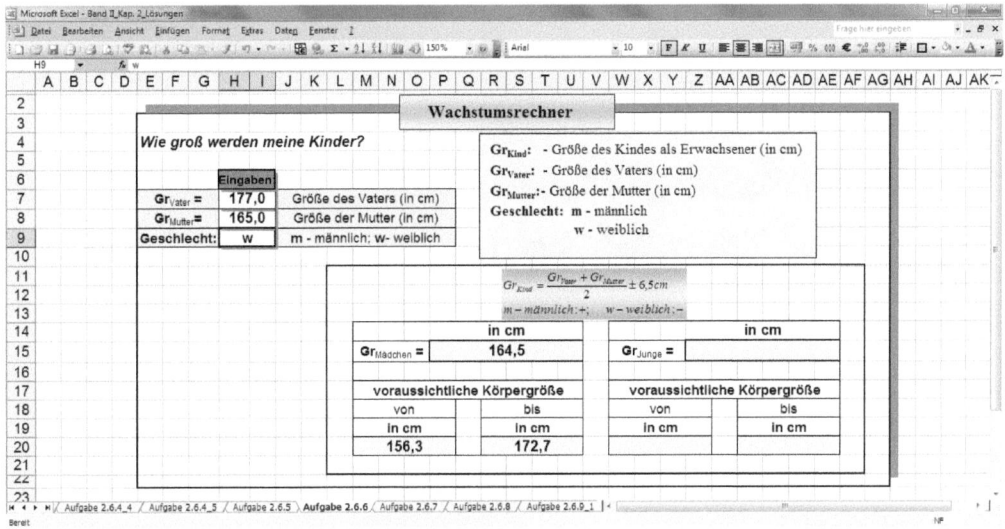

Abbildung II_2.4: Lösung zur Aufgabe 2.6.6

zu 2.6.7:   Ein Kilobyte umfasst **8.192 Bits** (↑ Excel-Programm Band II_Kap. 2_Lösungen Aufgabe 2.6.7).

1 KB = 1 KByte (Kilobyte): 2^{10} Byte = **1024 Byte**
8 Bit oder 1 Byte
1 KB = 8 *1024 Bits = 8.192

zu 2.6.8:

300.000 km/s = 300.000.000 m/s = 30.000.000.000 cm/s = 300.000.000.000 mm/s

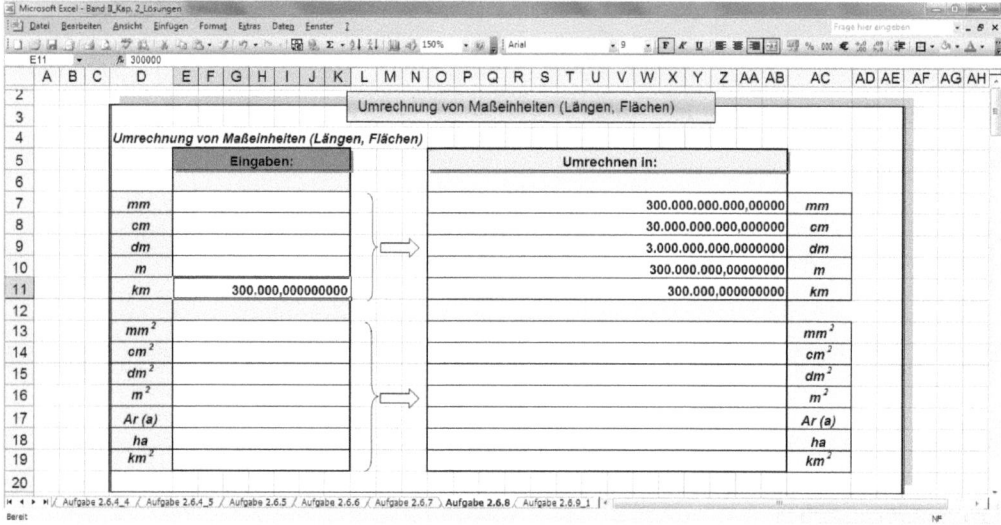

Abbildung II_2.5: Lösung zur Aufgabe 2.6.8

zu 2.6.9:   **Raumdiagonale** des Zimmers: **8,20 m**

Raumdiagonale e ?
Zimmer mit folgenden Abmessungen: **5 x 6 x 2,5 m (L x B x H)**

$$e = \sqrt{a^2 + b^2 + c^2}$$ (↑ Band II_Kap. 5.3)

$$e = \sqrt{(5m)^2 + (6m)^2 + (2,5m)^2} = \sqrt{25m^2 + 36m^2 + 6,25m^2}$$
$$= \sqrt{67,25m^2} = 8,2006....m \approx 8,20m$$

Zwischenrechnung:
(↑ Excel-Programm Band II_Kap. 2_Lösungen Aufgabe 2.6.9_1)

25^2:

$$[(25\text{-}5) * (25\text{+}5)] + 25 = [(20) * (30)] + 25 = 600 + 25 = 625$$

(↑ Band I_Kap. 2 Beispiel 2.1.5)

$2,5^2$:   6,25

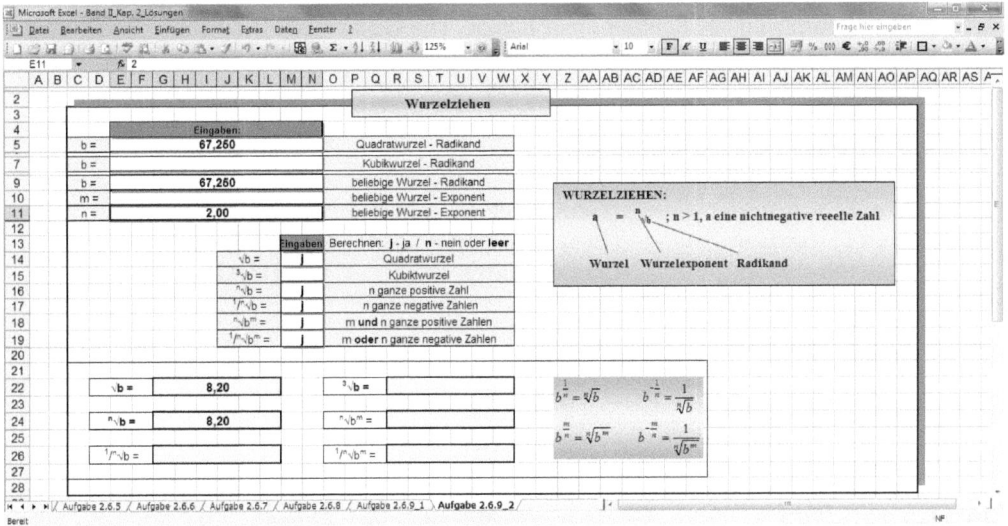

Abbildung II_2.6: Lösung zur Aufgabe 2.6.9

3. Prozent- und Promillerechnung

3.1 Prozentrechnung - Grundlagen

Durch die Prozentrechnung werden Zahlenangaben vergleichbar gemacht, indem man sich auf Hundert bezieht. Der Bezug zur Zahl 100 wird mit Prozent (lateinisch: pro centum = hundert) bezeichnet, wobei die abgekürzte Schreibweise mit v. H. (von Hundert) meistens mit % (1 % = 1/100 = 0,01) erfolgt [3.1].

Anhand des folgenden Beispiels werden die Grundbegriffe der Prozentrechnung erklärt. In einer 1. Schulklasse sind von 23 Schülern 11 Jungen, in einer 2. Klasse sind von 25 Schülern 12 Jungen. Hierbei werden die Bezugszahlen als Grundwerte bezeichnet, wie in diesem Beispiel die Gesamtzahl der Schüler einer Klasse. Die Gesamtzahl der Schüler einer Klasse wird gleich 100 Prozent gesetzt. Die zu vergleichenden Zahlen (Prozentwerte), wie der Anteil der Jungen in den Klassen, wird auf 100 bezogen.

1. Klasse		**2. Klasse**
von **24 Schülern**	(Grundwert)	von **25 Schülern**
sind **11 Jungen**	(Prozentwert)	sind **12 Jungen**
von **100 sind x**	(Prozentsatz)	von **100 sind x**

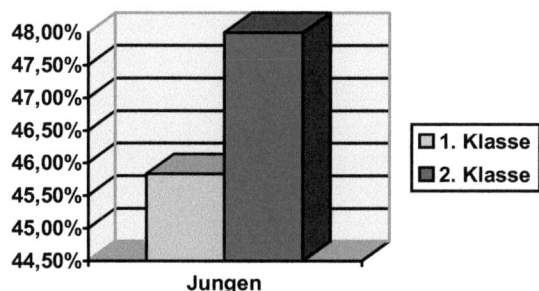

Abbildung II_3.1: Darstellung von Prozentsätzen

Die drei Grundbegriffe (Grundwert, Prozentwert und Prozentsatz) der Prozentrechnung werden anhand von einfachen Beispielen aus dem Bereich der Schule näher betrachtet.

3.1.1 Formeln zur Prozentrechnung

$$p = \frac{W * 100}{G}$$

$$W = \frac{p * G}{100}$$

$$G = \frac{W * 100}{p}$$

[3.1]
p   = Prozentsatz in %
W   = Prozentwert
G   = Grundwert

3.1.1.1 Beispiele zu den Grundbegriffen

1. Prozentsatz (p)

In welcher Schulklasse ist der Anteil der Jungen größer?

1.1 Lösung (1. Klasse):

$$p = \frac{W * 100}{G} \quad = \frac{11 * 100}{24} = 45,83\%$$

gegeben:

W_1	=	11
W_2	=	12
G_1	=	24
G_2	=	25

gesucht:

p_1	=	?
p_2	=	?

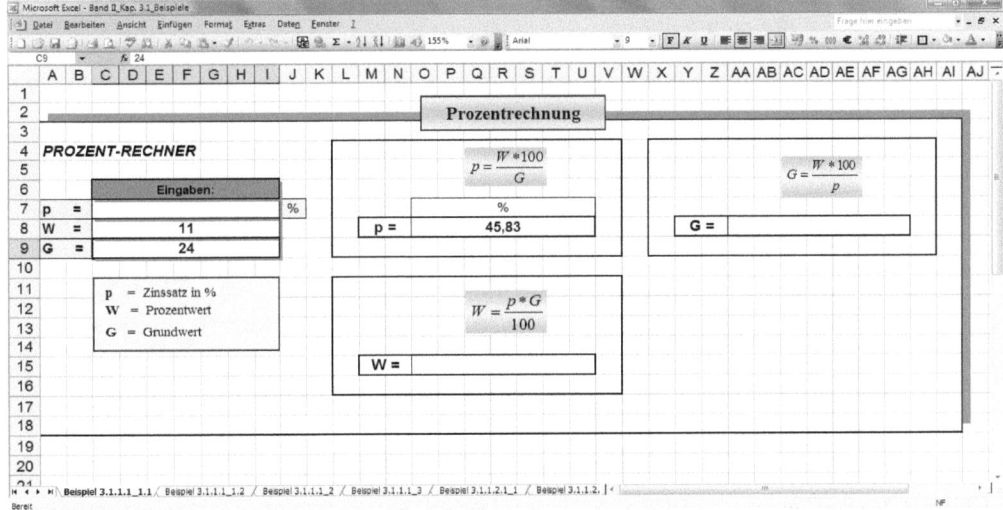

Abbildung II_3.2: Berechnung des Prozentsatzes p_1, Anteil der Jungen in der 1. Klasse

69

1.2 Lösung (2. Klasse):

$$p_2 = \frac{W*100}{G} = \frac{12*100}{25} = 48,00\%$$

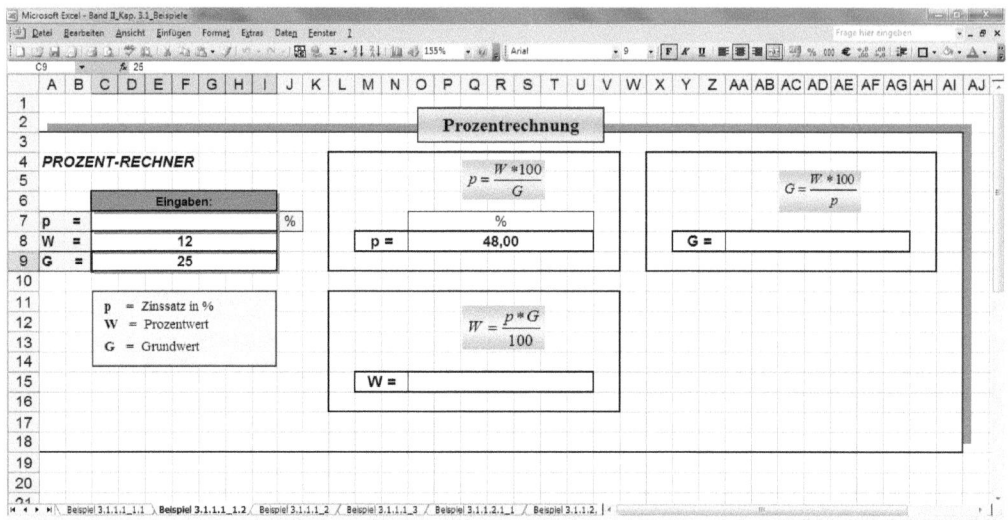

Abbildung II_3.3: Berechnung des Prozentsatzes p₂, Anteil der Jungen in der 2. Klasse

In der **2. Klasse** ist der Anteil der Jungen größer.

2. Prozentwert (W)

In einer 3. Schulklasse sind von den 20 Schülern 60 % Mädchen. Wie viele Mädchen sind in der Klasse?

gegeben:		
p	=	60 %
G	=	20
gesucht:		
W	=	?

Lösungen:

$$W = \frac{p*G}{100} = \frac{60\%*20}{100} = 12$$

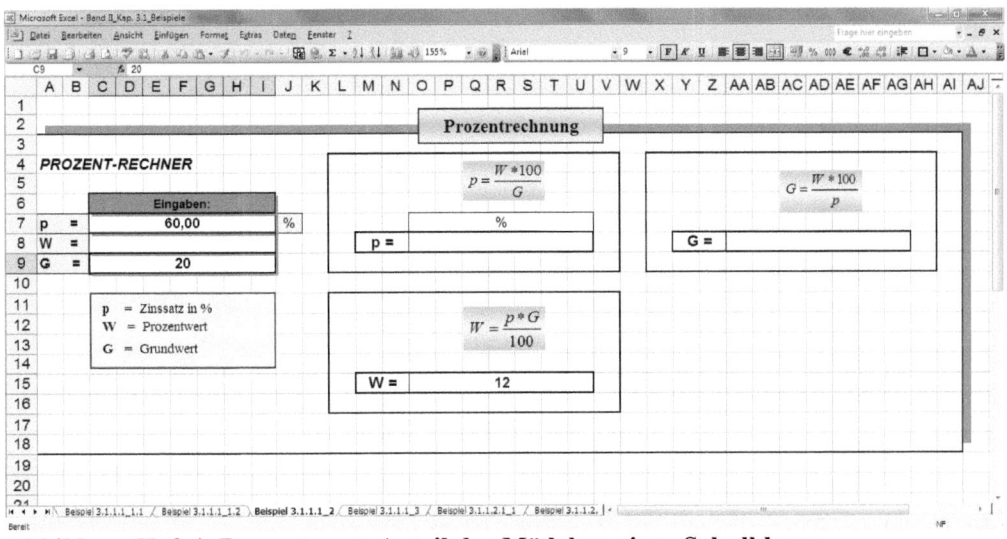

Abbildung II_3.4: Prozentwert, Anteil der Mädchen einer Schulklasse

In der 3. Schulklasse lernen **12 Mädchen**.

3. Grundwert (G)

Die 8 Jungen einer 4. Schulklasse stellen einen Anteil von 40 % der Gesamtzahl der Schüler dieser Klasse.
Wie groß ist die Anzahl der Schüler in der Klasse?

gegeben:		
p	=	40 %
W	=	8
gesucht:		
G	=	?

Lösung:

$$G = \frac{W * 100}{p}$$

$$= \frac{8 * 100\%}{40\%} = 20$$

71

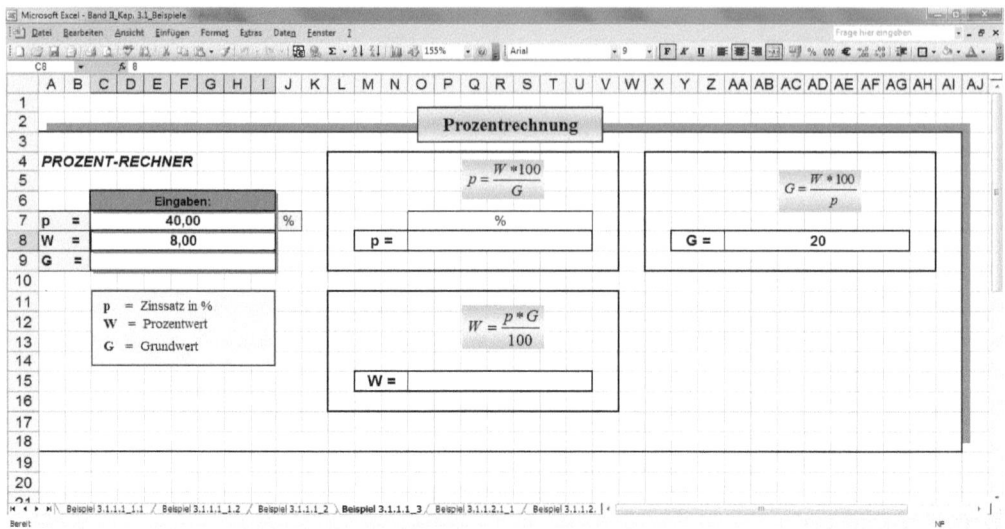

Abbildung II_3.5: Grundwert, Anzahl der Schüler einer Klasse

In der Klasse lernen **20 Schüler**.

3.1.1.2 Änderungen des Grundwertes

3.1.1.2.1 Erhöhung des Grundwertes (vermehrter Grundwert)

Beim erhöhten Grundwert erfolgt eine prozentuale Erhöhung des Grundwertes um p %, so dass sich der Wert aus 100 % + p % ergibt.

Die Formel zur Berechnung des erhöhten Grundwertes lautet [3.2]:

$$G_{(erh.)} = \frac{G * (100\% + p\%)}{100\%}$$

p	= Prozentsatz in %
G	= Grundwert
G(erh.)	= erhöhter Grundwert

und nach dem Grundwert und Prozentsatz umstellt:

$$G = \frac{G_{(erh.)} * 100\%}{(100\% + p\%)}$$

$$p = 100\% \left(\frac{G_{(erh.)}}{G} - 1 \right)$$

1. Erhöhter Grundwert (G (erh.))

In einer 5. Klasse sind 20 Schüler und erhält zum Schuljahresanfang 10 % mehr Schüler. Berechnen Sie die neue Klassenstärke.

gegeben:
G   =   20
p   =   10 %

gesucht:
G (erh.)   =   ?

Lösung:

$$G_{(erh.)} = \frac{G * (100\% + p\%)}{100\%}$$

$$= \frac{20 * (100\% + 10\%)}{100\%} = 22$$

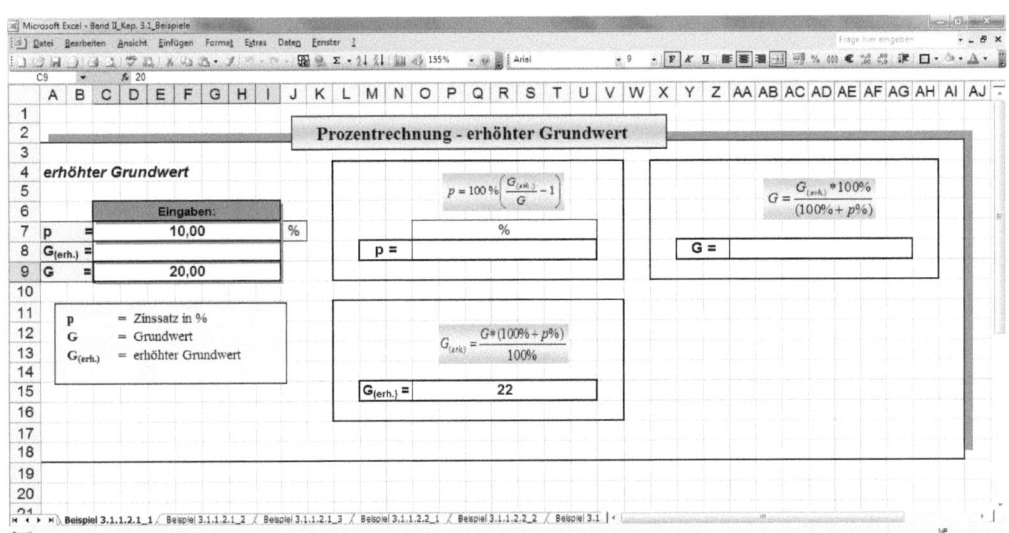

Abbildung II_3.6: Erhöhter Grundwert, Anzahl der Schüler einer 5. Klasse

Die Anzahl der Schüler in der 5. Klasse beträgt **22**.

2. Grundwert (G) - Erhöhter Grundwert

Im Jahr 2012 lernten an einer Schule 600 Schüler. Die Anzahl der Schüler ist von 2011 zu 2012 um 20 % gestiegen.
Wie viele Schülen waren es im Jahr 2011.

gegeben:
G (erh.)   =   600
p   =   20 %

gesucht:
G   =   ?

73

Lösung:

$$G = \frac{G_{(erh.)} * 100\%}{(100\% + p\%)} = \frac{600 * 100\%}{(100\% + 10\%)} = \frac{600 * 100\%}{110\%} = 500$$

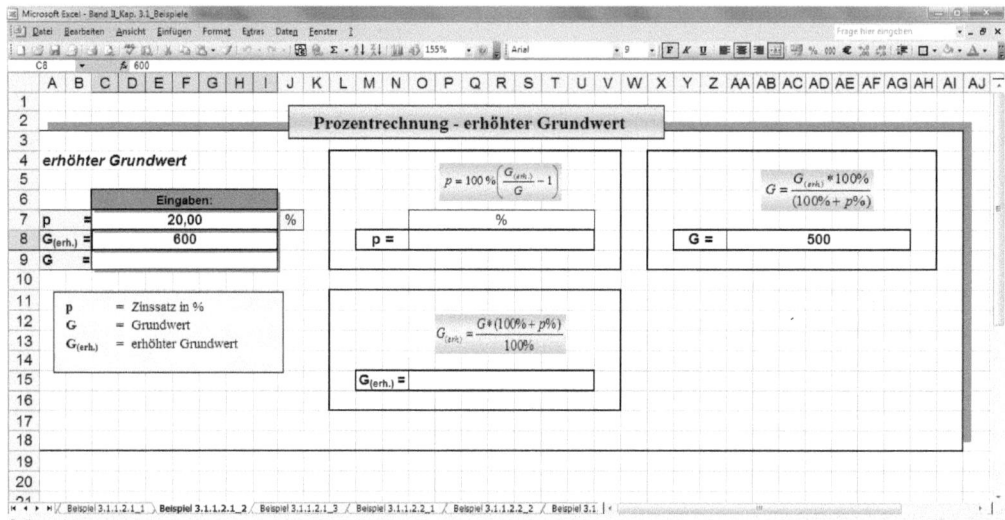

Abbildung II_3.7: Grundwertberechnung (Erhöhter Grundwert), Anzahl der Schüler einer Schule

Im Jahr 2011 lernten **500 Schüler** an der Schule.

3. Prozentsatz (p) - Erhöhter Grundwert

An der oben aufgeführten Schule wird im Jahr 2013 die Anzahl der Schüler um 30 aufgestockt.
Berechnen Sie den Prozentsatz für die erhöhte Anzahl der Schüler von 2012 nach 2013.

gegeben:		
G (erh.)	=	630 (2013)
G	=	600 (2012)
gesucht:		
p	=	?

Lösung:

$$p = 100\% \left(\frac{G_{(erh.)}}{G} - 1 \right)$$

$$= 100\% \left(\frac{630}{600} - 1 \right) = 5,00\%$$

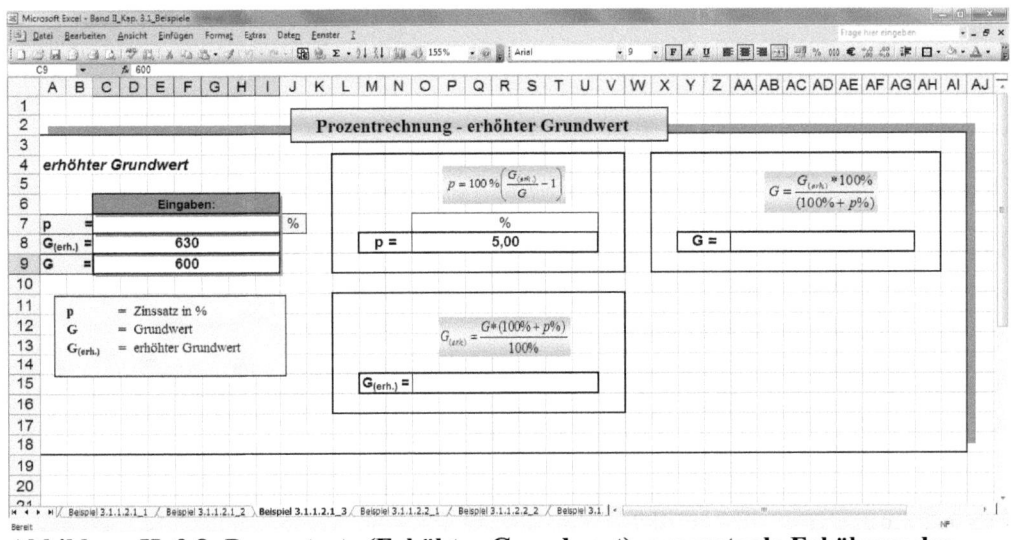

Abbildung II_3.8: Prozentsatz (Erhöhter Grundwert), prozentuale Erhöhung der Schüler einer Schule

Die Schüleranzahl an der Schule erhöht sich von 2012/13 um **5 %**.

3.1.1.2.2 Ermäßigung des Grundwertes (verminderter Grundwert)

Beim ermäßigten Grundwert ist der Wert kleiner als 100 %. Der Grundwert wird um p % vermindert, so ist der ermäßigte Grundwert 100 % - p %.

Die Formel zur Berechnung des ermäßigten Grundwertes lautet [3.2]:

$$G_{(erm.)} = \frac{G * (100\% - p\%)}{100\%}$$

p	=	Prozentsatz in %
G	=	Grundwert
G(erm.)	=	ermäßigter Grundwert

und für den Grundwert und Prozentsatz ergeben sich:

$$G = \frac{G_{(erm.)} * 100\%}{(100\% - p\%)}$$

$$p = 100\%\left(1 - \frac{G_{(erm.)}}{G}\right)$$

1. Ermäßigter Grundwert (G (erm.))

Eine Schule hat zurzeit 500 Schüler. Für das Jahr 2020 wird prognostiziert, dass die Anzahl der Schüler um 5 % abnimmt.
Wie viele Schüler hat die Schule im Jahr 2020?

gegeben:			
G	=	500	Euro
p	=	5	%
gesucht:			
G (erm.)	=	?	

Lösung:

$$G_{(erm.)} = \frac{G * (100\% - p\%)}{100\%}$$

$$= \frac{500 * (100\% - 5\%)}{100\%} = 500 * 0,95 = 475$$

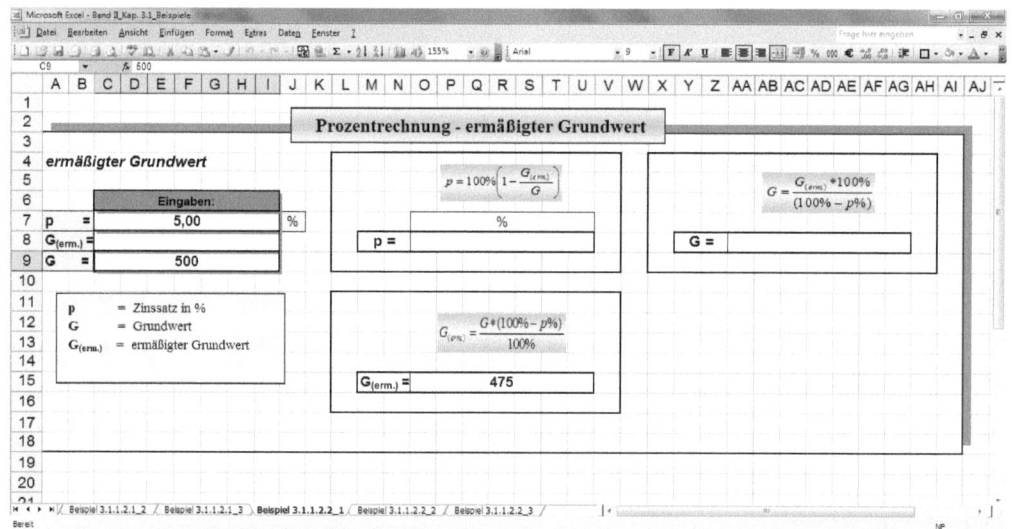

Abbildung II_3.9: Ermäßigter Grundwert, prognostizierte Anzahl der Schüler einer Schule im Jahr 2020

Die Anzahl der Schüler reduziert sich auf **475**.

2. Grundwert (G) - Ermäßigter Grundwert

Ein Gymnasium hat im Jahr 2009 970 Schüler. Dies sind 3 % weniger als im Vorjahr.
Wie viele Schüler besuchten das Gymnasium im Jahr 2008?

gegeben:			
G (erm.)	=	970	Euro
p	=	3	%
gesucht:			
G	=	?	

Lösung:

$$G = \frac{G_{(erm.)} * 100\%}{(100\% - p\%)} \quad = \frac{970 * 100\%}{(100\% - 3\%)} = \frac{970 * 100\%}{97\%} = 1.000$$

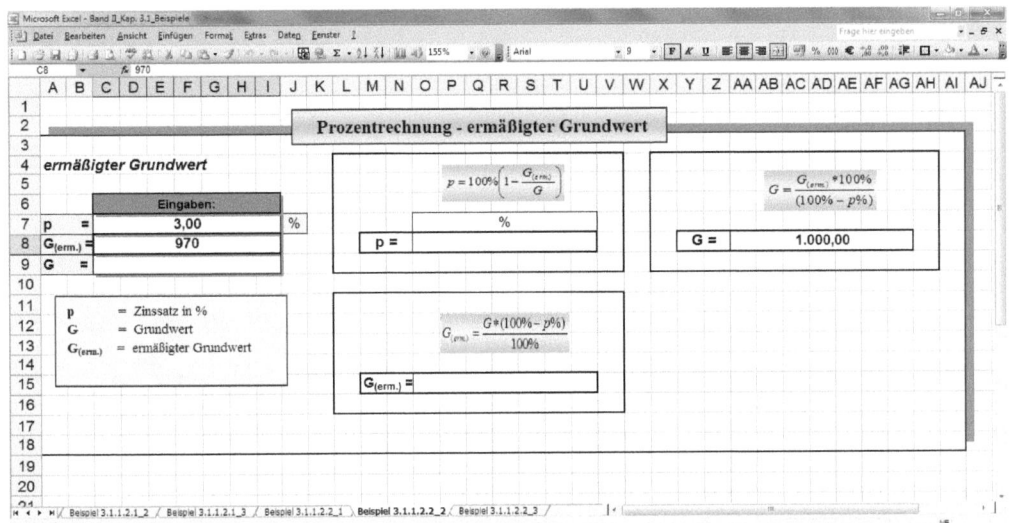

Abbildung II_3.10: Grundwert (Ermäßigter Grundwert), Anzahl der Schüler eines Gymnasiums im Jahr 2008

Im Jahr 2008 besuchten **1.000 Schüler** das Gymnasium.

3. Prozentwert (p) - Ermäßigter Grundwert

Ein Gymnasium hatte im Jahr 2009 800 Schüler und im Jahr davor 1.000. Berechnen Sie den Prozentsatz für die Verringerung der Anzahl der Schüler von 2008/09.

gegeben:		
G $_{(erm.)}$	=	800
G	=	1.000
gesucht:		
p	=	?

Lösung:

$$p = 100\% \left(1 - \frac{G_{(erm.)}}{G} \right)$$

$$= 100\% \left(1 - \frac{800}{1.000} \right) = 100\% * 0,2 = 20\%$$

77

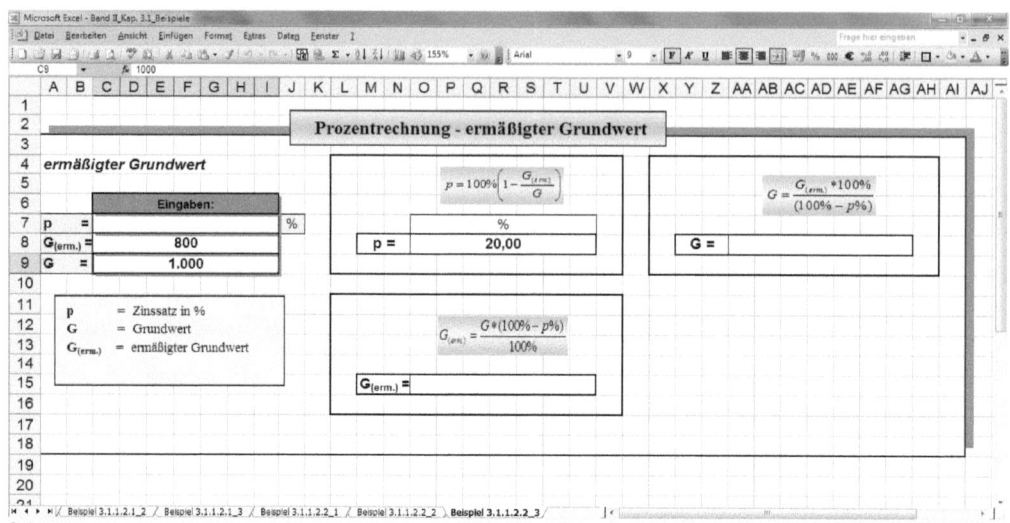

Abbildung II_3.11: Prozentwert (Ermäßigter Grundwert), Anzahl der Schüler von 2008/09

Die Anzahl der Schüler verringert sich von 2008 nach 2009 um **20 %**.

3.1.2 Übungsaufgaben zur Prozentrechnung

3.1.2.1

a) Ein Enkel hat bei einem Steuersatz von 15 Prozent 615.000 Euro Erbschaftssteuer zu zahlen. Berechne Sie sein Erbe.

b) Ein Lebensgefährte erbt nach Abzug des Freibetrages 170.000 Euro und hat 51.000 Euro Erbschaftssteuern gezahlt. Berechnen Sie den Steuersatz dieser Erbschaft.

c) Ein Ehepartner erbt 6.3000.000 Euro. Berechnen Sie die Erbschaftssteuer.
(Freibetrag und Steuersatz: ↑ Tabellen I_3.4 und 3.5)

Tabelle I_3.1: Erbschaftssteuerklassen und Freibeträge [3.3]

	Steuerklasse I			Steuerklasse II	Steuerklasse III
Ehepartner	Kinder-, Stief- und Adoptiv- kinder; En- kel*	Enkel	Eltern, Großeltern	Geschwister, Nichten, Nef- fen, Schwie- ger-Eltern und -kinder	Nicht Ver- wandte (Lebensge- fährten, Verlobte, Sonstige)
Freibetrag (in Euro):	Freibetrag (in Euro):	Freibetrag (in Euro):	Freibetrag (in Euro):	Freibetrag (in Euro):	Freibetrag (in Euro):
500.000 **	400.000	200.000	100.000	20.000	20.000

*   wenn Eltern verstorben
** auch gleichgeschlechtliche eingetragene Partner

Tabelle I_3.2: Erbschaftssteuerklassen und Steuersätze [3.3]

Wert des Erbes nach Abzug des Freibetrages (in Euro)	Steuersatz (in Prozent) in der jeweiligen Erbschaftssteu- erklasse		
	Steuerklasse I	Steuerklasse II	Steuerklasse III
bis 75.000	7	30	30
bis 300.000	11	30	30
bis 600.000	15	30	30
bis 6.000.000	19	30	30
bis 13.000.000	23	50	50
bis 26.000.000	27	50	50
> 26.000.000	30	50	50

3.1.2.2 Nach Mitteilung des Statistischen Bundesamtes vom 30. Mai 2005 lebten Ende 2003 nur noch 15,4 Prozent oder 12,7 Millionen (jeder Sechste) in ländlichen Gebieten. Die Menschen in Deutschland ziehen immer mehr in die Städte und in die so genannten Speckgürtel größerer Städte oder Ballungszentren.
Berechnen Sie die Bevölkerung, die Ende 2003 in Deutschland lebte.

3.1.2.3 In der Fußballsaison 2007/2008 haben die 36 Vereine und Kapitalgesellschaften der 1. und 2. Bundesliga 1,75 Millionen Euro Gesamtertrag eingespielt. Dieser Wert sind 15 Prozent mehr als in der Saison zuvor. 16.186.221 Eintrittskarten verkauften beide Bundesligen in der Saison 2007/2008. Gegenüber der Saison zuvor waren das rund 820.000 Karten mehr [3.4].
a) Welchen Ertrag spielten beide Bundesligen in der Saison 2006/2007 ein?
b) Wie viel Prozent Karten wurden in der Saison 2006/2007 weniger verkauft?

3.1.2.4 Im Jahr 2007 wurde die Mehrwertsteuer (MwSt.) von 16 % auf 19 % angehoben.
Um wie viel Prozent wurden die Waren teurer?
Bemerkungen: Nettowert 1 Euro   → Bruttowert 1,16 Euro (16 % MwSt.)
                                 → Bruttowert 1,19 Euro (19 % MwSt.)

3.1.2.5 Nach Angaben der Bundesbank vom 23. März 2006 sind die Gesamtschulden des deutschen Staates 2005 um 70 Milliarden Euro auf 1,521 Billionen Euro gestiegen.
Um wie viele Prozentpunkte stieg die Neuverschuldung?

3.1.2.6 Ab 2007 gibt es das Elterngeld. Wer im Berufsleben eine Babypause einlegt, erhält monatlich für ein Jahr 67 Prozent des letzten Nettoeinkommens. Das Elterngeld ist auf 1.800 Euro begrenzt.
Berechnen Sie für diese Grenze das maximale Nettoeinkommen.

3.1.2.7 Das Statistische Bundesamt teilte am 02.01.2007 mit, dass die Zahl der Erwerbstätigen für 2006 im Jahresdurchschnitt bei 39,1 Millionen und somit um 0,7 Prozent höher als im Vorjahr lag.
Berechnen Sie die Zahl der Erwerbstätigen für 2005.

3.1.2.8 Welche Menge an Mandeln wird für die Herstellung von 750 Gramm Marzipan benötigt? (Hinweis: Marzipan besteht aus 70 Prozent Mandeln und 30 Prozent Puderzucker)

3.1.2.9 Der Rechnungsbetrag von 1.500 Euro wurde unter Abzug von 3 % Skonto beglichen. Wie lautet der ursprüngliche Rechnungsbetrag?

3.1.2.10 Nach Abzug von 15 % Rabatt und 2 % Skonto beträgt der Rechnungsbetrag 750 Euro.
a) Welcher Rechnungsbetrag muss ohne Skonto gezahlt werden?
b) Wie hoch ist der Rechnungsbetrag ohne Rabatt und Skonto?

3.1.2.11 Der Bundesverband Deutscher Banken berichtete, dass im Jahr 2005 aus 10.000 Euro folgende Renditen erzielt wurden:

Tabelle I_3.3: Renditen für Kapitalanlagen

Geld-/ Kapitalanlage	in Euro	Rendite in %
Gold	13.600	?
Deutsche Aktien (DAX-Werte)	12.700	?
Bundesobligationen (5 Jahre Laufzeit)	10.300	?
Sparbrief (vier Jahre Laufzeit)	10.290	?
Finanzierungsschätze (ein Jahr Laufzeit)	10.210	?
Sparbuch (drei Monate Kündigungsfrist)	10.090	?

3.1.3 Lösungen der Übungsaufgaben zur Prozentrechnung

zu 3.1.2.1: **a)** Die Großeltern haben ihrem Enkel **4,3 Millionen Euro** (inklusive 200.000 Euro Freibetrag) vererbt.

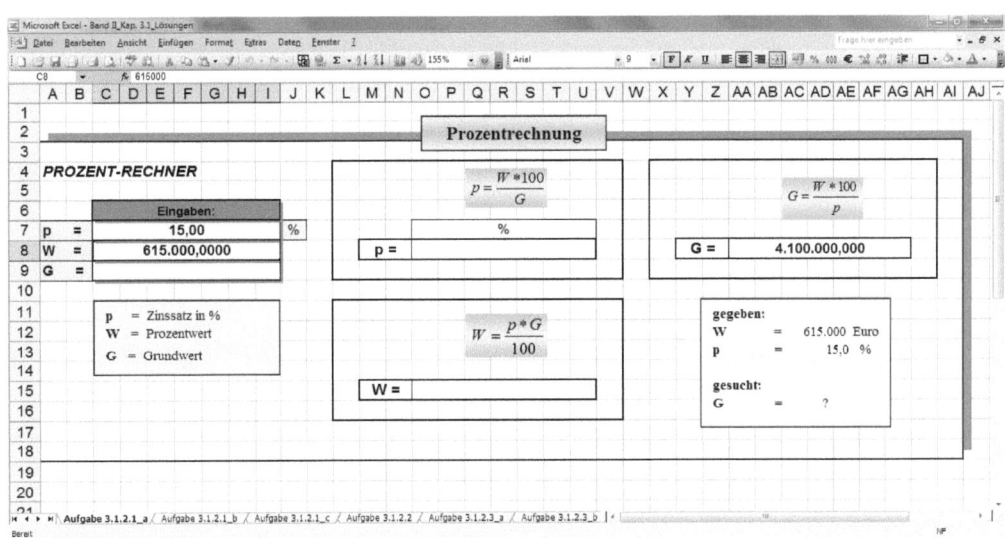

Abbildung II_3.12.1: Lösung der Aufgabe 3.1.2.1_a

zu 3.1.2.1:   **b)** Der **Steuersatz** dieser Erbschaft beträgt **30 %.**

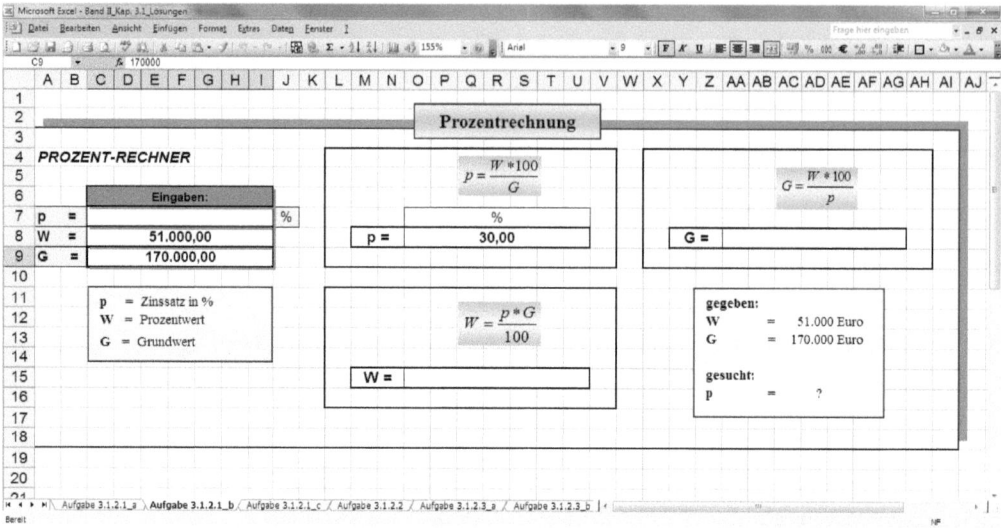

Abbildung II_3.12.2: Lösung der Aufgabe 3.1.2.1_b

zu 3.1.2.1:   **c)** Das Ehepartner zahlt **1.102.000 Euro Erbschaftssteuer**

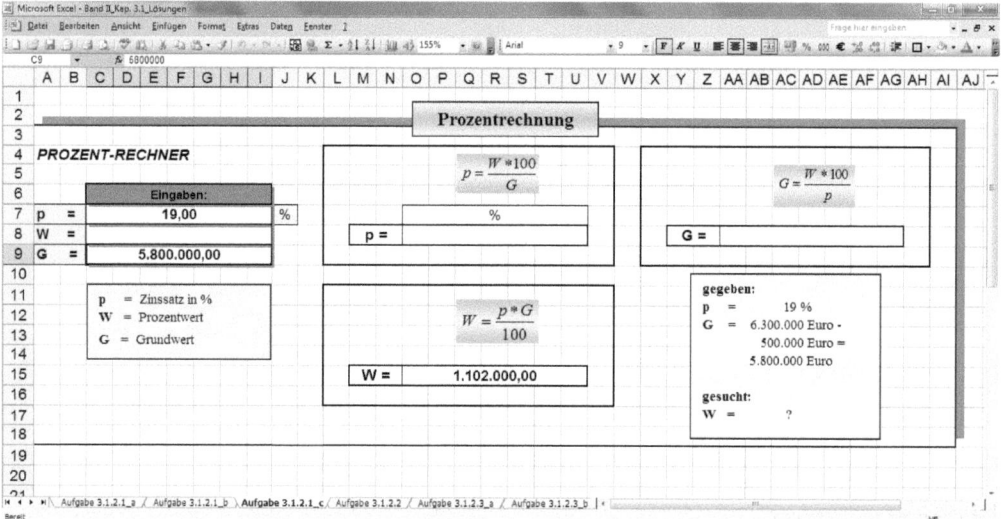

Abbildung II_3.12.3: Lösung der Aufgabe 3.1.2.1_c

zu 3.1.2.2:   In Deutschland lebten Ende 2003 **82,47 Millionen Menschen**.

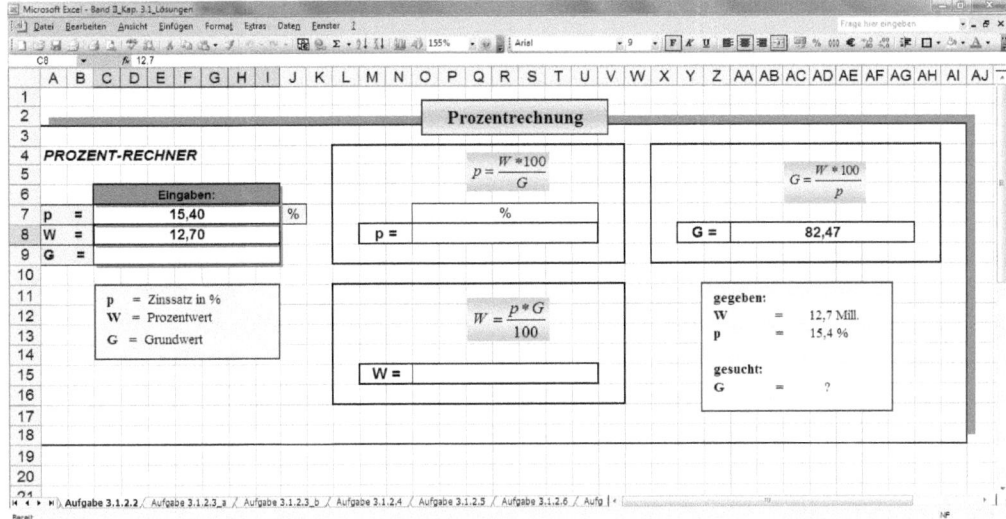

Abbildung II_3.13: Lösung der Aufgabe 3.1.2.2

zu 3.1.2.3:   **a) *)**

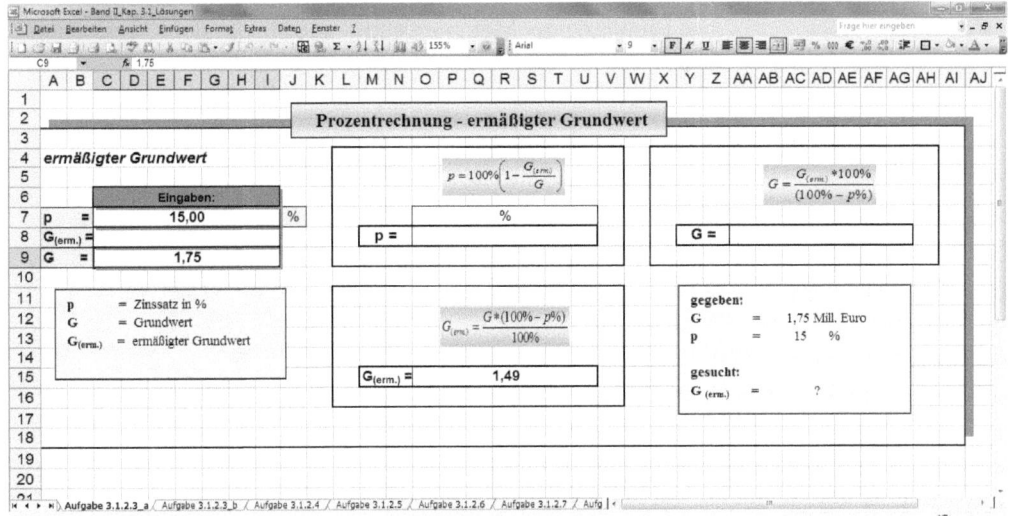

Abbildung II_3.14.1: Lösung der Aufgabe 3.1.2.3_a

zu 3.1.2.3: **b)** *)

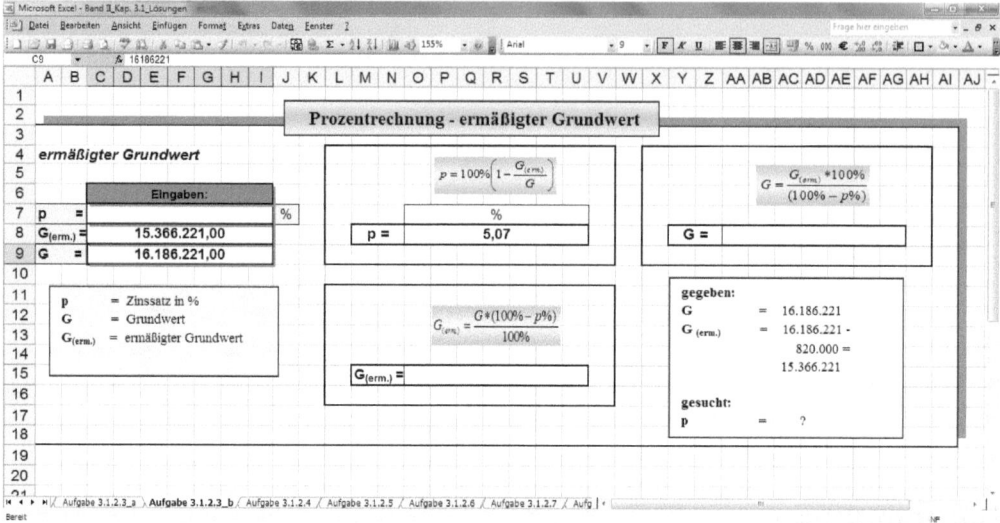

Abbildung II_3.14.2: Lösung der Aufgabe 3.1.2.3_b

*) Beide Bundesligen spielten in der Saison 2006/2007 einen Ertrag von **1,49 Millionen Euro** ein. In dieser Saison wurden **5,07 Prozent** weniger Karten als in der Saison 2007/2008 verkauft.

zu 3.1.2.4: Die Erhöhung der Mehrwertsteuer von 16 % auf 19 % bedeutet eine Verteuerung der Waren um **2,59 %**.

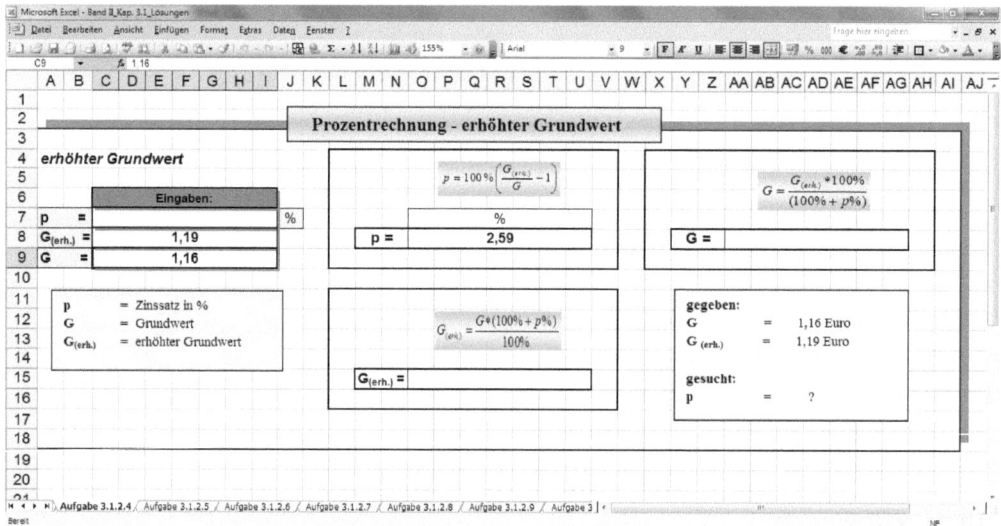

Abbildung II_3.15: Lösung der Aufgabe 3.1.4.4

zu 3.1.2.5:   Die Neuverschuldung stieg um **4,82 Prozent**.

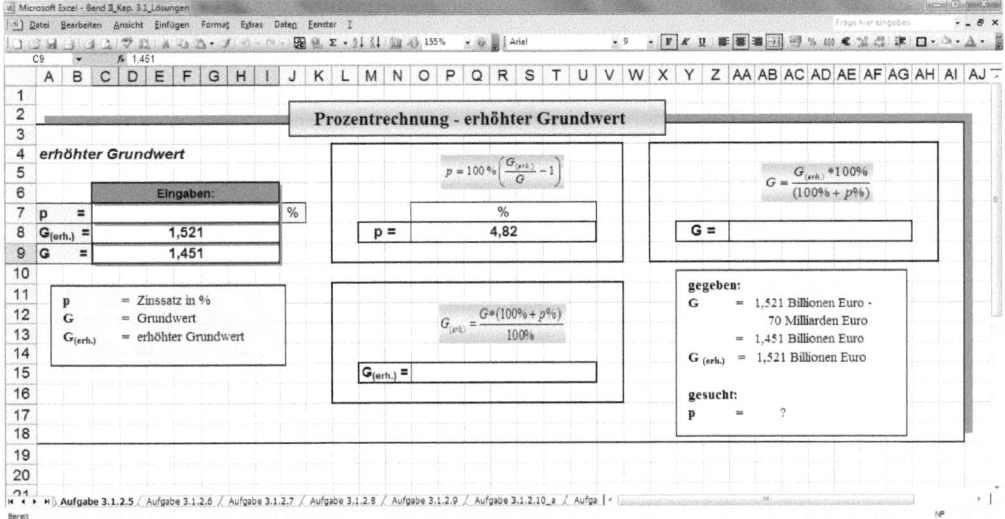

Abbildung II_3.16: Lösung der Aufgabe 3.1.2.5

zu 3.1.2.6:   Bei einem **Nettoeinkommen von 2.686,57 Euro** setzt die Begrenzung des Elterngeldes auf 1.800 Euro (67 Prozent) ein.

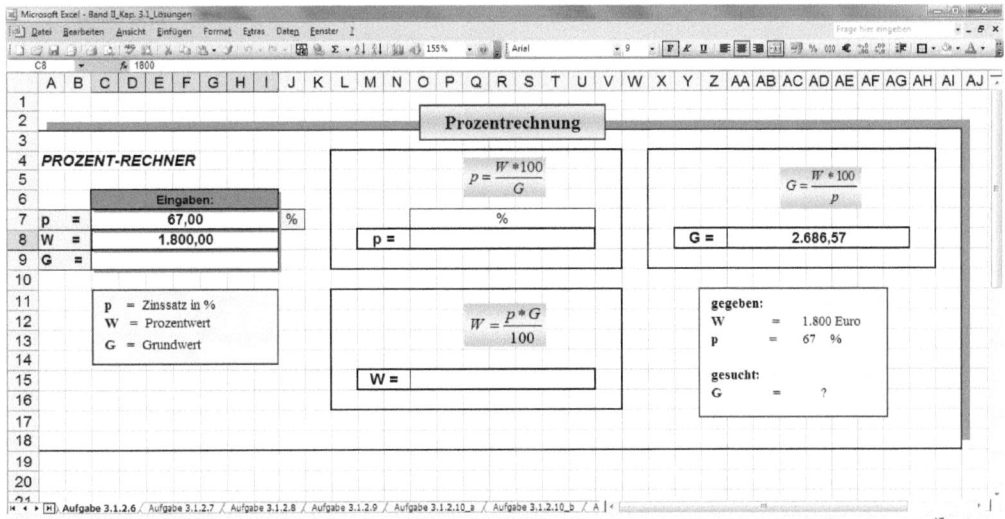

Abbildung II_3.17: Lösung der Aufgabe 3.1.4.6

zu 3.1.2.7: Die Zahl der Erwerbstätigen lag im Jahr 2005 bei **38,83 Millionen.**

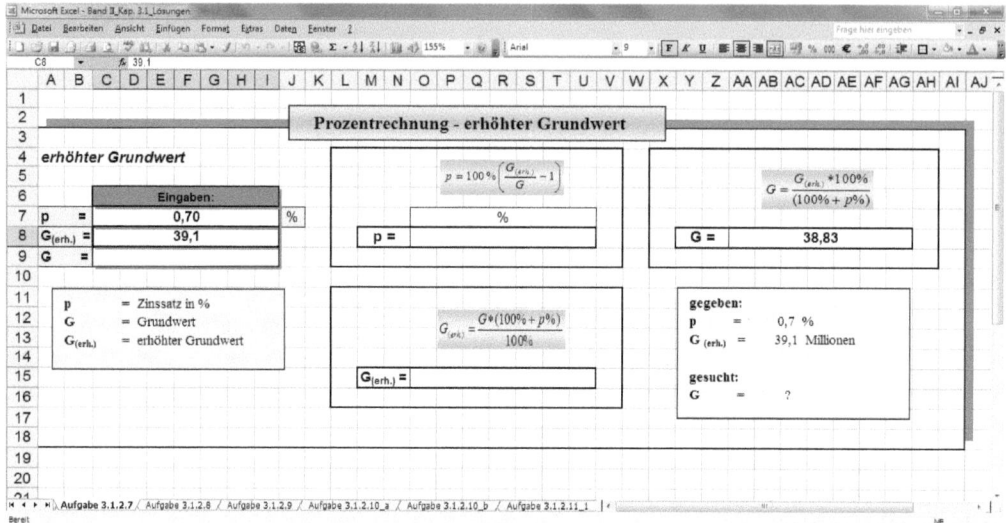

Abbildung II_3.18: Lösung der Aufgabe 3.1.2.7

zu 3.1.2.8: Um 750 Gramm Marzipan erstellen zu können, sind **525 Gramm Mandeln** erforderlich.

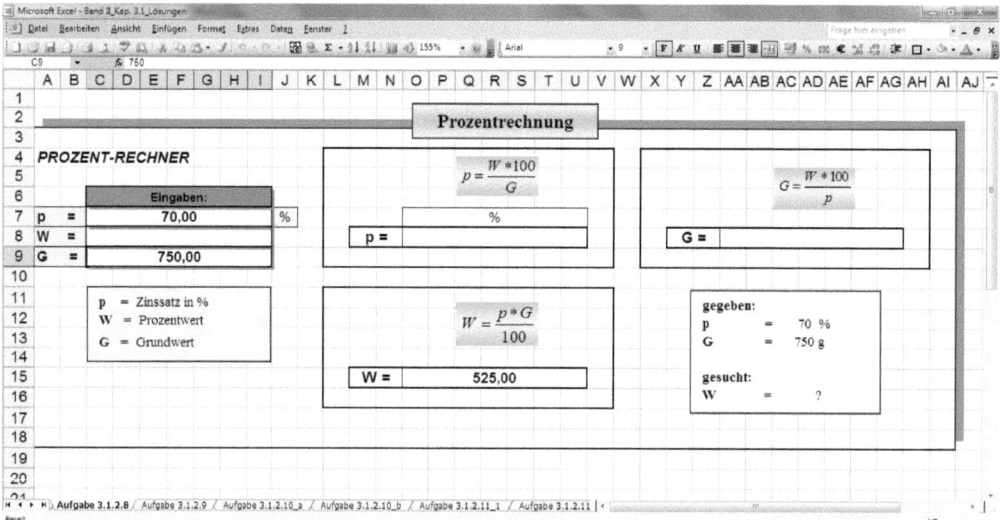

Abbildung II_3.19: Lösung der Aufgabe 3.1.2.8

zu 3.1.2.9:   Die Rechnungsbetrag ohne Abzug von Skonto liegt bei
1.546,39 Euro.

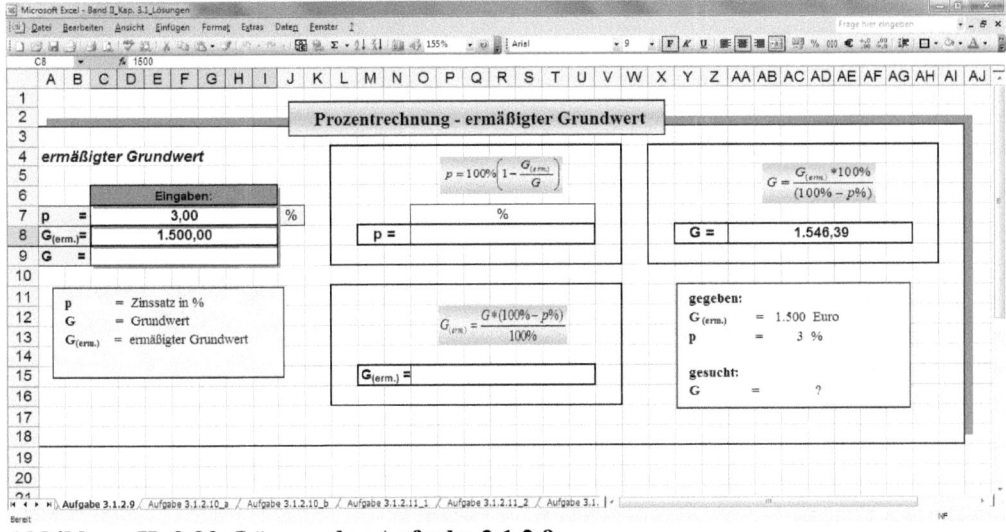

Abbildung II_3.20: Lösung der Aufgabe 3.1.2.9

zu 3.1.2.10:   a)   *)

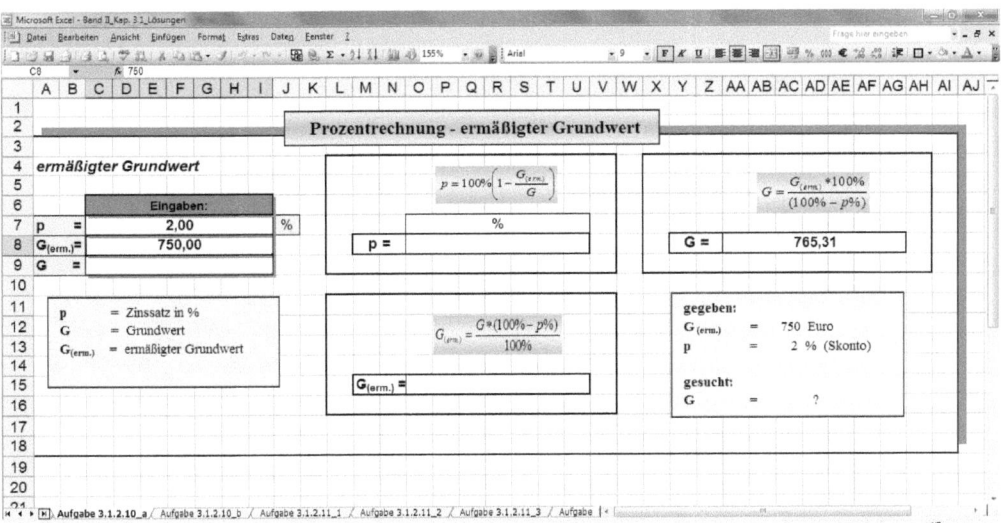

Abbildung II_3.21.1: Lösung der Aufgabe 3.1.2.10_a

87

zu 3.1.2.10:   **b)   *)**

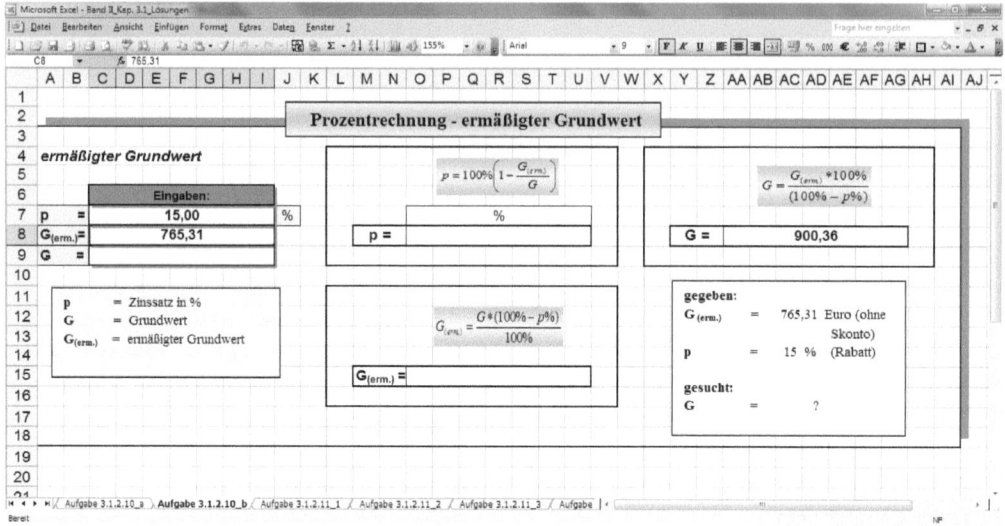

Abbildung II_3.21.2: Lösung der Aufgabe 3.1.2.10_b

*) Der Rechnungsbetrag mit Rabatt aber ohne Skonto liegt bei **765,31 Euro** (a) und ohne Rabatt und Skonto bei **900,36 Euro** (b).

zu 3.1.2.11:

Tabelle II_3.4: Lösungen für Aufgabe 3.1.2.11

Geld-/ Kapitalanlage	in Euro	Rendite in %
Gold	**13.600**	**36,0**
Deutsche Aktien (DAX-Werte)	**12.700**	**27,0**
Bundesobligationen (5 Jahre Laufzeit)	**10.300**	**3,0**
Sparbrief (vier Jahre Laufzeit)	**10.290**	**2,9**
Finanzierungsschätze (ein Jahr Laufzeit)	**10.210**	**2,1**
Sparbuch (drei Monate Kündigungsfrist)	**10.090**	**0,9**

Die Lösungen finden Sie in den Excel-Programmen - Band II_Kap. 3.1_Lösungen - Aufgaben 3.1.2.11_1 bis _6.

zu 3.1.2.11: **6. Wert**

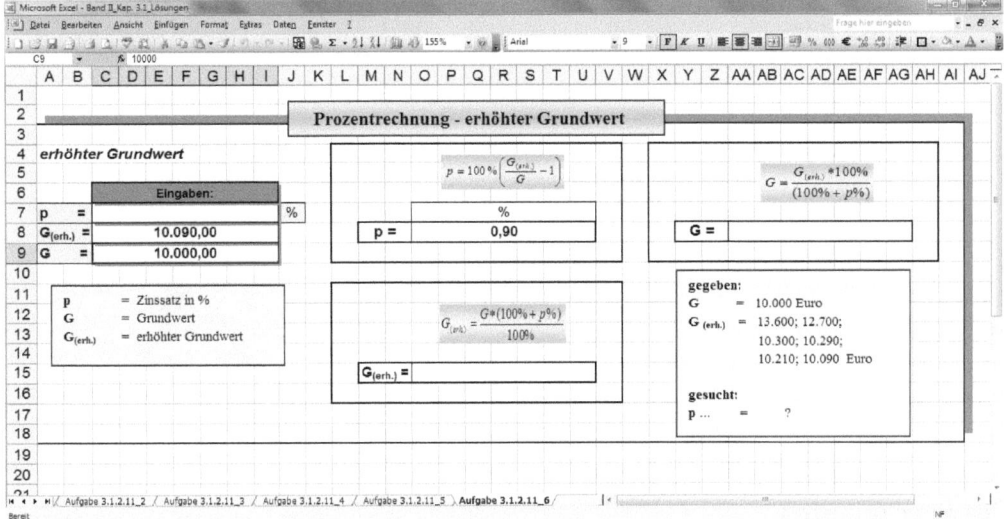

Abbildung II_3.22: Lösung der Aufgabe 3.1.2.11_6. Wert

Wenn Sie die momentanen Renditen (März 2013) mit denen der oben aufgeführten Geld- und Kapitalanlagen vergleichen, dann werden Sie feststellen, dass diese traumhaft waren. Trösten Sie sich, es gibt auch wieder bessere Zeiten mit höheren Renditen, so dass sich sparen wieder lohnt.

3.2 Promillerechnung

3.2.1 Grundlagen

Bei der Promillerechnung (lateinisch: pro mille – für Tausend) ist die Bezugszahl 1.000. Die Schreibweise für Promille ist v. T. oder das Symbol $^0/_{00}$ ($1^0/_{00} = 1/1.000 = 0,001$) [3.5].

Formeln zur Promillerechnung [3.5]:

$$p = \frac{W * 1000}{G}$$

$$W = \frac{p * G}{1000}$$

$$G = \frac{W * 1000}{p}$$

p	=	Promillesatz in $^0/_{00}$
W	=	Promillewert
G	=	Promillegrundwert

89

Die Berechnungen des Promillesatzes, des Promillewertes und des Promillegrundwertes ist analog der Prozentrechnung (↑ Band II Kapitel 3.1). Die unten stehende Abbildung zeigt das Excel-Programm mit dem Promillerechner. In Band I Kap. 3.2.1 finden Sie diverse Beispiele, in denen der Promillerechner zur Anwendung kommt.

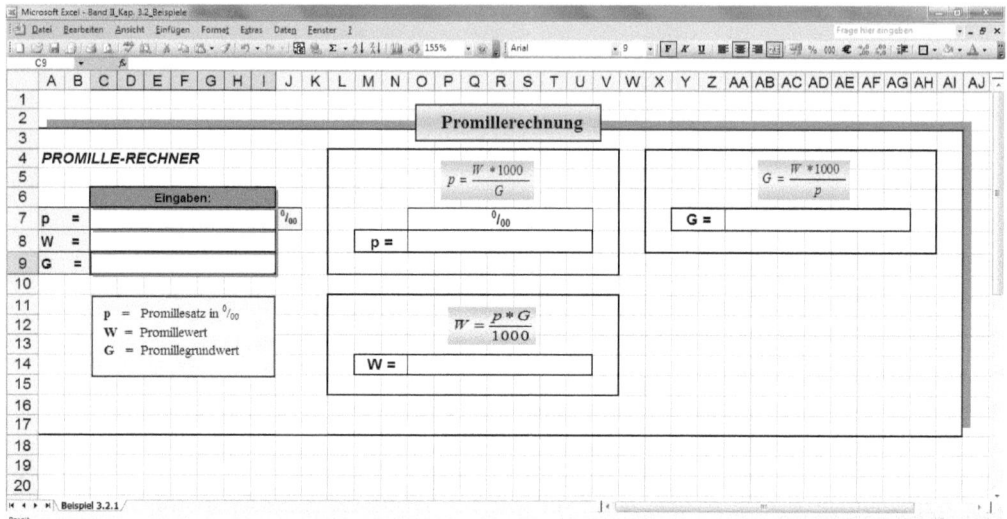

Abbildung II_3.23: Promillerechner

3.2.2 Übungsaufgaben zur Promillerechnung

3.2.2.1 Von einem Jahresgehalt in Höhe von 50.000 Euro zahlt eine Firma 12 Promille Prämie. Wie groß ist die Prämie?

3.2.2.2 Berechnen Sie die Volumenanteile (Promille) Feingold für Legierungen mit 15 und 19 Karat.

3.2.2.3 Wie viele Promille Kupfer sind in Gelbgold?

3.2.2.4 Wie viele Promille Fremdmetalle enthält 600er Silber?

3.2.2.5 Berechnen Sie den Feinsilberanteil in einer Legierung von 7,5 Lot.

3.2.2.6 Wie viel Karat hat 585er Gold?

3.2.3 Lösungen zu den Übungsaufgaben

zu 3.2.2.1:   Die Firma zahlt eine Prämie von **600 Euro.**

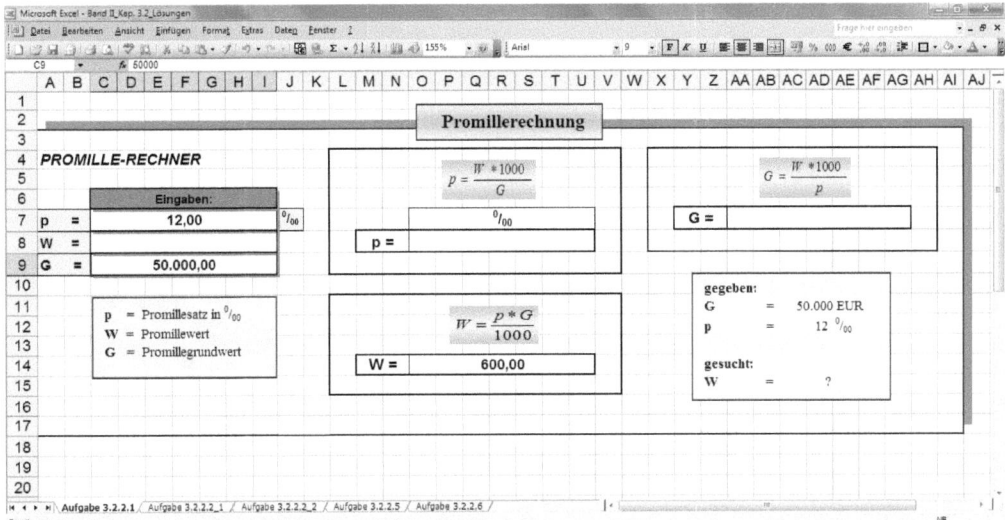

Abbildung II_3.24: Lösung der Aufgabe 3.2.2.1

zu 3.2.2.2:   1. *)

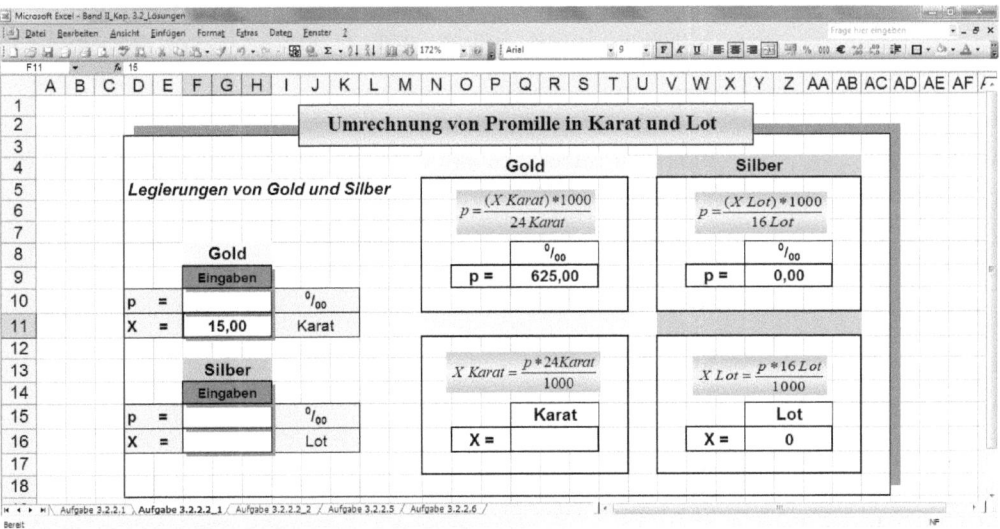

Abbildung II_3.25.1: Lösung der Aufgabe 3.2.2.2

zu 3.2.2.2: **2. *)**

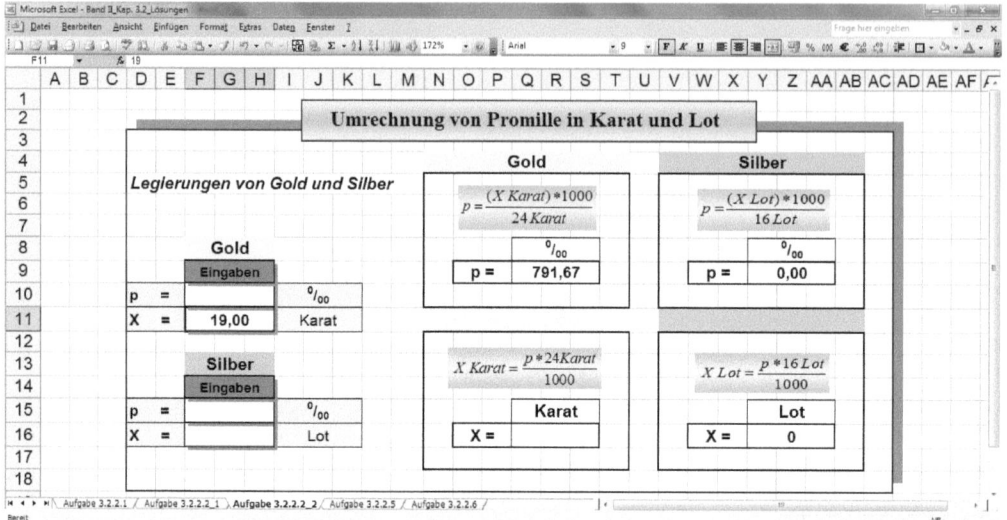

Abbildung II_3.2.5.2: Lösung der Aufgabe 3.2.2.2

*) Goldlegierungen mit **15 und 19 Karat** haben **625 sowie rund 792 Volumenanteile Feingold**.

zu 3.2.2.3: Im Gelbgold sind 750 Promille Feingold und 250 Promille zu gleichen Teilen Kupfer und Silber. Gelbgold enthält somit **125 Promille Kupfer** (↑ Band I Tabelle I_3.7: Farbgolde mit Feingoldgehalt 750).

zu 3.2.2.4: Im 600er Silber sind **400 Promille** an **Fremdmetallen** enthalten.

zu 3.2.2.5:   Die Silberlegierung enthält rund **469 Anteile Feinsilber**.

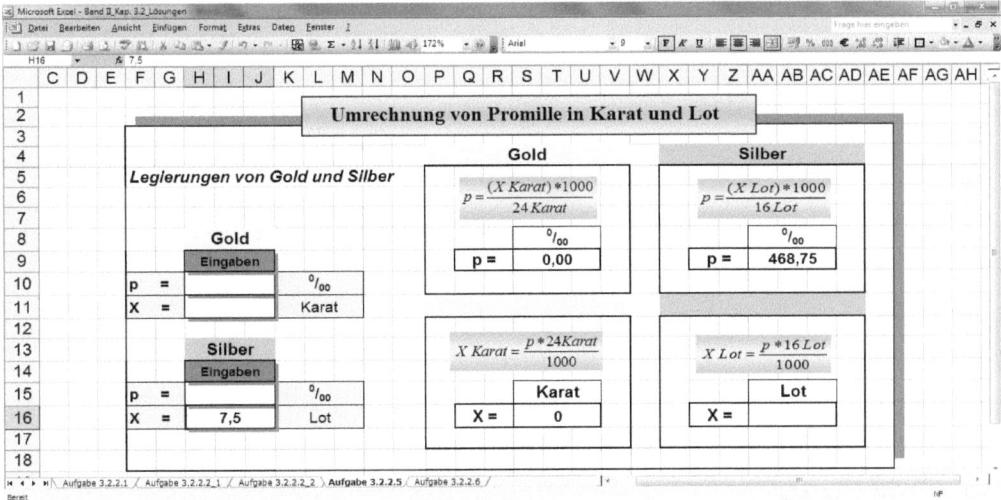

Abbildung II_3.26: Lösung der Aufgabe 3.2.2.5

zu 3.2.2.6:   585er Gold hat **14 Karat**.

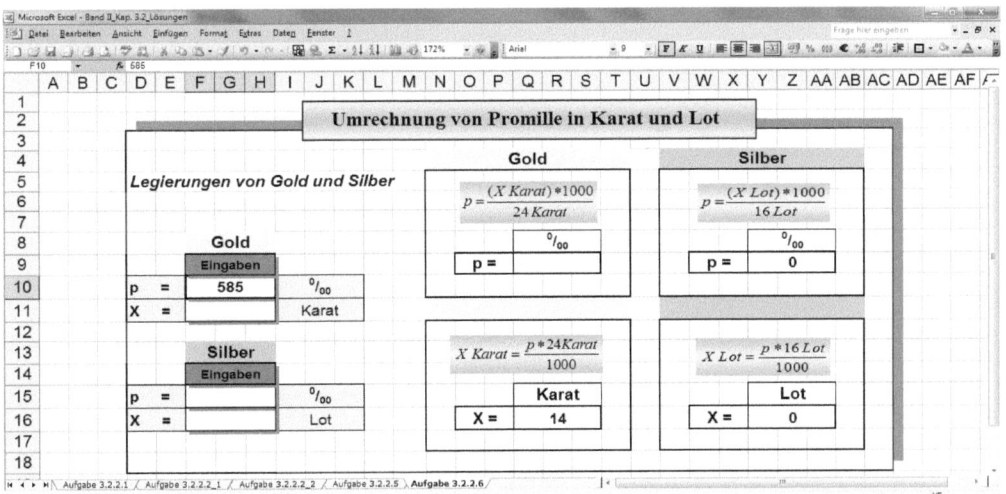

Abbildung II_3.27: Lösung der Aufgabe 3.2.2.6

4. Zins- und Zinseszinsrechnung - Ratensparen, Rentenberechnung und Tilgung

4.1 Zins- und Zinseszinsrechnung

4.1.1 Vergleich zwischen Zins- und Prozentrechnung

Bei der Zinsrechnung kommt die Prozentrechnung (↑ Band II_Kap. 3.1) unter Einbeziehung der Zeit zur Anwendung.

Tabelle II_4.1: Vergleich der Begriffe – Zins-/ Prozentrechnung

Begriffe der Zinsrechnung	entsprechende Begriffe der Prozentrechnung
Kapital	Grundwert (100 %)
Zinssatz	Prozentsatz
Zinsen	Prozentwert
Zeit	-

4.1.2 Zinsformeln

In Deutschland wird in der kaufmännischen Zinsrechnung das Jahr mit 360 Tagen und der Monat mit 30 Tagen gerechnet.

$$
\begin{array}{rcl}
\textbf{1 Jahr (j)} & = & \textbf{360 Tage (t)} \\
\textbf{1 Monat (m)} & = & \textbf{30 Tage (t)}
\end{array}
$$

Die Zinsen ermitteln Sie nach:

$$Zinsen\,(Z) = \frac{Kapital\,(K) * Zinssatz\,(p, in\,\%) * Zeit\,(j, m, t)}{100 * (Jahr\,j,\,Monat\,\,m, Tag\,\,t)}$$

Formeln zur Zinsrechnung [4.1]:

Zinsen

$$Z = \frac{K * p * j}{100} \; (Jahr)$$

$$Z = \frac{K * p * m}{100 * 12} \; (Monat)$$

$$Z = \frac{K * p * t}{100 * 360} \; (Tag)$$

Zinssatz

$$p = \frac{Z * 100}{K * j} \; (Jahr)$$

$$p = \frac{Z * 100 * 12}{K * m} \; (Monat)$$

$$p = \frac{Z * 100 * 360}{K * t} \; (Tag)$$

Zeit

$$j = \frac{Z * 100}{K * p} \; (Jahr)$$

$$m = \frac{Z * 100 * 12}{K * p} \; (Monat)$$

$$t = \frac{Z * 100 * 360}{K * p} \; (Tag)$$

Kapital

$$K = \frac{Z * 100}{p * j} \; (Jahr)$$

$$K = \frac{Z * 100 * 12}{p * m} \; (Monat)$$

$$K = \frac{Z * 100 * 360}{p * t} \; (Tag)$$

Z	=	Zinsen
K	=	Kapital
p	=	Zinssatz in %
m	=	Anzahl der Monate
j	=	Anzahl der Jahre
t	=	Anzahl der Tage

4.1.2.1 Zinsrechner

Zur Kontrolle der Beispiele, zum Lösen der Übungsaufgaben oder zur Bewältigung von Problemen der Zinsrechnung steht Ihnen ein Zinsrechner (↑ Excel-Programme – Beispiele 4.1.2.1_1 bis _6) zur Verfügung.

Hinweise zur Benutzung:

In den Eingabefeldern, die mit dunkelgrün gekennzeichnet sind, geben Sie entsprechend der Aufgabenstellung das Gegebene ein.

Damit es übersichtlich bleibt, sind weitere Angaben im Eingabefeld zu entfernen. Hierzu klicken Sie auf das Eingabefeld und drücken die Taste 'Entf'.

Für die Laufzeitermittlung (Anzahl der Tage zur Zinsberechnung) muss das Enddatum über dem Anfangsdatum stehen. Die berechneten Tage sind dann oben im Eingabefeld 't =' einzutragen.

1. Zinsenberechnung

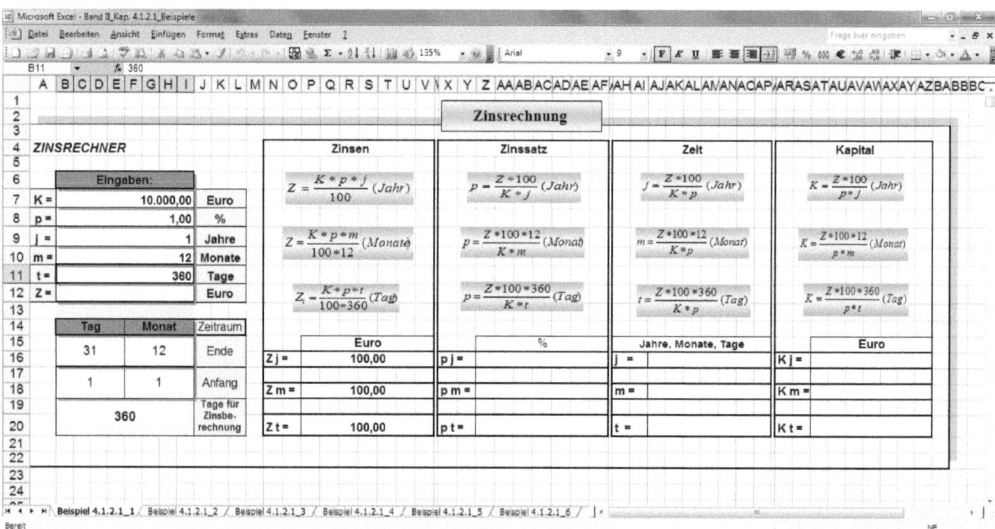

Abbildung II_4.1.1: Zinsrechner, Zinsenberechnung

2. Zinssatzberechnung

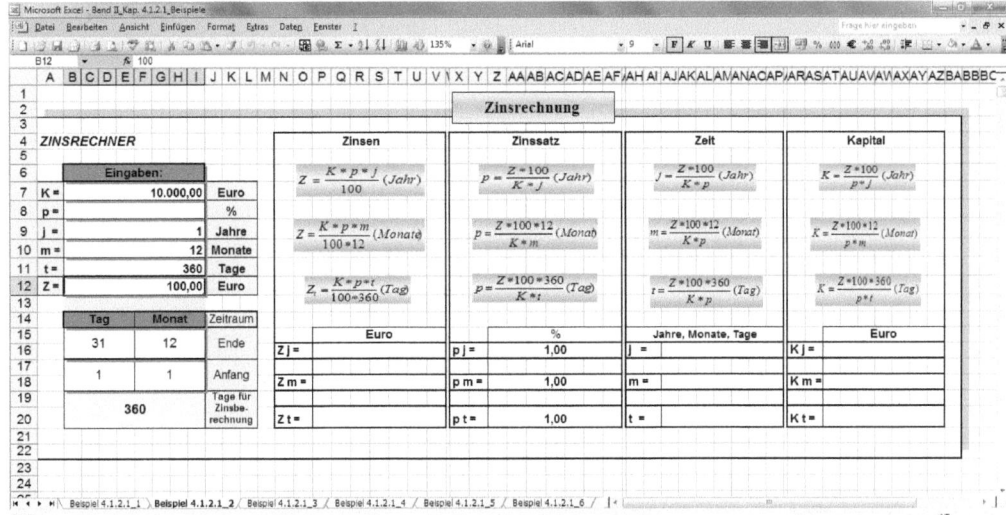

Abbildung II_4.1.2: Zinsrechner, Zinssatzberechnung

3. Laufzeitberechnung

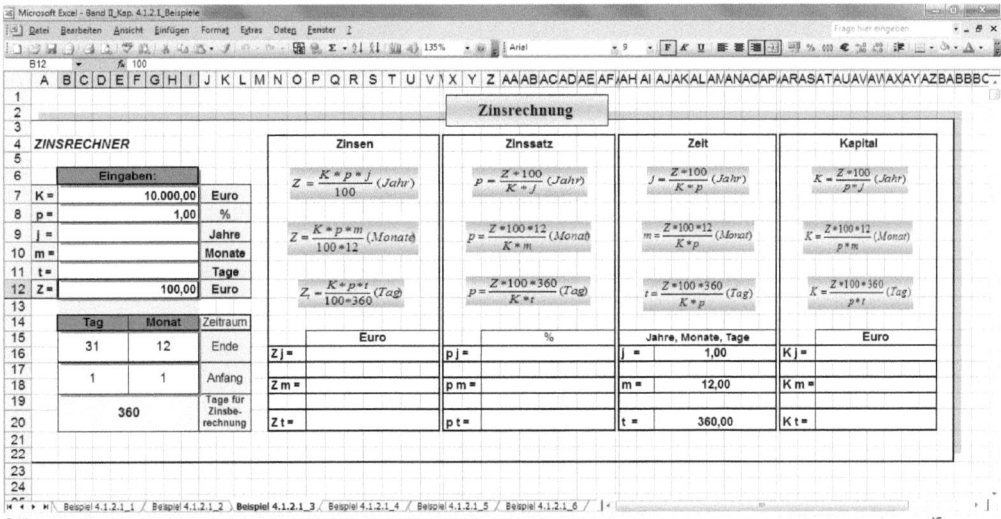

Abbildung II_4.1.3: Zinsrechner, Laufzeitberechnung

4. Kapitalberechnung

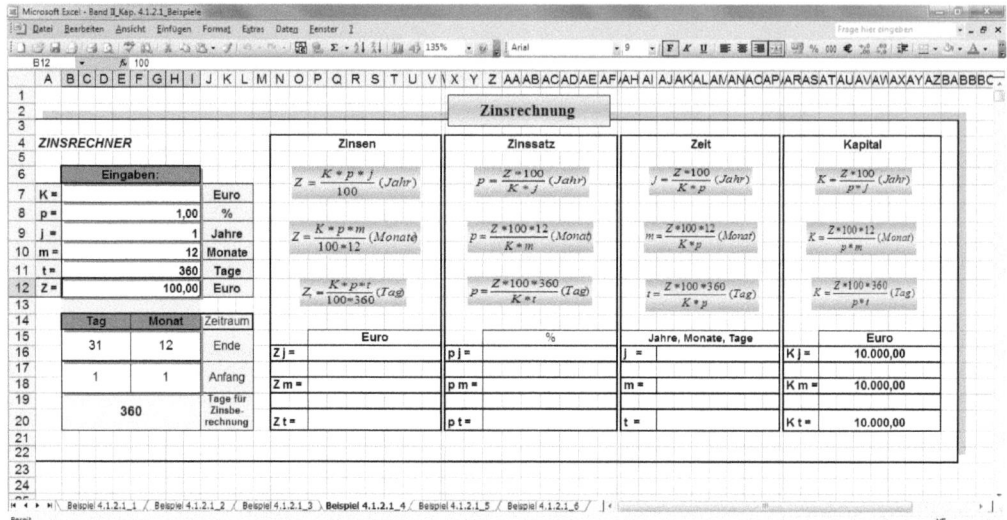

Abbildung II_4.1.4: Zinsrechner, Kapitalberechnung

5. Laufzeitberechnung [4.2]

Bei der Berechnung von Tageszinsen gilt:

- Für Monate mit 31 Tagen werden 30 Tage berücksichtigt

- läuft der Zinszeitraum Ende Februar ab, so werden 28 bzw. 29 Tage berechnet

- Der 1. Tag der Laufzeit wird nicht, der letzte hingegen mitgezählt

Die Tage für die Zinsberechnung kann man nach folgenden Möglichkeiten ermitteln:

Zeitraum: 10. Januar bis 25. März

a)

Januar:	20 Tage
Februar:	30 Tage
März:	25 Tage
	75 Tage(t)

b)

10.1. – 10.3.	= 2 m = 60 t
10.3. – 25.3.	= 15 t
10.1. – 25.3.	= 75 t

c)
Man schreibt das Anfangsdatum des Zeitraumes unter das Enddatum und subtrahiert die Tage und Monate.

$$
\begin{array}{ll}
25. & 3. \\
-\,10. & -\,1. \\
\hline
15\,t\ +\ 2\,m\ =\ 15\,t + 60\,t = 75\,t
\end{array}
$$

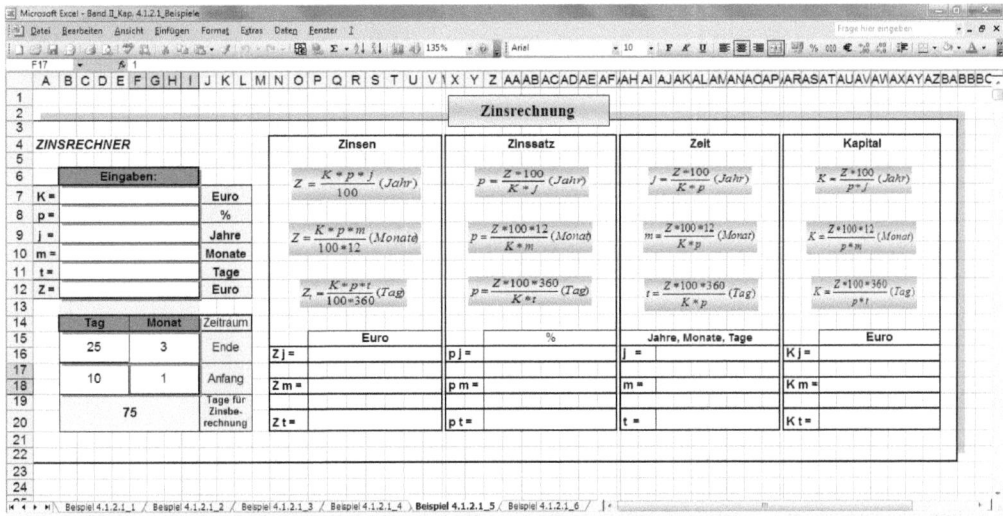

Abbildung II_4.1.5: Zinsrechner, Tage für die Zinsberechnung

6. Laufzeit und Tageszinsen

Berechnen Sie die Zinsen für Ihr Guthaben von 10.000 Euro mit der Laufzeit vom 16.4. bis 31.12. Der Zinssatz beträgt 2,5 %.

6.1 Ermittlung der Tage nach:

a)

Monate	Tage
April	14
Mai	30
Juni	30
Juli	30
August	30
September	30
Oktober	30
November	30
Dezember	31
Summe:	**255 t**

b)

$$16.4 - 16.12. = 8\,m \quad = 240\,t$$
$$\underline{\qquad 16.12. - 31.12 = \ 15\,t}$$
$$16.4 \quad - \quad 31.12. = \mathbf{255\,t}$$

c)

$$
\begin{array}{ll}
31. & 12 \\
-\,16. & -\,4 \\
\hline
15\,t & 8\,m \\
\end{array}
$$
$$15\,t\ +\ 240\,t = \mathbf{255\,t}$$

99

6.2 Zinsberechnung:

$$Z = \frac{K * p * t}{100 * 360} \ (Tag)$$

$$= \frac{10.000,00 * 2,50 * 255}{100 * 360} = 177,08 \ Euro$$

gegeben:
K = 10.000,00 Euro
p = 2,50 %
t = 255 Tage

gesucht:
Z = ? Euro

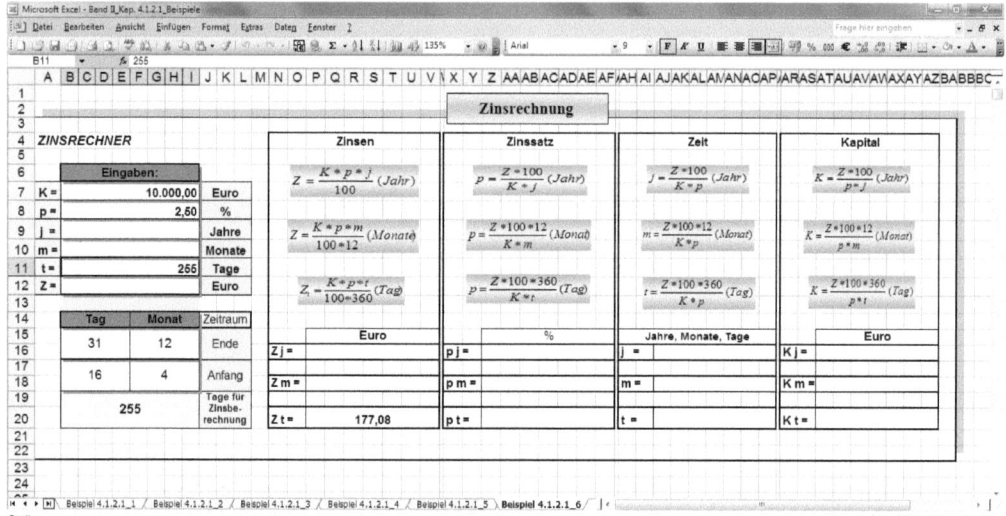

Abbildung II_4.1.6: Laufzeit und Tageszinsen

Sie erhalten für 255 Tage **177,08 Euro** Zinsen.

4.1.3 Übungsaufgaben zur Zinsrechnung

4.1.3.1 Ihr Kapital von 9.000 Euro wird mit 3 % verzinst.
Berechnen Sie die Zinsen nach 3 Jahren.

4.1.3.2 Auf Ihrem Sparbuch liegt ein Betrag von 3.800 Euro und wird mit 0,2 % verzinst.
Wie viele Zinsen bringt Ihr Guthaben in 16 Monate?

4.1.3.3 Sie haben Ihr Girokonto für den Kauf von Möbeln überzogen. Der Dispokredit in Höhe von 2.300 Euro läuft 6 Monate mit einem Zinssatz von 9 %.
Berechnen Sie die Zinsen für den Dispokredit

4.1.3.4 Ermitteln Sie die Tage zur Zinsberechnung für den Zeitraum vom 08.01.2004 bis 31.08.2004.

4.1.3.5 Berechnen Sie Zinsen für Ihr Guthaben von 6.000 Euro für den Zeitraum vom 13.01. bis 31.12.2011. Der Zinssatz beträgt 2,75 %.

4.1.3.6 Ihr Kapital von 8.000 Euro brachte im Zeitraum vom 13.02. bis 14.12.2005 200 Euro Zinsen. Zu welchem Zinssatz wurde Ihr Kapital verzinst?

4.1.3.7 Ein Ehepaar hat 90.000 Euro bei einem Zinssatz von 3,1 % angelegt. Bis zur Höhe des maximalen Wertes von 1.602 Euro liegt ein Freistellungsantrag vor.
Überprüfen Sie, ob die Zinsen steuerfrei sind.

4.1.3.8 Ein Junggeselle hat mehrere Konten: 20.000 Euro sind mit 4,0 % und 25.000 Euro mit 2,75 % angelegt.
Wie groß sind die Zinsen für diese Geldanlagen und muss der Junggeselle (Freistellungsantrag: 801 Euro) Steuern zahlen?

4.1.3.9 Es liegt bei einer Bank ein Zinsfreistellungsantrag über 950 Euro vor. Welchen Betrag kann ein Ehepaar bei einem Zinssatz von 4 % steuerfrei sparen?

4.1.3.10 Ein Festgeldkonto in Höhe von 20.000 Euro hat im Jahr 500 Euro Zinsen ergeben.
Mit welchem Zinssatz wurde das Konto verzinst?

4.1.3.11 Ein Sparbuch mit einem Geldbetrag von 10.000 Euro und 0,8 % Zinsen wird aufgelöst und ergab 50 Euro Zinsen.
Welche Zeit bestand das Guthaben?

4.1.4 Lösungen zu den Übungsaufgaben – Zinsrechnung

zu 4.1.3.1:   Ihr Kapital von 9.000 Euro ergeben nach 3 Jahren **810,00 Euro Zinsen.**

Microsoft Excel - Band II_Kap. 4.1.4_Lösungen

Datei Bearbeiten Ansicht Einfügen Format Extras Daten Fenster ?

B9 = 3

	Zinsrechnung			
ZINSRECHNER	Zinsen	Zinssatz	Zeit	Kapital
Eingaben:	$Z = \dfrac{K*p*j}{100}$ (Jahr)	$p = \dfrac{Z*100}{K*j}$ (Jahr)	$j = \dfrac{Z*100}{K*p}$ (Jahr)	$K = \dfrac{Z*100}{p*j}$ (Jahr)
K = 9.000,00 Euro				
p = 3,00 %				
j = 3 Jahre	$Z = \dfrac{K*p*m}{100*12}$ (Monate)	$p = \dfrac{Z*100*12}{K*m}$ (Monat)	$m = \dfrac{Z*100*12}{K*p}$ (Monat)	$K = \dfrac{Z*100*12}{p*m}$ (Monat)
m = Monate				
t = Tage				
Z = Euro	$Z = \dfrac{K*p*t}{100*360}$ (Tag)	$p = \dfrac{Z*100*360}{K*t}$ (Tag)	$t = \dfrac{Z*100*360}{K*p}$ (Tag)	$K = \dfrac{Z*100*360}{p*t}$ (Tag)
Tag Monat Zeitraum	Euro	%	Jahre, Monate, Tage	Euro
Ende	Z j = 810,00	p j =	j =	K j =
Anfang	Z m =	p m =	m =	K m =
0 Tage für Zinsberechnung	Z t =	p t =	t =	K t =

Aufgabe 4.1.3.1 / Aufgabe 4.1.3.2 / Aufgabe 4.1.3.3 / Aufgabe 4.1.3.4 / Aufgabe 4.1.3.5 / Aufgabe 4.1.3.6 / Aufgabe 4

Abbildung II_4.1.7: Lösung der Aufgabe 4.1.3.1

zu 4.1.3.2:   **Das Sparbuch mit einem Guthaben von** 3.800 Euro bringt nach 16 Monaten magere **10,13 Euro Zinsen**.

Microsoft Excel - Band II_Kap. 4.1.4_Lösungen

Datei Bearbeiten Ansicht Einfügen Format Extras Daten Fenster ?

B10 = 16

	Zinsrechnung			
ZINSRECHNER	Zinsen	Zinssatz	Zeit	Kapital
Eingaben:	$Z = \dfrac{K*p*j}{100}$ (Jahr)	$p = \dfrac{Z*100}{K*j}$ (Jahr)	$j = \dfrac{Z*100}{K*p}$ (Jahr)	$K = \dfrac{Z*100}{p*j}$ (Jahr)
K = 3.800,00 Euro				
p = 0,20 %				
j = Jahre	$Z = \dfrac{K*p*m}{100*12}$ (Monate)	$p = \dfrac{Z*100*12}{K*m}$ (Monat)	$m = \dfrac{Z*100*12}{K*p}$ (Monat)	$K = \dfrac{Z*100*12}{p*m}$ (Monat)
m = 16 Monate				
t = Tage				
Z = Euro	$Z = \dfrac{K*p*t}{100*360}$ (Tag)	$p = \dfrac{Z*100*360}{K*t}$ (Tag)	$t = \dfrac{Z*100*360}{K*p}$ (Tag)	$K = \dfrac{Z*100*360}{p*t}$ (Tag)
Tag Monat Zeitraum	Euro	%	Jahre, Monate, Tage	Euro
Ende	Z j =	p j =	j =	K j =
Anfang	Z m = 10,13	p m =	m =	K m =
0 Tage für Zinsberechnung	Z t =	p t =	t =	K t =

Aufgabe 4.1.3.2 / Aufgabe 4.1.3.3 / Aufgabe 4.1.3.4 / Aufgabe 4.1.3.5 / Aufgabe 4.1.3.6 / Aufgabe 4.1.3.7 / Aufgabe 4

Abbildung II_4.1.8: Lösung der Aufgabe 4.1.3.2

zu 4.1.3.3: Die Zinsen für den Dispokredit betragen **103,50 Euro.**
Ist doch eine teure Finanzierung, oder?

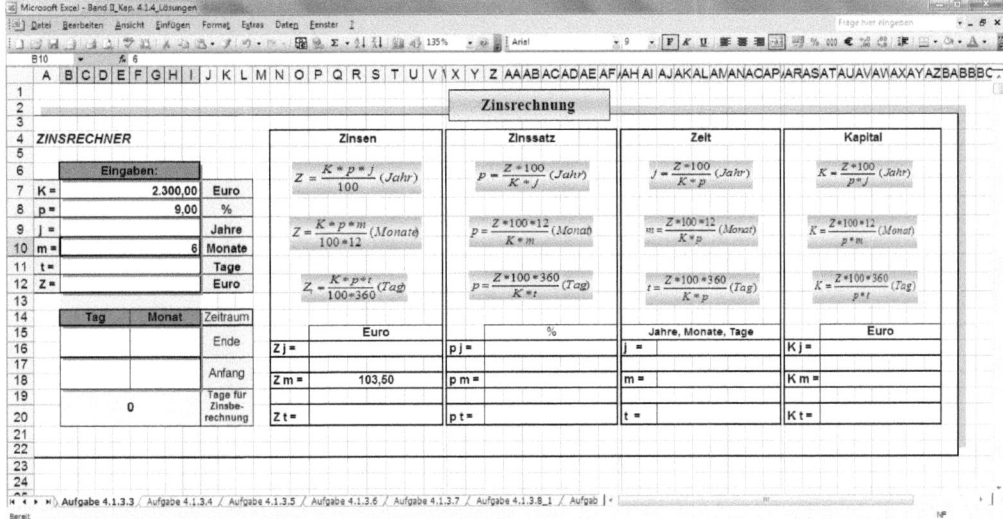

Abbildung II_4.1.9: Lösung der Aufgabe 4.1.3.3

zu 4.1.3.4: Tage zur Zinsberechnung: **233**

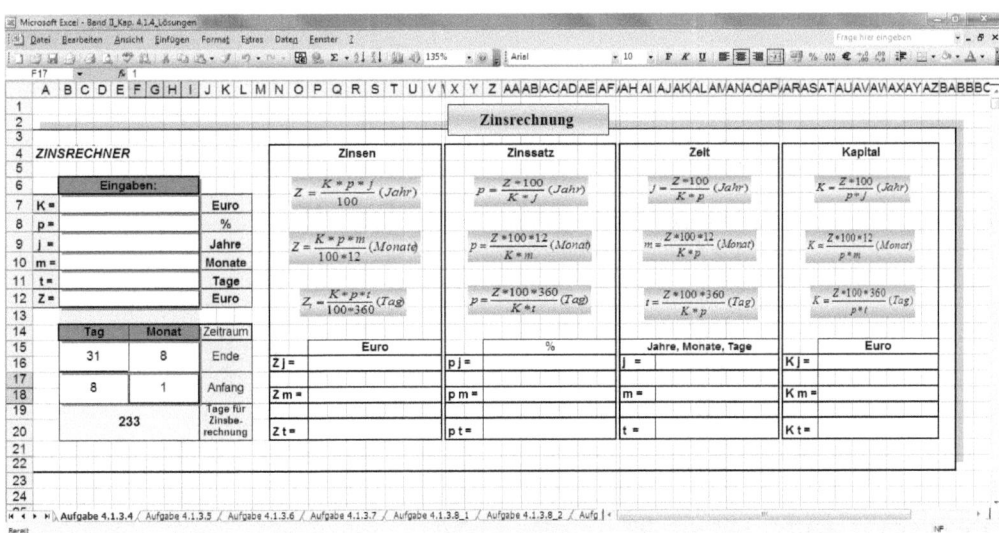

Abbildung II_4.1.10: Lösung der Aufgabe 4.1.3.4

zu 4.1.3.5:   Für den Zeitraum vom 13.01. bis 31.12.2011 **(348 Tage)** gibt es **159,50 Euro Zinsen**.

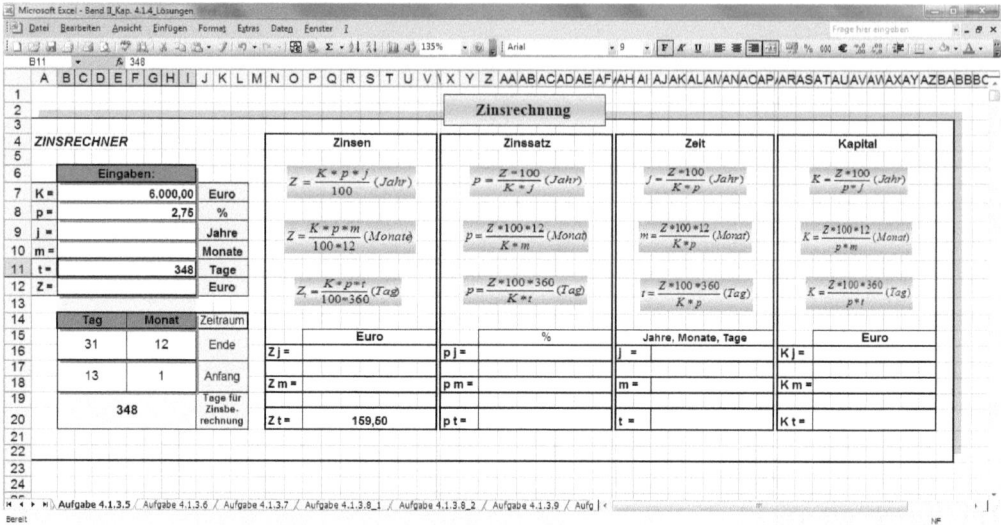

Abbildung II_4.1.11: Lösung der Aufgabe 4.1.3.5

zu 4.1.3.6:   Ihr Kapital wurde zu einem **Zinssatz** von **2,99 %** verzinst.

Abbildung II_4.1.12: Lösung der Aufgabe 4.1.3.6

zu 4.1.3.7:   Die Zinsen betragen **2.790 Euro**, somit muss das Ehepaar **Steuern zahlen**.

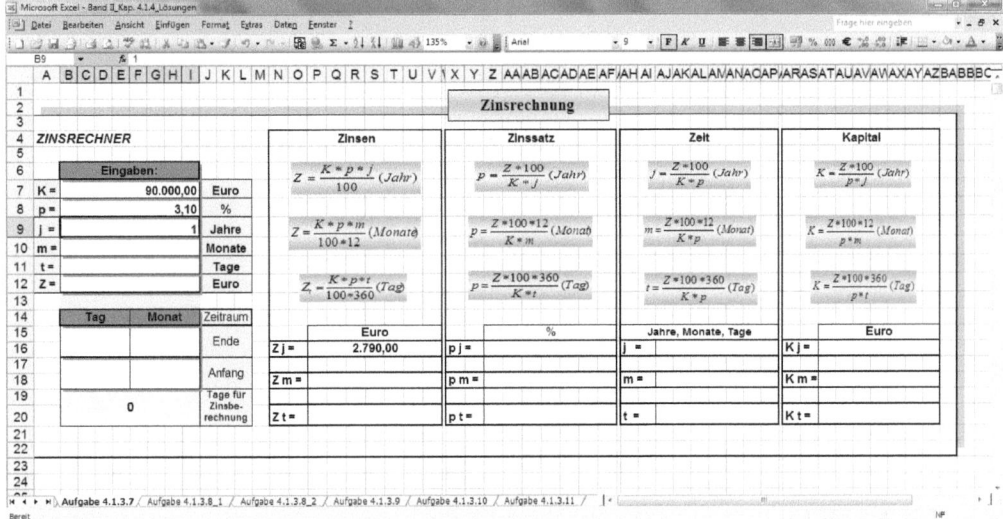

Abbildung II_4.1.13: Lösung der Aufgabe 4.1.3.7

zu 4.1.3.8:   1. *)

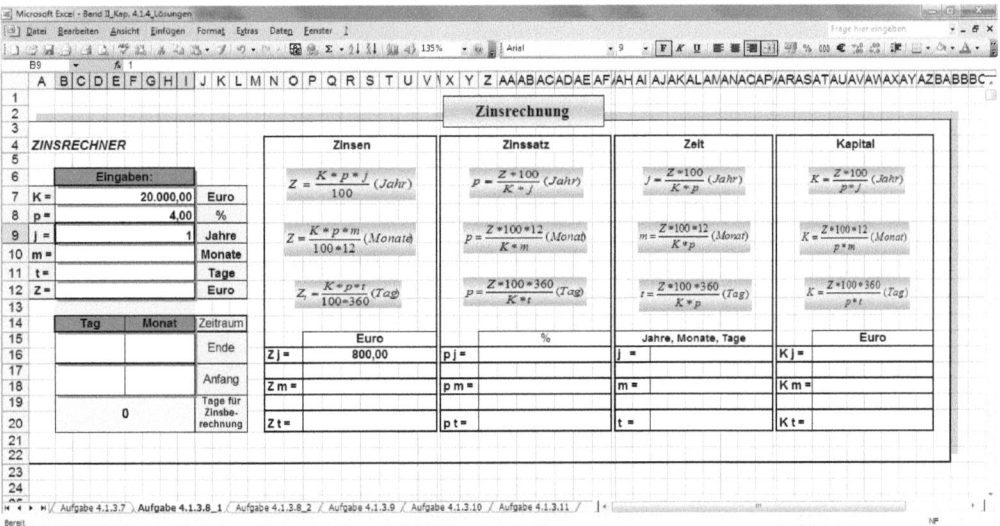

Abbildung II_4.1.14: Lösung der Aufgabe 4.1.3.8_1

2. *)

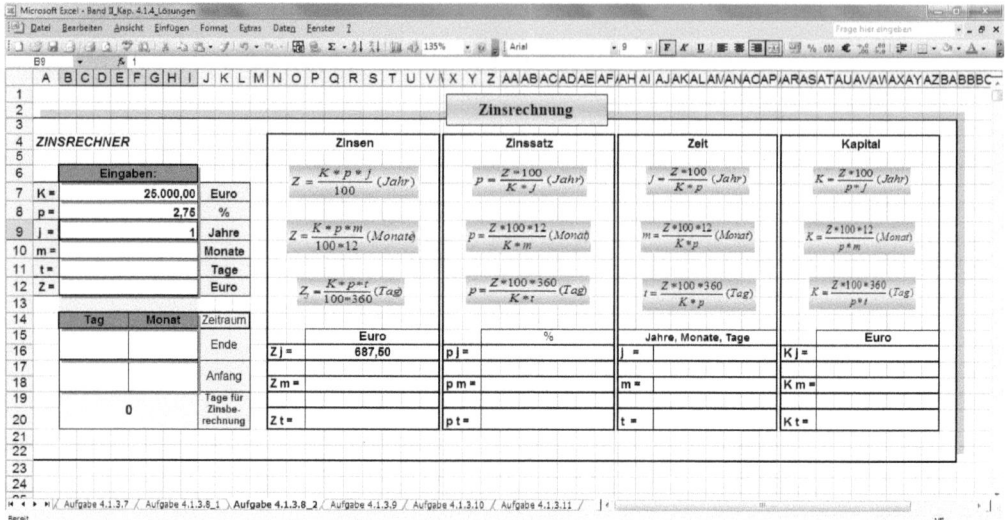

Abbildung II_4.1.15:Lösung der Aufgabe 4.1.3.8

*) **Zinsen:** 800,00 Euro + 687,50 Euro = **1.487,50 Euro**
  Der Junggeselle muss **Steuern zahlen**.

zu 4.1.3.9:   Bis zu einem Betrag von **23.750 Euro** muss das Ehepaar **keine
                        Steuern zahlen**.

Abbildung II_4.1.16: Lösung der Aufgabe 4.1.3.9

zu 4.1.3.10:   Das Konto wurde mit einem **Zinssatz** von **2,5 %** verzinst.

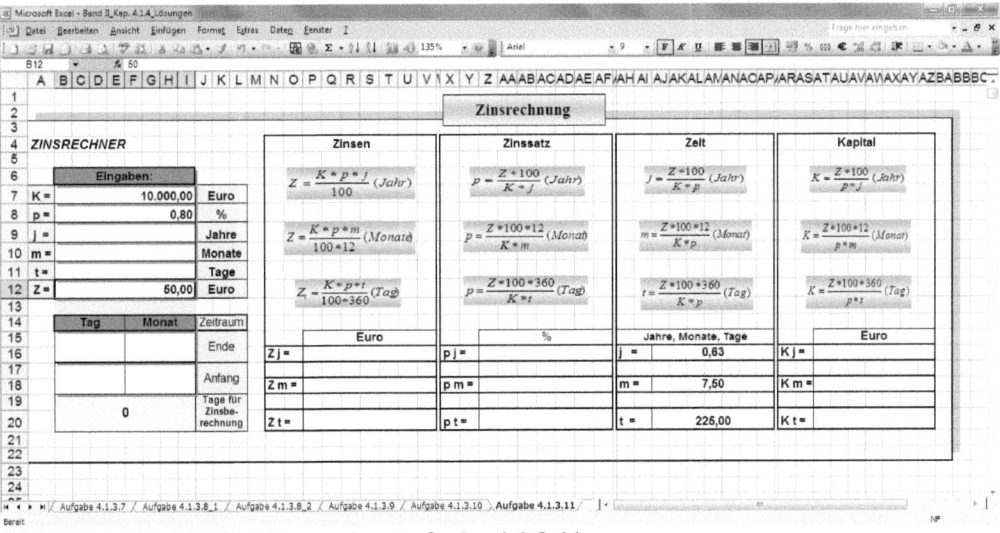

Abbildung II_4.1.17: Lösung der Aufgabe 4.1.3.10

zu 4.1.3.11:   Das Guthaben bestand über einen Zeitraum von **225 Tagen**.

Abbildung II_4.1.18: Lösung der Aufgabe 4.1.3.11

4.1.5 Formeln zur Zinseszinsrechnung

Bei der Zinszinsrechnung [4.3], [4.4] werden nach Ablauf eines Zeitabschnittes (Monat, Jahr) die Zinsen nicht ausgezahlt, sondern wieder angelegt.

$$Kapital_j(K_j) = Kapital_0(K_0) * [1 + \frac{Zinssatz(p, in\%)}{100}]^j = K_0 * q^j$$

$$Z = K_j - K_0$$

Z	=	Zinsen
K_j	=	Kapital nach j Jahren
K_0	=	Anfangskapital
p	=	Zinssatz in %
q = 1+p/100	=	Zinsfaktor (Aufzinsfaktor)
j	=	Anzahl der Jahre

Die Zinseszinsformel ergibt sich wie folgt [4.5]:

Jahre   Kapital nach j Jahren
j   Kj

1. $K_1 = K_0 + K_0 \frac{p}{100} = K_0(1 + \frac{p}{100}) = K_0(1 + \frac{p}{100})^1$

2. $K_2 = K_1 + K_1 \frac{p}{100} = K_1(1 + \frac{p}{100}) = K_0(1 + \frac{p}{100})(1 + \frac{p}{100}) = K_0(1 + \frac{p}{100})^2$

3. $K_3 = K_2 + K_2 \frac{p}{100} = K_2(1 + \frac{p}{100}) = K_0(1 + \frac{p}{100})^2(1 + \frac{p}{100}) = K_0(1 + \frac{p}{100})^3$

$$K_j = K_0(1 + \frac{p}{100})^j = K_0 q^j$$

1. Kapitalberechnung K_j und Zinsen Z :

$$K_j = K_0 (1 + \frac{p}{100})^j = K_0 q^j$$

$$Z = K_j - K_0 = K_0 q^j - K_0 = K_0 (q^j - 1)$$

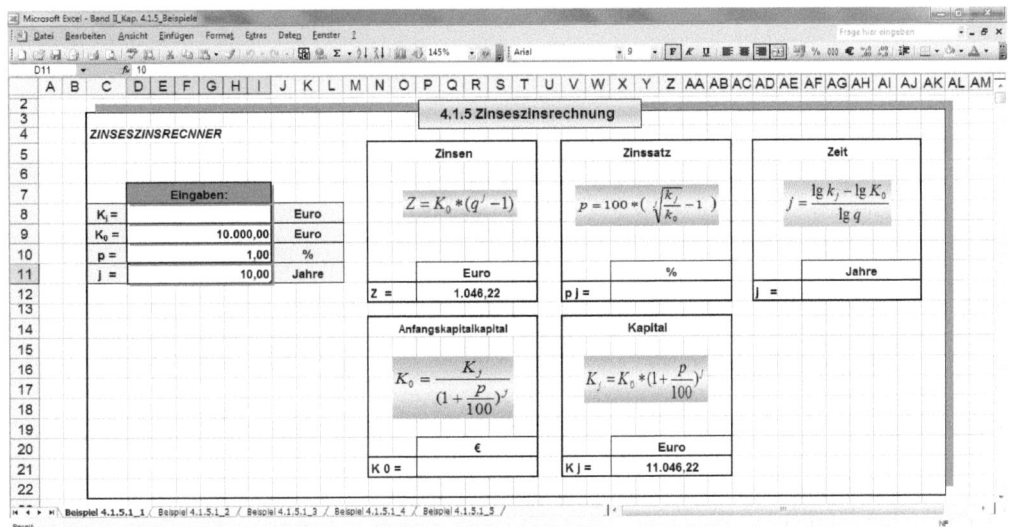

Abbildung II_4.1.19: Kapital- und Zinsberechnung

2. Anfangskapital K₀ :

$$K_0 = \frac{K_j}{(1 + \frac{p}{100})^j} = \frac{K_j}{q^j}$$

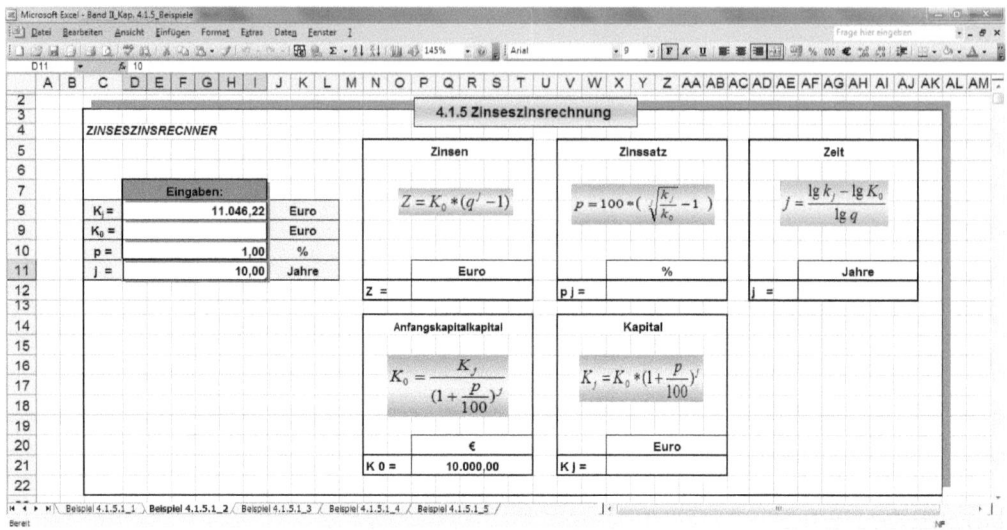

Abbildung II_4.1.20: Berechnung des Anfangskapitals

3. Anzahl der Jahre und Monate:

$$K_j = K_0 q^j \qquad \frac{K_j}{K_0} = q^j$$

$$a^n = b$$

$$n = \log_a b$$

$$\log_a b = \frac{\lg b}{\lg a}$$

$$j = \frac{\lg \frac{K_j}{K_0}}{\lg q}$$

$$\lg\left(\frac{x}{y}\right) = \lg x - \lg y$$

$\uparrow Band\ II\_Kap.2.5.2$
$und\ Kap.2.5.4$

$$j = \frac{\lg k_j - \lg K_0}{\lg q}$$

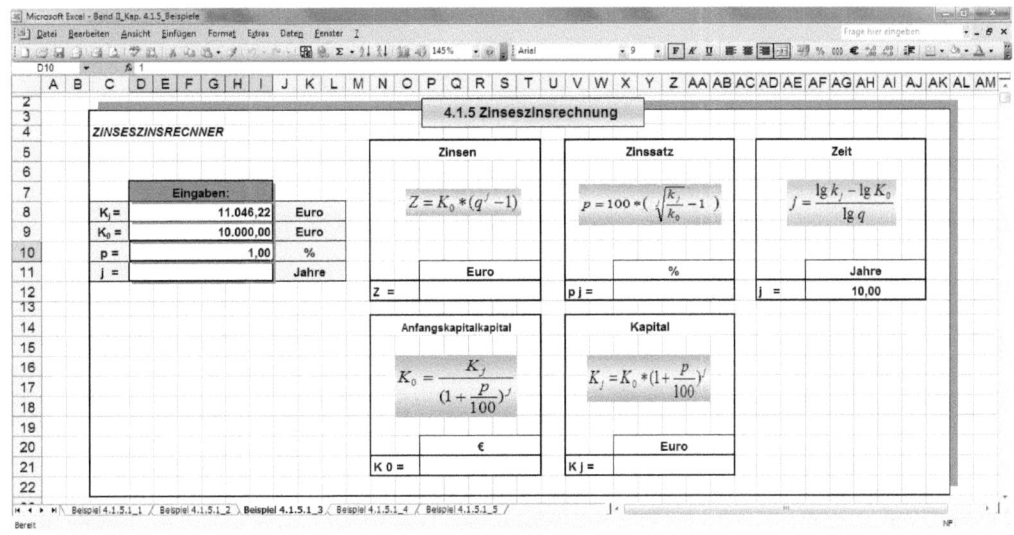

Abbildung II_4.1.21: Berechnung der Laufzeit

4. Zinssatz [4.3]:

$$K_j = K_0 (1 + \frac{p}{100})^j \qquad \frac{K_j}{K_0} = (1 + \frac{p}{100})^j$$

$$(1 + \frac{p}{100})^j = \sqrt[j]{\frac{K_j}{K_0}}$$

$$a^n = b$$
$$a = \sqrt[n]{b}$$
↑ *Band II _ Kap.2.5.4*

$$p = 100 * (\sqrt[j]{\frac{k_j}{k_0}} - 1)$$

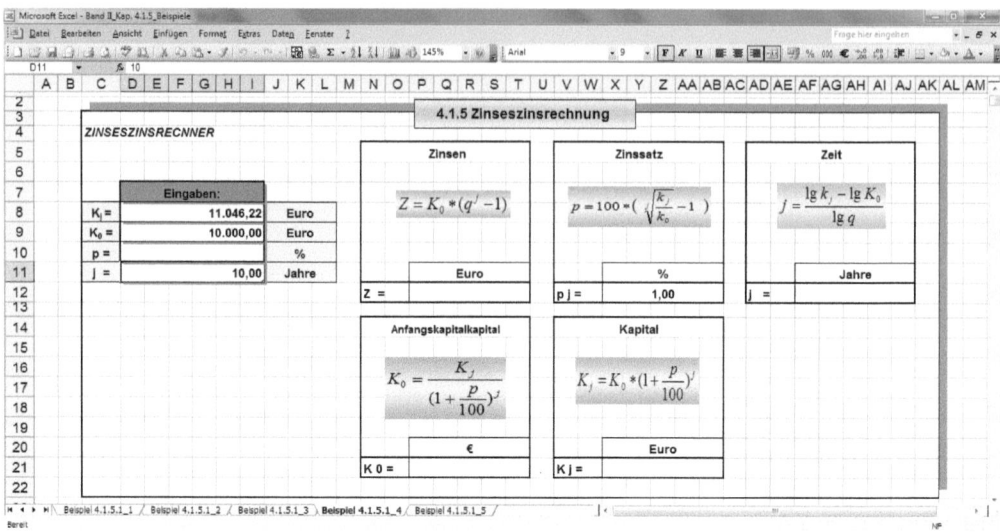

Abbildung II_4.1.22: Berechnung des Zinssatzes

5. Vermögensbildung

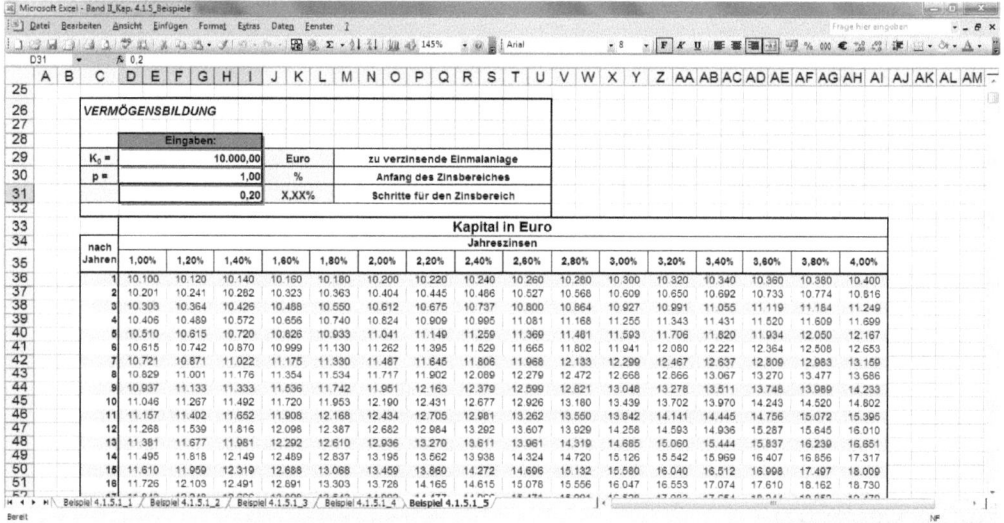

Abbildung II_4.1.23: Vermögensbildung

4.1.6 Übungsaufgaben zur Zinseszinsrechnung

4.1.6.1 Für ein Anfangskapital von 6.000 Euro und einem Zinssatz von 2,25 % sowie einer Laufzeit von 5 Jahren sind die Zinseszinsen zu bestimmen.

4.1.6.2 Nach wie vielen Jahren hat sich Ihr Kapital bei einem Zinssatz von 2,5 % vervierfacht?

4.1.6.3 Mit welchem Anfangskapital erreicht man nach 15 Jahren 40.000 Euro?
Die Verzinsung beträgt 3,5 %.

4.1.6.4 Sie sparen 3.000 Euro mit einer Verzinsung von 2,0 %.
Wie groß ist Ihr Kapital nach 13 Jahren?

4.1.6.5 Auf einem Sparbuch stehen nach 20 Jahren 1.807 Euro. Das Anfangskapital hatte einen Wert von 1.000,00 Euro. Wie groß war der Zinssatz

4.1.6.6 Für eine Einmalanlage über 10.000 Euro und Jahreszinsen im Bereich von 1,5 % bis 3,0 % ist mit 0,1 % Zinsschritten über einen Zeitraum von 10 Jahren eine Tabelle für die Kapitalentwicklung aufzustellen.

4.1.6.7 Ein heutiges Einkommen in Höhe von 1.000 Euro hat in 20 Jahren nur noch eine Kaufkraft von rund 740 Euro. Rechnen Sie den jährlichen Kaufkraftverlust.

4.1.7 Lösungen zu den Übungsaufgaben - Zinseszinsrechnung

zu 4.1.6.1:   Zinseszinsen: **706,07 Euro**

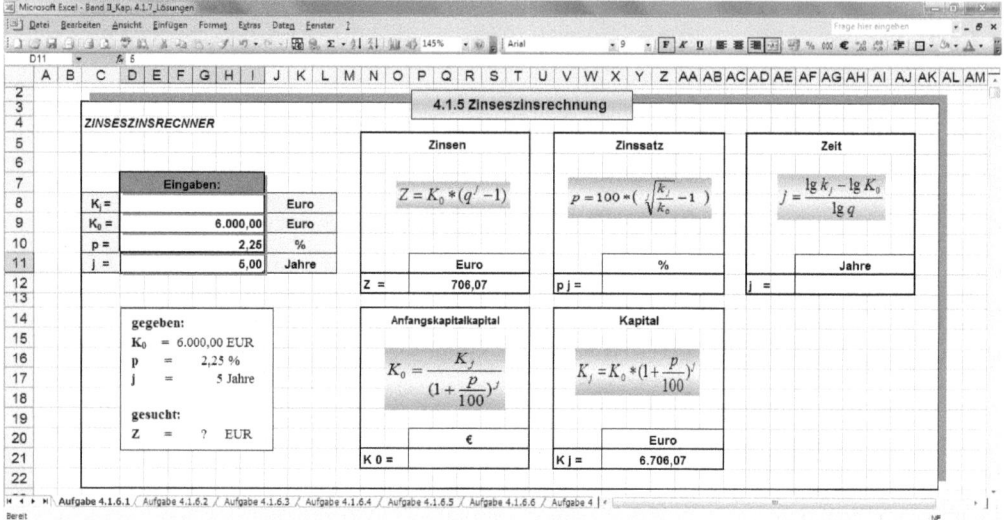

Abbildung II_4.1.24: Lösung der Aufgabe 4.2.2.8.1

zu 4. 1.6.2:   Ihr Kapital hat sich nach **56,14 Jahren vervierfacht**.

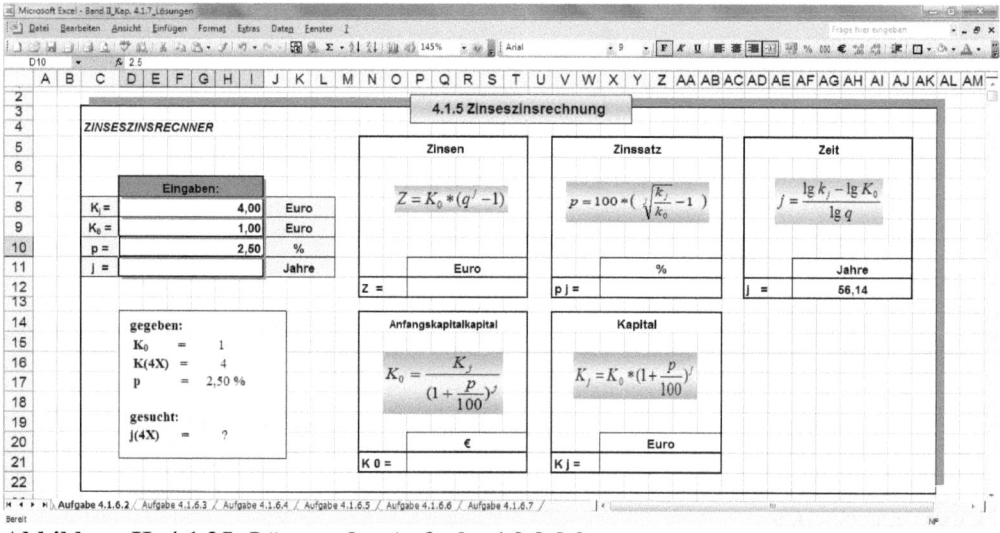

Abbildung II_4.1.25: Lösung der Aufgabe 4.2.2.8.2

zu 4. 1.6.3:   Anfangskapital: **23.875,62 Euro**

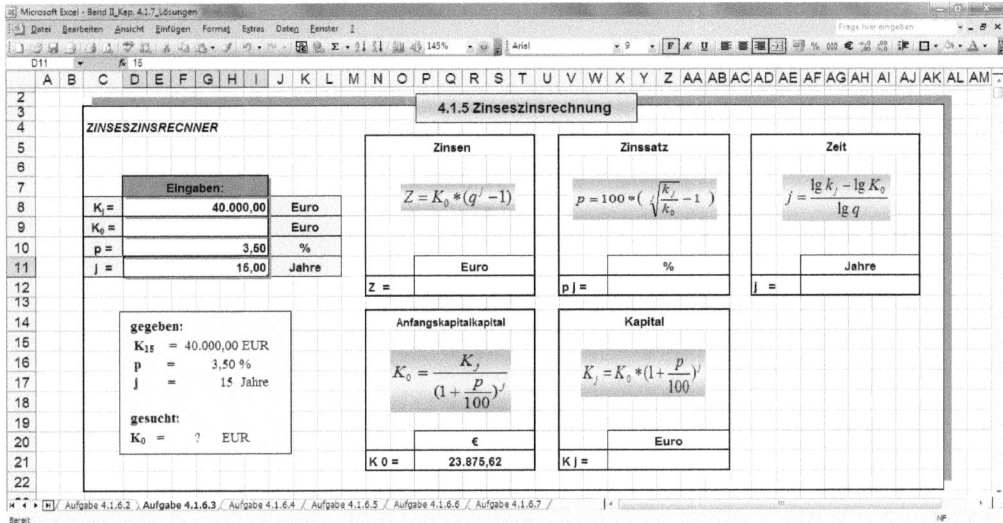

Abbildung II_4.1.26: Lösung der Aufgabe 4.2.2.8.3

zu 4.1.6.4:   Nach 13 Jahren ist Ihr **Kapital** auf **3.880,82 Euro gewachsen**.

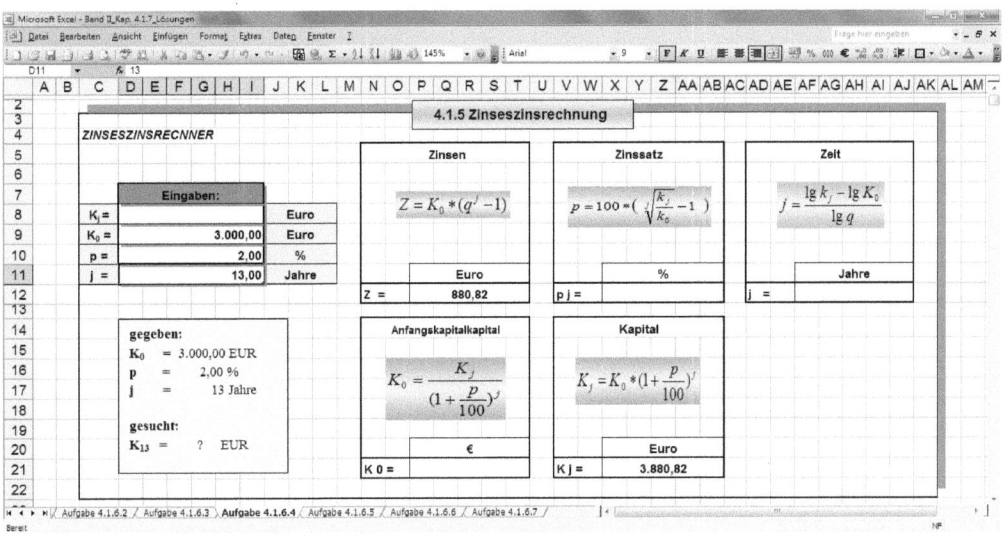

Abbildung II_4.1.27: Lösung der Aufgabe 4.2.2.8.4

zu 4.1.6.5:   Zinssatz: **3,0 %**

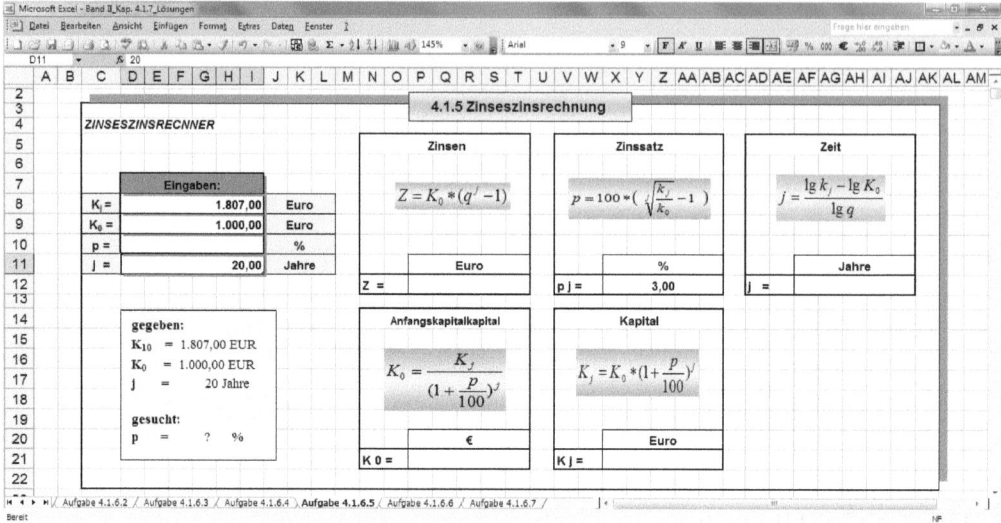

Abbildung II_4.1.28: Lösung der Aufgabe 4.2.2.8.5

zu 4.1.6.6:   Die **Kapitalentwicklung** nach 10 Jahren ist in der folgenden Abbildung **gelb gekennzeichnet**.

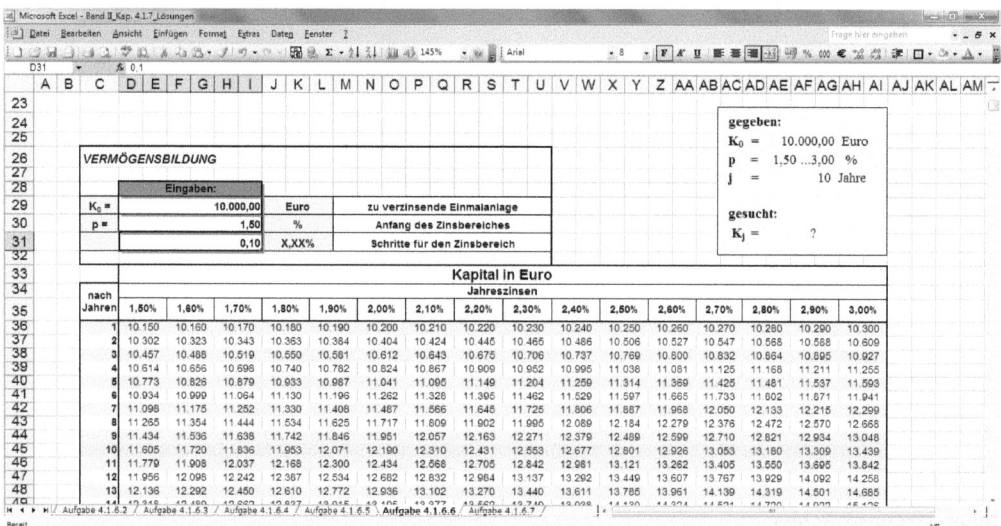

Abbildung II_4.1.29: Lösung der Aufgabe 4.2.2.8.6

zu 4.1.6.7:   Die **jährliche Inflation** liegt bei **circa 1,5 %.**

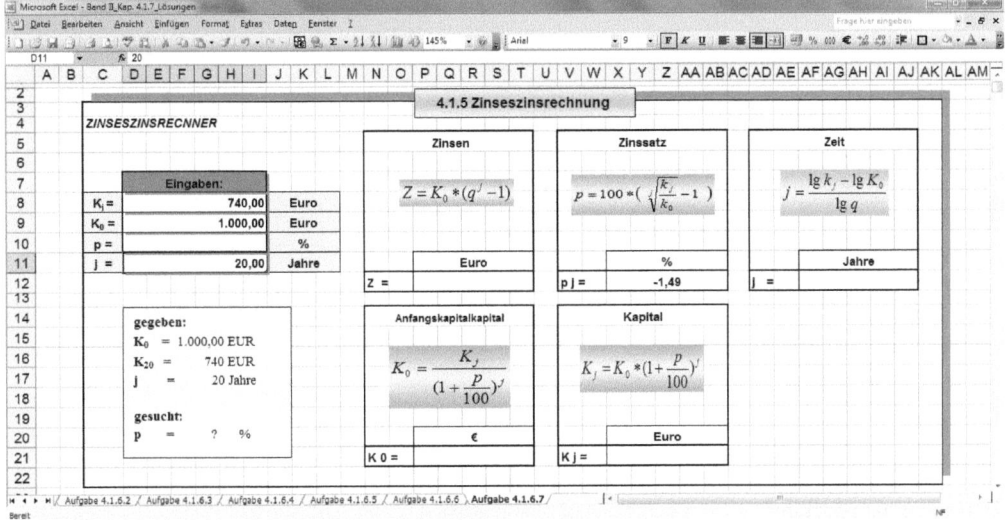

Abbildung II_4.1.30: Lösung der Aufgabe 4.2.2.8.7

4.2 Rentenrechnung und Ratensparen

Bei einer Zeitrente werden Zahlungen (Raten) zu im Voraus festgelegten Zeitpunkten über einen bestimmten Zeitabschnitt (Monate, Jahre) vorgenommen. Die Raten der Zeitrente werden am Ende des betrachteten Zeitabschnittes, man spricht von nachträglich oder postnumerando, in vereinbarter Höhe geleistet. Rentenzahlungen am Anfang eines Zeitabschnittes nennt man im Voraus oder pränumerando. Der Endwert einer Zeitrente ist der Betrag, auf den die Ratenzahlungen bis zum Ende der Laufzeit anwachsen, wenn man diesen Betrag zu einem Zinssatz von p % geliehen hätte [4.6].

4.2.1.1 Nachträgliche Renten

$K_{m(n)}$ = Endwert (K-Kapital) einer monatlichen (m) nachträglichen (n) Rente
$K_{j(n)}$ = Endwert (K-Kapital) einer jährlichen (j) nachträglichen (n) Rente
K_0 / B = Anfangskapital / Barwert
$B_{m(n)}$ = Barwert einer monatlichen (m) nachträglichen (n) Rente
$B_{j(n)}$ = Barwert einer jährlichen (j) nachträglichen (n) Rente
R = Rate (Festbetrag)
p = Zinssatz in %
q = 1+p/100 = Zinsfaktor (Aufzinsfaktor)
m = Anzahl der Monate
j = Anzahl der Jahre

1. Herleitung der Formel zur Berechnung einer nachträglichen Rente

Bei laufender Zahlung eines Festbetrages (Renten, Tilgungsrate einer Anleihe) am Ende eines Zeitabschnittes (Monate, Jahre) führt bei einer jährlichen Verzinsung von p % nach j Jahren zu folgendem Endwert:

1. Herleitung [4.7]

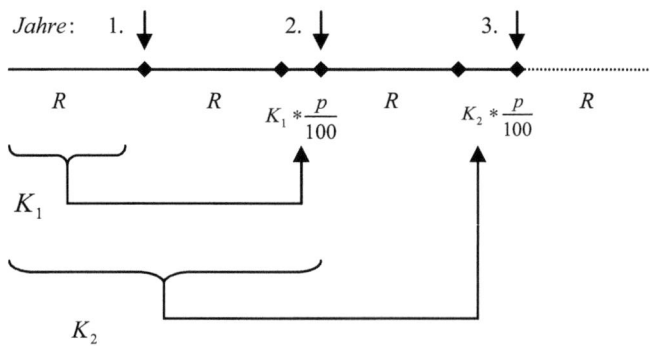

Jahre	Kapital nach j Jahren
j	K_j

1. $\quad K_1 = R$

2. $\quad K_2 = R + (R + R * \dfrac{p}{100}) = R + R(1 + \dfrac{p}{100}) = R + R * q$

3. $\quad K_3 = R + R * q + R + K_2 * \dfrac{p}{100} = R + R * q + R + [R + (R + R * \dfrac{p}{100})] * \dfrac{p}{100}$

$$= R + R * q + R + R * \frac{p}{100} + R * \frac{p}{100} + R * (\frac{p}{100})^2$$

$$= R + R * q + R * [1 + 2 * (\frac{p}{100}) + (\frac{p}{100})^2]$$

$$= R + R * q + R * [1 + (\frac{p}{100})]^2$$
$$= R + R * q + R * q^2$$

binomische Formel :

$$(a + b)^2 = a^2 + 2ab + b^2$$

$$K_j = R * \sum_{i=0}^{j-1} q^i$$

$K_j = $ *Kapital nach j Jahren*

$p = $ *Zinssatz in %*

$q = 1 + p/100 = $ *Zinsfaktor*

   (*Aufzinsfaktor*)

$R = $ *Rate (Festbetrag)*

$$⇓$$

$$K_{j(n)} = R * \frac{(q^j - 1)}{(q - 1)}$$

(entspricht einer geometrischen Reihe)

2. Endwert bei monatlicher Rentenzahlung:

$$K_{m(n)} = R * \frac{(q_M^m - 1)}{(q_M - 1)}$$

$q_M = 1 + (p/12 * 100), p$ *in %*

3. Nachträgliche Rente [4.6], [4.7]pro Zeitabschnitt:

Zeitabschnitte: **Jahre**   **Monate**

$$K_{j(n)} = R * \frac{(q^j - 1)}{(q-1)} \qquad\qquad K_{m(n)} = R * \frac{(q_M^m - 1)}{(q_M - 1)}$$

$$R_{j(n)} = K_{j(n)} * \frac{(q-1)}{(q^j - 1)} \qquad\qquad R_{m(n)} = K_{m(n)} * \frac{(q_M - 1)}{(q_M^m - 1)}$$

4. Barwert B:
Wird der Endwert der Rente durch eine einmalige Zahlung am Anfang der Laufzeit abgelöst, so spricht man vom Barwert.

Nach der Zinseszinsrechnung (↑ Kap. 4.1.5) ist:

$$K_j = K_0 * q^j \qquad\qquad K_0 = \frac{K_j}{q^j}$$

$$B_{j(n)} = \frac{K_{j(n)}}{q^j} \qquad\qquad K_{j(n)} = R * \frac{(q^j - 1)}{(q-1)}$$

Barwert B - entspricht K_0 (Anfangskapital):

        Jahre   **Monate**

$$B_{j(n)} = \frac{R}{q^j} * \frac{(q^j - 1)}{(q-1)} \quad (Jahr) \qquad\qquad B_{m(n)} = \frac{R}{q_M^m} * \frac{(q_M^m - 1)}{(q_M - 1)} \quad (Monat)$$

5. Berechnung der Laufzeit (Monate):

$$K_{m(n)} = R * \frac{(q_M^m - 1)}{(q_M - 1)} \qquad K_{m(n)} \frac{(q_M - 1)}{R} = q_M^m - 1$$

$$a^n = b$$
$$n = \log_a{}^b$$
$$\log_a{}^b = \frac{\lg b}{\lg a}$$

$$q_M^m = \frac{K_{m(n)}(q_m - 1)}{R} + 1$$

gegeben:

R	=	100	Euro
K_m	=	20.000	Euro
p	=	2,85	%
q_M	=	1,002375	

gesucht:

m	=	?

$$m_{(n)} = \frac{\lg\left[K_m * \frac{(q_M - 1)}{R} + 1\right]}{\lg q_M}$$

$$m = \frac{\lg\left[20.000 * \frac{0,002375}{100} + 1\right]}{\lg 1,002375} = \frac{\lg 1,475}{\lg 1,002375} = \frac{0,16879202}{0,001030226} = 163,84\, Monate$$

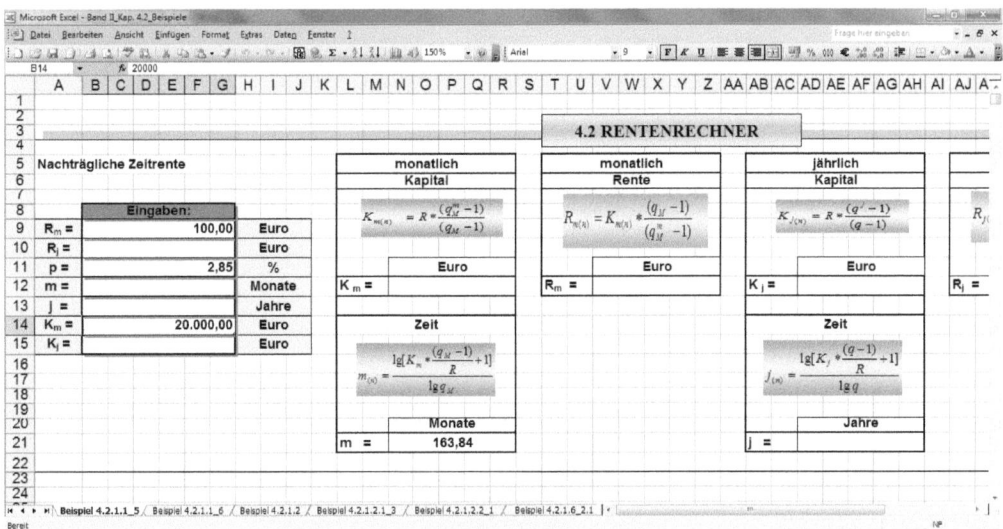

Abbildung II_4.2.1: Laufzeit einer nachträglichen Rente

Nach rund **164 Monaten** wird der Endwert von 20.000 Euro erreicht.

6. Zusammenstellung der Formeln für die nachträgliche Zeitrente [4.6], [4.7]:

Zeitabschnitte: **Monate**   **Jahre**

Kapital:

$$K_{m(n)} = R * \frac{(q_M^m - 1)}{(q_M - 1)} \qquad\qquad K_{j(n)} = R * \frac{(q^j - 1)}{(q - 1)}$$

Laufzeit:

$$m_{(n)} = \frac{\lg[K_m * \dfrac{(q_M - 1)}{R} + 1]}{\lg q_M} \qquad\qquad j_{(n)} = \frac{\lg[K_j * \dfrac{(q - 1)}{R} + 1]}{\lg q}$$

Barwert:

$$B_{m(n)} = \frac{R}{q_M^m} * \frac{(q_M^m - 1)}{(q_M^m - 1)} \qquad\qquad B_{j(n)} = \frac{R}{q^j} * \frac{(q^j - 1)}{(q - 1)}$$

Rente:

$$R_{m(n)} = K_{m(n)} * \frac{(q_M - 1)}{(q_M^m - 1)} \qquad\qquad R_{j(n)} = K_{j(n)} * \frac{(q - 1)}{(q^j - 1)}$$

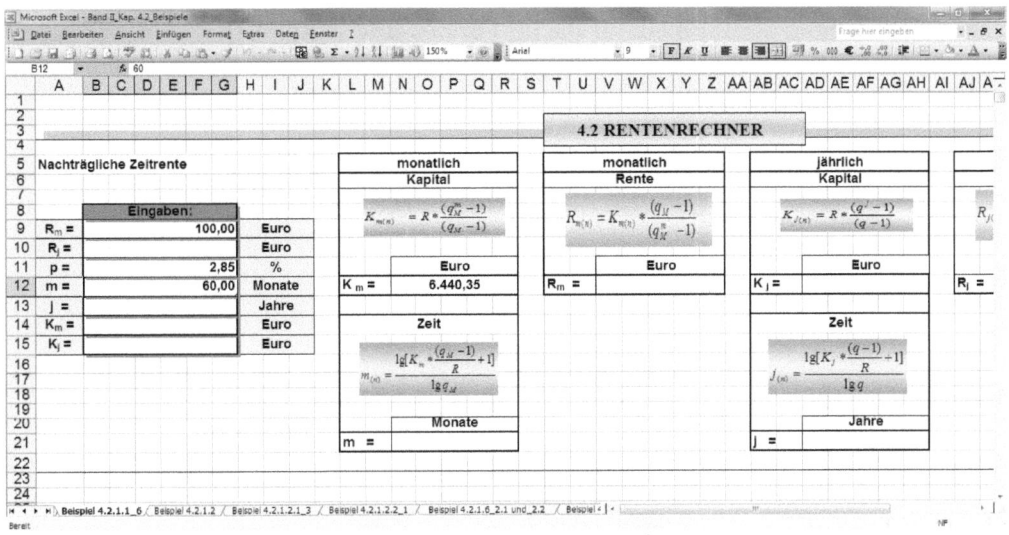

Abbildung II_4.2.2: Rentenrechner – Nachträgliche Zeitrente

4.2.1.2 Im Vorausrente

$K_{m(v)}$	=	Endwert (K-Kapital) einer monatlichen (m) im Voraus (v) - Rente
$K_{j(v)}$	=	Endwert (K-Kapital) einer jährlichen (j) im Voraus (v) - Rente
K_0 / B	=	Anfangskapital / Barwert
$B_{m(n)}$	=	Barwert einer monatlichen (m) nachträglichen (n) Rente
$B_{j(n)}$	=	Barwert einer jährlichen (j) nachträglichen (n) Rente
R	=	Rate (Festbetrag)
p	=	Zinssatz in %
q = 1+p/100	=	Zinsfaktor (Aufzinsfaktor)
m	=	Anzahl der Monate
j	=	Anzahl der Jahre

Bei der im Voraus- oder pränumerando Zeitrente [4.5] wird jede Rate R einen Zeitabschnitt (Monat, Jahr) länger verzinst als bei der nachträglichen Rente. Den Endwert der im Voraus-rente erhält man, wenn die nachträgliche Rente mit dem Zinsfaktor q multipliziert wird. Die Barwerte ergeben sich analog den Betrachtungen im Abschnitt 4.2.1.1 zur nachträglichen Zeitrente.

Zusammenstellung der Formeln für die im Vorausrente [4.6], [4.7]:

Zeitabschnitte: **Monate**   **Jahre**

Kapital:

$$K_{m(v)} = q_M R \frac{(q_M^m - 1)}{(q_M - 1)} \qquad\qquad K_{j(v)} = q\, R \frac{(q^j - 1)}{(q - 1)}$$

Laufzeit:

$$m_{(v)} = \frac{\lg[K_m \frac{(q_M - 1)}{q_M R} + 1]}{\lg q_M} \qquad\qquad j_{(v)} = \frac{\lg[K_j \frac{(q - 1)}{q\, R} + 1]}{\lg q}$$

Barwert:

$$B_{m(v)} = \frac{R}{q_M^{m-1}} \frac{(q_M^m - 1)}{(q_M - 1)} \qquad\qquad B_{j(v)} = \frac{R}{q^{j-1}} \frac{(q^j - 1)}{(q - 1)}$$

Rente:

$$R_{m(v)} = K_{m(v)} * \frac{(q_M - 1)}{q_m * (q_M^m - 1)} \qquad\qquad R_{j(v)} = K_{j(v)} * \frac{(q - 1)}{q * (q^j - 1)}$$

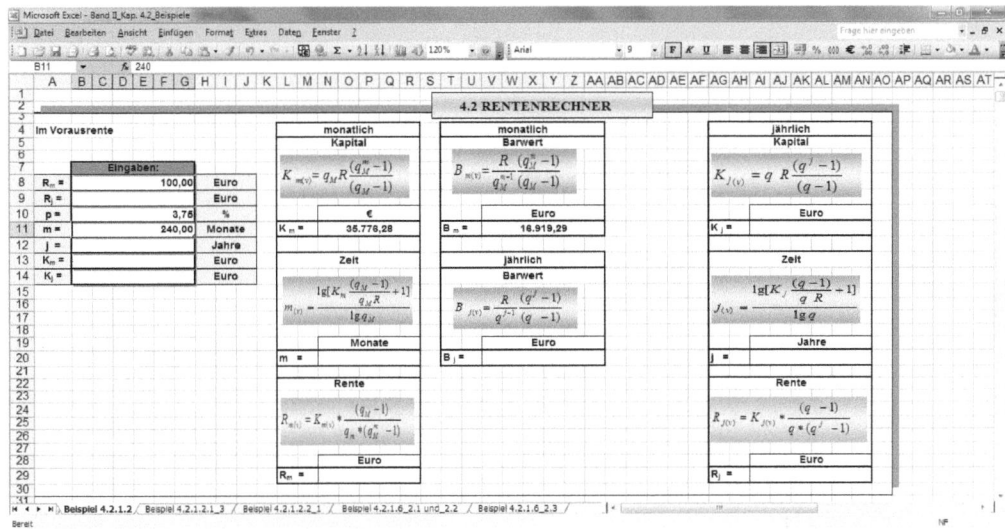

Abbildung II_4.2.3: Im Vorausrente

4.2.1.2.1 Zahlung einer regelmäßigen, gleich bleibenden Rente (im Vorausrente) aus einem Anfangskapital

Ein Anfangskapital, das jährlich mit p % verzinst wird, soll sofort beginnend als regelmäßige, gleich bleibende Rente gezahlt werden.

Es ergeben sich dann folgende Fragen:
Wie viel Kapital kann pro Zeitabschnitt gezahlt werden, wenn es nach einer bestimmten Zeit aufgezehrt sein soll?
Wie viele Jahre reicht das Kapital zur Zahlung einer regelmäßigen, gleich bleibenden Rente?

1. Berechnung der Rente [4.7]

Bei der Berechnung der Rente sind folgende Überlegungen anzustellen:
Bei einer Laufzeit von einem Jahr wird das gesamte Kapital (B - Anfangskapital) als im Vorausrente gezahlt.
Bei zwei Rentenzahlungen (zwei Jahre) berechnet sich das gesamte Kapital wie folgt, zum Anfangskapital B werden die Zinsen aus der Differenz B - R (Rente) zum Gesamtkapital K_2 addiert.
Die Rentenberechnung für drei und weitere Jahre erfolgt anlog , wie unter Punkt 2 beschrieben.

Jahre   Rente   Kapital nach j Jahren
j   K$_j$

1. $1 * R = K_1$ $K_1 = B(Anfangskap\,ital\ K_0)$

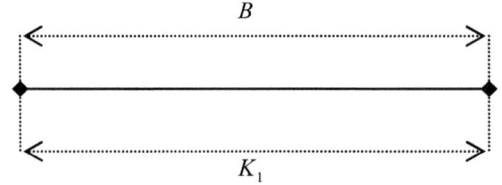

2. $2 * R = K_2$ $K_2 = R + (B - R) + (B - R)p = R + B - R + pB - pR$

$$2R = B + pB - pR$$
$$2R + pR = B(1 + p)$$
$$R(2 + p) = B(1 + p)$$
$$R = \frac{B(1 + p)}{2 + p} = \frac{B(1 + p)}{1 + 1 + p} = \frac{Bq}{1 + q} \qquad\qquad q = 1 + p$$

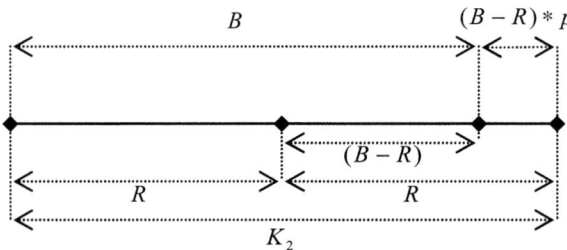

3. $3 * R = K_3$ $K_3 = R + R + (B - 2R) + (B - R)p + [(B - 2R) + (B - R)p]p$

$$= 2R + B - 2R + pB - pR + pB + p^2 B - p^2 R$$

$$3R = B + 2pB + p^2 B - pR - 2pR - p^2 R$$

$$3R + 3pR * p^2 R = B + 2pB + p^2 B$$

$$R(3 + 3p + p^2) = B(1 + 2p + p^2)$$

$$R(2 + p + 1 + 2p + p^{2)}) = B(1 + p)^2$$

$$R[1 + (1 + p) + (1 + p)^2] = B(1 + p)^2$$

binomische Formel :

$$a^n - b^n =$$

$$(a - b)(a^{n-1} + a^{n-2}b + a^{n-3}b^2 \ldots$$

$$\ldots ab^{n-2} + b^{n-1})$$

$$q^3 - 1 =$$

$$(q - 1)(q^2 + q + 1)$$

$$(q^2 + q + 1) = \frac{q^3 - 1}{q - 1}$$

binomische Formel :

$$(a + b)^2 = a^2 + 2ab + b^2$$

$$(1 + p)^2 = 1 + 2p + p^2$$

$$R = \frac{Bq^2}{1 + q + q^2} = \frac{Bq^2(q - 1)}{(q^3 - 1)}$$

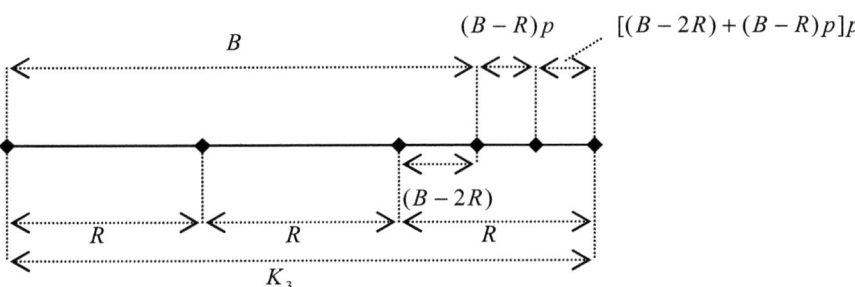

$$R_{j(v)} = Bq^{j-1} \frac{(q - 1)}{(q^j - 1)} \qquad\qquad R_{m(v)} = Bq_M^{m-1} \frac{(q_M - 1)}{(q_M^m - 1)}$$

2. Berechnung der Laufzeit bei regelmäßig, gleich bleibender Rente und einem Anfangskapital

$$R_{j(v)} = B_{j(v)} q^{j-1} \frac{(q-1)}{(q^j - 1)}$$

$$R_{j(v)}(q^j - 1) = B_{j(v)} q^{j-1}(q-1) = Bq^{j-1}q - Bq^{j-1} \qquad a^{n-1} = \frac{a^n}{a}$$

$$R_{j(v)} q^j - Bq^j q + \frac{Bq^j}{q} = R_{j(v)}$$

$$R_{j(v)} q^j - R_{j(v)} = Bq^{j-1}q - \frac{Bq^j}{q} \qquad\qquad
\begin{aligned}
a^n &= b \\
n &= \log_a^b \\
\log_a^b &= \frac{\lg b}{\lg a}
\end{aligned}$$

$$q^j (R_{j(v)} - B + \frac{B}{q}) = R_{j(v)}$$

$$j = \frac{\lg[\dfrac{R_{j(v)}}{R_{j(v)} - B + B/q}]}{\lg q} \qquad\qquad = \frac{\lg[\dfrac{R_{j(v)}}{R_{j(v)} - B(1 - B/q)}]}{\lg q}$$

$$j = \frac{\lg\{\dfrac{R_{j(v)}}{R_{j(v)} - B[(q-1)/q]}\}}{\lg q} \qquad\qquad m = \frac{\lg\{\dfrac{R_{m(v)}}{R_{m(v)} - B[(q_M - 1)/q_M]}\}}{\lg q_M}$$

3. Zusammenstellung der Formeln für die im Vorausrente

Regelmäßig, gleich bleibende Rente bei einem Anfangskapital [4.7]:

$$R_{j(v)} = Bq^{j-1}\frac{(q-1)}{(q^j-1)} \qquad\qquad R_{m(v)} = Bq_M^{m-1}\frac{(q_M-1)}{(q_M^m-1)}$$

Laufzeit bei regelmäßig, gleich bleibender Rente und einem Anfangskapital:

$$j = \frac{\lg\{\dfrac{R_{j(v)}}{R_{j(v)} - B[(q-1)/q]}\}}{\lg q} \qquad\qquad m = \frac{\lg\{\dfrac{R_{m(v)}}{R_{m(v)} - B[(q_M-1)/q_M]}\}}{\lg q_M}$$

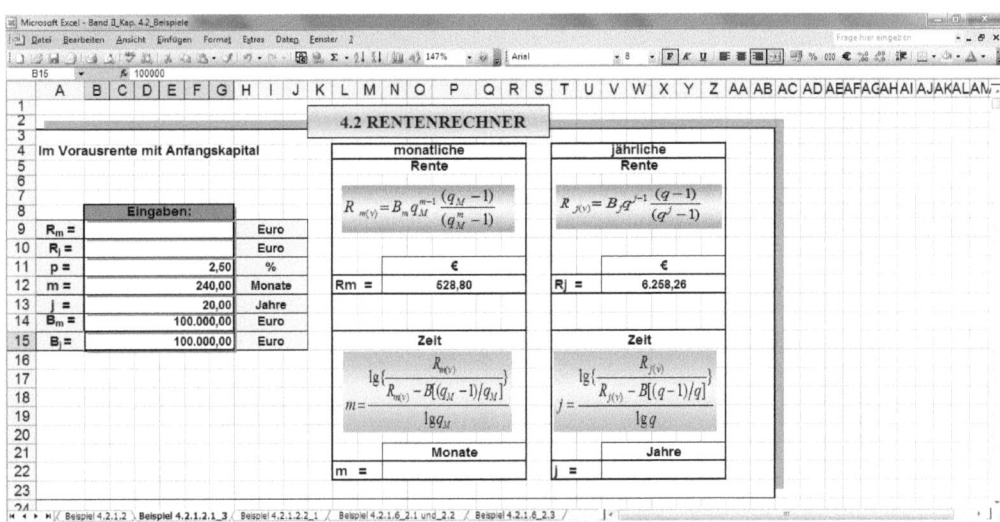

Abbildung II_4.2.4: Im Vorausrente mit Anfangskapital

4.2.1.2.2 Vermögensbildung beim Ratensparen

Mit den Formeln der im Vorausrente berechnet man auch die Kapitalbildung (Endwerte) bei laufenden Einzahlungen eines Festbetrages (Raten).

1. Zusammenstellung der Formeln zur Berechnung des Vermögens beim Ratensparen:

Kapital:

$$K_{m(v)} = q_M R \frac{(q_M^m - 1)}{(q_M - 1)} \qquad\qquad K_{j(v)} = q\, R \frac{(q^j - 1)}{(q - 1)}$$

Laufzeit:

$$m_{(v)} = \frac{\lg[K_m \frac{(q_M - 1)}{q_M R} + 1]}{\lg q_M} \qquad\qquad j_{(v)} = \frac{\lg[K_j \frac{(q - 1)}{q\, R} + 1]}{\lg q}$$

Rate:

$$R_{m(v)} = K_{m(v)} \frac{(q_M - 1)}{q_m(q_M^m - 1)} \qquad\qquad R_{j(v)} = K_{j(v)} \frac{(q - 1)}{q(q^j - 1)}$$

Zinsen:

$$Z_{m(v)} = K_{m(v)} - (mR)$$
$$Z_{m(v)} = q_M R \frac{(q_M^m - 1)}{(q_M - 1)} - (mR)$$

$$Z_{j(v)} = K_{j(v)} - (jR)$$
$$Z_{j(v)} = q\, R \frac{(q^j - 1)}{(q - 1)} - (jR)$$

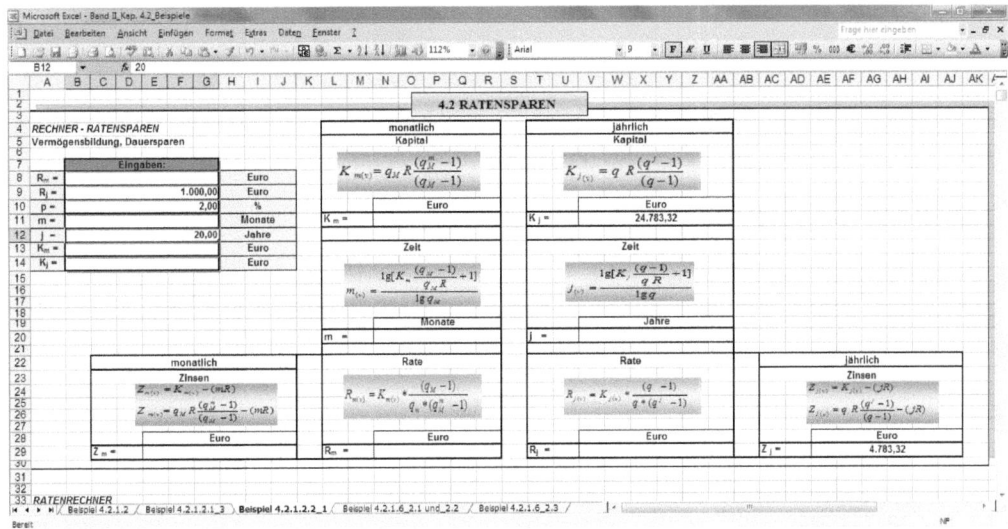

Abbildung II_4.2.5: Im Vorausrente, Vermögensbildung beim Ratensparen

2. Beispiel - Kapitalbildung beim monatlichen Ratensparen

1. Wie viel Kapital wird durch das monatliche Sparen erreicht? Die Sparrate beträgt 100 Euro pro Monat für einen Zeitraum von 10 Jahren mit 5 % Jahreszinsen.
2. Wie groß ist der Zinsanteil?
3. Vergleich der Kapitalbildung nach 10 Jahren bei Jahreszinsen im Bereich von 3,00 bis 6,00 %.

gegeben:		
R	=	100 Euro
p	=	5,00 %
q_M	=	1,004166667
m	=	120 Monate
		(10 Jahre)
gesucht:		
K_{120}	=	?

Lösung:

2.1 Kapital:

$$K_{m(v)} = q_M R \frac{(q_M^m - 1)}{(q_M - 1)}$$

$$K_{m(v)} = 1{,}004166667 * 100 * \frac{(1{,}004166667^{120} - 1)}{(1{,}004166667 - 1)}$$

131

$$K_{m(v)} = 100,4166667 * \frac{(1,647009563 - 1)}{(1,004166667 - 1)}$$

$$K_{m(v)} = 100,4166667 * \frac{(1,647009563 - 1)}{(1,004166667 - 1)} = 15.592,93 \, Euro$$

2.2 Zinsen:

$$Z_{m(v)} = K_{m(v)} - (mR)$$

$$Z_{m(v)} = q_M R \frac{(q_M^m - 1)}{(q_M - 1)} - (mR)$$

$$Z_{m(v)} = K_{m(v)} - (mR) = 15.592,93 - (120 * 100) = 3.592,93 \, Euro$$

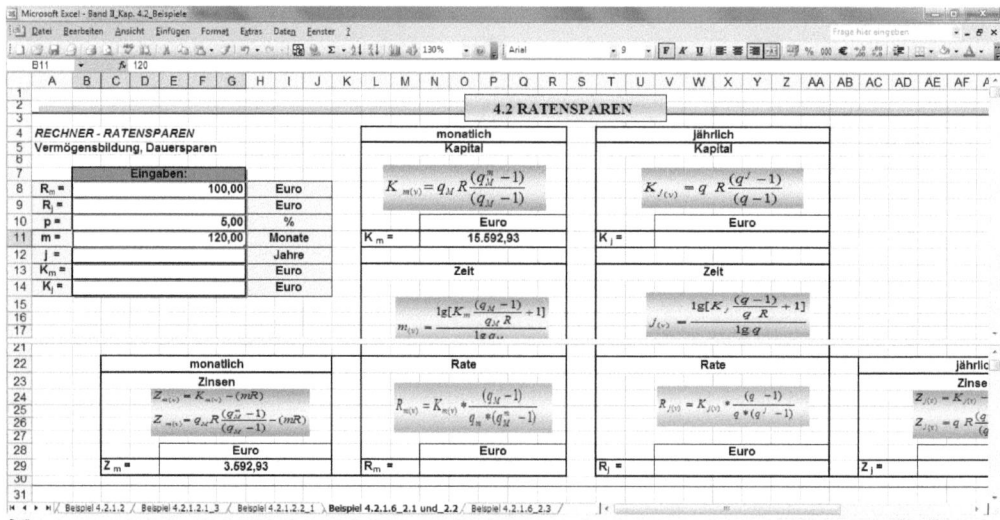

Abbildung II_4.2.6: Kapitalbildung und Zinsen beim monatlichen Dauersparen

2.3 Kapitalbildungen mit verschiedenen Prozentwerten

Monate		Kapitalbildung (in Euro) bei einer monatlichen oder jährlichen Sparrate und Jahreszinsen in ...%							Monate	Kapitalbildung (in Euro) bei einer monatlichen oder jährlichen Sparrate und Jahreszinsen in ...%						
		3,00%	3,50%	4,00%	4,50%	5,00%	5,50%	6,00%		3,00%	3,50%	4,00%	4,50%	5,00%	5,50%	6,00%
167	111	12.807	13.123	13.450	13.787	14.135	14.494	14.865	351							
168	112	12.939	13.262	13.595	13.939	14.294	14.661	15.039	352							
169	113	13.072	13.401	13.741	14.092	14.454	14.829	15.215	353							
170	114	13.205	13.540	13.887	14.245	14.615	14.997	15.392	354							
171	115	13.338	13.680	14.034	14.399	14.776	15.166	15.569	355							
172	116	13.471	13.820	14.181	14.553	14.938	15.336	15.748	356							
173	117	13.605	13.961	14.328	14.708	15.101	15.507	15.927	357							
174	118	13.740	14.102	14.476	14.864	15.264	15.678	16.107	358							
175	119	13.874	14.243	14.625	15.020	15.428	15.851	16.288	359							
176	120	14.009	14.385	14.774	15.177	15.593	16.024	16.470	360							
177																
178	121								361							
179	122								362							
180	123								363							
181	124								364							

Abbildung II_4.2.7: Kapitalbildung für verschiedene Zinssätze

4.2.2 Übungsaufgaben zur Rentenberechnung und zum Ratensparen

4.2.2.1 Eine nachträgliche Zeitrente von 200 Euro soll monatlich über einen Zeitraum von 8 Jahren bei einem Zinssatz von 2,25 % gezahlt werden.
Wie groß ist der Endwert?

4.2.2.2 Wie viele Monate muss eine nachträgliche Zeitrente von 150 Euro pro Monat und einem Zinssatz von 2,50 % gezahlt werden, bis der Endwert von 50.000 Euro erreicht ist?

4.2.2.3 Für einen Endwert von 100.000 Euro und einem Zinssatz von 2,25 % ist für einen Zeitabschnitt von 15 Jahren die monatliche sowie jährliche nachträgliche Zeitrente zu berechnen.

4.2.2.4 Ein Anfangskapital von 200.000 Euro und einer Kapitalverzinsung von 2,1 % soll durch eine sofort beginnende regelmäßige, gleich bleibende Rente bei monatlicher und jährlicher Kapitalentnahme über einen Zeitraum von 18 Jahren aufgezehrt werden.
Wie viel Kapital kann pro Zeitabschnitt gezahlt werden?

4.2.4.5 Wie viel Kapital wird bei einer monatlichen Sparrate von 80 Euro über einen Zeitraum von 20 Jahren und bei einem Zinssatz von 3,20 % erreicht?
Wie hoch sind die Zinsen für diesen Zeitraum?

133

4.2.3 Lösungen zu den Übungsaufgaben zur Rentenberechnung und zum Ratensparen

zu 4.2.3.1:   Endwert: **21.015,00 Euro**

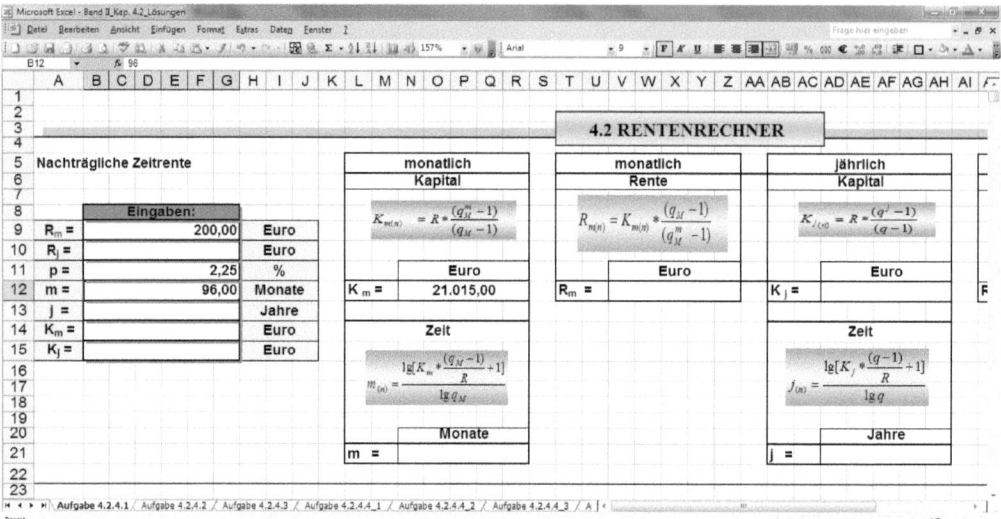

Abbildung II_4.2.8: Lösung der Aufgabe 4.2.4.1

zu 4.2.4.2:   **Laufzeit** für nachträgliche Zeitrente: **253,39 Monate**

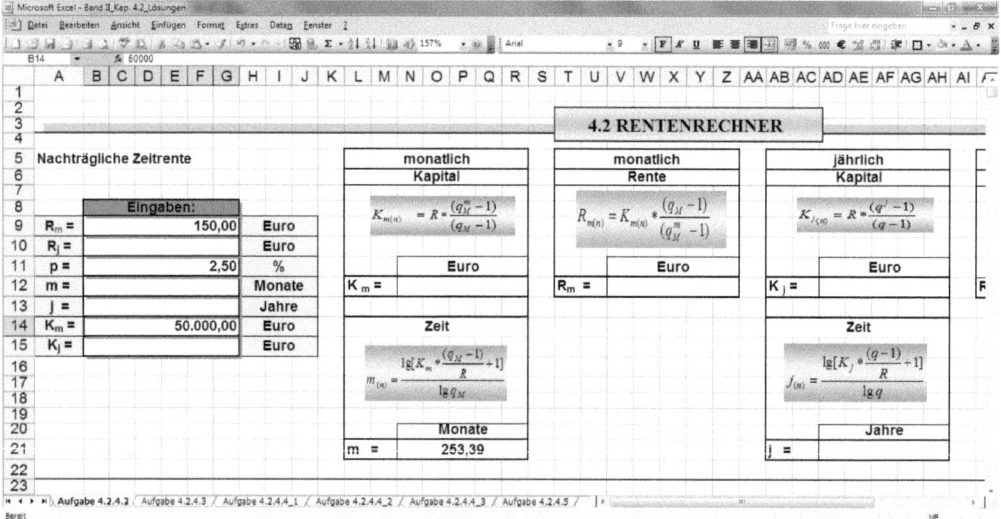

Abbildung II_4.2.9: Lösung der Aufgabe 4.2.4.2

zu 4.2.4.3: **Monatliche** sowie **jährliche nachträgliche Zeitrente**: 467,58 Euro sowie 5.678,85 Euro

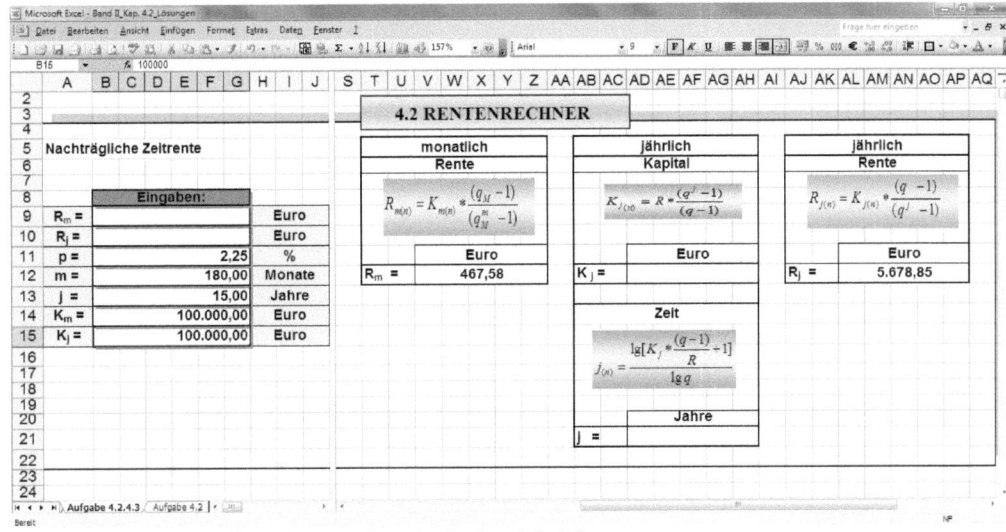

Abbildung II_4.2.10: Lösung der Aufgabe 4.2.4.3

zu 4.2.4.4: **Gleich bleibende Rente** bei **monatlicher** und **jährlicher** Kapitalentnahme: 1.110,78 Euro und 13.181,19 Euro

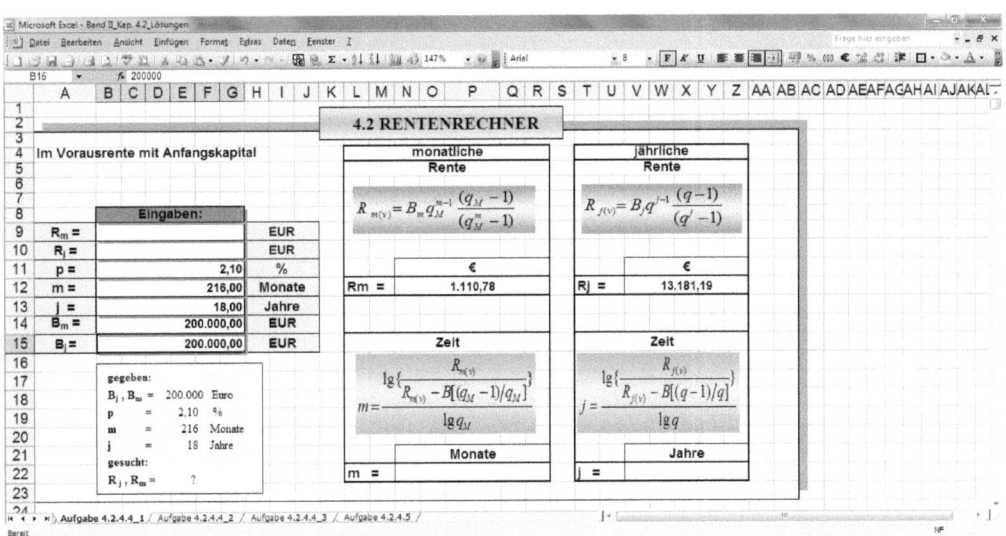

Abbildung II_4.2.11: Lösung der Aufgabe 4.2.4.4

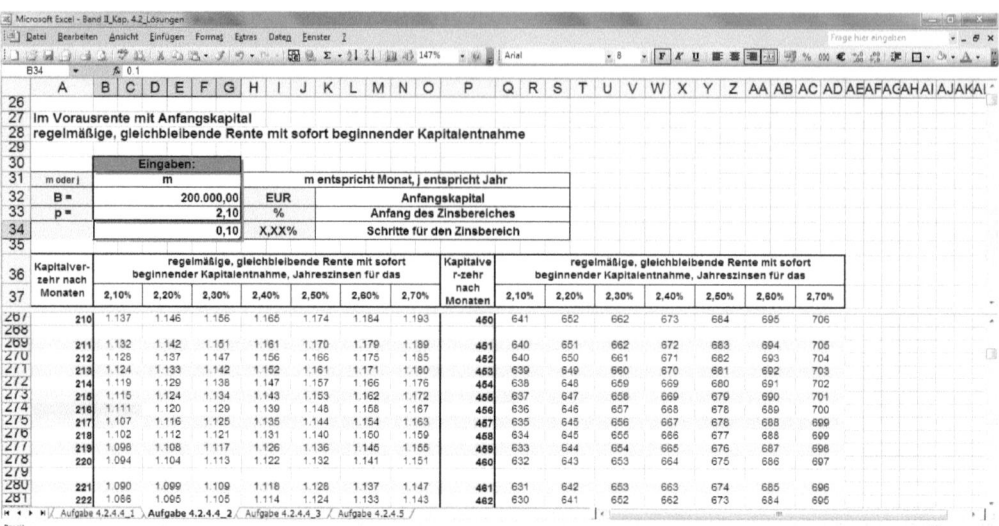

Abbildung II_4.2.12: Lösung der Aufgabe 4.2.4.4 (monatlich)

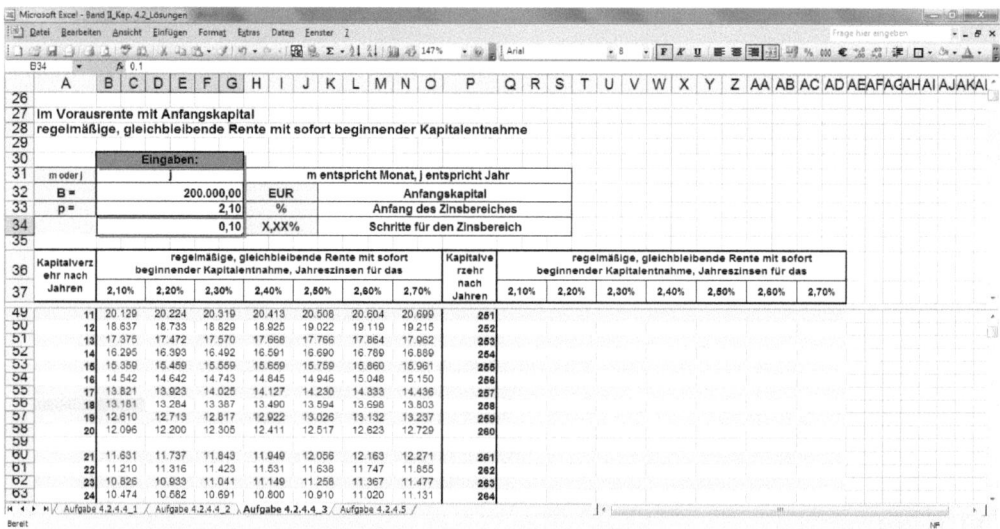

Abbildung II_4.2.13: Lösung der Aufgabe 4.2.4.4 (jährlich)

zu 4.2.4.5:   Das Kapital erreicht nach 20 Jahren einen Wert von
26.917,57 Euro.

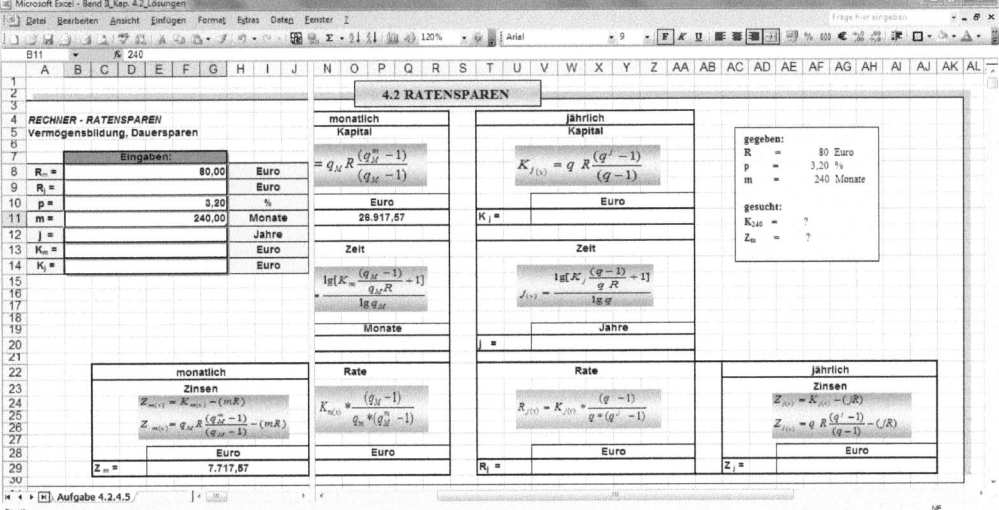

Abbildung II_4.2.14: Lösung der Aufgabe 4.2.4.5

4.3.1 Kredit und Hypothekendarlehen, Tilgungsformel

Bei Hypothekendarlehen oder Krediten machen Sie Schulden, die sich aus dem Kreditwert und Zinsen für diesen Kredit zusammensetzen. Bei Hypotheken handelt es sich in der Regel um Annuitäten - Darlehen. Hierbei haben Sie monatlich (jährlich) die Annuität, einen festen Betrag zu zahlen, der Zinsen und Tilgung beinhaltet. Bei der Kreditgewährung wird oft ein Tilgungsplan vorgelegt, aus dem man erkennt, dass mit fortschreitender Kreditlaufzeit der Zinsbetrag abnimmt und die Tilgung wächst [4.8] bis [4.10].

Bedeutung der Abkürzungen:

S	=	Schulden/ Kreditbetrag
S_j	=	abgezahlter Betrag nach j Jahren
S_m	=	abgezahlter Betrag nach m Monaten
p	=	Zinssatz in %
p_T	=	Tilgungszins in %
q	=	(1+p/100) Zinsfaktor (Aufzinsfaktor) - Jahr
q_M	=	(1+p/12*100) Zinsfaktor (Aufzinsfaktor) - Monat
j	=	Anzahl der Jahre
m	=	Anzahl der Monate
A	=	Annuität $(T_1 + Z_1)$
T_1	=	Tilgungsrate des ersten Zeitabschnittes
$T_{1(m)}$	=	Tilgungsrate des ersten Zeitabschnittes (Monat)
$T_{1(j)}$	=	Tilgungsrate des ersten Zeitabschnittes (Jahr)
Z_1	=	Zinsen für den ersten Zeitabschnitt

1. Herleitung der Tilgungsformel [4.8]

Ein Kredit S von 6.000 Euro und einem Zinssatz von $p = 5\,\%$ soll mit einer monatlichen Annuität von 425 Euro abgezahlt werden.

Monate m	*Anfangs-schulden in Euro*	*Annuität in Euro*	*Zinsen in Euro*	*Tilgung in Euro*	*Restschuld in Euro*
1.	$S = S_0 =$ 6.000,00	$A =$ 425,00	25,00 $Z_0 =$ $S_0\,(p/12*100)$	400,00 $T_1 = A - Z_0$ $= A - S_0\,(p/12*100)$	5.600,00 $S_1 = S_0 - T_1$
2.	$S_1 =$ 5.600	$A =$ 425,00	23,33 $Z_1 =$ $S_1\,(p/12*100)$	401,67 $T_2 = A - Z_1$ $= A - S_1\,(p/12*100)$ $= A - (S_0 - T_1)\,(p/12*100)$ $= A - S_0\,(p/12*100) +$ $\quad T_1\,(p/12*100)$ $[T_1 = A - S_0\,(p/12*100)]$ $= T_1 + T_1\,p/12*100$ $= T_1(1 + p/12*100)$ $\quad [q_M = (1 + p/12*100)]$ $T_2 = T_1\,q_M$	5.198,33 $S_2 = S_1 - T_2$
3.	$S2 =$ 5.198,33	$A =$ 425,00	21,66 $Z_2 =$ $S_2\,(p/12*100)$	403,34 $T_3 = A - Z_2$ $= A - (S_1 - T_2)(p/12*100)$ $= A - (S_0 - T_1)\,(p/12*100)$ $= A - S_1\,(p/12*100) +$ $\quad T_2\,(p/12*100)$ $[T_2 = A - S_1\,(p/12*100)]$ $= T_2 + T_2\,(p/12*100)$ $= T_2(1 + p/12*100)$ $\quad [q_M = (1 + p/12*100)]$ $= T_2\,q_m$ $[T_2 = T_1\,q_m]$ $T_3 = T_1\,q_M\,q_M = T_1\,q_M^2$	4.794,99 $S_3 = S_2 - T_3$

$$\Downarrow$$

$$T_m = T_1\,q_M^{\,m-1}$$

Nach m Monaten ist die Tilgungsrate:

$$T_m = T_1 \, q_M^{\,m-1}$$

$$T_1 = T_1 \, q_M^{\,1-1} = T_1 \, q_M^{\,0} = 400 * 1{,}004166667^{\,0} = 400{,}00 \text{ Euro}$$

$$T_2 = T_1 \, q_M^{\,2-1} = T_1 \, q_M^{\,0} = 400 * 1{,}004166667^{1} = 401{,}67 \text{ Euro}$$

$$T_3 = T_1 \, q_M^{\,3-1} = T_1 \, q_M^{\,2} = 400 * 1{,}004166667^{\,2} = 403{,}34 \text{ Euro}$$

.
.

$$T_{14} = T_1 \, q_M^{\,14-1} = T_1 \, q_M^{\,13} = 400 * 1{,}004166667^{\,13} = 422{,}22 \text{ Euro}$$

Die Summe der Tilgungsraten nach m Monaten:

$$S_m = T_1 q_M^0 + T_1 q_M^1 + T_1 q_M^2 \ldots\ldots\ldots\ldots + T_1 q_M^{m-1} = T_1 \sum_{i=0}^{m-1} q_M^i = T_1 \frac{(q_M^m - 1)}{(q-1)}$$

entspricht dem Endwert einer nachträglichen Rente (↑ Kapitel 4.2.1.1 Punkt 2).
Die Gesamtschuld S ist abgezahlt, wenn $S_m = S$ ist.

2. Zusammenstellung der Formeln für die Kreditberechnung [4.7]

Zeitabschnitt: **Monate**   **Jahre**
Schulden/ Kreditbetrag
abgezahlter Betrag nach :

$$S = T_1 * \frac{(q_M^m - 1)}{(q_M - 1)} \qquad\qquad S = T_1 * \frac{(q^j - 1)}{(q - 1)}$$

$$S_m = T_1 * \frac{(q_M^m - 1)}{(q_M - 1)} \qquad\qquad S_j = T_1 * \frac{(q^j - 1)}{(q - 1)}$$

$$S_m = T_1 * \frac{(1 + \dfrac{p}{100*12})^m - 1}{(1 + \dfrac{p}{100*12}) - 1} \qquad\qquad S_j = T_1 * \frac{(1 + \dfrac{p}{100})^j - 1}{(1 + \dfrac{p}{100}) - 1}$$

T₁ - Tilgungsbetrag:

$$T_{1(m)} = S_m * \frac{(q_M - 1)}{(q_M^m - 1)}$$

$$T_{1(j)} = S_j * \frac{(q - 1)}{(q^j - 1)}$$

Laufzeit:

$$m = \frac{\lg[S * \frac{(q_M - 1)}{T_1} + 1]}{\lg q_M}$$

$$j = \frac{\lg[S * \frac{(q - 1)}{T_1} + 1]}{\lg q}$$

$$m = \frac{\lg[\frac{S*(\frac{P_M}{12*100})}{T1} + 1]}{\lg[1 + (\frac{P_M}{12*100})]}$$

$$j = \frac{\lg[\frac{S*(\frac{P}{100})}{T1} + 1]}{\lg[1 + (\frac{P}{100})]}$$

4.3.2 Berechnungsvarianten

4.3.2.1 Variante 1

gesucht: - monatliche Rate (A)   Vorgabe: - Kreditbetrag (S_0)
        - Tilgungszins (p_T)   - jährlicher Nominalzinssatz (p_Z)
        - Tilgungsplan   - Kreditlaufzeit (m)

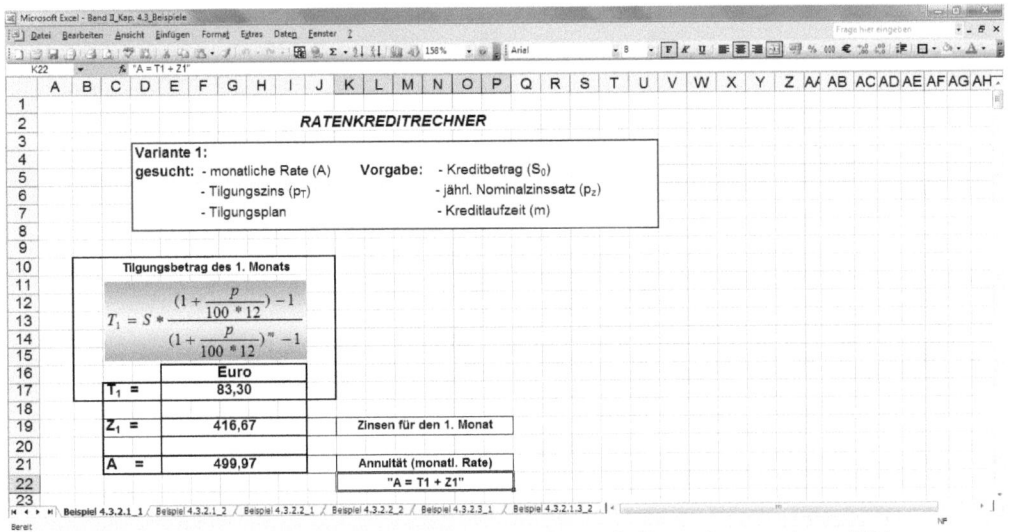

Abbildung II_4.3.1: Ratenkreditrechner – Variante 1, Berechnung Annuität

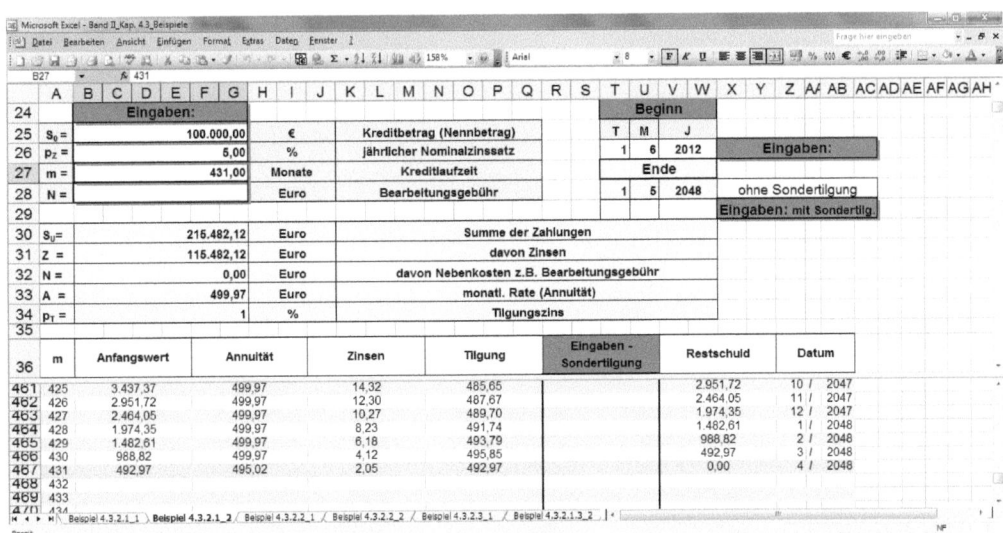

Abbildung II_4.3.2: Ratenkreditrechner – Variante 1, Tilgungszins und Tilgungsplan

4.3.2.2 Variante 2

gesucht: - Kreditlaufzeit (m)   Vorgabe: - Kreditbetrag (S_0)
          - monatliche Rate (A)   - jährlicher Nominalzinssatz (p_Z)
          - Tilgungsplan   - Tilgungszins (p_T)

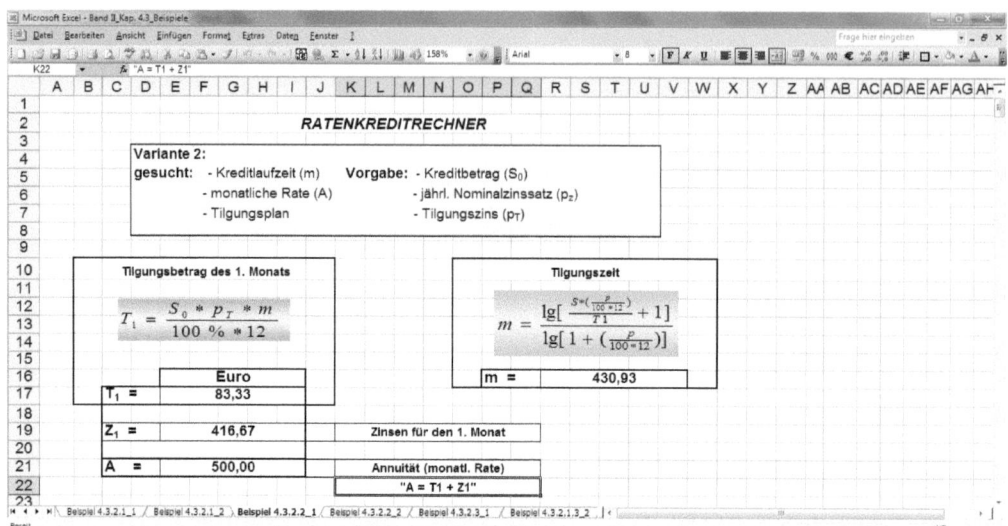

Abbildung II_4.3.3: Ratenkreditrechner – Variante 2, Berechnung Annuität

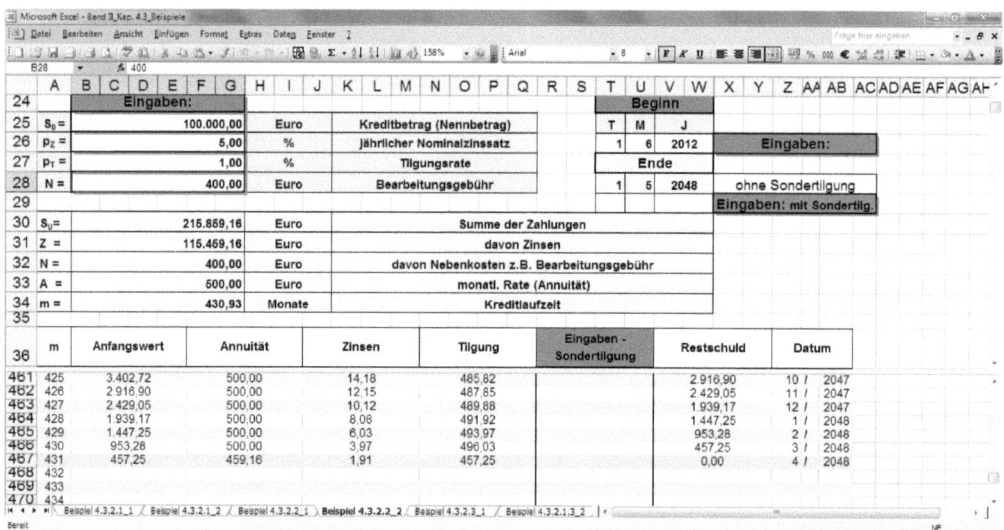

Abbildung II_4.3.4: Ratenkreditrechner – Variante2, Tilgungsplan und Kreditlaufzeit

4.3.2.3 Variante 3

gesucht: - Kreditlaufzeit (m)   Vorgabe: - Kreditbetrag (S_0)
         - Tilgungszins (p_T)   - jährl. Nominalzinssatz (p_Z)
         - Tilgungsplan   - monatliche Rate (A)

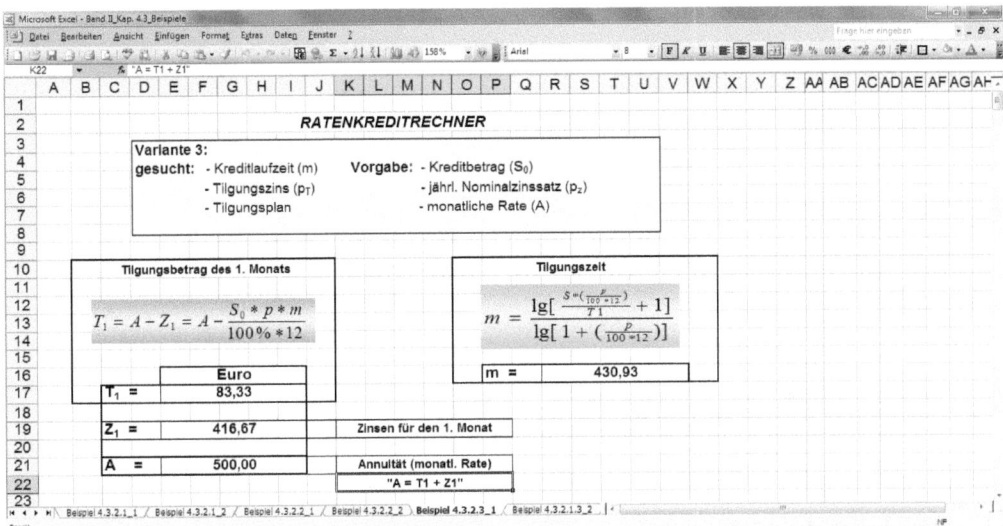

Abbildung II_4.3.5: Ratenkreditrechner – Variante 3, Berechnung Kreditlaufzeit

Abbildung II_4.3.6: Ratenkreditrechner – Variante 3, Tilgungsplan, Tilgungszins und Kreditlaufzeit

4.3.3 Übungsaufgaben zur Tilgung

4.3.3.1 Ergänzen Sie folgende Tabelle. Die Tilgung liegt bei 1 % und der Zinssatz bei 4,50 % über die gesamte Laufzeit.

Tabelle II_4.2:

Darlehensbetrag in €	Monatsrate in €	Darlehenslaufzeit (Zins u. Tilgung) Monate / Jahre	Gesamt-zahlung in €	Tilgungsplan
100.000	?	? / ?	?	
200.000	?	? / ?	?	
300.000	?	? / ?	?	X

4.3.3.2 Ergänzen Sie folgende Tabelle. Der Nominalzins liegt bei 4,3 % und die Kreditlaufzeit beträgt 20 Jahre (240 Monate).

Tabelle II_4.3:

Darlehensbetrag in €	Monatsrate in €	Tilgungszins in %	Gesamtzahlung in €	Tilgungsplan
100.000	?	?	?	
200.000	?	?	?	
300.000	?	?	?	X

4.3.3.3 Ergänzen Sie folgende Tabelle. Der Nominalzins liegt bei 5%.

Tabelle II_4.4:

Darlehens-betrag in €	Monatsrate in €	Darlehens-laufzeit in Monate	Gesamt-zahlung in €	Tilgungs-zins in %	Tilgungs-plan
100.000	**800,00**	?	?	?	
200.000	**1.500,00**	?	?	?	
300.000	**2.375,00**	?	?	?	X

4.3.4 Lösungen der Übungsaufgaben zur Tilgung

zu 4.3.3.1:

Tabelle II_4.5:

Darlehensbetrag in €	Monatsrate in €	Darlehenslaufzeit (Zins u. Tilgung) Monate / Jahre	Gesamt-zahlung in €	Tilgungs-plan
100.000	**458,33**	455,46 / 37,96	**208.751,18**	
200.000	**916,67**	455,46 / 37,96	**417.495,01**	
300.000	**1.375,00**	455,46 / 37,96	**626.246,18**	X

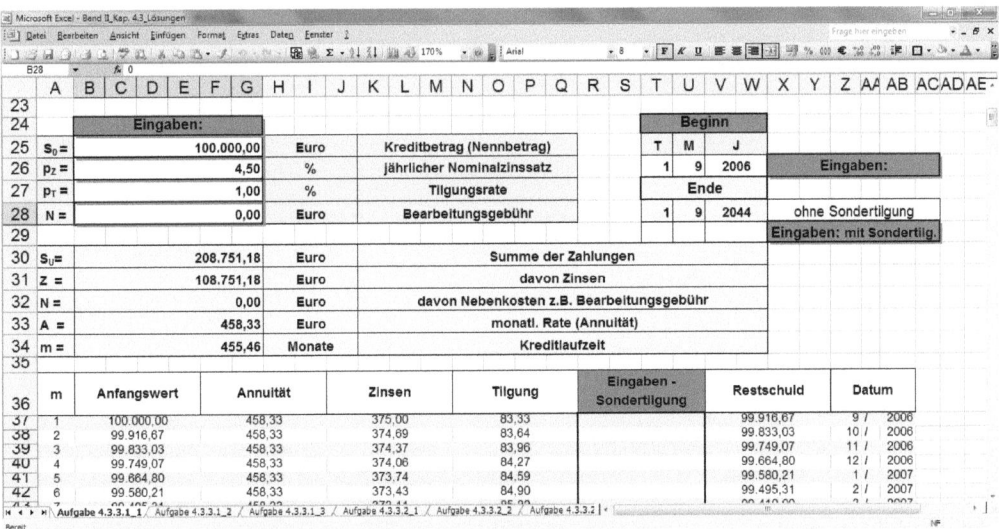

Abbildung II_4.3.7: Lösung der Übungsaufgabe 4.3.4.1-1

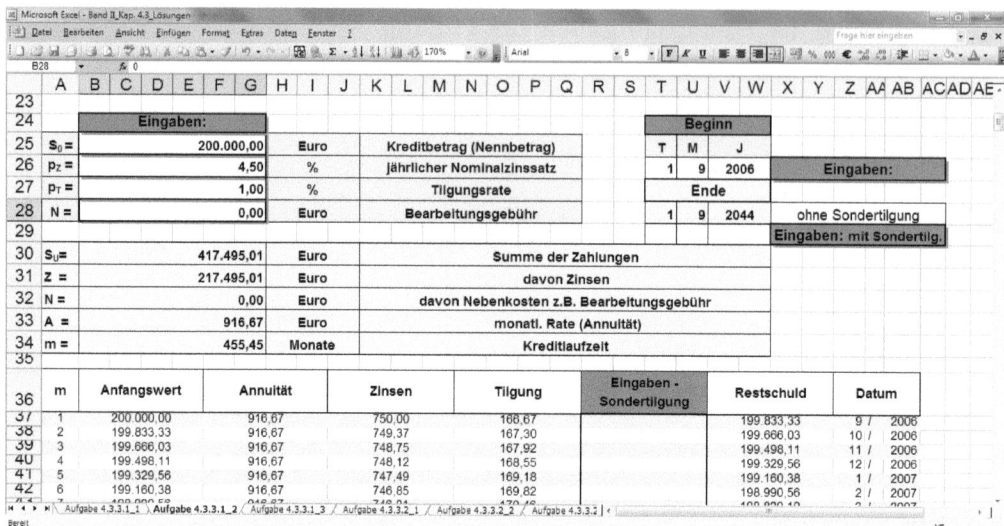

Abbildung II_4.3.8: Lösung der Übungsaufgabe 4.3.4.1-2

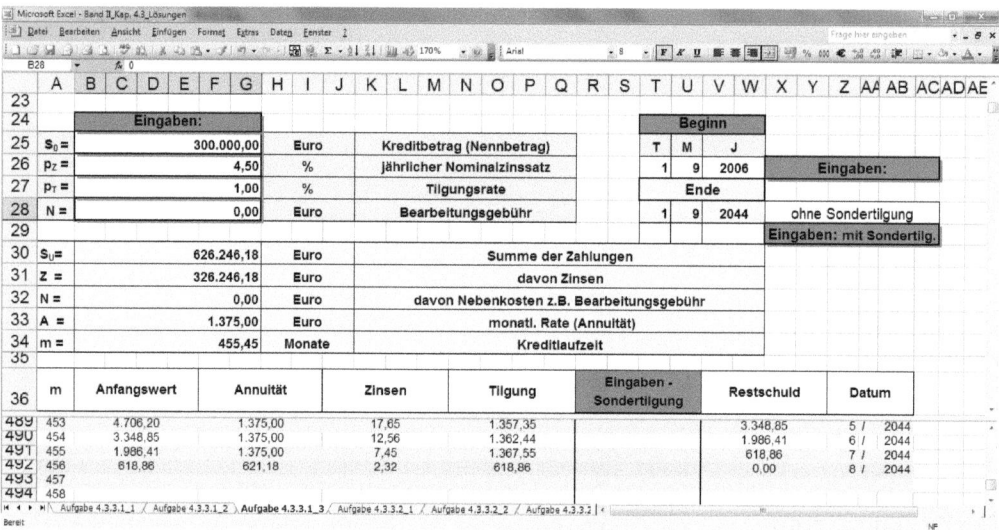

Abbildung II_4.3.9: Lösung der Übungsaufgabe 4.3.4.1-3

zu 4.3.3.2: - Tabelle II_4.6:

Darlehensbetrag in €	Monatsrate in €	Tilgungszins in %	Gesamtzahlung in €	Tilgungsplan
100.000	455,91	1,17	196.497,25	
200.000	911,82	1,17	392.994,58	
300.000	1.367,73	1,17	589.491,80	X

146

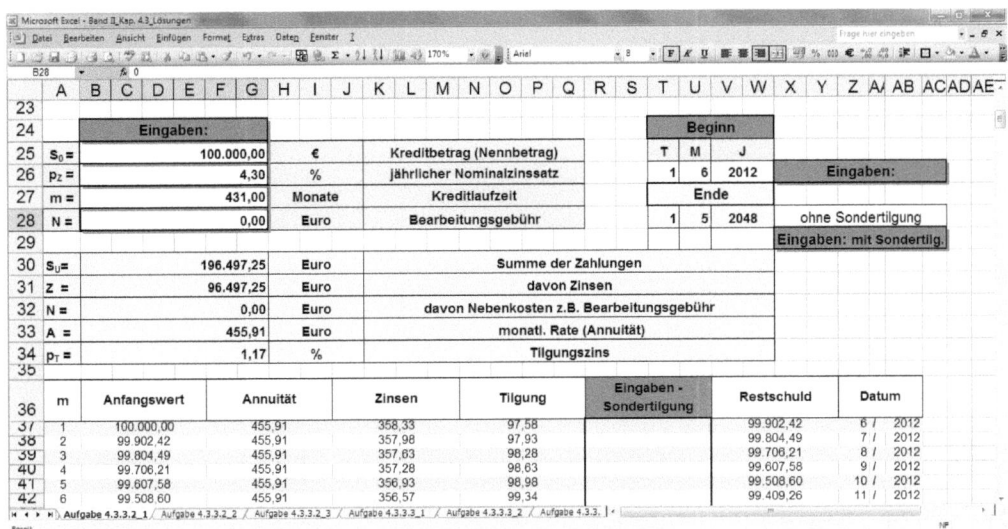

Abbildung II_4.3.10: Lösung der Übungsaufgabe 4.3.4.2-1

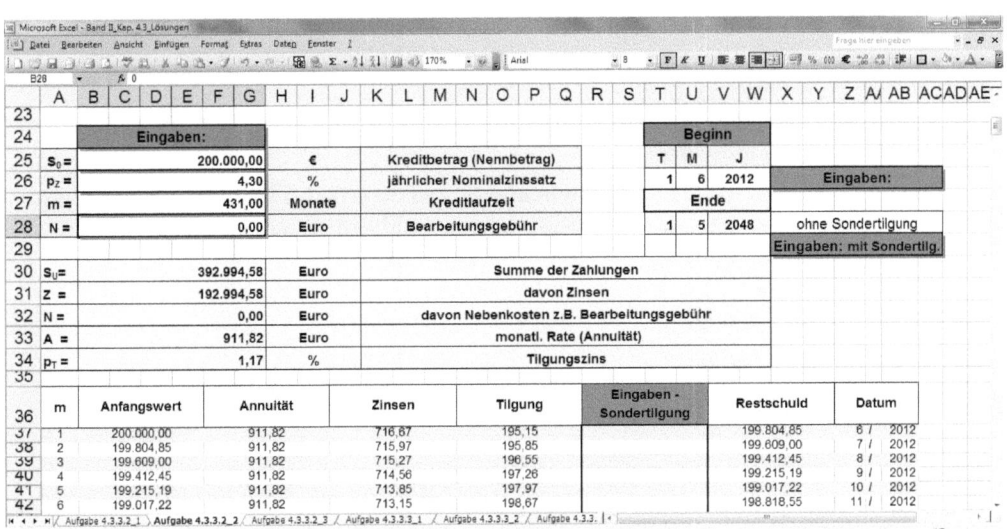

Abbildung II_4.3.11: Lösung der Übungsaufgabe 4.3.4.2-2

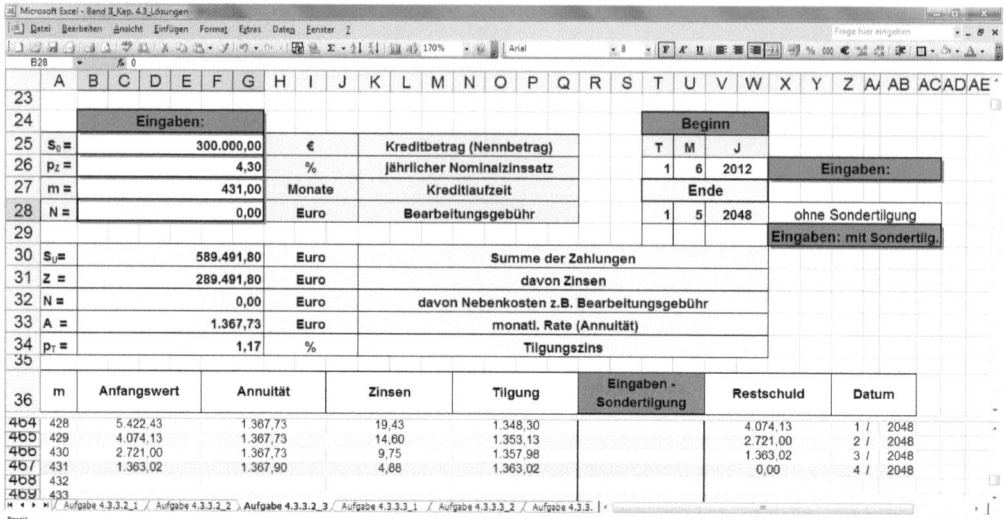

Abbildung II_4.3.12: Lösung der Übungsaufgabe 4.3.4.2-3

zu 4.3.3.3:

Tabelle II_4.7:

Darlehens-betrag in €	Monatsrate in €	Darlehens-laufzeit in Monate	Gesamt-zahlung in €	Tilgungs-zins in %	Tilgungs-plan
100.000	**800,00**	177	141.550,02	4,60	
200.000	**1.500,00**	196	292.542,81	4,00	
300.000	**2.375,00**	180	426.799,24	4,50	X

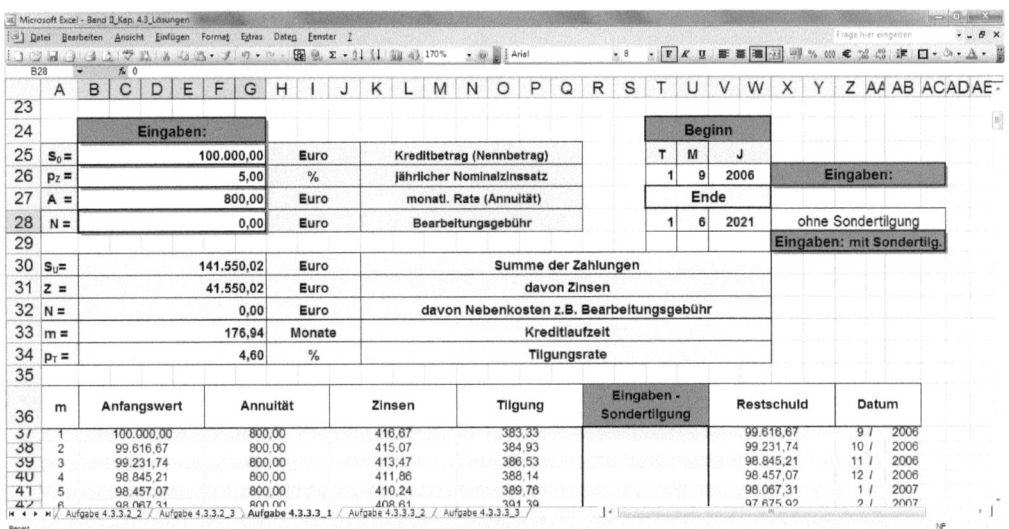

Abbildung II_4.3.13: Lösung der Übungsaufgabe 4.3.4.3-1

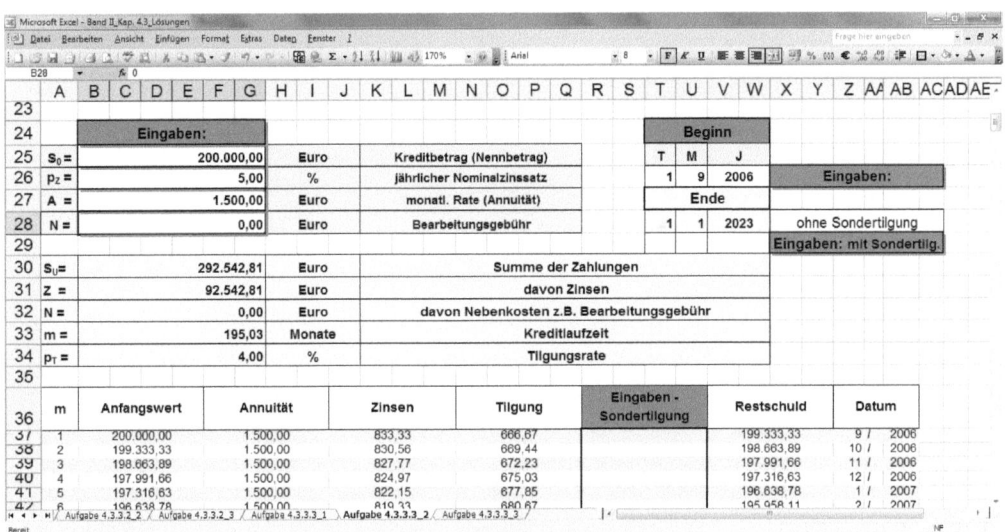

Abbildung II_4.3.14: Lösung der Übungsaufgabe 4.3.4.3-2

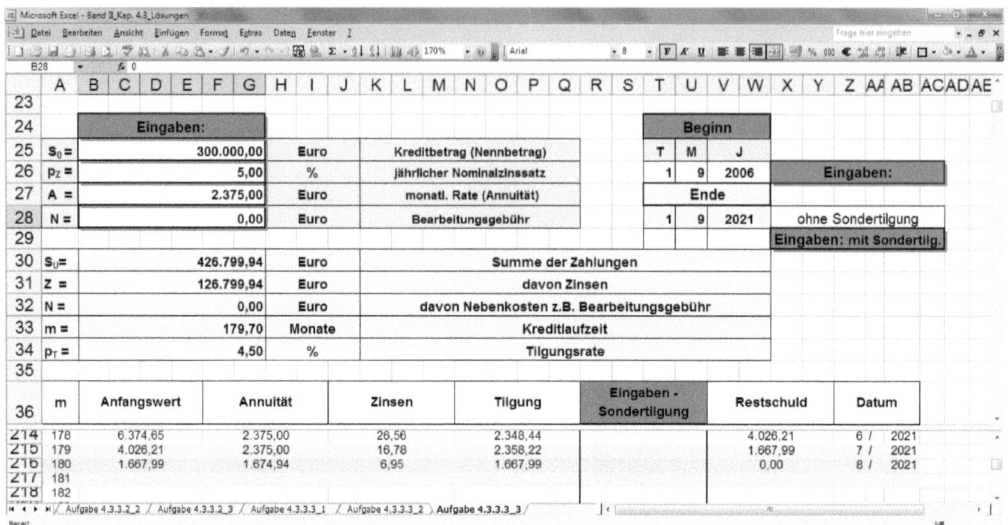

	m	Anfangswert	Annuität	Zinsen	Tilgung	Eingaben - Sondertilgung	Restschuld	Datum
214	178	6.374,65	2.375,00	26,56	2.348,44		4.026,21	6 / 2021
215	179	4.026,21	2.375,00	16,78	2.358,22		1.667,99	7 / 2021
216	180	1.667,99	1.674,94	6,95	1.667,99		0,00	8 / 2021
217	181							
218	182							

Abbildung II_4.3.15: Lösung der Übungsaufgabe 4.3.4.3-3

5. Flächen- und Körperberechnung, Wichtige Lehrsätze

5.1 Maßeinheiten

Das Rechnen mit Größen erfordert, dass alle Angaben in der gleichen Maßeinheit gewählt werden. Beim Wandeln in eine kleinere Maßeinheit vergrößert sich die Maßzahl. Soll in eine größere Maßeinheit gewandelt werden, verkleinert sich die Maßzahl.

Tabelle II_5.1.1: Längen- und Flächeneinhalten [5.1.1]

Längeneinheiten:
Millimeter (mm)	Meter (m)
Zentimeter (cm)	Kilometer (km)
Dezimeter (dm)	

1 mm = 0,1 cm = 0,01 dm = 0,001 m = 0,000001 km

1 km = 1.000 m = 10.000 dm = 100.000 cm = 1.000.000 mm

Flächeneinhalten:
Quadratmillimeter (mm^2)	Ar (a)
Quadratzentimeter (cm^2)	Hektar (ha)
Quadratdezimeter (dm^2)	Quadratkilometer (km^2)
Quadratmeter (m^2)	

1 mm^2 = 0,01 cm^2 = 0,0001 dm^2 = 0,000001 m^2 = 0,00000001 a = 0,0000000001 ha
= 0,000000000001 km^2

1 km^2 = 100 ha = 10.000 a = 1.000.000 m^2 = 100.000.000 dm^2 = 10.000.000.000 cm^2 =
1.000.000.000.000 mm^2

Tabelle II_5.1.2: Volumeninhalte [5.1.1]

Volumeneinheiten:

Kubikmillimeter (mm^3)	**Milliliter (ml)**
Kubikzentimeter (cm^3)	**Zentiliter (cl)**
Kubikdezimeter (dm^3)	**Deziliter (dl)**
Kubikmeter (m^3)	**Liter (l)**
Kubikkilometer (km^3)	**Hektoliter (hl)**

$1mm^3 = 0,001cm^3 = 0,000001dm^3 = 0,000000001m^3 = 0,000000000000000001km^3$

$1km^3 = 1.000.000.000m^3 = 1.000.000.000.000dm^3 = 1.000.000.000.000.000cm^3 =$
$1.000.000.000.000.000.000\ mm^3$

$1ml = 0,1cl = 0,01dl = 0,001l = 0,00001hl$

$1\ hl = 100\ l = 1.000\ dl = 10.000\ cl = 100.000\ ml$

$1\ ml = 1\ cm^3$

$1\ l = 1\ dm^3$

Abbildung II_5.1.1: Umrechnungen von Längen- und Flächen-Maßeinheiten

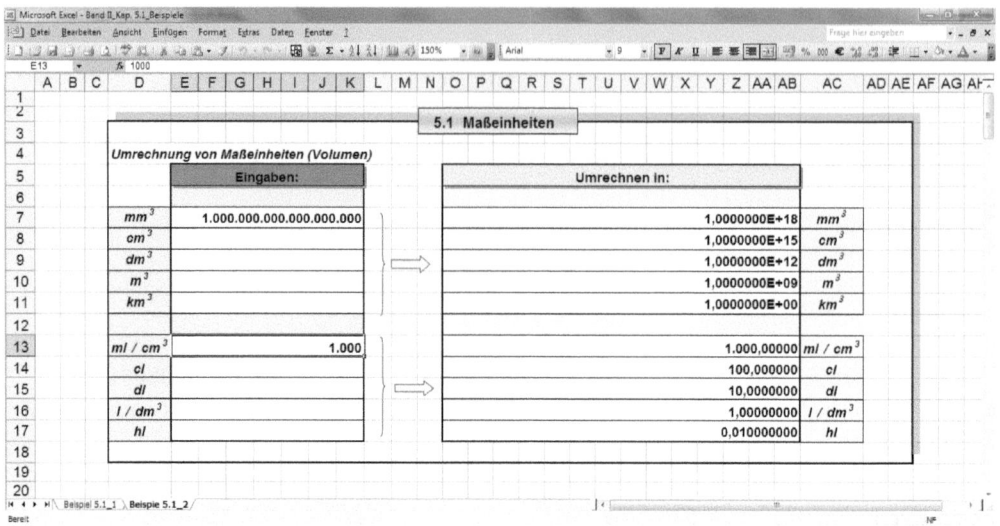

Abbildung II_5.1.2: Umrechnungen von Volumen-Maßeinheiten

5.2.1 Flächenberechnung

Die folgende Liste enthält die wichtigsten Formeln zur Flächenberechnung:

Ebene Figuren   **Formeln:**   **Bezeichnungen**
                           Fläche (A)
                           Umfang (U)

5.2.1.1 Quadrat

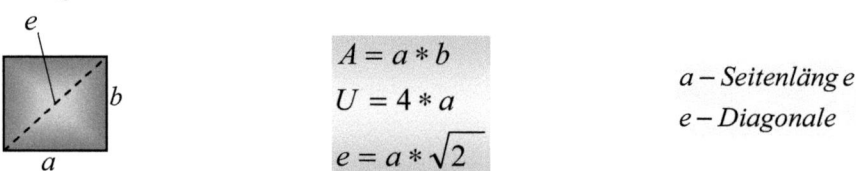

$$A = a * b$$
$$U = 4 * a$$
$$e = a * \sqrt{2}$$

$a - Seitenlänge$
$e - Diagonale$

Abbildung II_5.2.1: Darstellung – Quadrat [5.2.1]

| Ebene Figuren | Formeln:
Fläche (A)
Umfang (U) | Bezeichnungen |

5.2.1.2 Rechteck

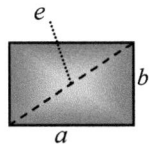

$$A = a * b$$
$$U = 2 * (a + b)$$
$$e = \sqrt{a^2 + b^2}$$

$a, b - Seitenläng\,e$
$e - Diagonale$

Abbildung II_5.2.2: Darstellung – Rechteck [5.2.1]

5.2.1.3 Parallelogramm

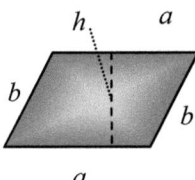

$$A = a * h$$
$$U = 2 * (a + b)$$

$a, b - Seitenläng\,e$
$h - Höhe$

Abbildung II_5.2.3: Darstellung – Parallelogramm [5.2.2]

5.2.1.4 Trapez

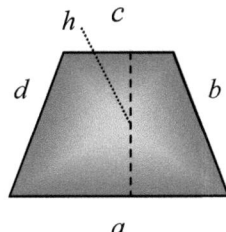

$$A = \frac{a + c}{2} * h$$
$$U = a + b + c + d$$

$a, b, c, d - Seitenlängen$
$h - Höhe$

Abbildung II_5.2.4: Darstellung – Trapez [5.2.3]

Ebene Figuren	Formeln: Fläche (A) Umfang (U)	Bezeichnungen

5.2.1.5 Dreieck

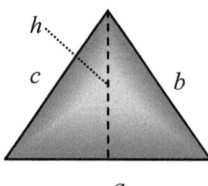

$$A = \frac{a * h}{2}$$

$$U = a + b + c$$

$a, b, c - Seitenlängen$

$h - Höhe$

Abbildung II_5.2.5: Darstellung – Dreieck [5.2.4]

5.2.1.6 Kreis

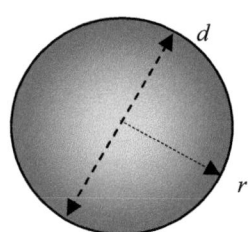

$$A = \frac{\pi}{4} * d^2 = \pi * r^2$$

$$U = \pi * d = 2 * \pi * r$$

$$d = \sqrt{\frac{4A}{\pi}}, \quad d = \frac{U}{\pi}$$

$d - Durchmesser$

$r - Radius$

(π - griechischerer Buchstabe,
gesprochen: Pi ≈ 3,14;
genau: 3,14159......)

Abbildung II_5.2.6: Darstellung – Kreis [5.2.5]

5.2.1.6.1 Herleitung der Formeln zur Klebebandrolle – Anzahl der Lagen, Länge des Klebebandes

Anhand dieser Skizze werden die Formeln zur Berechnung der Klebebandlänge und zur Bestimmung der Anzahl der Lagen dieser Rolle hergeleitet.

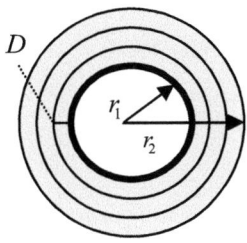

D	- Materialdicke
r₁	- innere Radius der Rolle
r₂	- äußere Radius der Rolle
n	- n. Lage
N	- Anzahl der Lagen
Uₙ	- Klebebandlänge der n. Lage
U_N	- Klebebandlänge der Rolle
U	- Umfang der Rolle

Abbildung II_5.2.7: Skizze der Klebebandrolle

1. Klebebandlänge der n. Lage

$$U = 2 * \pi * r = 2\pi r$$

$$U_1 = 2\pi r_1$$

$$U_2 = 2\pi(r_1 + D) = 2\pi r_1 + 2\pi D$$

$$U_3 = 2\pi(r_1 + 2D) = 2\pi r_1 + 2\pi 2D$$

$$U_4 = 2\pi(r_1 + 3D) = 2\pi r_1 + 2\pi 3D$$

$$U_5 = 2\pi(r_1 + 4D) = 2\pi r_1 + 2\pi 4D$$

$$U_n = 2\pi[r_1 + (n-1)D]$$

2. Formel zur Berechnung der Klebebandlänge (U_N) einer Rolle:

$$U_1 = 2\pi r_1$$

$$U_1 + U_2 = 2\pi r_1 + 2\pi r_1 + 2\pi D = 2\pi(2r_1 + D)$$

$$U_1 + U_2 + U_3 = 2\pi r_1 + 2\pi r_1 + 2\pi D + 2\pi r_1 + 2\pi 2D \quad = 2\pi(3r_1 + 3D)$$

$$U_1 + U_2 + U_3 + U_4 = 2\pi r_1 + 2\pi r_1 + 2\pi D + 2\pi r_1 + 2\pi 2D +$$

$$2\pi r_1 + 2\pi 3D = 2\pi(4r_1 + 6D)$$

$$U_N = 2\pi[Nr_1 + \frac{N(N-1)}{2}D]$$

3. Beispiele

3.1 Klebebandlänge einer Rolle mit vier Lagen:

$$U_{N(4)} = 2\pi[(4r_1 + \frac{4(4-1)}{2}d]$$

$$U_{N(4)} = 2\pi[(4r_1 + 6D]$$

3.2 Formeln zur Berechnung der Klebebandlänge einer Rolle mit fünf Lagen:

$$U_N = 2\pi[Nr_1 + \frac{N(N-1)}{2}D]$$

$$U_{N(5)} = 2\pi[Nr_1 + \frac{5(5-1)}{2}D] = 2\pi(Nr_1 + 10D)$$

4. Anzahl der Lagen/ Materialdicke

$$N = \frac{r_2 - r_1}{D} \qquad\qquad D = \frac{r_2 - r_1}{N}$$

5. Beispiel - Klebebandrolle

Eine Klebebandrolle hat einen Innenradius r_1 = 41,5 mm und einen Außenradius r_2 = 80,5 mm sowie eine Klebebanddicke von D = 0,3 mm. Wie viele Lagen hat die Rolle? Welche Länge hat das Klebeband?

5.1 Anzahl der Lagen

$$N = \frac{r_2 - r_1}{D} = \frac{r_2 - r_1}{D} = \frac{80,5\,mm - 41,5\,mm}{0,3\,mm} = 130$$

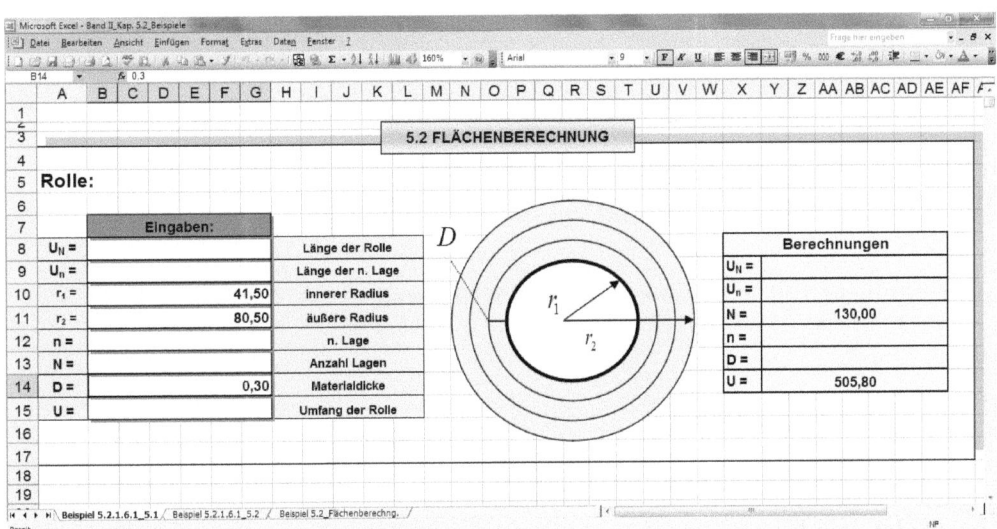

Abbildung II_5.2.8: Anzahl der Lagen

Die Klebebandrolle hat **130 Lagen.**

5.2 Länge des Klebebandes

$$U_N = 2\pi[Nr_1 + \frac{N(N-1)}{2}D]$$

$$U_{N(130)} = 2\pi[130 * 41,5\,mm + \frac{130 * 129}{2} * 0,3\,mm] = 49.703,14\,mm$$

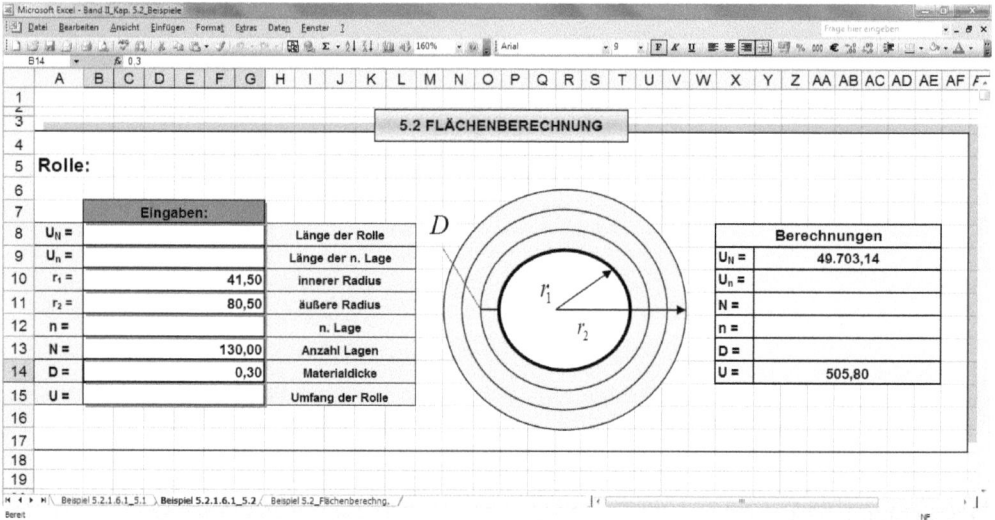

Abbildung II_5.2.9: Länge der Rolle

Auf der Rolle sind **49.703,14 mm ≈ 49,70 m Klebeband.**

Ebene Figuren	Formeln: Fläche (A) Umfang (U)	Bezeichnungen

5.2.1.7 Kreisring

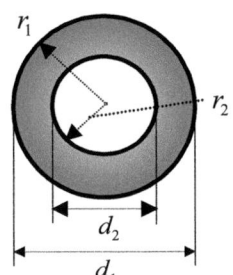

$$A = \frac{\pi}{4} * (d_1^2 - d_2^2)$$

falls $d_1 > d_2 ; r_1 > r_2$

$$A = \pi * (r_1^2 - r_2^2)$$

falls $r_1 > r_2$

$d_{1,2} - Durchmesser$

$r_{1,2} - Radius$

Abbildung II_5.2.10: Darstellung – Kreisring [5.2.6]

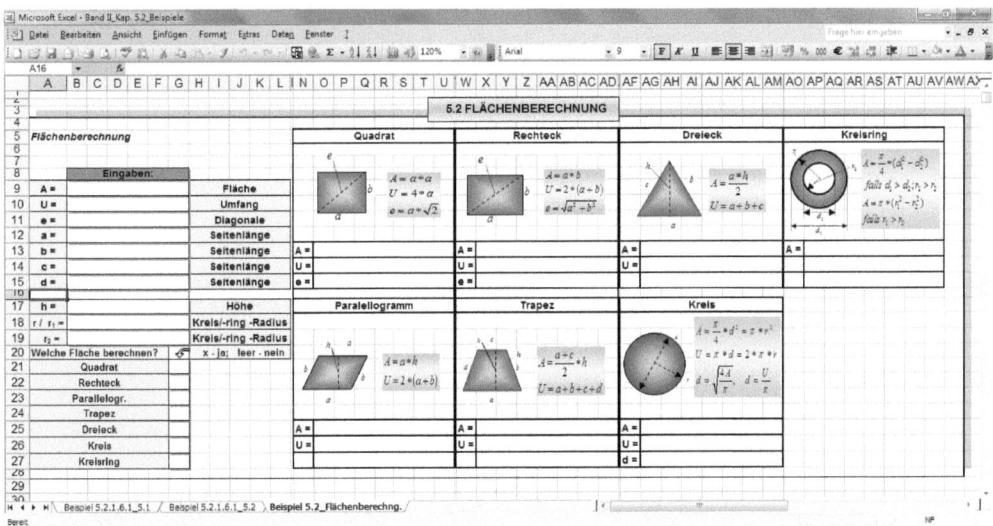

Abbildung II_5.2.11: Darstellung von ebenen Figuren, Flächenberechnungen

5.2.2 Übungsaufgaben zur Flächenberechnung

5.2.2.1 In Ivenack bei Stavenhagen in Mecklenburg-Vorpommern stehen sechs Uralt-Eichen. Die gewaltigste Eiche von ihnen ist 35,5 Meter hoch, hat einen Umfang von 10,96 Metern und soll um die tausend Jahre alt sein [5.2.7].
Welchen Durchmesser hat die Eiche?

5.2.2.2 Ein Reifen gehört zu den Hauptkomponenten eines Autos und stellt ein Hightech-Produkt dar. Die Kontaktfläche zwischen Pneu und Straße hat maximal die Größe einer Postkarte (108 x 148 mm).
Berechnen Sie die Kontaktfläche zwischen Reifen und Straße.

5.2.2.3 Zwei Pizzas haben Durchmesser von 26 cm und 38 cm.
a.) Welche Fläche ist größer, von einer großen Pizza oder zwei kleinen Pizzas?
b) Wie oft dreht sich ein Pizzaschneider (Durchmesser: 66 mm = 0,066 m
Radius: 0,033 m), wenn die große Pizza halbiert werden soll?
c) Welchen Durchmesser hat eine Pizza, wenn ihre Fläche die Hälfte der großen Pizza betragen soll?

5.2.2.4 Um eine Steinkugel mit einem Durchmesser von 70 cm wird ein Seil gelegt.
a)   Welche Länge hat das Seil?
b)   Welchen Abstand hat das Seil zur Oberfläche, wenn das Seil um einen Meter verlängert wird?

5.2.3 Lösungen der Übungsaufgaben zur Flächenberechnung

zu 5.2.2.1:   Die Eiche hat einen Durchmesser von **3,49 m**.

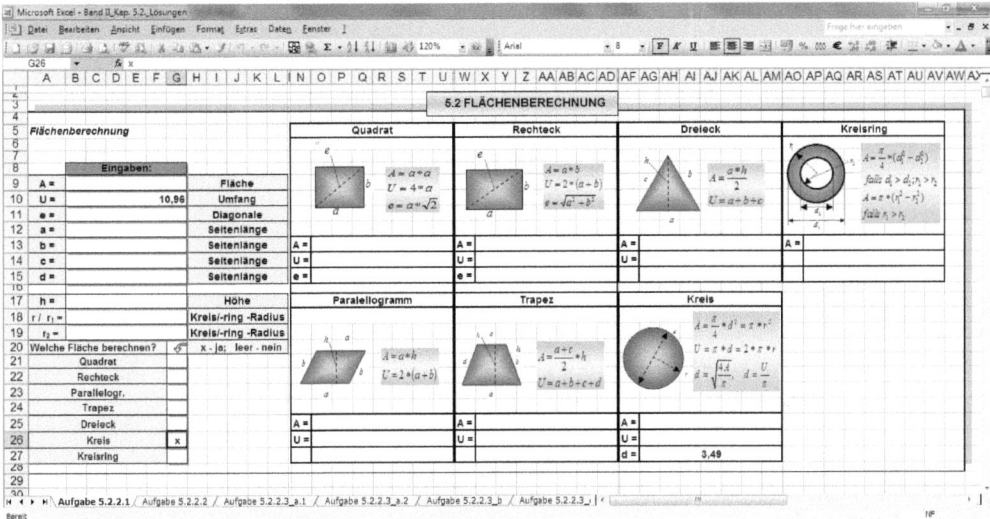

Abbildung II_5.2.12: Lösung der Aufgabe 5.2.2.1

zu 5.2.2.2:   Kontaktfläche: **15.984 mm²**

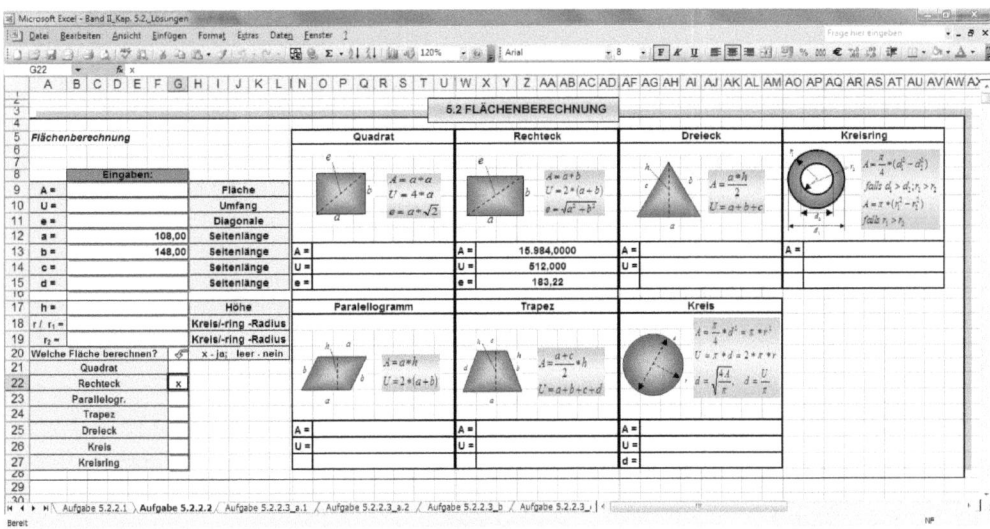

Abbildung II_5.2.13: Lösung der Aufgabe 5.2.2.2

zu 5.2.2.3: **a)** Fläche von zwei kleinen Pizzas: **0,1062 m²** < Fläche der großen Pizza: **0,1134 m²**

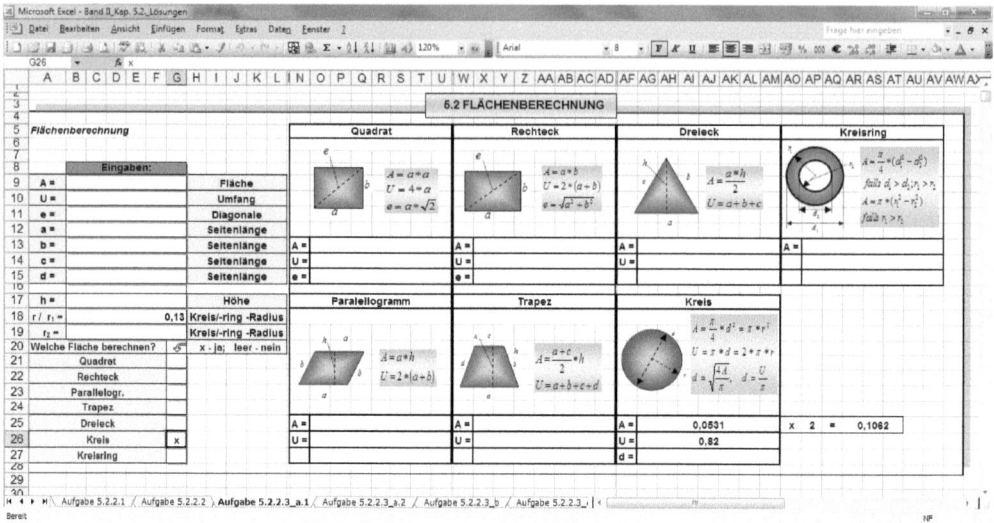

Abbildung II_5.2.14: Lösung der Aufgabe 5.2.2.3_a.1

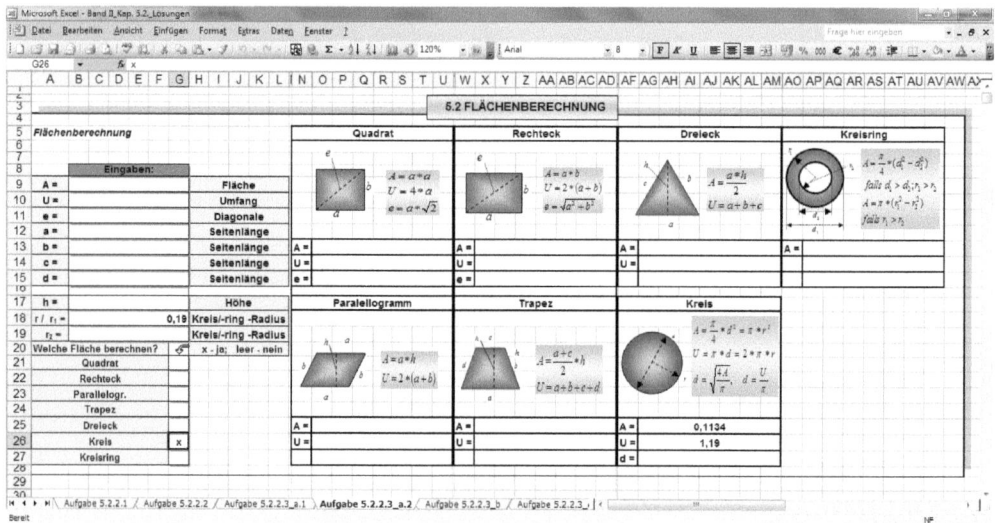

Abbildung II_5.2.15: Lösung der Aufgabe 5.2.2.3_a.2

zu 5.2.2.3: **b)** Der Pizzaschneider dreht sich **fast zweimal** (Durchmesser der Pizza **0,38 m** : Umfang des Schneiders **0,21 m = 1,8095**).

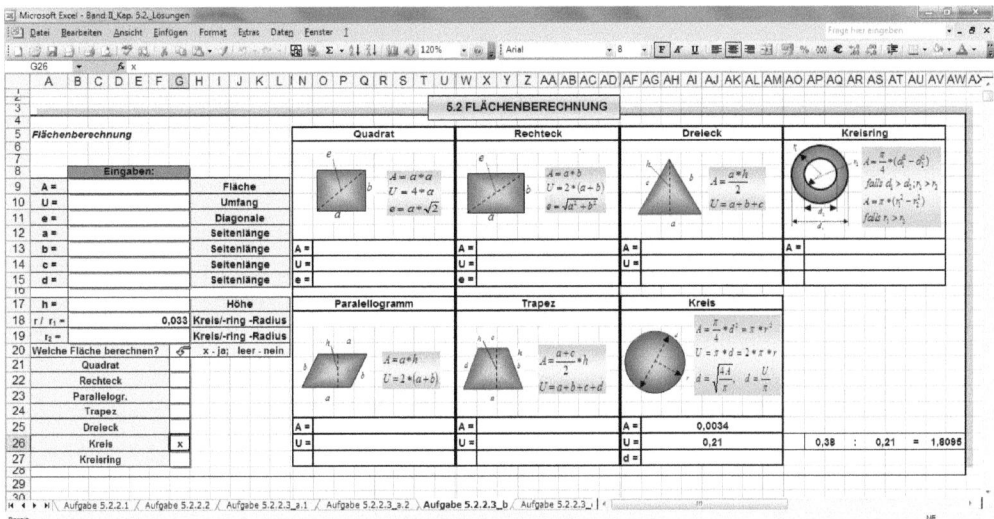

Abbildung II_5.2.16: Lösung der Aufgabe 5.2.2.3_b

zu 5.2.2.3: **c)** Der Durchmesser beträgt **0,27 m = 27 cm**.

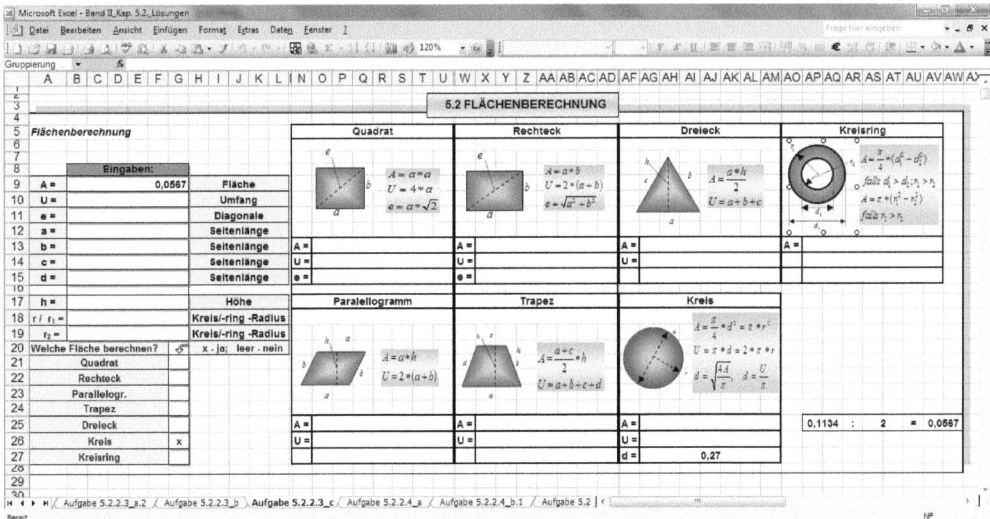

Abbildung II_5.2.17: Lösung der Aufgabe 5.2.2.3_c

zu 5.2.2.4:   **a)** Das Seil hat eine Länge von **circa 2,20 m.**

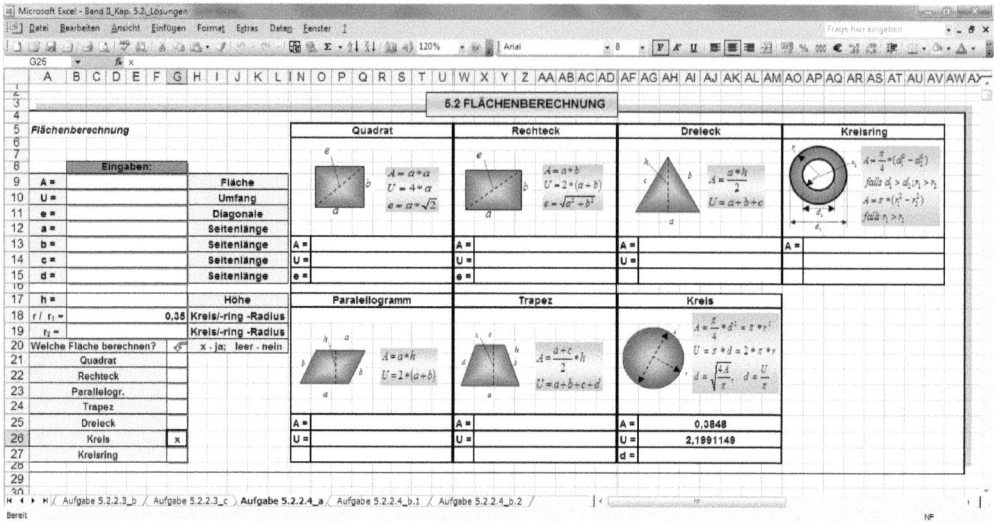

Abbildung II_5.2.18: Lösung der Aufgabe 5.2.2.4_a

zu 5.2.2.4:   **b.1)**

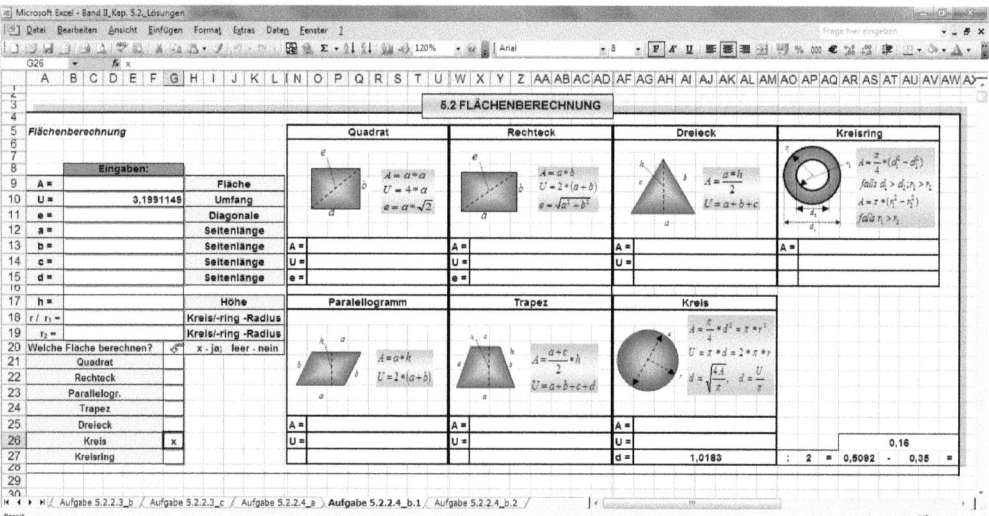

Abbildung II_5.2.19: Lösung der Aufgabe 5.2.2.4_b.1

zu 5.2.2.4:   **b.2)**

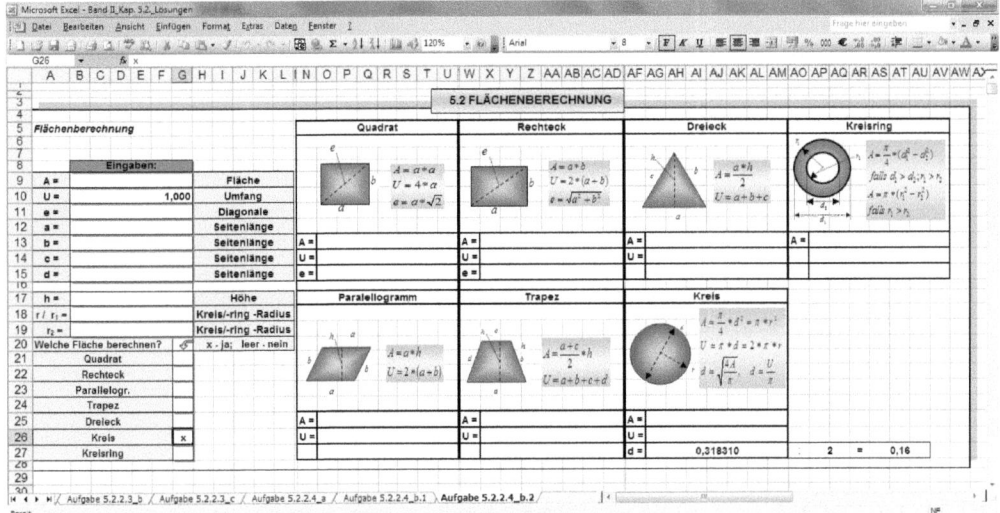

Abbildung II_5.2.20: Lösung der Aufgabe 5.2.2.4_b.2

Beide Lösungswege b.1 und b.2 ergeben einen Abstand des Seiles zur Steinkugeloberfläche von **16 cm.**

167

5.3.1 Körperberechnung

Körper   **Formeln:**   **Bezeichnungen**
Volumen (V)
Oberfläche (A_O)
Mantel (A_M)

5.3.1.1 Würfel

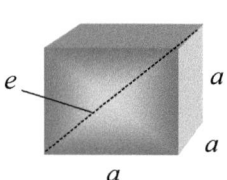

$$V = a^3 \, ; \, a = \sqrt[3]{V}$$

$$A_O = 6 * a^2 \, ; \, a = \sqrt{\frac{A_O}{6}}$$

$$A_M = 4 * a^2 \, ; \, a = \sqrt{\frac{A_M}{4}}$$

$$e = a * \sqrt{3}$$

$a - Kantenlänge$
$e - Raumdiagonale$

Abbildung II_5.3.1: Darstellung – Würfel [5.3.1]

5.3.1.2 Quader

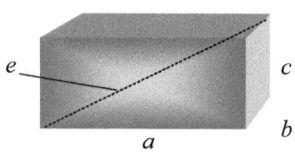

$$V = a * b * c$$

$$A_O = 2 * (ab + ac + bc)$$

$$A_M = 2 * (ac + bc)$$

$$e = \sqrt{a^2 + b^2 + c^2}$$

$a, b, c - Kantenlängen$
$e - Raumdiagonale$

Abbildung II_5.3.2: Darstellung – Quader [5.3.2]

Körper	**Formeln:** **Volumen (V)** **Oberfläche (A$_O$)** **Mantel (A$_M$)**	**Bezeichnungen**

5.3.1.3 Zylinder

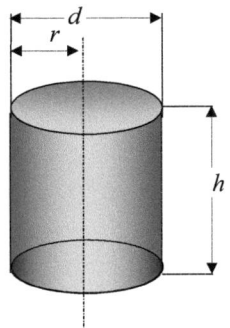

$$V = \pi * r^2 * h$$

$$= \frac{\pi}{4} * d^2 * h$$

$$A_O = 2 * \pi * r^2$$

$$+ 2 * \pi * r * h$$

$$= \frac{\pi}{2} * d^2 + \pi * d * h$$

$$A_M = 2 * \pi * r * h$$

$$= \pi * d * h$$

d – Durchmesse r

r – Radius

h – Höhe

Abbildung II_5.3.3: Darstellung – Zylinder [5.3.3]

5.3.1.4 Hohlzylinder

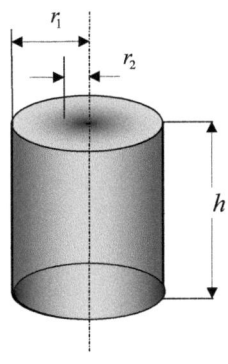

$$V = \pi * h * (r_1^2 - r_2^2)$$

falls $r_1 > r_2$

$$A_O = 2 * \pi * r_1 * h$$

$$+ 2 * \pi * r_2 * h$$

$$+ 2 * \pi * (r_1^2 - r_2^2)$$

falls $r_1 > r_2$

$$A_M = 2 * \pi * r_1 * h$$

$$+ 2 * \pi * r_2 * h$$

falls $r_1 > r_2$

$r_{1,2}$ *– Radien*

h – Höhe

Abbildung II_5.3.4: Darstellung – Hohlzylinder [5.3.4]

Körper	Formeln: Volumen (V) Oberfläche (A_O) Mantel (A_M)	Bezeichnungen

5.3.1.5 Kegel

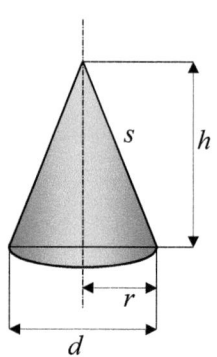

$$V = \frac{\pi}{3} * r^2 * h$$

$$= \frac{\pi}{12} * d^2 * h$$

$$A_O = \pi * r * (r + s)$$

$$= \frac{\pi}{4} * d * (d + 2s)$$

$$A_M = \pi * r * s$$

$$= \frac{\pi}{2} * d * s$$

$$s^2 = r^2 + h^2$$

d – *Durchmesser*
r – *Radius*
h – *Höhe*
s – *Seitenlinie*

Abbildung II_5.3.5: Darstellung – Kegel [5.3.5]

5.3.1.6 Kegelstumpf

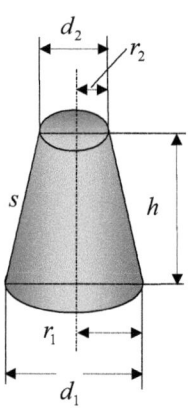

$$V = \frac{\pi}{3} * h * (r_1^2 + r_2^2 + r_1 r_2)$$

$$= \frac{\pi}{12} * h * (d_1^2 + d_2^2 + d_1 d_2)$$

$$A_O = \pi * r_1^2 + \pi * r_2^2 + \pi * s * (r_1 + r_2)$$

$$A_M = \pi * s * (r_1 + r_2)$$

$$s^2 = (r_1 - r_2)^2 + h^2$$

falls $r_1 > r_2$

$d_{1,2}$ – *Durchmesser*
$r_{1,2}$ – *Radius*
h – *Höhe*
s – *Seitenlinie*

Abbildung II_5.3.6: Darstellung – Kegelstumpf [5.3.6]

Körper	Formeln: Volumen (V) Oberfläche (A_O)	Bezeichnungen

5.3.1.7 Kugel

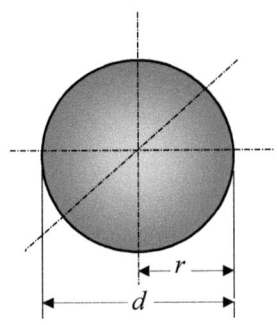

$$V = \frac{4\pi}{3} * r^3 = \frac{\pi}{6} * d^3$$

$$r = \sqrt[3]{\frac{3*V}{4*\pi}}$$

$$A_O = 4\pi * r^2$$

$$= \pi * d^2$$

$$r = \sqrt{\frac{A_O}{4*\pi}}$$

d – Durchmesse r

r – Radius

Abbildung II_5.3.7: Darstellung – Kugel [5.3.7]

5.3.1.8 Rechner zur Körperberechnung

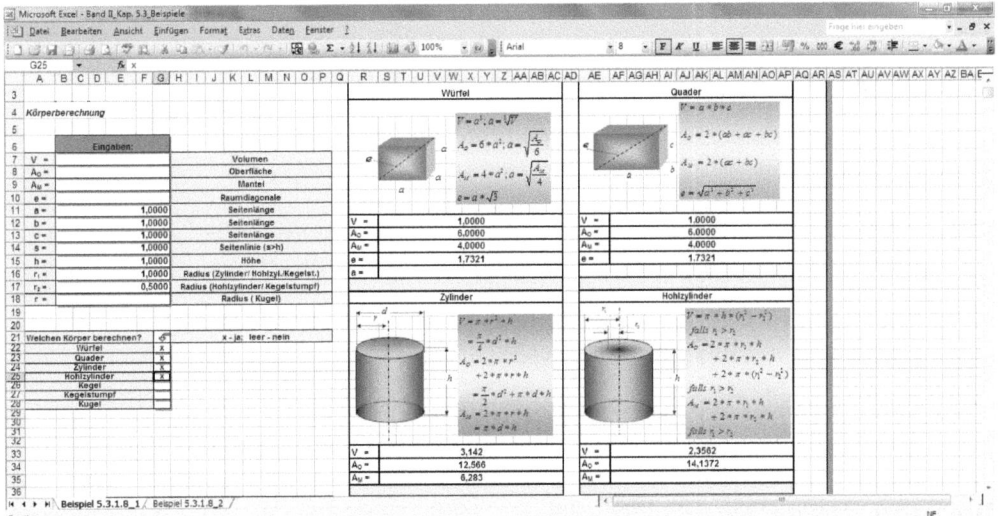

Abbildung II_5.3.8: Körperberechnungen – Würfel, Quader, Zylinder und Hohlzylinder

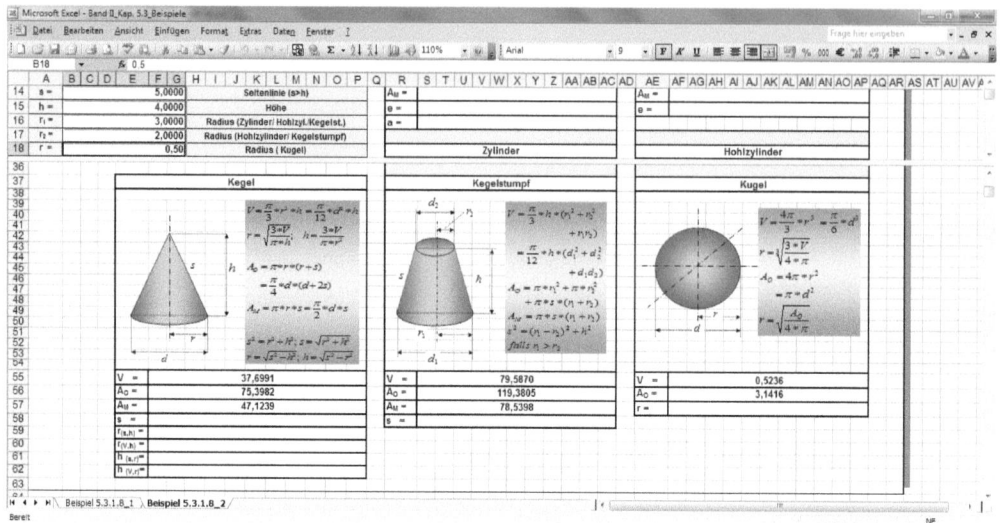

Abbildung II_5.3.9: Körperberechnungen – Kegel, Kegelstumpf und Kugel

5.3.2 Übungsaufgaben zur Körperberechnung

5.3.2.1 Wie viele Kubikmeter Erde müssen für eine Baugrube von 5 m x 4 m x 2 m (L x B x T) ausgehoben werden? Die Erde wird zu einem Kegel mit einer Höhe von 2,5 m aufgeschüttet. Berechnen Sie den Radius der Grundfläche des Erdhaufens.

5.3.2.2 Rochen haben bis zu 16 Quadratmeter große Körper. Welchen Radius hat eine Kugel bei gleicher Oberfläche?

5.3.2.3 Wie viel Milliliter bzw. Liter Apfelsaft beinhaltet eine Verpackung mit den Abmessungen 72 x 72 x 195 mm?

5.3.2.4 Welches Volumen hat ein Tiegel mit einem Durchmesser von 16,0 cm und einer Höhe von 7,5 cm?

5.3.2.5 Ein Kaffeemaß hat die Form einer Halbkugel und einen Durchmesser von 35 mm. Wie groß ist das Volumen?

5.3.2.6 Ein MP3-Player hat die Form eines Würfels: a = 2,4 cm. Welches Volumen und welche Oberfläche hat der MP3-Player?

5.3.2.7 Ein Turm erhält ein Dach mit der Form eines Kegels. Der Turm hat einen Durchmesser von 6 m und die Höhe des Daches beträgt 4 m. Das Dach soll aus Kupferblech gefertigt werden. Wie viele Quadratmeter Kupferblech sind notwendig?

5.3.2.8 Die Gaspipeline von Russland nach Deutschland wurde durch die Ostsee verlegt und hat eine Länge von circa 1.200 km. Die Pipeline besteht aus zwei parallelen Stahlröhren mit einem Durchmesser von je 120 cm.
a) Berechnen Sie das Volumen beider Stahlröhren (1. Strang: seit November 2011, 2. Strang: seit Oktober 2012).
b) Welche Abmessungen haben eine Kugel und ein Würfel mit gleichem Volumen?

5.3.2.9 Im Jahr 1995 hatten die Verpackungskünstler Christo und Jeanne-Claude den Berliner Reichstag verhüllt. Mit rund 100.000 m^2 eines silbrig glänzenden Polypropylengewebes wurde das Bauwerk umspannt.
Berechnen Sie für diese Oberfläche die Dimensionen eines Würfels und einer Kugel.

5.3.2.10 Aus einem rechteckigen Blech sollen Rohre mit einem Durchmesser von sieben Metern und einer Länge von fünf Metern gewalzt werden.
a) Berechnen Sie das Volumen des Rohres.
b) Welche Abmessungen muss die Blechplatte haben?

5.3.3 Lösungen der Übungsaufgaben zur Körperberechnung

zu 5.3.2.1: 1. Für die Baugrube müssen **40m³ Erde** ausgehoben werden.

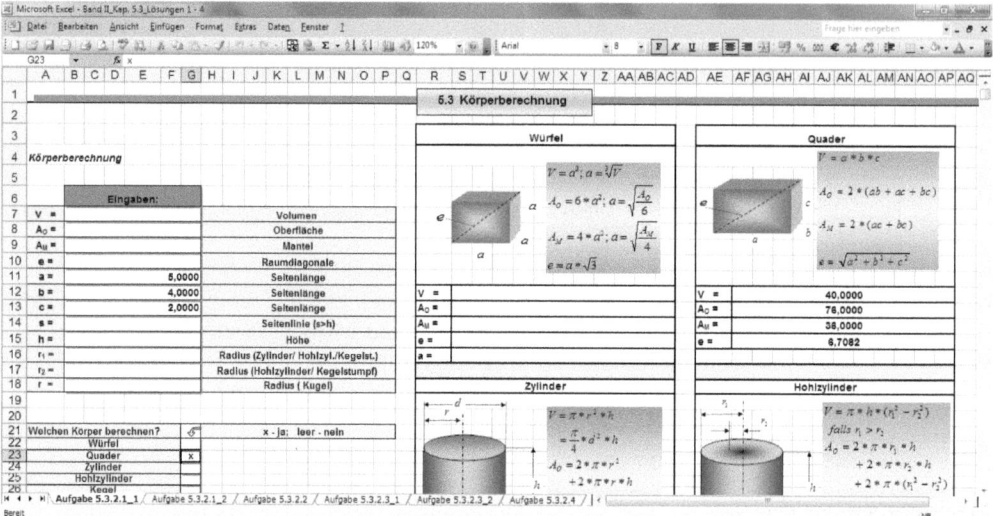

Abbildung II_5.3.10: Lösung zur Aufgabe 5.3.2.1_1

2. Der Erdhaufen hat einen **Radius** von rund **3,91 m**.

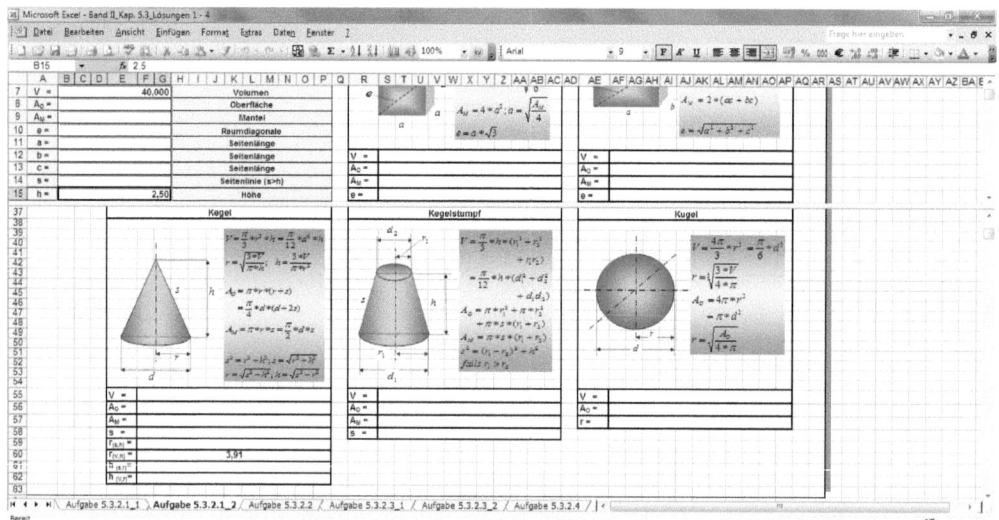

Abbildung II_5.3.11: Lösung zur Aufgabe 5.3.2.1_2

zu 5.3.2.2:   Die Kugel hat einen **Radius** von **1,13 m**.

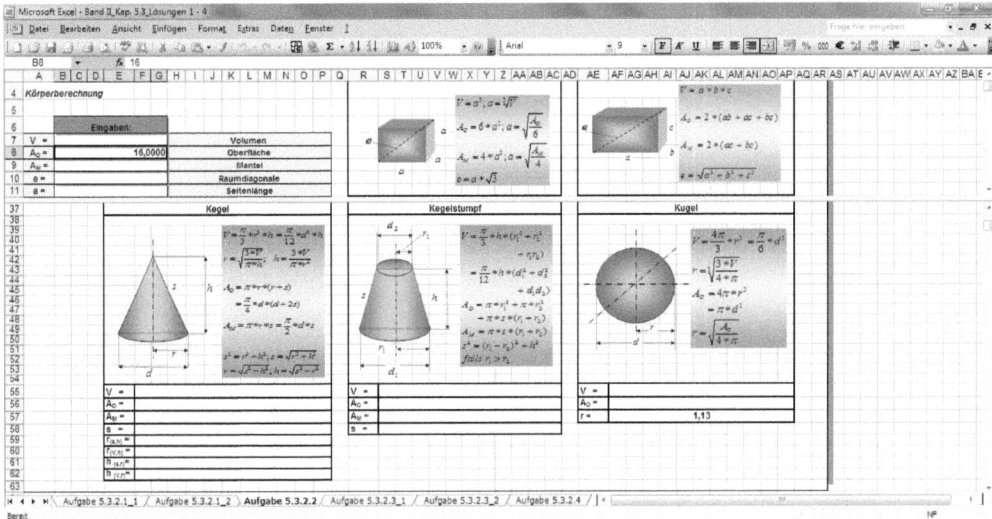

Abbildung II_5.3.12: Lösung zur Aufgabe 5.3.2.2

zu 5.3.2.3:   1.   Die Verpackung hat ein Volumen von **1.010.880 mm³**.

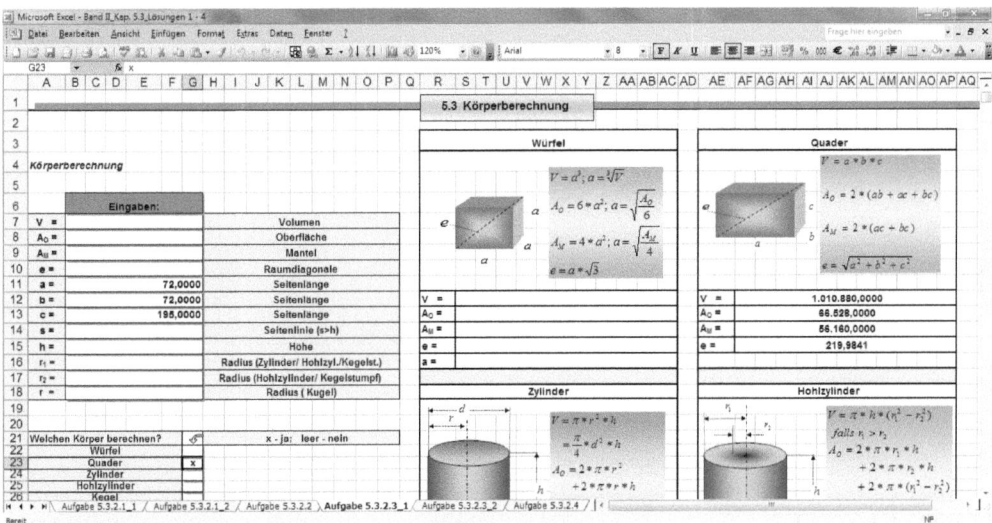

Abbildung II_5.3.13: Lösung zur Aufgabe 5.3.2.3_1

zu 5.3.2.3: 　　　　　**2.** Die Verpackung hat ein Volumen von **1,01088 *l*.**

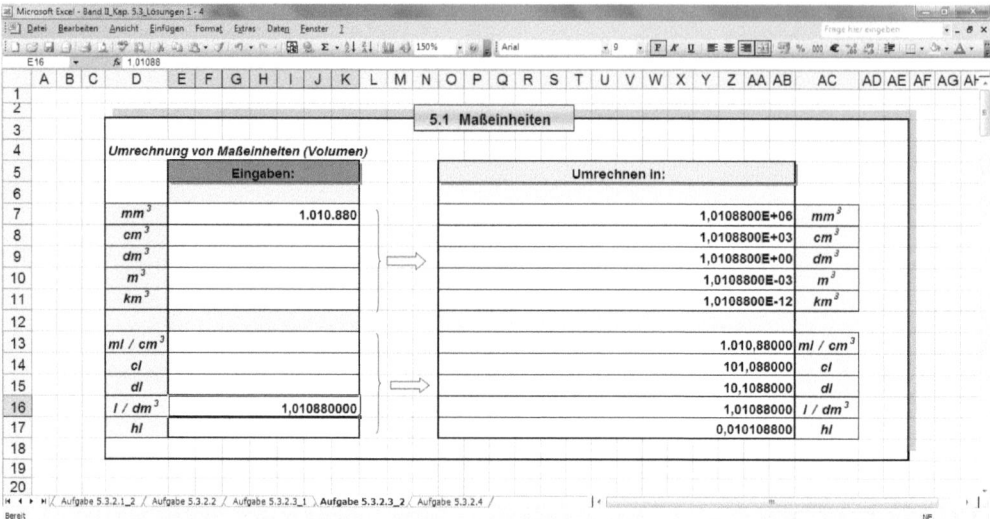

Abbildung II_5.3.14: Lösung zur Aufgabe 5.3.2.3_2

zu 5.3.2.4: 　　　　　Volumen des Tiegels: **1.507,964 cm³ = 1,508 *l***

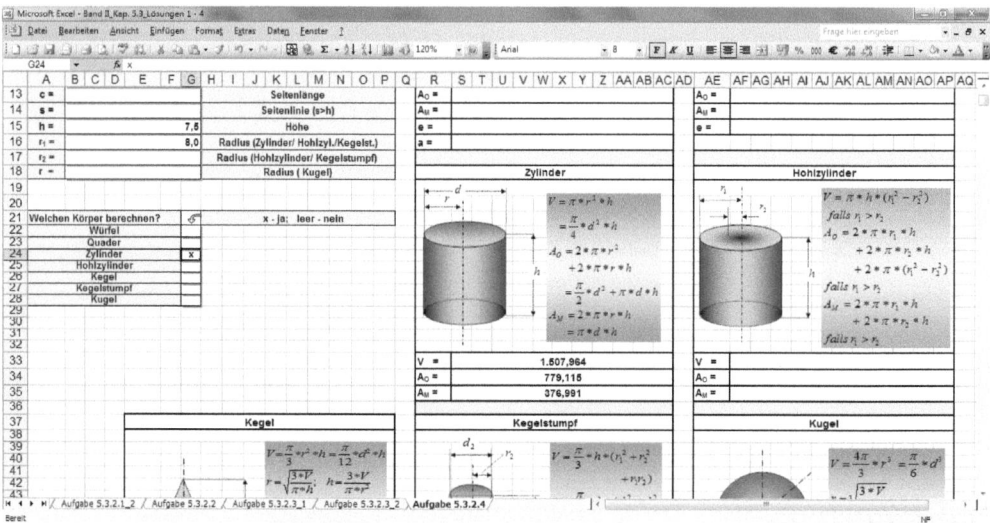

Abbildung II_5.3.15: Lösung zur Aufgabe 5.3.2.4

zu 5.3.2.5: Volumen Kaffeemaß: 22,449 cm³ : 2 = **11,2245 cm³**

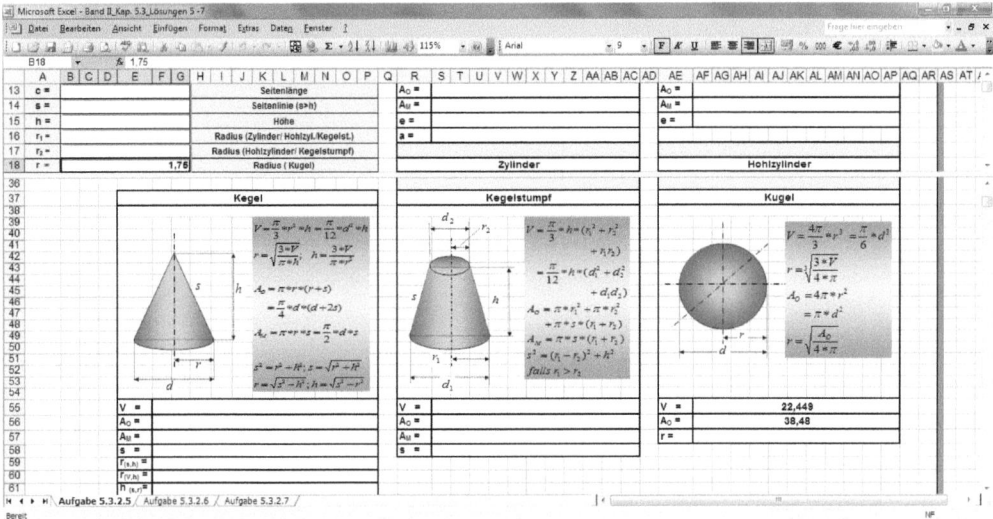

Abbildung II_5.3.16: Lösung zur Aufgabe 5.3.2.5

zu 5.3.2.6: Volumen: **13,824 cm³** Oberfläche: **34,56 cm²**

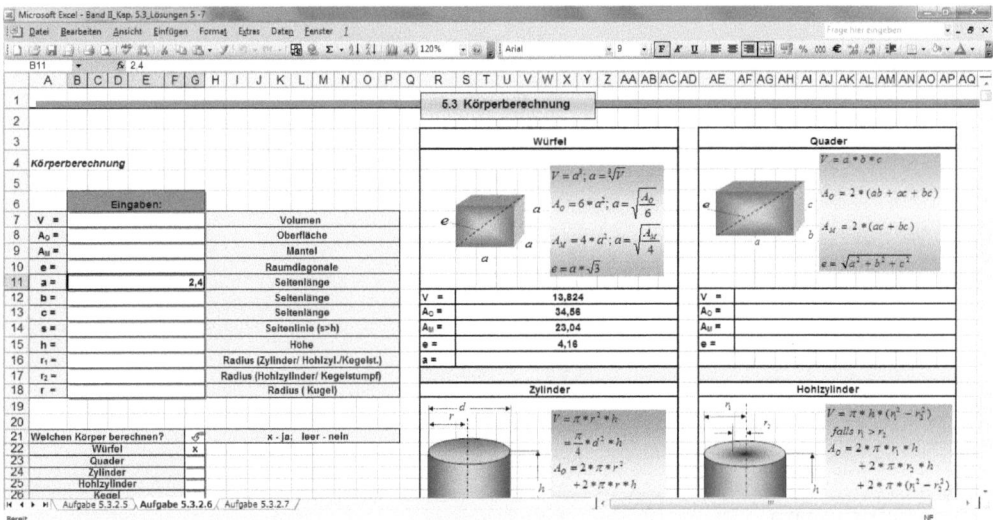

Abbildung II_5.3.17: Lösung zur Aufgabe 5.3.2.6

zu 5.3.2.7   Für das Dach sind **47,124 m²** Kupferblech notwendig.

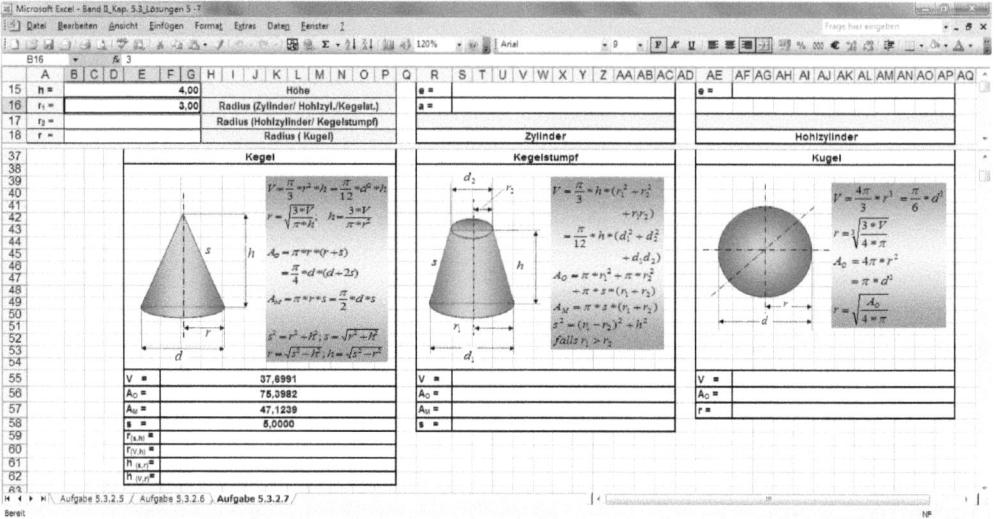

Abbildung II_5.3.18: Lösung zur Aufgabe 5.3.2.7

zu 5.3.2.8:   **a.1** Stahlröhren – Radius: **0,0006 km**

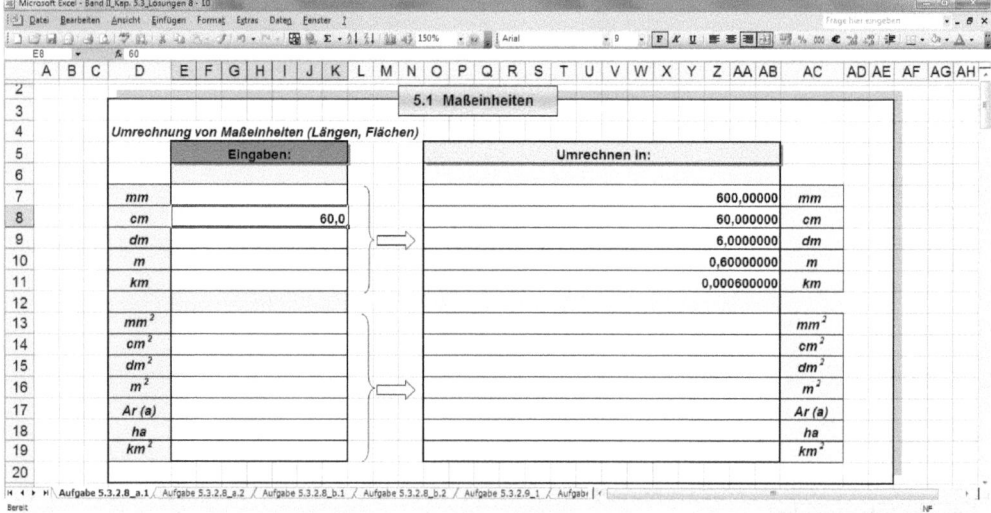

Abbildung II_5.3.19: Lösung zur Aufgabe 5.3.2.8_a.1

zu 5.3.2.8:   **a.2** Stahlröhren – Volumen: **0,0027143 km³**

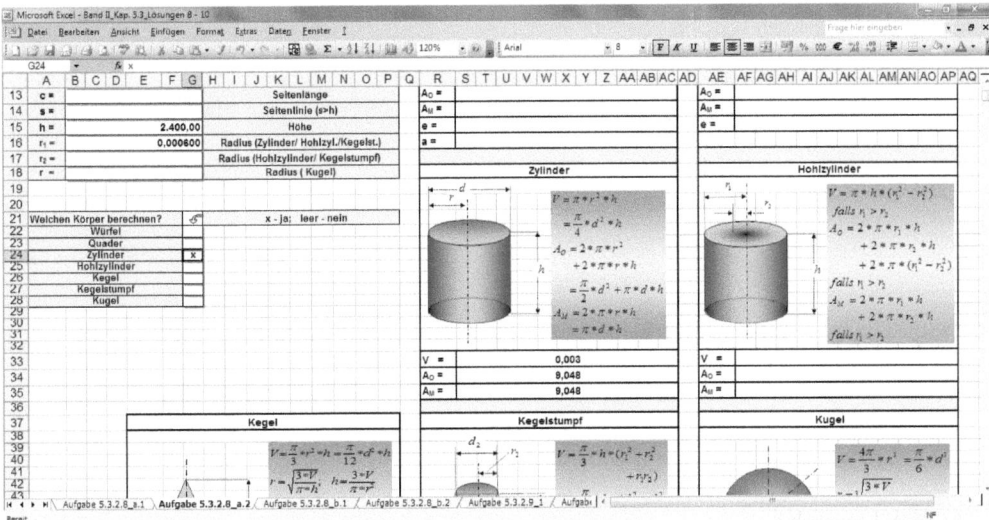

Abbildung II_5.3.20: Lösung zur Aufgabe 5.3.2.8_a.2

zu 5.3.2.8:   **b.1** Abmessungen – Würfel: **a = 0,139493 km = 139,493 m**

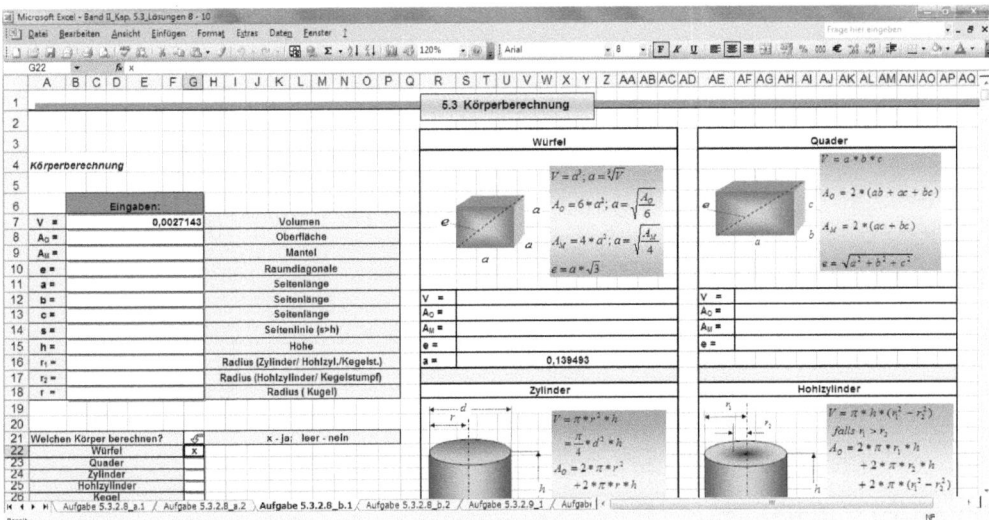

Abbildung II_5.3.21: Lösung zur Aufgabe 5.3.9.8_b.1

zu 5.3.2.8:   **b.2** Abmessungen – Kugel: **r = 0,0865346 km = 86,5346 m**

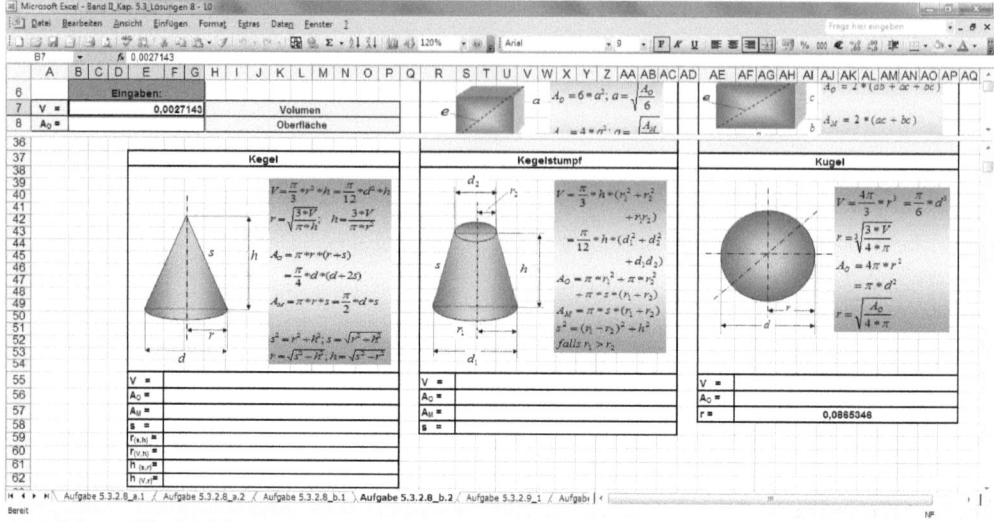

Abbildung II_5.3.22: Lösung zur Aufgabe 5.3.2.8_b.2

zu 5.3.2.9:   **1.** Abmessungen – Würfel: **a = 129,10 m**

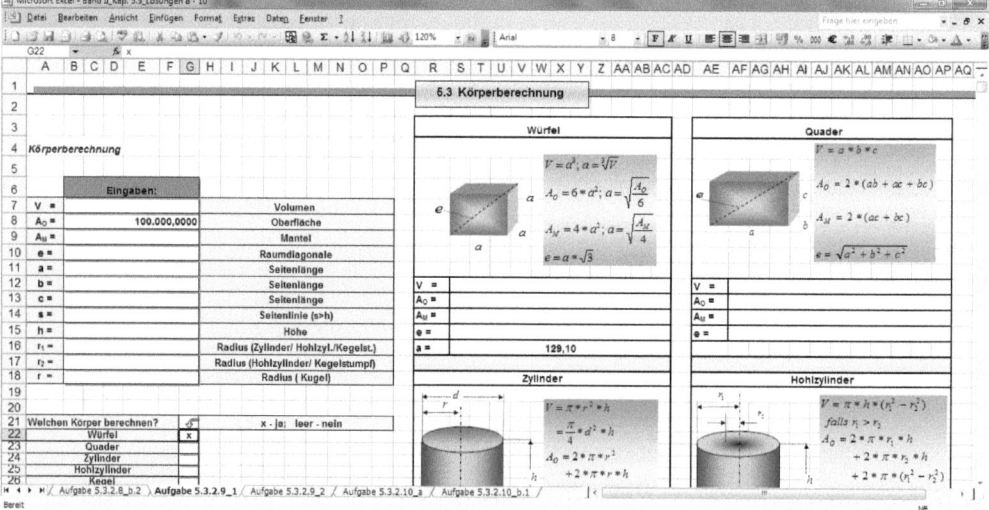

Abbildung II_5.3.23: Lösung zur Aufgabe 5.3.9.9_1

zu 5.3.2.9:   2. Abmessungen – Kugel: **r = 89,21 m**

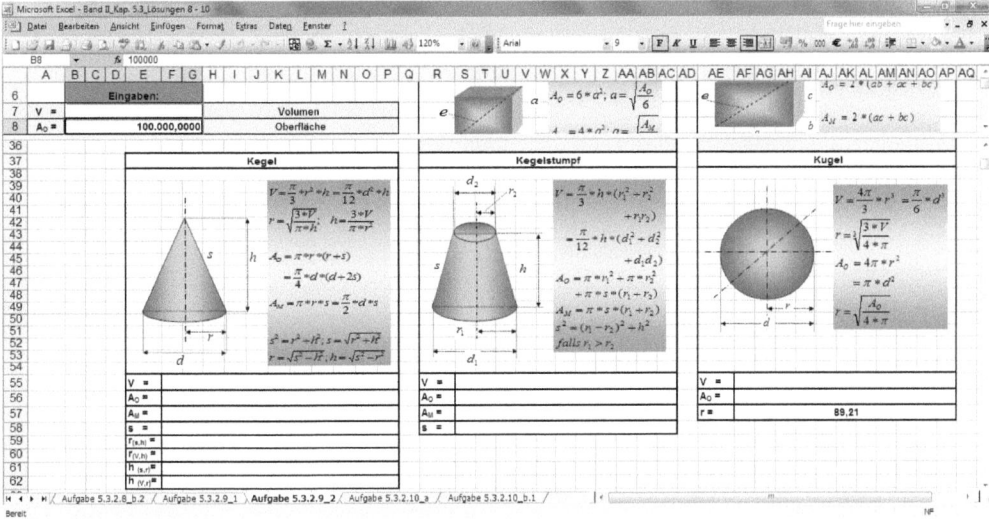

Abbildung II_5.3.24: Lösung zur Aufgabe 5.3.9.9_2

zu 5.3.2.10:   a) Volumen des Rohres: **192,423 m³**

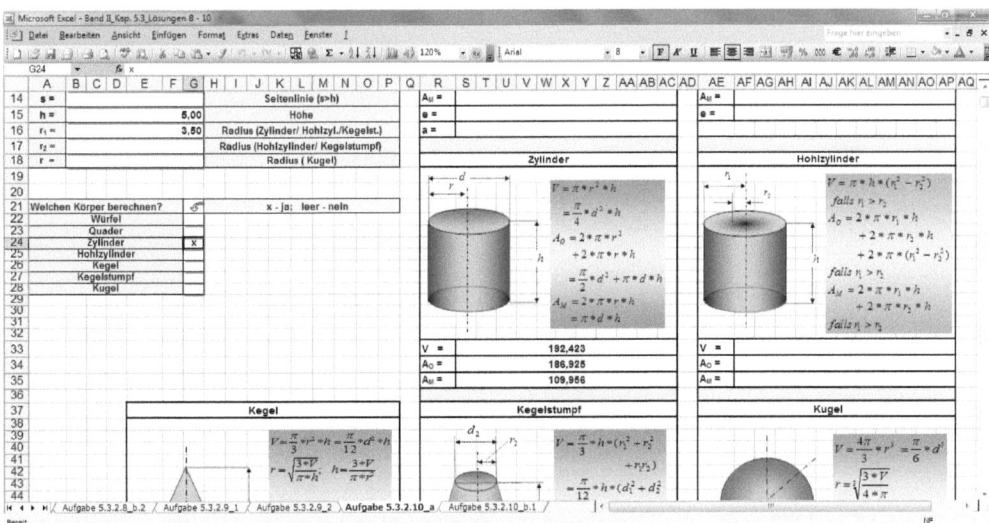

Abbildung II_5.3.25: Lösung zur Aufgabe 5.3.2.10_a

zu 5.3.2.10:   **b)** Abmessungen – Blech: **U * h = 21,99 m * 5 m = 109,95 m²**

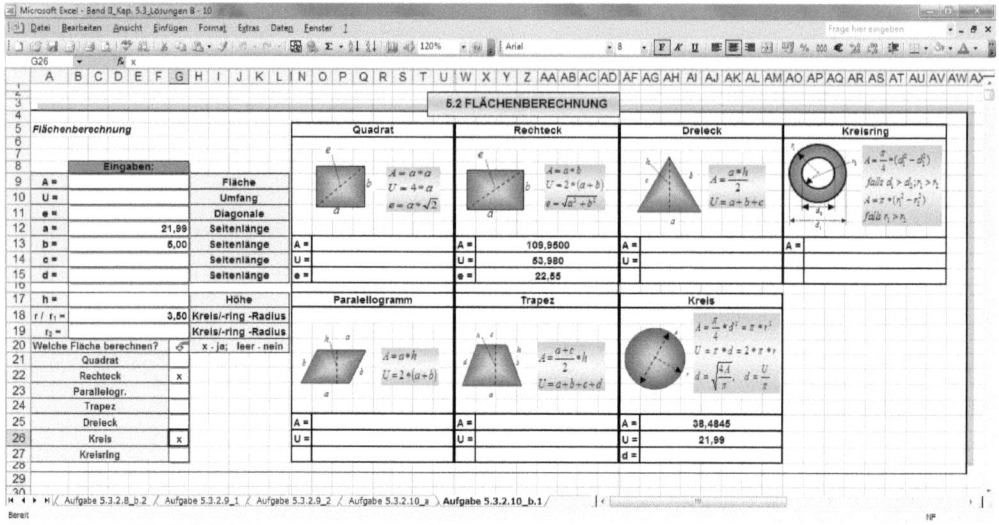

Abbildung II_5.3.26: Lösung zur Aufgabe 5.3.9.10_b

5.4 Wichtige Lehrsätze

5.4.1 Flächensätze am rechtwinkligen Dreieck

Am rechtwinkligen Dreieck gelten folgende Beziehungen:

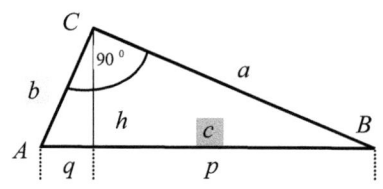

a, b	= Katheten
c	= Hypotenuse
q, p	= Hypotenusenabschnitte
q	= Projektion der Kathete b auf die Hypotenuse
p	= Projektion der Kathete a auf die Hypotenuse

Abbildung II_5.4.1: Skizze - rechtwinkliges Dreieck [5.4.1]

5.4.1.1 Satz des Pythagoras

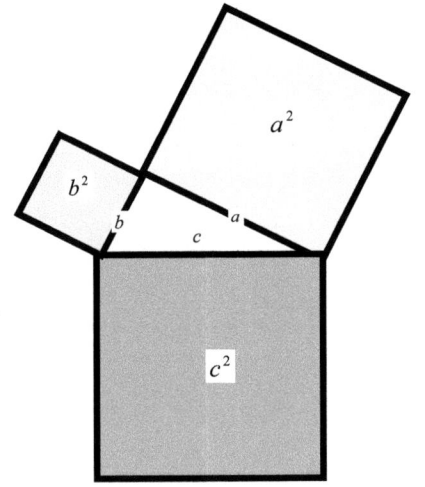

Im rechtwinkligen Dreieck ist das Hypotenusenquadrat gleich der Summe der Kathetenquadrate.

$$c^2 = a^2 + b^2$$

Abbildung II_5.4.2: Skizze – Pythagoras [5.4.2]

Hieraus ergeben sich folgende Formeln:

$$c = \sqrt{a^2 + b^2}$$

$$a^2 = c^2 - b^2 \qquad\qquad b^2 = c^2 - a^2$$

$$a = \sqrt{c^2 - b^2} \qquad\qquad b = \sqrt{c^2 - a^2}$$

Die Zahlen 3, 4 und 5 sind die kleinsten natürlichen Zahlen (positiv und ganz), die diese Bedingungen erfüllen, denn:

$$3^2 + 4^2 = 5^2 \; [5.4.3]$$

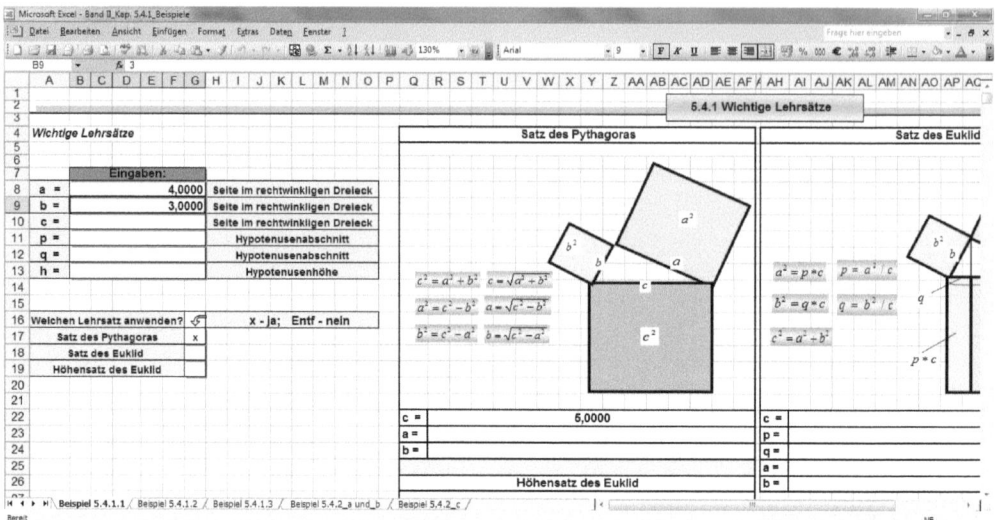

Abbildung II_5.4.3: Rechner - Pythagoras

5.4.1.2 Satz des Euklid oder Kathetensatz

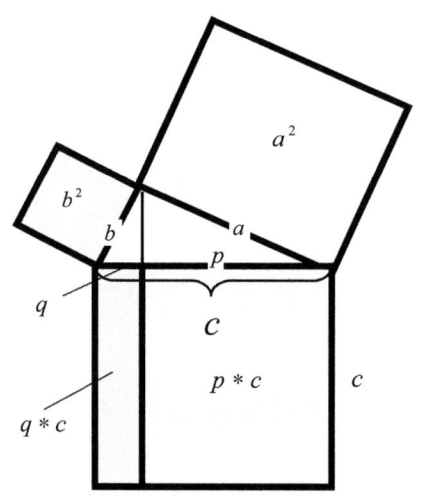

Im rechtwinkligen Dreieck ist das Quadrat über eine Kathete gleich dem Rechteck aus Hypotenuse und dem anliegenden Hypotenusenabschnitt, der bei der Projektion dieser Kathete auf die Hypotenuse entsteht.

$$a^2 = p * c$$

$$b^2 = q * c$$

Abbildung II_5.4.4: Skizze zum Kathetensatz [5.4.4]

Hieraus ergeben sich weitere Bedingungen:

$$a^2 = p * c \qquad a = \sqrt{p * c} \qquad p = a^2 / c$$

$$b^2 = q * c \qquad b = \sqrt{q * c} \qquad q = b^2 / c$$

Mit dem Satz des Euklid kann der pythagoreische Lehrsatz bewiesen werde:

1. $a^2 = p * c$ $\qquad c = p + q$

2. $b^2 = q * c$

3. $a^2 + b^2 = p * c + q * c = c * (p + q) = c^2$

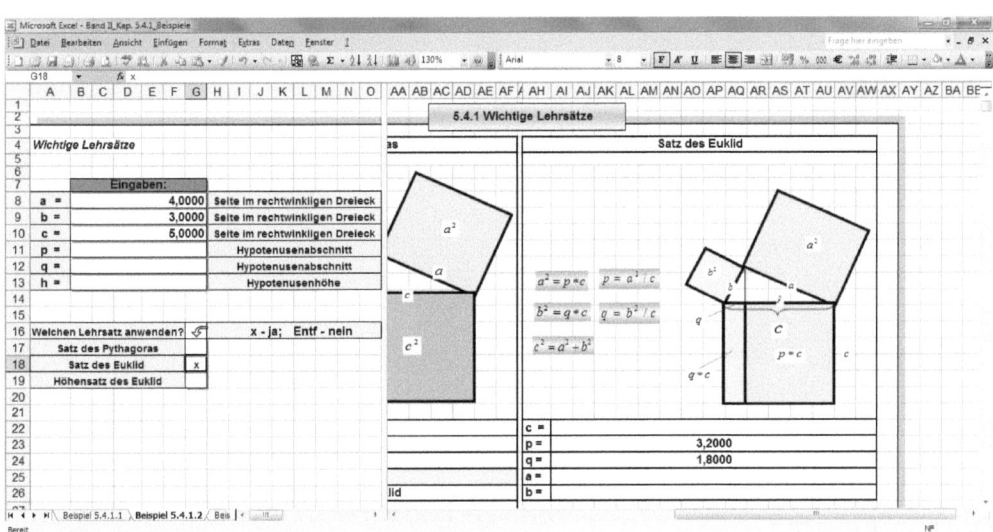

Abbildung II_5.4.5: Rechner – Kathetensatz

5.4.1.3 Höhensatz des Euklid

Im rechtwinkligen Dreieck ist das Quadrat aus der Hypotenusenhöhe flächengleich dem Rechteck aus den Hypotenusenabschnitten.

$$h^2 = q * p$$

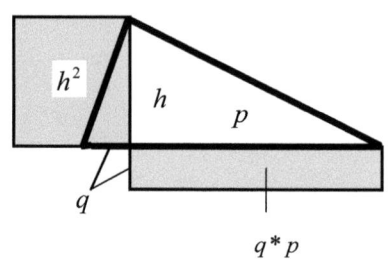

Abbildung II_5.4.6: Skizze -
Höhensatz
[5.4.5]

Hieraus ergeben sich weitere Formeln:

$$h = \sqrt{q * p} \qquad q = h^2/p \qquad p = h^2/q$$

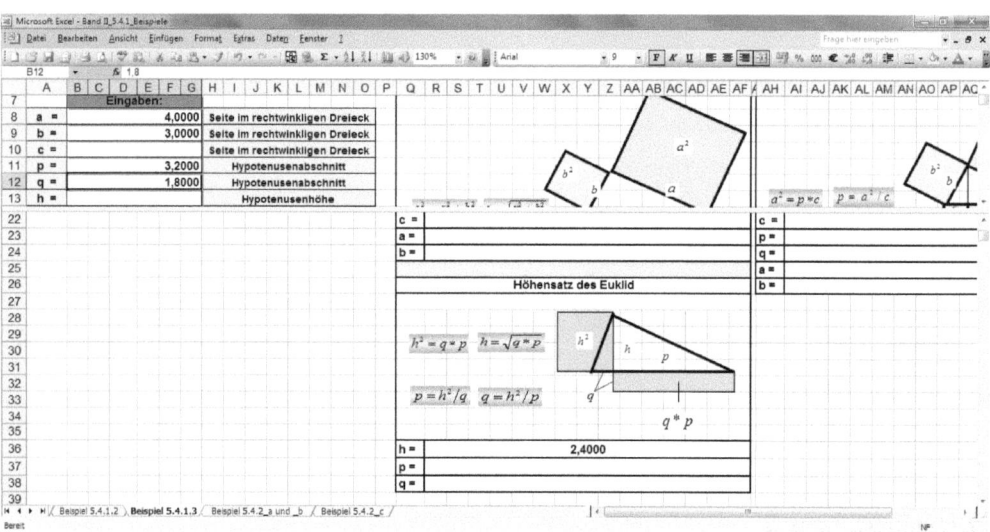

Abbildung II_5.4.7: Rechner – Höhensatz des Euklid

5.4.2 Strahlensatz

An Strahlen- bzw. Geradenbün-
deln, die von Parallelen geschnit-
ten werden, gelten folgende Pro-
portionen:

a) Die Abschnitte auf einem
   Strahl bzw. einer Geraden
   verhalten sich wie die
   Abschnitte auf den anderen
   Strahlen bzw. Geraden.

SA/AB = SC/CD,
SA/SB = SC/SD

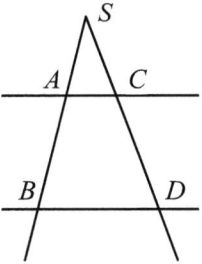

Abbildung II_5.4.8: Strahlensatz (a)
[5.4.6]

b) Die zwischen denselben
   Strahlen bzw. Geraden
   liegenden Parallelabschnitte
   verhalten sich wie die vom
   Scheitelpunkt aus
   betrachteten zugehörigen
   Abschnitte auf einem Strahl
   bzw. einer Geraden des
   Bündels.

AC/BD = SA/SB

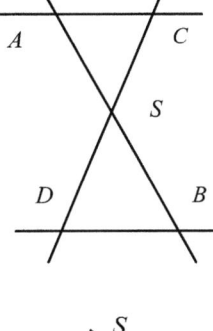

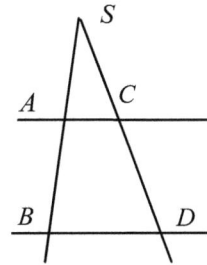

Abbildung II_5.4.9: Strahlensatz (b)
[5.4.6]

187

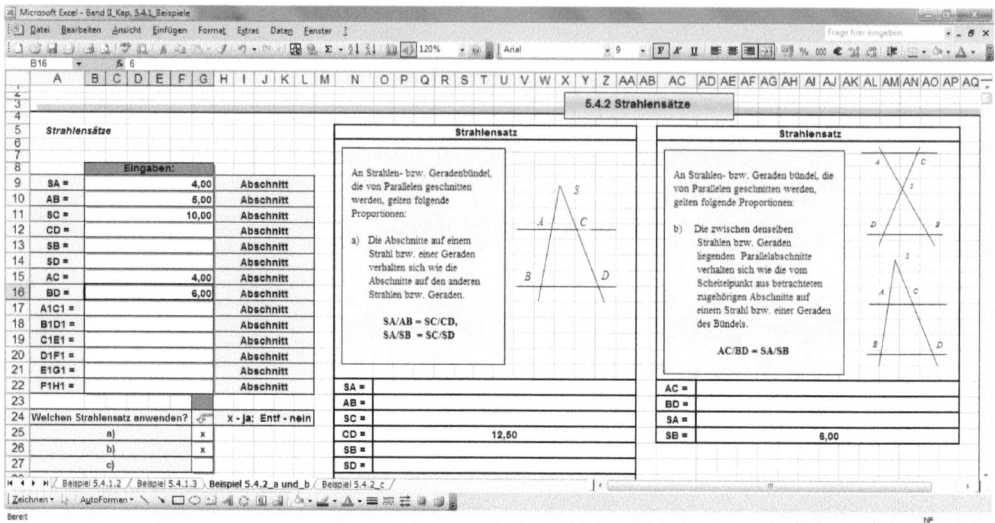

Abbildung II_5.4.10: Rechner – Strahlensatz a und b

c) **Die zwischen zwei Strahlen bzw. Geraden des Bündels gelegenen Parallelabschnitte verhalten sich wie die zwischen zwei anderen Strahlen bzw. Geraden gelegene Parallelabschnitte.**

$$A_1C_1/B_1D_1 =$$
$$C_1E_1/D_1F_1 =$$
$$E_1G_1/F_1H_1$$

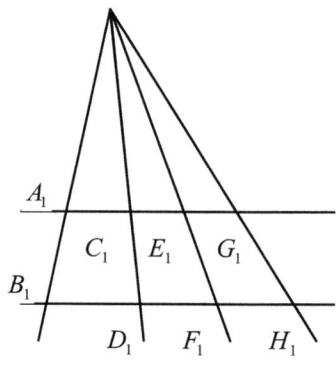

Abbildung II_5.4.11: Strahlensatz (c)
[5.4.6]

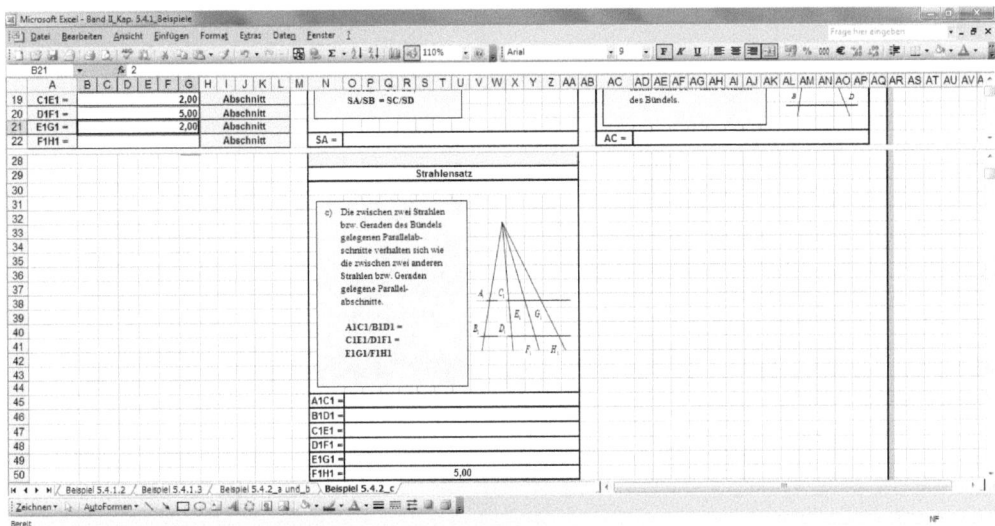

Abbildung II_5.4.12: Rechner – Strahlensatz c

5.4.3 Übungsaufgaben zu den Lehr- und Strahlensätzen

5.4.3.1 Sie wollen von Punkt A nach B
gehen und haben zwei Möglichen:

> 1. Den direkten Weg durch
>   den Park
> 2. Den Weg auf den Straßen,
>   die rechtwinklig zueinander
>   verlaufen

Um wie viel Kilometer ist die zweite
Rute länger?

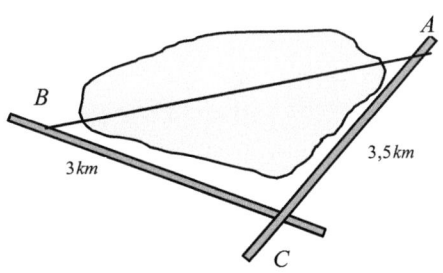

Abbildung II_5.4.13: Wanderruten

5.4.3.2 Berechnen Sie folgende Strecken: (rechter Winkel bei AEB)

a)

AE = ?

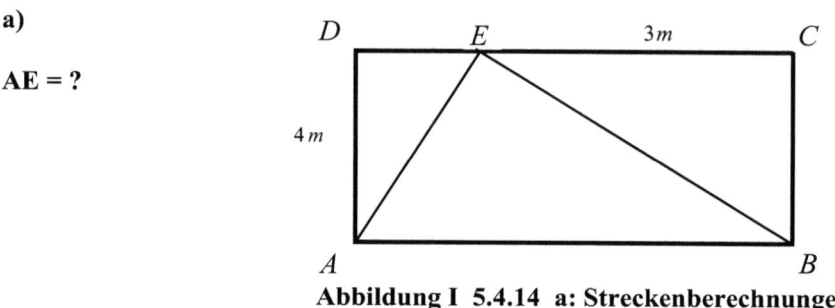

Abbildung I_5.4.14_a: Streckenberechnungen

b)   (rechter Winkel bei EDC)   **c)**

CD = ?

DE = ?

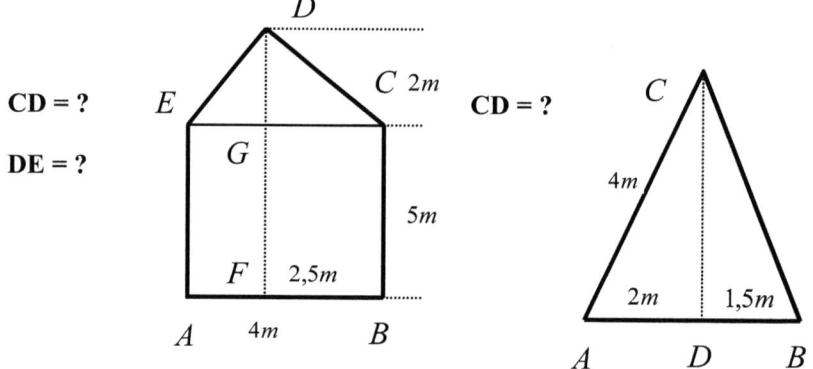

CD = ?

Abbildung I_5.4.15_b und _c: Streckenberechnungen

d)

h = ?

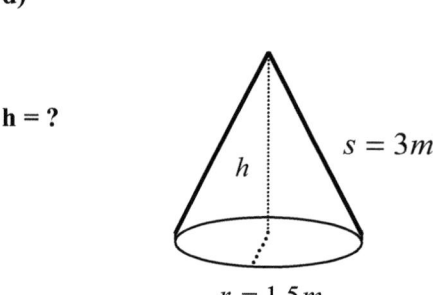

Abbildung I_5.16_d: Streckenberechnung

5.4.3.3. An einer Straße liegt ein kleiner See, dessen größte Ausdehnung nach folgender Skizze ermittelt werden soll.

EF = ?

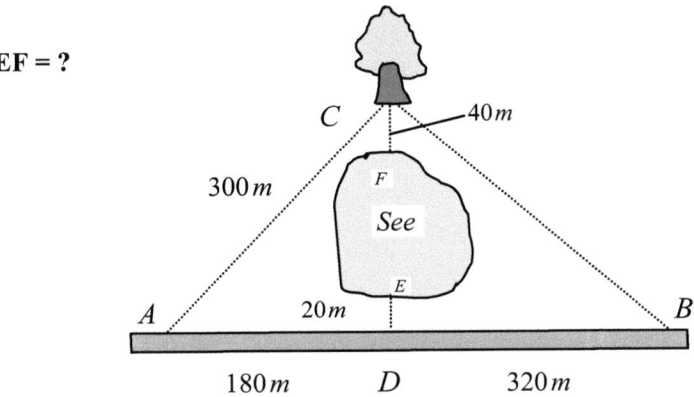

Abbildung I_5.4.17: Ausdehnung eines Sees

5.4.3.4 Sie haben mit Ihren Kindern einen Drachen gebaut und lassen ihn steigen. Berechnen Sie anhand folgender Skizze die Flughöhe des Drachens.

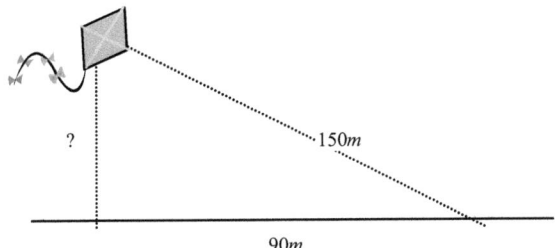

Abbildung I_5.4.18: Flughöhe des Drachens

5.4.3.5 Sie befinden sich im Gelände circa 500 m von einem Fluss entfernt und entdecken einen Vogel direkt über dem Fluss. Bestimmen Sie die Flughöhe des Vogels nach der Methode „Pi mal Daumen"
(↑ Band I Kap. 5.4.2.4).

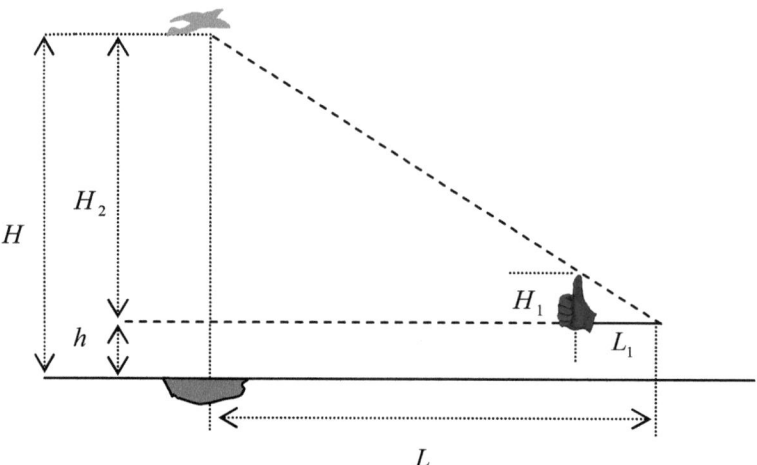

Abbildung II_5.4.19: Flughöhe des Vogels

h	- Augenhöhe (1,7m)
L₁	- Armlänge (0,60m)
H₁	- Daumenlänge (0,15cm)
L	- Entfernung zwischen Fluss und Standort
H₂	- Flughöhe minus Augenhöhe
H	- Flughöhe des Vogels

5.4.3.6 Sie stehen an einem See und entdecken am gegenüberliegenden Ufer einen markanten Baum. Beim „über den Daumen peilen" schätzen Sie den Abstand zwischen Baum A und A' auf 30 m (↑ Band I Kap. 5.4.2.2).
Welche Breite hat der See?

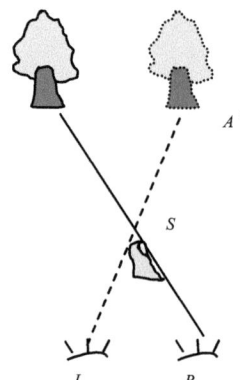

Abbildung I_5.4.20: Breite des Sees

5.4.3.7 Am Flussufer stehen die Bäume S, A und C. Auf der einen Uferseite peilen Sie vom Ort F über den Baum S den Baum C auf der anderen Uferseite an. Die Strecken EF und AC verlaufen parallel.

Streckenlängen:
EF = 20m
SE = 30m
SA = 45m

Wie breit ist der Fluss (AC)?

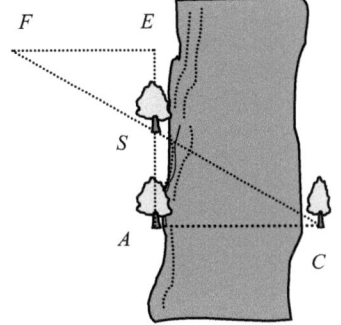

Abbildung I_5.4.21: Breite des Flusses

5.4.3.8 Von LCD- und Plasma- Fernsehern mit 32″ und 46″ Bildschirmdiagonalen (″ = 1 Zoll = 2,54 cm) und einem Anzeigeformat 16 : 9 sind die Abmessungen zu bestimmen.

5.4.4 Lösungen der Übungsaufgaben zu den Lehrsätzen

zu 5.4.3.1:

1. **Pythagoras:**

$$c^2 = a^2 + b^2 \qquad c = \sqrt{a^2 + b^2}$$

AC = a = 3,5 km
BC = b = 3,0 km
AB = c = ?

$$c = \sqrt{a^2 + b^2} = \sqrt{3,5^2 + 3^2} = \sqrt{21,25} = 4,61$$

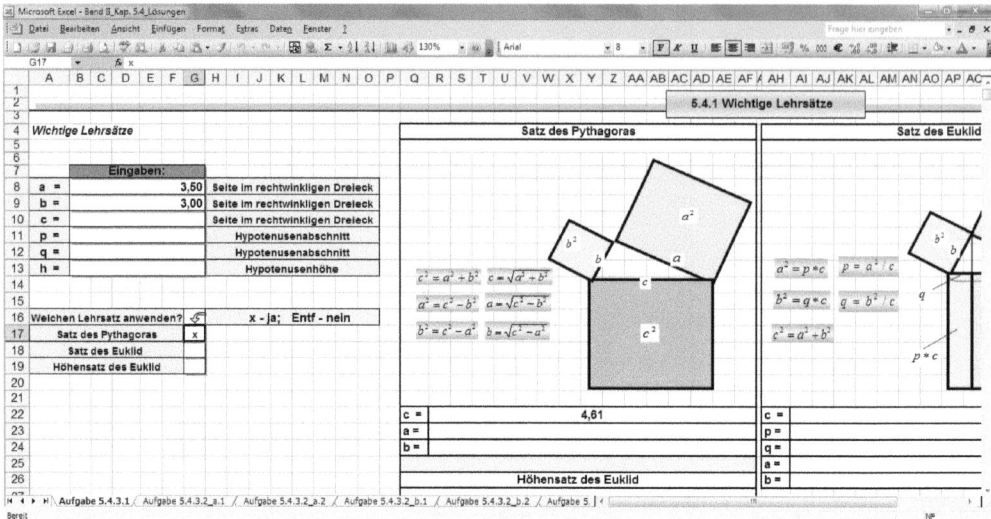

Abbildung II_5.4.22: Lösung der Aufgabe 5.4.3.1_1

2.   AC + BC = 3,5 km + 3,0 km = 6,5 km

(AC + BC) – AB = 6,5 km – 4,61 km = 1,89 km

Die zweite Rute auf den Straßen ist **1,89 km länger**.

zu 5.4.3.2:

a.1   Höhensatz:

$$h^2 = q * p \qquad q = h^2 / p$$

EC = p = 3 m
AD = h = 4 m
DE = q = ?

$$q = h^2 / p = 4^2 / 3 = 16 / 3 \approx 5,33$$

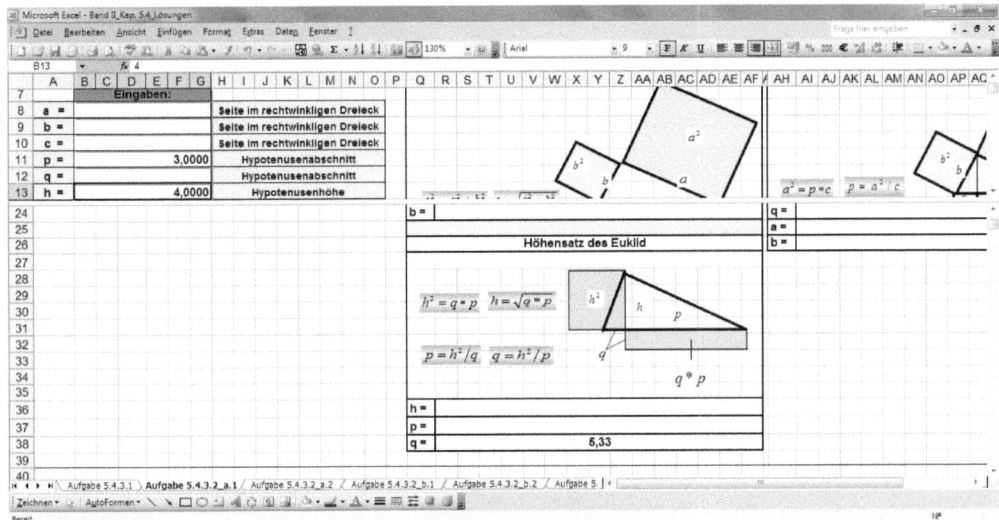

Abbildung II_5.4.23: Lösung der Aufgabe 5.4.3.2_a.1

Die **Strecke DE** hat eine Länge von **5,33 m**.

a.2   Pythagoras:

$$c^2 = a^2 + b^2 \qquad c = \sqrt{a^2 + b^2}$$

AD = a = 4 m
DE = b = q = 5,33 m
AE = C = ?

$$c = \sqrt{a^2 + b^2} = \sqrt{4^2 + 5{,}33^2} = \sqrt{44{,}4089} \approx 6{,}66$$

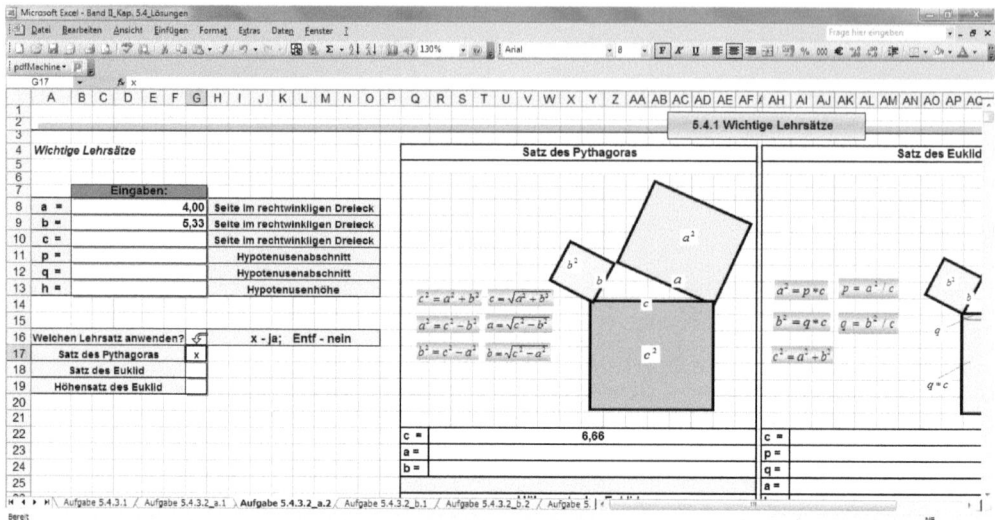

Abbildung II_5.4.24: Lösung der Aufgabe 5.4.3.2_a.2

Die **Strecke AE** hat eine Länge von **6,66 m**.

b.1 Pythagoras:

$$c^2 = a^2 + b^2 \qquad c = \sqrt{a^2 + b^2}$$

GC = a = 2,5 m
GD = b = 2,0 m
CD = c =?

$$c = \sqrt{a^2 + b^2} = \sqrt{2,5^2 + 2^2} = \sqrt{10,25} = 3,20$$

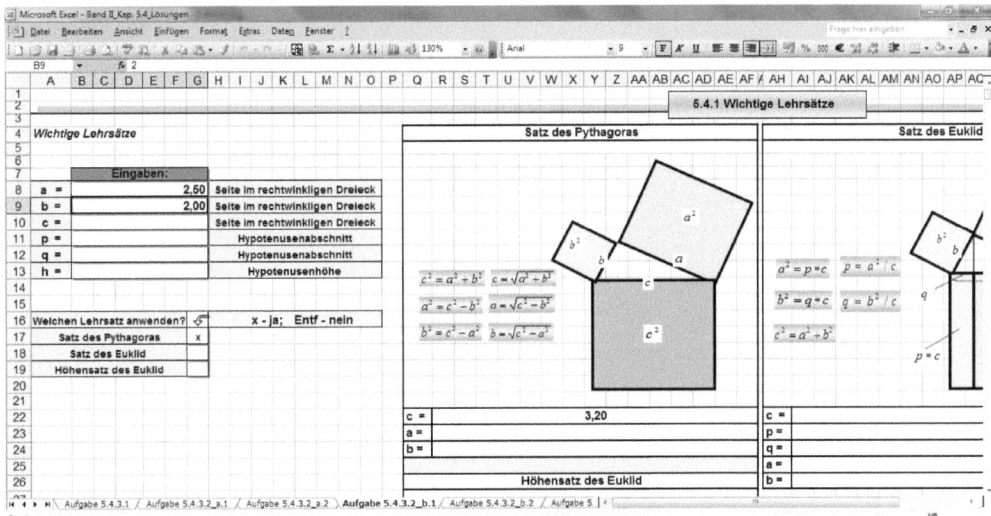

Abbildung II_5.4.25: Lösung der Aufgabe 5.4.3.2_b.1

Die **Strecke CD** hat eine Länge von **3,20 m**.

b.2   Pythagoras:

$$c^2 = a^2 + b^2 \qquad c = \sqrt{a^2 + b^2}$$

EG = AF = a = 4,0 m - 2,5 m = 1,5 m
GD = b = 2,0 m
DE = ?

$$c = \sqrt{a^2 + b^2} = \sqrt{1,5^2 + 2^2} = \sqrt{6,25} = 2,5$$

197

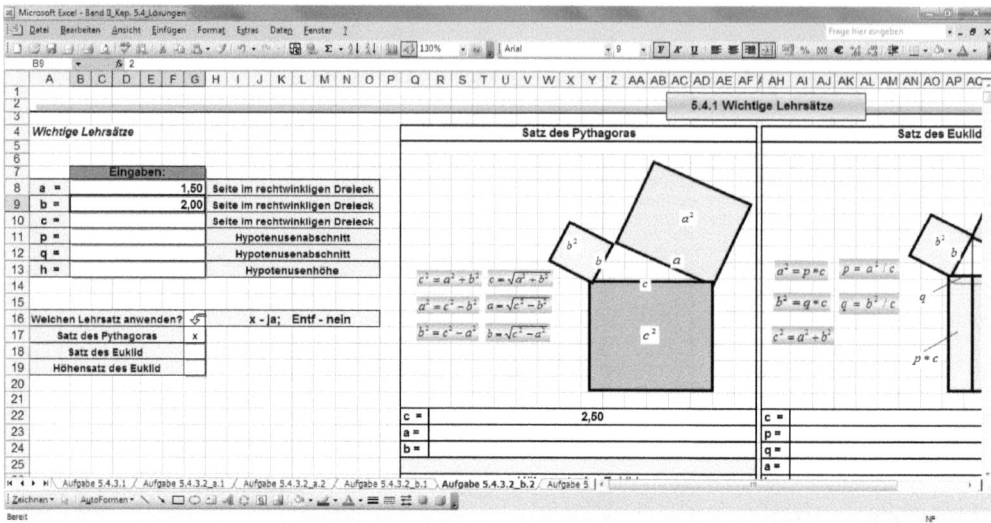

Abbildung II_5.4.26: Lösung der Aufgabe 5.4.3.2_b.2

Die Strecke DE hat eine Länge von **2,5m**.

c   **Pythagoras:**

$$c^2 = a^2 + b^2 \qquad b = \sqrt{c^2 - a^2}$$

AD = a = 2 m
AC = c = 4 m
CD = b = ?

$$b = \sqrt{c^2 - a^2} = \sqrt{4^2 - 2^2} = \sqrt{12} \approx 3,46$$

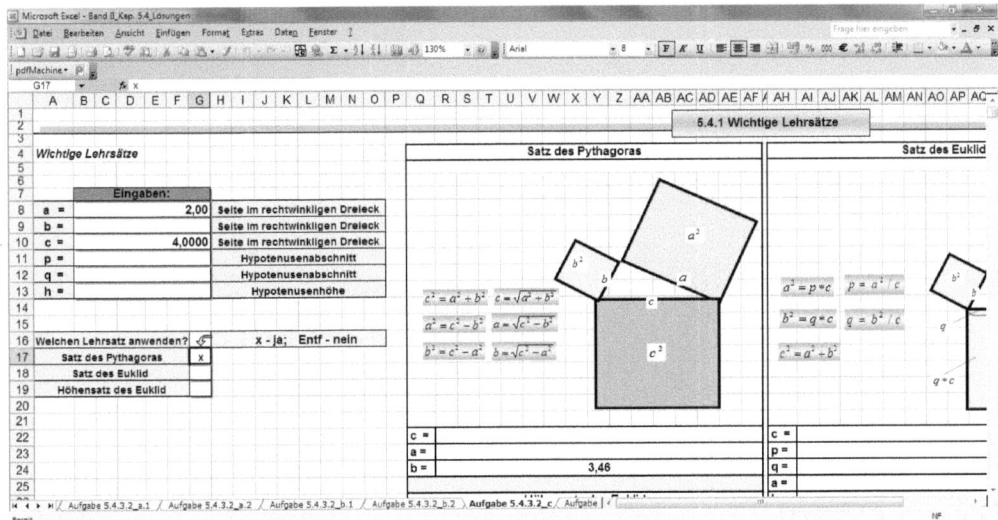

Abbildung II_5.4.27: Lösung der Aufgabe 5.4.3.2_c

Die **Strecke CD** hat eine Länge von **3,36 m**.

zu 5.4.3.3:

Höhensatz:

$$h^2 = q * p \qquad h = \sqrt{q * p}$$

AD = q = 180 m
DB = p = 320 m
DE = 20 m

FC = 40 m
DC = h = ?
EF = ?

$$h = \sqrt{180 * 320} = 240$$

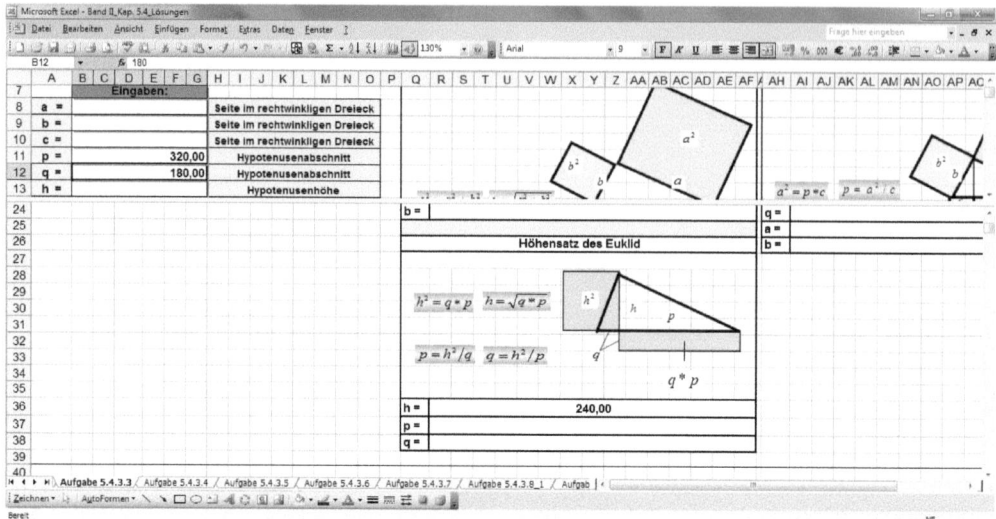

Abbildung II_5.4.27: Lösung der Aufgabe 5.4.3.3

EF = h - DE - EC = 240 m – 20 m – 40 m = 180 m

Die größte Ausdehnung des Sees beträgt **180 m**.

zu 5.4.3.4:

$$c^2 = a^2 + b^2 \qquad b = \sqrt{c^2 - a^2}$$

a = 90 m
c = 150 m
Höhe = b = ?

$$b = \sqrt{c^2 - a^2} = \sqrt{150^2 - 90^2} = 120$$

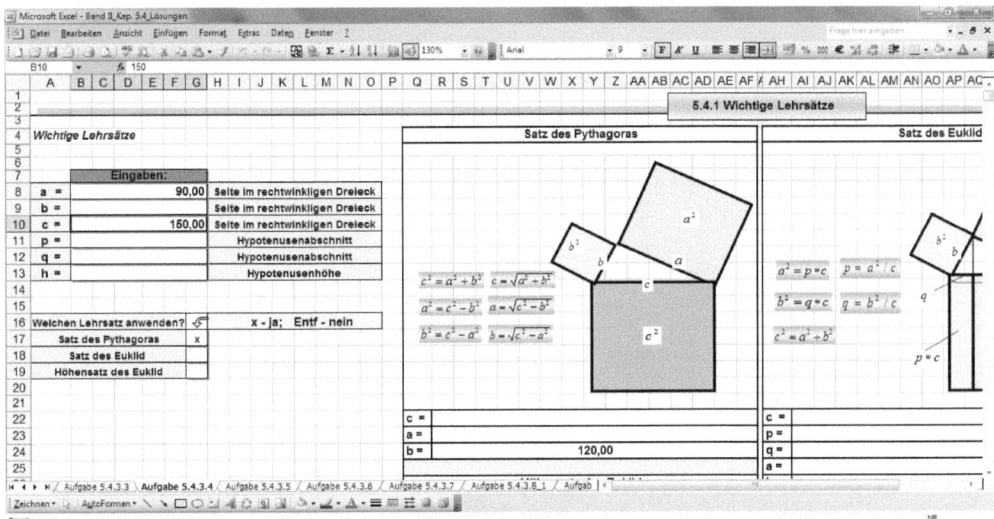

Abbildung II_5.4.29: Lösung der Aufgabe 5.4.3.4

Der Drachen fliegt in einer Höhe von **120 m**.

zu 5.4.3.5:

Bei nicht ganz ausgestrecktem Arm peilen Sie über den Daumen den Vogel an. Der Arm sollte parallel zum Erdboden verlaufen.

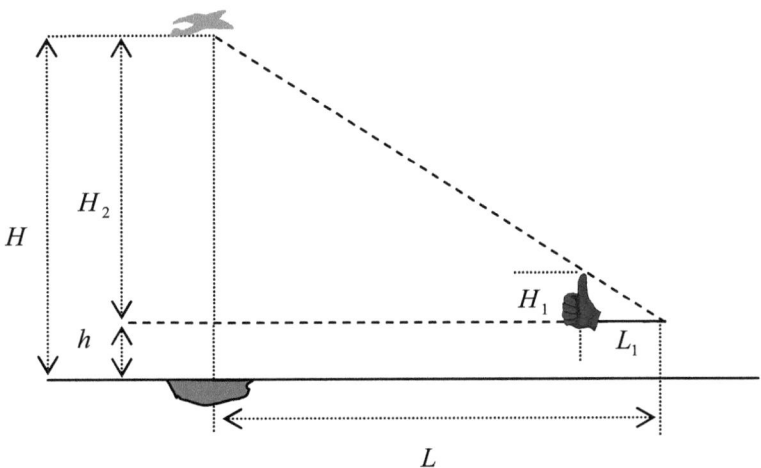

Abbildung II_5.4.30: Flughöhe des Vogels

h	- Augenhöhe (1,7m)
L_1	- Armlänge (0,60m)
H_1	- Daumenlänge (0,15cm)
L	- Entfernung zwischen Fluss und Standort
H_2	- Flughöhe minus Augenhöhe
H	- Flughöhe des Vogels

$$H_2 = \frac{L}{L_1} * H_1 = \frac{500\ m}{0,60\ m} * 0,15\ m = 125\ m$$

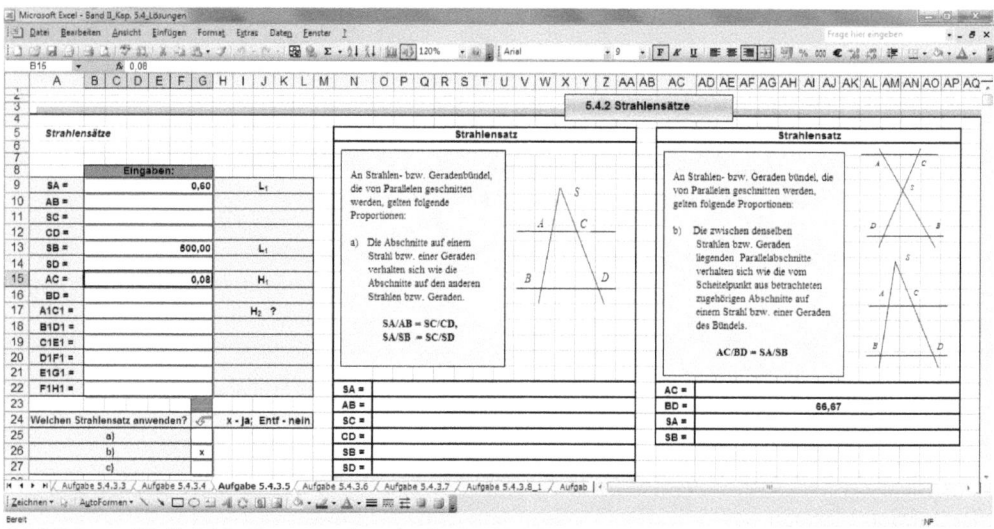

Abbildung II_5.4.31: Lösung der Aufgabe 5.4.3.5

$$H = H_2 + h = 125\ m + 1,7\ m = 126,7\ m$$

Nach der Methode „Pi mal Daumen" ergibt sich eine **Flughöhe** von **126,7 m.**

zu 5.4.3.6:

Lösung:

Die Lösung ergibt sich aus dem Strahlensatz (b). Das durchschnittliche Verhältnis von Augenabstand und Armlänge liegt bei 1:10. (↑ Band I Kap. 5.4.2.2)

Es ergibt sich folgender Zusammenhang:

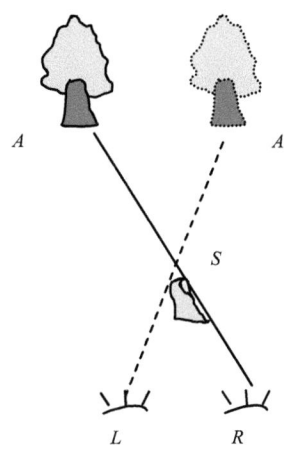

L – linke Auge
R – rechte Auge
A – anvisiertes Objekt
A' – scheinbares Objekt
S – Peilpunkt (Daumen)

$$\frac{AA'}{RL} = \frac{SA}{SR} \qquad SR = 10 * RL$$

$$SA = SA' = \frac{AA'}{RL} * SR$$

Abbildung II_5.4.32: Breite des Sees – „über den Daumen peilen"

$$SA = SA' = \frac{AA'}{LR} * (10 * RL) = 10 * AA' = 10 * 30 = 300$$

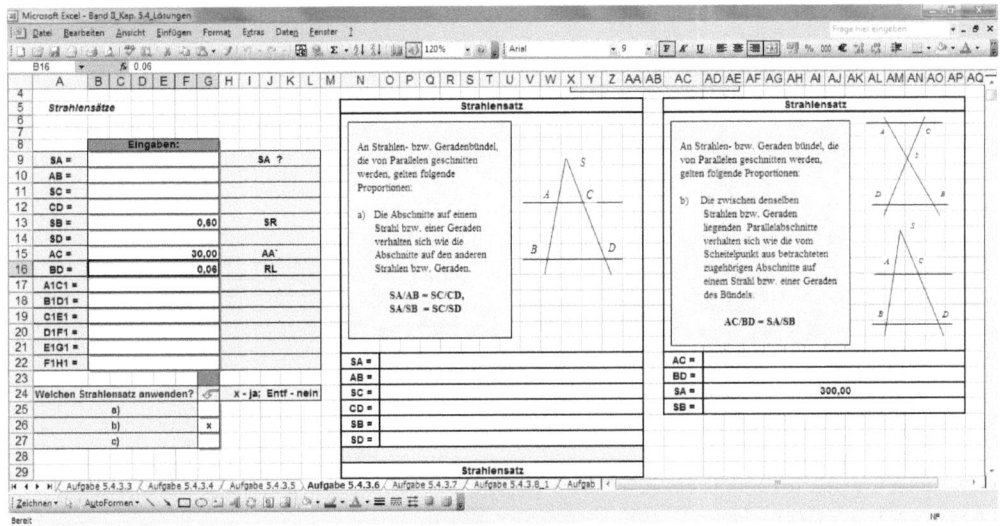

Abbildung II_5.4.33: Lösung der Aufgabe 5.4.3.6

Der See hat eine Breite von **300 m**.

zu 5.4.3.7:

Streckenlängen:
EF = 20 m
SE = 30 m
SA = 45 m

Wie breit ist der Fluss (AC)?

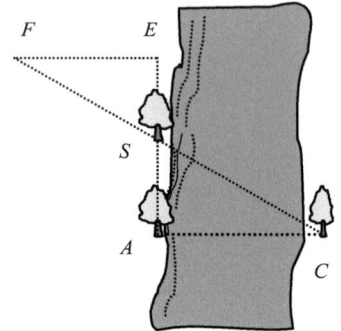

Abbildung II_5.4.34: Breite des Flusses (AC)

$$\frac{EF}{AC} = \frac{SE}{SA} \; ; \qquad AC = \frac{EF * SA}{SE} = \frac{20 * 45}{30} = 30$$

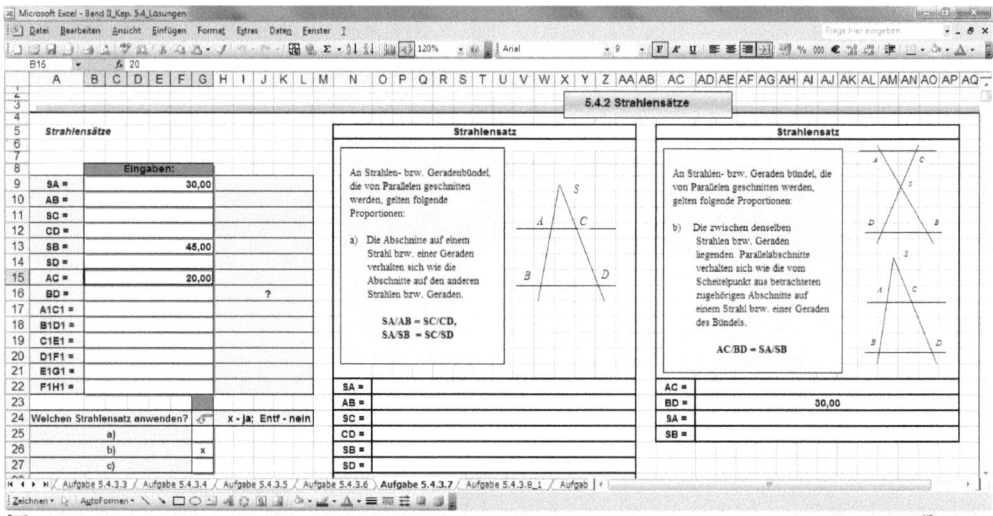

Abbildung II_5.4.35: Lösung der Aufgabe 5.4.3.7

Der Fluss hat eine Breite von **30 m**.

zu 5.4.3.8:

1.   32″ Bildschirmdiagonale

$32″ = 32 * 2{,}54\ cm = 81{,}28\ cm = 0{,}8128m$

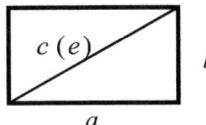

a, b -	Seitenlängen
c (e) -	Diagonale

Abbildung II_5.4.36: Bildschirmdiagonale

$$c^2 = a^2 + b^2 \qquad\qquad c(e) = \sqrt{a^2 + b^2}$$

$$\frac{a}{b} = \frac{16}{9}; \quad a = \frac{16 * b}{9}$$

$$c^2 = \left(\frac{16\,b}{9}\right)^2 + b^2 = b^2 * \left(\frac{256}{81} + 1\right) = \frac{337\,b^2}{81}$$

$$b = \sqrt{c^2 * \frac{81}{337}} = \sqrt{(0{,}8128\ m)^2 * \frac{81}{337}} = 0{,}398\ m$$

$$a = \frac{16 * b}{9} = \frac{16 * b}{9} = \frac{16 * 0{,}398\,m}{9} \approx 0{,}709\,m$$

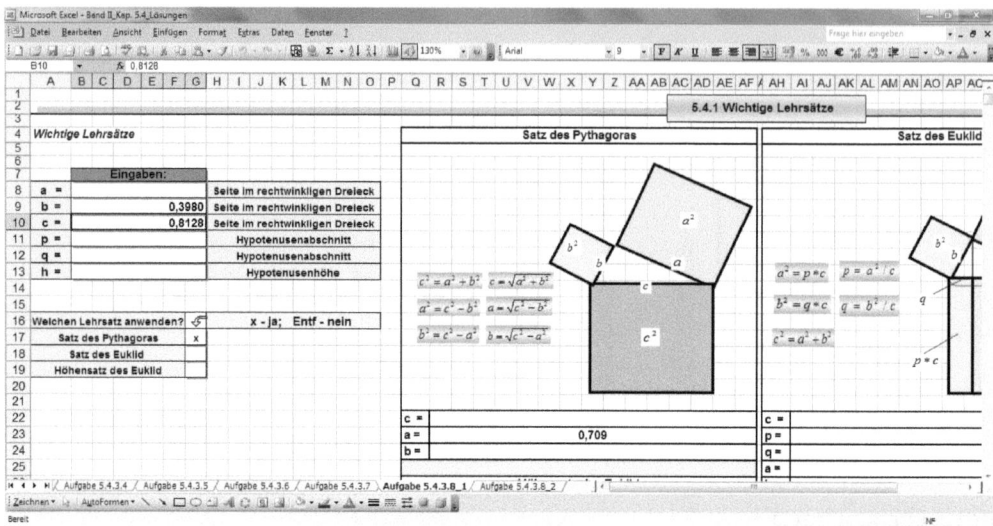

Abbildung II_5.4.37: Lösung der Aufgabe 5.4.3.8_1

Der LCD-Fernseher hat die **Abmessungen 70,9 x 39,8 cm**.

2.   32″ Bildschirmdiagonale

$$46'' = 46 * 2,54 \text{ cm} = 116,84 \text{ cm} = 1,1684 \text{ m}$$

$$c^2 = a^2 + b^2 \qquad\qquad c(e) = \sqrt{a^2 + b^2}$$

$$\frac{a}{b} = \frac{16}{9}; \quad a = \frac{16 * b}{9}$$

$$b = \sqrt{c^2 * \frac{81}{337}} = \sqrt{(1,1684 \ m)^2 * \frac{81}{337}} = 0,573 \ m$$

$$c^2 = \left(\frac{16\,b}{9}\right)^2 + b^2 = b^2 * \left(\frac{256}{81} + 1\right) = \frac{337\,b^2}{81}$$

$$a = \frac{16 * b}{9} = \frac{16 * b}{9} = \frac{16 * 0{,}573\,m}{9} \approx 1{,}018\,m$$

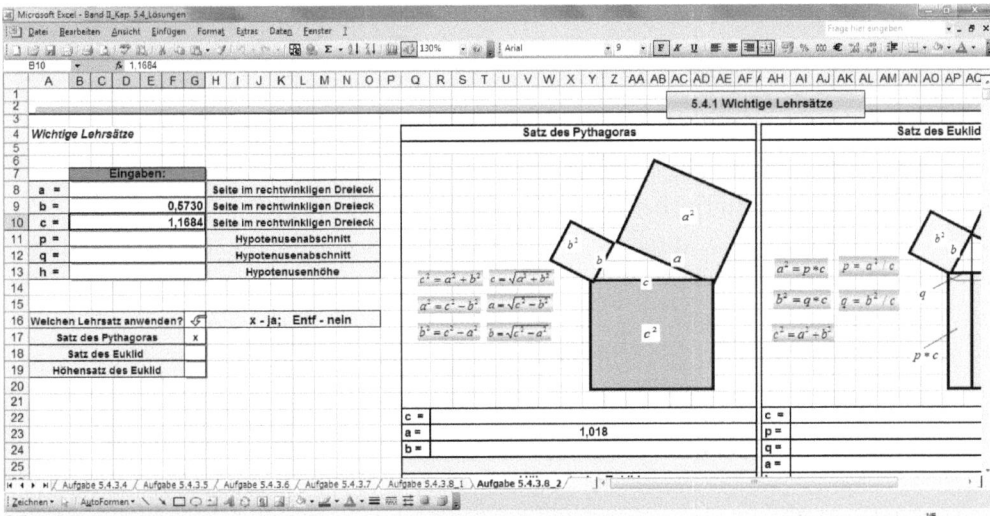

Abbildung II_5.4.38: Lösung der Aufgabe 5.4.3.8_2

Der Plasma- Fernseher hat die **Abmessungen 101,8 x 57,3 cm.**

6. Durchschnitts- und Mischungsrechnung

6.1 Durchschnitt oder Mittelwert

Im Alltag spricht man von Durchschnittsgrößen, Durchschnittsalter, Durchschnittsgeschwindigkeit, Durchschnittsgehalt, Durchschnittspreisen etc. [6.1].
Unter dem Durchschnitt oder Mittelwert (Mittel) von Zahlen und Größen versteht man meistens den arithmetischen Mittelwert, wobei viele andere Mittelbildungen vorkommen.
Die häufig benutzten Mittel sind das arithmetische, geometrische und harmonische Mittel [6.2].

6.1.1 Einfache arithmetische Mittel (einfache Durchschnitt)

Das einfache arithmetische Mittel [6.3] wird berechnet, indem die Summe der Einzelwerte (a_n) durch ihre Anzahl (n) geteilt wird.

$$A = \frac{a_1 + a_2 + a_3 + \ldots\ldots + a_n}{n}$$

$$
\begin{array}{lll}
\mathbf{A} & = & \text{arithm. Mittel} \\
\mathbf{a_1 \ldots\ldots a_n} & = & \text{Einzelwerte} \\
\mathbf{n} & = & \text{Anzahl der Werte}
\end{array}
$$

EXCEL-Funktion arithmetische Mittel:

MITTELWERT (*Zahl 1; Zahl 2; …….*)
         – *Zahl 1; Zahl 2; …..* sind 30 numerische Argumente

MITTELWERT (*C1:C30*)
         – *C1:C30* (z. B.) ist ein Bereich mit 30 numerischen Argumenten

6.1.1.1 Beispiel - Einfache arithmetische Mittel von drei Zahlen

Lösung:

$$A_e = \frac{a_1 + a_2 + a_3 + \ldots + a_n}{n}$$

gegeben:		
a₁	=	10
a₂	=	50
a₃	=	30
gesucht:		
A_e	=	?

$$= \frac{10 + 50 + 30}{3} = 30$$

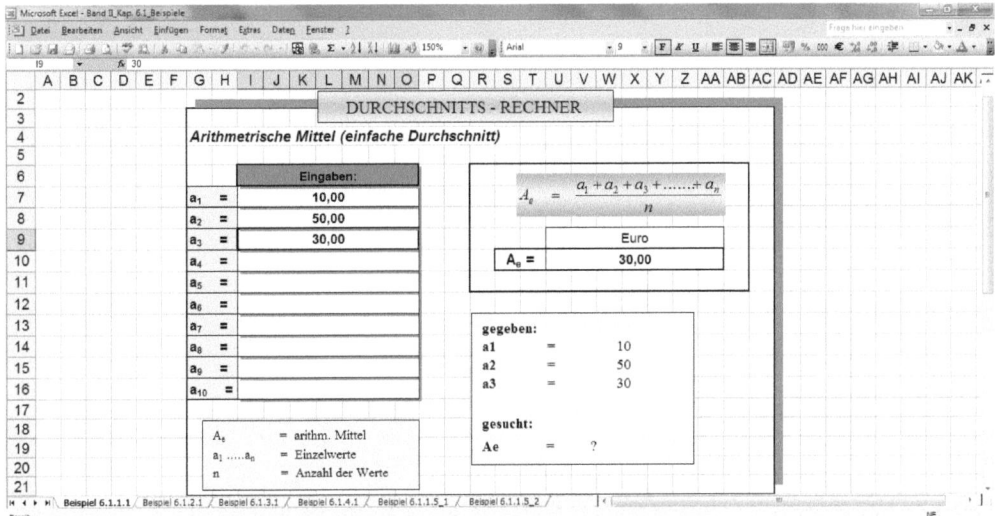

Abbildung II_6.1: Einfache arithmetische Mittel von Zahlen

6.1.2 Gewogene arithmetische Mittel

Das gewogene arithmetische Mittel wird eingesetzt, wenn einige Werte mehrfach auftreten und somit die Häufigkeit der Werte eine Rolle spielt.

$$A_g = \frac{(a_1 * At_1) + (a_2 * At_2) + (a_3 * At_3) + \ldots + (a_n * At_n)}{At_1 + At_2 + At_3 \ldots + At_n}$$

$$A_g \quad = \text{gewogene arithm. Mittel (gewogener Durchschnitt)}$$
$$a_1 \ldots a_n. \quad = \text{Einzelwerte}$$
$$At_1 \ldots At_n = \text{verschiedene Anteile der Werte}$$

6.1.2.1 Beispiel – Durchschnittlicher Kilogrammpreis einer Teemischung (gewogene arithmetische Mittel)

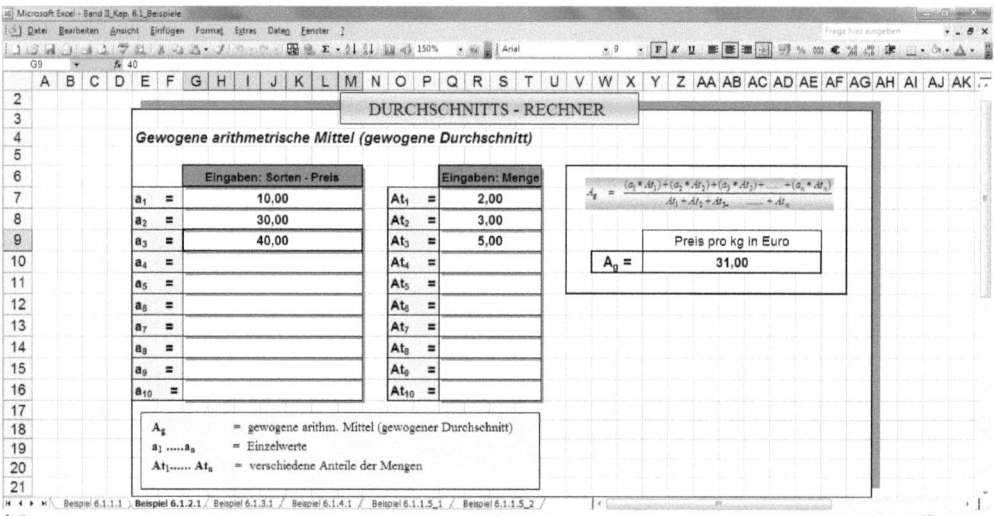

Abbildung II_6.2: Kilogrammpreis einer Teemischung (gewogene arithmetische Mittel)

6.1.3 Geometrisches Mittel

Die arithmetische Mittelberechnung führt bei Wachstumsprozessen zu falschen oder unsinnigen Werten [6.4].

$$G = \sqrt[n]{a_1 * a_2 * a_3 * \ldots * a_n}$$

$$G \quad = \text{geom. Mittel}$$
$$a_1 \ldots a_n = \text{Einzelwerte}$$
$$n \quad = \text{Anzahl der Werte}$$

$$G = (a_1 * a_2 * a_3 * \ldots a_n)^{\frac{1}{n}}$$

$$\sqrt[n]{b} = b^{\frac{1}{n}}$$

n > 0; n natürlich; b > = 0; b reell

EXCEL-Funktion geometrisches Mittel

GEOMITTEL (*Zahl 1; Zahl 2; …….*)
      – *Zahl 1; Zahl 2;* …..sind numerische Argumente

GEOMITTEL (*C9:C18*)
      – *C9:C18* (z. B.) ist ein Bereich mit numerischen Argumenten

6.1.3.1 Beispiel – Gewinnentwicklung einer Geldanlage (Geometrisches Mittel)

Im Jahr 2008 wurde der Gewinn einer Geldanlage um 20 Prozent und 2009 um 5 Prozent gesteigert sowie 2010 um 20,63 Prozent gesenkt.
Der Gewinn (G) wächst in den drei Jahren, wenn q der mittlere Zinsfaktor ist, wie folgt:

gegeben:		
q_1	=	1,20
q_2	=	1,05
q_3	=	0,7937

gesucht:
q (durchschnittliche Gewinnsteigerung)

$$G * q^3 = G * 1,2 * 1,05 * 0,7937$$

$$q = \sqrt[3]{1,2 * 1,05 * 0,7937} = 1,000020666 \approx 1$$

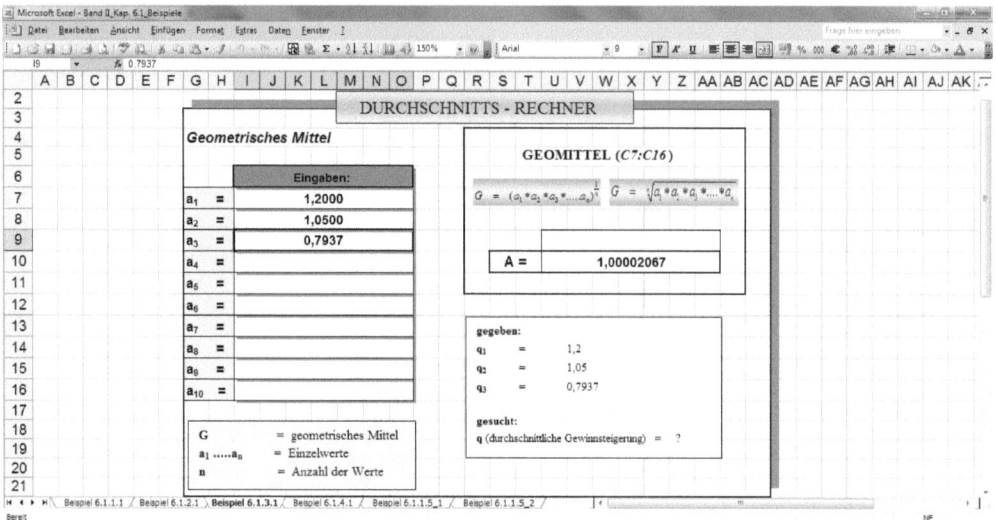

Abbildung II_6.3: Geometrisches Mittel

Ein $q \approx 1$ bedeutet, dass es keine Gewinnsteigerung in den Jahren 2008 bis 2010 gab.

6.1.4 Harmonische Mittel

Das harmonische Mittel kommt zur Anwendung, wenn Sie zum Beispiel die Durchschnitts-geschwindigkeit eines Fahrzeuges berechnen wollen. In [6.5] und in Band I in den Beispie-len 6.1.1.7 (Durchschnittsgeschwindigkeit) sowie 6.1.1.8 (Berechnungen zum Autofahren, Fahrtenbuch) finden Sie Anwendungen zum harmonischen Mittel.

$$H = \frac{n}{\dfrac{1}{a_1} + \dfrac{1}{a_2} + \dots + \dfrac{1}{a_n}}$$

H	= harmonische Mittel
$a_1 \dots a_n$	= Einzelwerte
n	= Anzahl der Posten

EXCEL - Funktion harmonisches Mittel:

HARMITTEL (*Zahl 1; Zahl 2; ....*)
  – Zahl 1; Zahl 2; …..sind numerische Argumente

HARMITTEL (*C9:C18*)
  – C9:C18 (z. B.) ist ein Bereich mit numerischen Argumenten

6.1.4.1 Beispiel - Durchschnittsgeschwindigkeit

Eine Strecke von 400 km wird durch ein Auto in zwei Abschnitten zurückgelegt. Auf den ersten 200 km mit einer Geschwindigkeit von 100 km/h. Auf dem zweiten Teilstück beträgt die Geschwindigkeit 70 km/h.

Mit welcher Durchschnittsgeschwindigkeit fährt das Auto über die Gesamtstrecke?

gegeben:		
v_1	=	100 km/h
v_2	=	70 km/h
2s	=	400 km

gesucht:		
v	=	?

Lösung:

1. zurückgelegte Strecke (2s):

$$s = s_1 = s_2 = 2 * 200\ km = 400\ km$$

2. Durchschnittsgeschwindigkeit (v):

Die Durchschnittsgeschwindigkeit berechnet man aus dem Verhältnis der gesamten Fahrstrecke und der dafür benötigten Fahrzeit.

$$v = \frac{s}{t} = \frac{s_1 + s_2}{t_1 + t_2} = \frac{2s}{t_1 + t_2}$$

$$= \frac{2s}{\frac{s}{v_1} + \frac{s}{v_2}} = \frac{2s}{s\left(\frac{1}{v_1} + \frac{1}{v_2}\right)} = \frac{2}{\frac{1}{v_1} + \frac{1}{v_2}}$$

$$v = \frac{s}{t} \qquad t = \frac{s}{v}$$

v = Geschwindigkeit
s = Weg
t = Zeit

$$H = \frac{n}{\frac{1}{a_1} + \frac{1}{a_2} + \dots + \frac{1}{a_n}}$$

$$v = \frac{n}{\frac{1}{v_1} + \frac{1}{v_2}} = \frac{2}{\frac{1}{100km/h} + \frac{1}{70km/h}} \approx 82{,}35 km/h$$

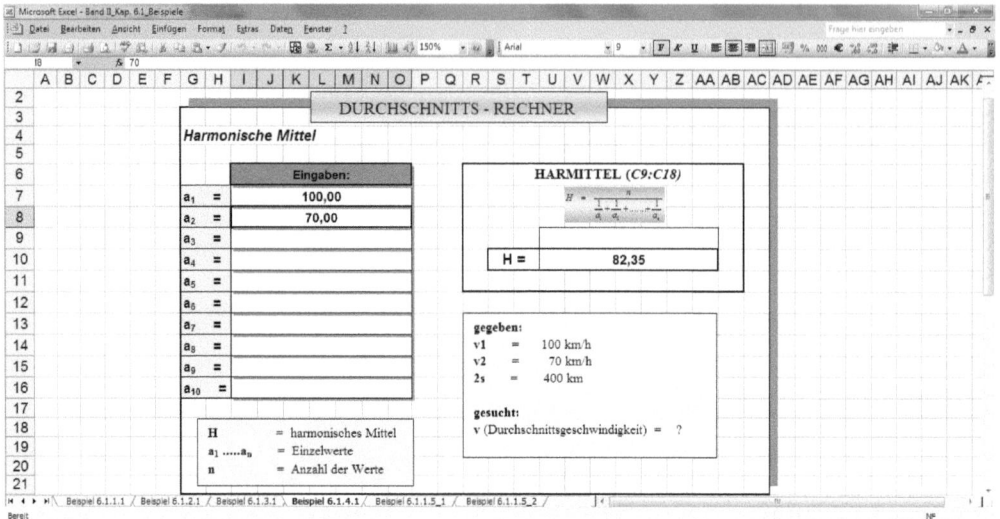

Abbildung II_6.4: Harmonische Mittel - Durchschnittsgeschwindigkeit

Das Auto fährt mit einer Durchschnittsgeschwindigkeit von **82,35 km/h**.

6.1.5 Der Median einer Stichprobe (Mitte von Messwerten)

Der Median M_e beschreibt die Mitte einer Stichprobe, bei dem 50 Prozent der Messwerte einen geringeren und 50 Prozent einen höheren Messwert aufweisen [6.6]. Beim Median werden die Daten der Größe nach sortiert. Man unterscheidet zwei Möglichkeiten, nämlich eine gerade und eine ungerade Anzahl von Messwerten.

$$M_e = \frac{1}{2}\left(X_{\frac{n}{2}} + X_{\frac{n}{2}+1} \right) \quad \text{für gerade } X$$

$$M_e = X_{\frac{n+1}{2}} \quad \text{für ungerade } X$$

$$
\begin{aligned}
M_e &= \text{Median} \\
X &= \text{Messwerte} \\
n &= \text{Anzahl der Mess-} \\
&\quad \text{werte}
\end{aligned}
$$

6.1.5.1. Einfache Beispiele zu Berechnungen von Medianen

1. Messreihe mit ungerader Anzahl von Messwerten

$$1 \quad 2 \quad 2 \quad 2 \quad \mathbf{3} \quad 4 \quad 4 \quad 8 \quad 8$$
$$\uparrow$$
$$\textbf{Median}$$

Für diese neun sortierten Messwerte erhalten wir:

$$M_e = X_{\frac{n+1}{2}} \quad \textit{für ungerade } X \qquad\qquad M_e = X_{\frac{9+1}{2}} = X_5$$

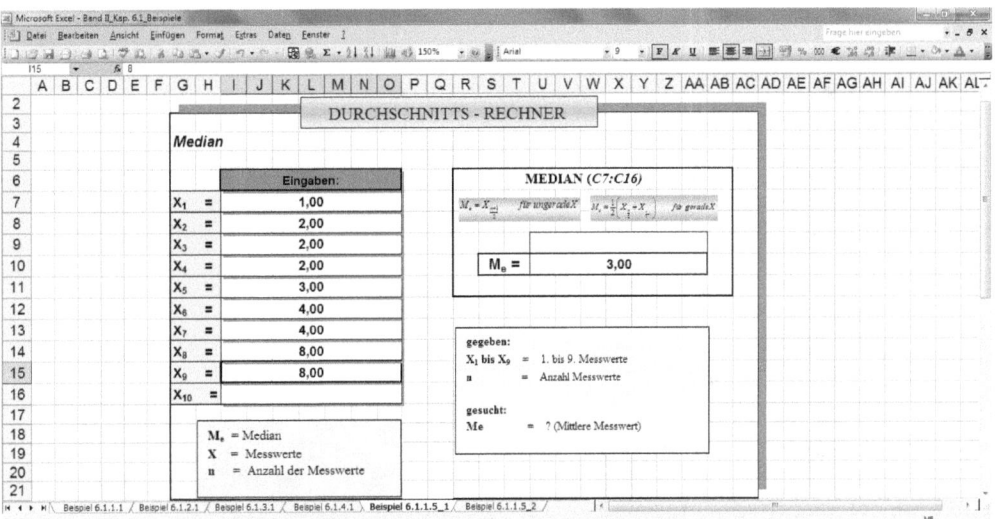

Abbildung II_6.5: Median für eine ungerade Anzahl von Messwerten

Die **3** (**5. Messwert**) stellt den Median dar.

2. Messreihe mit gerader Anzahl von Messwerten:

Die obige Messreihe wird um einen Wert (13) auf eine gerade Anzahl von Messwerten erweitert.

$$1 \quad 2 \quad 2 \quad 2 \quad \mathbf{3} \quad 4 \quad 4 \quad 8 \quad 8 \quad 13$$
$$\uparrow$$
$$\textbf{Median}$$

Für den Median mit einer geraden Anzahl von Messwerten ergibt sich:

$$M_e = \frac{1}{2}\left(X_{\frac{n}{2}} + X_{\frac{n}{2}+1}\right) \quad \textit{für gerade } X$$

$$M_e = \frac{1}{2}\left(X_{\frac{10}{2}} + X_{\frac{10}{2}+1}\right) = \frac{1}{2}(X_5 + X_6) = 3{,}5$$

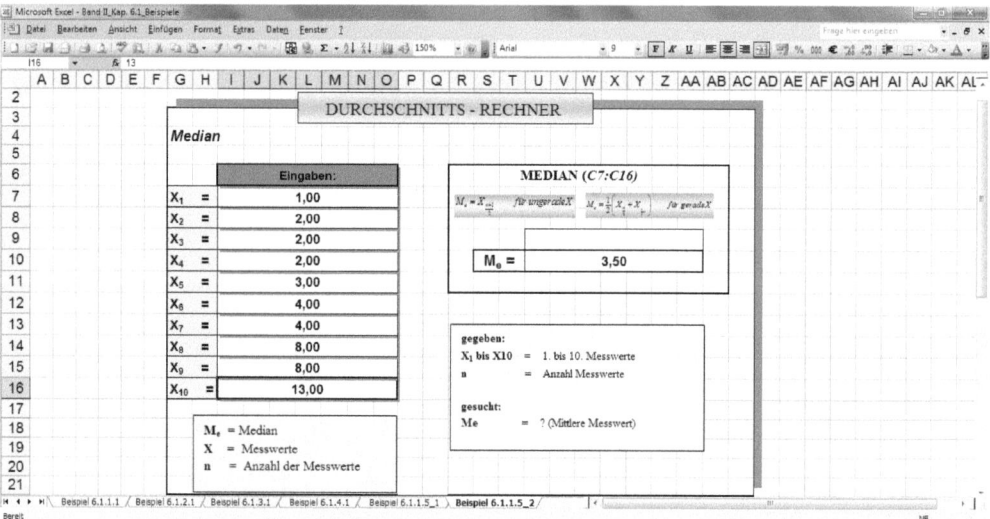

Abbildung II_6.6: Median für eine gerade Anzahl von Messwerten

Bei einer geraden Anzahl von Messwerten gibt es zwei Werte, hier sind die beiden mittleren Werte (3 und 4) sowie alle Werte zwischen dem fünften und sechsten Messwert der Median. Möchte man sicherstellen, dass der Median in jedem Fall ein Messwert der Stichprobe ist, so wird entweder der untere oder obere Wert als Median bezeichnet [6.6].

In [6.7] wird ein Verfahren beschrieben, wenn sehr viele Messwerte betrachtet werden müssen. Hierzu finden Sie in Band I Kapitel 6.1.1.9 ein Beispiel, wo das mittlere Einkommen von neun Menschen berechnet wird und das Verfahren, wie das mittlere Einkommen aller Bundesbürger bestimmt wird.

6.2 Mischungsrechnung

Im Alltag werden immer wieder Flüssigkeiten mit bestimmten Konzentrationen gemischt, um neue Flüssigkeiten mit einer gewünschten Konzentration zu erhalten. Die Varianten und die entsprechenden Berechnungen, die beim Mischen von zwei Sorten von Flüssigkeiten auftreten, werden anhand der Zubereitung einer Bowle vorgenommen.

6.2.1 Grundlagen

Die Mischungsrechnung stellt eine Erweiterung der Durchschnittsrechnung dar und wird benutzt, wenn neben den Mengen der zu mischenden Sorten die Konzentrationen zu beachten sind.

Bei der Mischungsrechnung von zwei Sorten erbeben sich folgende Berechnungsmöglichkeiten [6.8]:

Varianten:

1. Die Konzentrationswerte p_{S1}, p_{S2} der zumischenden Sorten und p_M der Mischung sowie die Gesamtmenge der Mischung M_{S1+2} sind gegeben. Gesucht werden die Mengenanteile M_1 und M_2 der Sorten.
2. Wie bei der ersten Variante sind die Konzentrationen p_{S1}, p_{S2}, p_M und eine Menge M_1 oder M_2 gegeben. Hierbei werden die Gesamtmenge der Mischung M_{S1+2} bzw. M_1 oder M_2 gesucht.
3. Bei der dritten Variante wird die Konzentration der Mischung p_M gesucht. Die vorgegebenen Mengen M_1 und M_2 mit bekannten Konzentrationen werden gemischt.
4. Die letzte Variante berechnet die Konzentration einer Sorte, wobei die Konzentrationen und Mengen der anderen Sorte und der Mischung gegeben sind.

Für die Mischungsrechnung ergibt sich folgendes Lösungsschema:

Tabelle II_6.1: Mischungsschema für eine Bowle

Sorten (S)	Bezeichnung	Konzentration/ Anteile (Prozentsatz p in %)	Menge (M in l)
S_1	Wein	p_{S1}	M_1
S_2	Mineralwasser	p_{S2}	M_2
Mischung - S $_{1+2}$	Bowle	p_M	M_{S1+2}

Beim Mischen geht kein Alkohol verloren, so dass Folgendes gilt:

$$\frac{p_{S1}}{100\%} * M_1 + \frac{p_{S2}}{100\%} * M_2 = \frac{p_M}{100\%} * M_{S1+2}$$

6.2.1.1 Berechnung der Mengenanteile der Sorten (Variante 1)

Tabelle II_6.2: Variante 1 der Mischungsrechnung

Sorten (S)	Bezeichnung	Konzentration/ Anteile (Prozentsatz p in %)	Menge (M in l)
S_1	Wein	$p_{S1} = 11$	$M_1 = (M_{S1+2} - X)$
S_2	Mineralwasser	$p_{S2} = 0$	$M_2 = X$
Mischung- S $_{1+2}$	Bowle	$p_M = 8$	$M_{S1+2} = 3$

Lösung:

$$\frac{p_{S1}}{100\ \%} * M_1 + \frac{p_{S2}}{100\ \%} * M_2 = \frac{p_M}{100\ \%} * M_{S1+2}$$

$$\frac{p_{S1}}{100\%} * (M_{S1+2} - M_2) + \frac{p_{S2}}{100\%} * M_2 = \frac{p_M}{100\%} * M_{S1+2}$$

$$\Downarrow$$

$$M_2 = M_{S1+2} * \frac{(p_M - p_{S1})}{(p_{S2} - p_{S1})}$$

$$M_2 = 3l * \frac{(8 - 11)}{(0 - 11)} = 3l * \frac{(-3)}{(-11)} \approx 0{,}82\,l$$

Um 3 Liter Bowle mit einem Alkoholgehalt von 8 % herzustellen, werden **0,82 Liter Mineralwasser** benötigt.

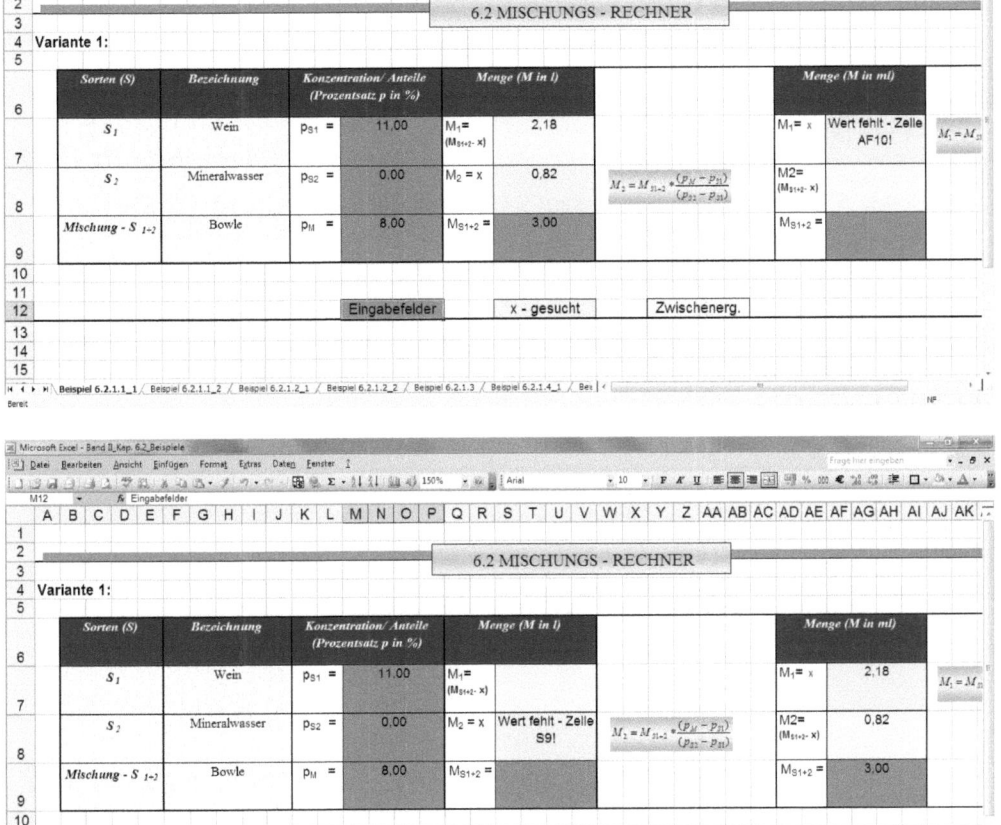

Abbildung II_6.7: Variante 1_1 (oben) der Mischungsrechnung und die Probe _2 (unten)

Die Berechnung des Mengenanteils M₁ ergibt sich wie folgt:

Probe:

$$M_1 = M_{S1+2} * \frac{(p_M - p_{S2})}{(p_{S1} - p_{S2})} \qquad = 3l * \frac{(8-0)}{(11-8)} \approx 2,18\,l$$

Die Probe hat bestätigt, dass **2,18 Liter Wein (Alkoholgehalt: 11 %)** mit **0,82 Liter Wasser** gemischt werden müssen, um **3 Liter Bowle mit einem Alkoholgehalt von 8 %** herzustellen.

6.2.1.2 Berechnung der Gesamtmenge der Mischung bzw. die Menge einer Sorte (Variante 2)

1. Die Bowle soll mit 42 % Weinbrand auf 9 % Alkoholgehalt verfeinert werden.

Tabelle II_6.3: Variante 2 der Mischungsrechnung

Sorten (S)	Bezeichnung	Konzentration/ Anteile (Prozentsatz p in %)	Menge (M in l)		
S_1	Bowle (8 %)	$p_{S1} = 8\%$	M_1	=	3
S_2	Weinbrand	$p_{S2} = 42\%$	M_2	=	X
Mischung - S $_{1+2}$	Bowle	$p_M = 9\%$	$M_{S1+2} =$		3 + X

Lösung:

$$M_2 = M_{S1+2} * \frac{(p_M - p_{S1})}{(p_{S2} - p_{S1})}$$

$$M_2 = \{M_1 * [\frac{(p_M - p_{S1})}{(p_{S2} - p_{S1})}]\} * \frac{1}{1-[.....]}$$

$$M_2 = (M_1 + M_2) * \frac{(p_M - p_{S1})}{(p_{S2} - p_{S1})}$$

$$M_2 = \{3\,l * [\frac{(9-8)}{(42-8)}]\} * \frac{1}{1-[.....]}$$

$$M_2 = \{3l * [\tfrac{1}{34}]\} * \frac{1}{1-[\tfrac{1}{34}]} = \frac{3}{34} * \frac{1}{\tfrac{33}{34}} = \frac{3*34}{34*33} = \frac{3}{33} \approx 0,091\,l$$

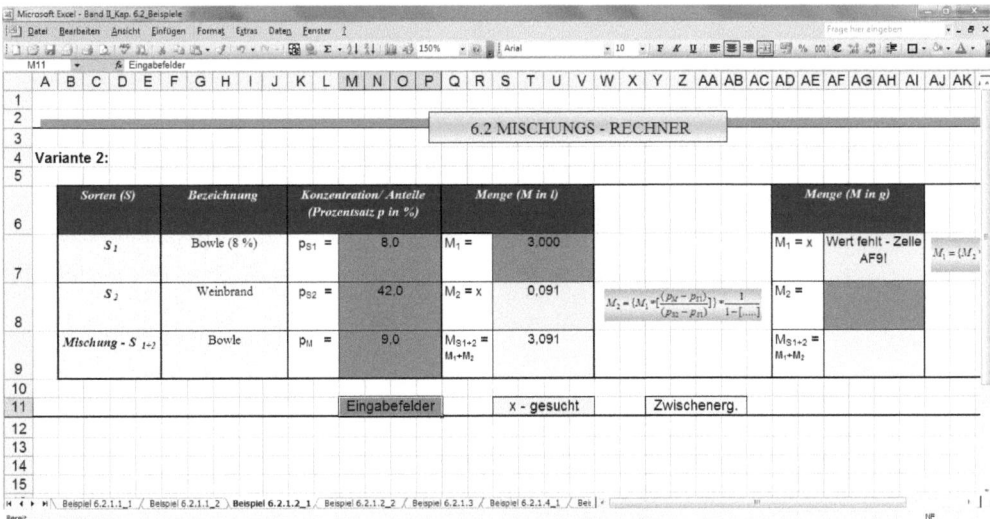

Abbildung II_6.8: Variante 2_1 der Mischungsrechnung

Die Bowle hat eine **Gesamtmenge** von **3,091 Litern** mit einem **Alkoholgehalt** von **9 Prozent**, wobei sie mit **0,091 l = 91 ml Weinbrand** gemischt wird.

2. Probe:

$$M_1 = \{M_2 * [\frac{(p_M - p_{S2})}{(p_{S1} - p_{S2})}]\} * \frac{1}{1 - [.....]}$$

$$M_1 = \{\frac{3}{33} l * [\frac{(9 - 42)}{(8 - 42)}]\} * \frac{1}{1 - [.....]}$$

$$M_1 = \{\frac{3}{33} l * [\frac{-33}{-34}]\} * \frac{1}{1 - [\frac{-33}{-34}]} = \frac{3}{34} * \frac{1}{\frac{1}{34}} = \frac{3 * 34}{34 * 1} = 3 l$$

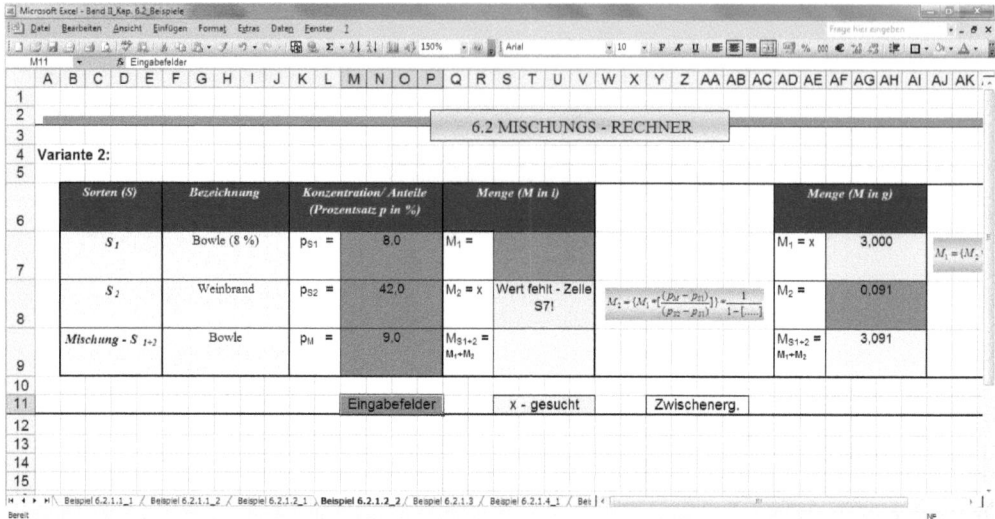

Abbildung II_6.9: Variante 2_2 - Probe

Die Probe bestätigt die Menge der Bowle mit einem Alkoholgehalt von 9 Prozent.

6.2.1.3 Berechnung der Konzentration der Mischung (Variante 3)

Die Zahl Ihrer Partygäste hat sich unerwartet vergrößert, so dass Sie die 3,091 Liter Bowle mit einem Liter Mineralwasser verdünnen. Welchen Alkoholgehalt hat die Bowle?

Tabelle II_6.4: Variante 3 der Mischungsrechnung

Sorten (S)	Bezeichnung	Konzentration/ Anteile (Prozentsatz p in %)	Menge (M in l)
S_1	Bowle (9 %)	p_{S1} = 9 %	M_1 = 3,091
S_2	Mineralwasser	p_{S2} = 0 %	M_2 = 1,0
Mischung - S $_{1+2}$	Bowle	p_M = X %	M_{S1+2} = 4,091

Lösung:

$$\frac{p_{S1}}{100\,\%} * M_1 + \frac{p_{S2}}{100\,\%} * M_2 = \frac{p_M}{100\,\%} * M_{S1+2}$$

$$p_M = (p_{S1} * M_1 + p_{S2} * M_2) * \frac{1}{M_{S1+2}}$$

$$p_M = (9 * 3{,}091\ l + 0 * 1\ l) * \frac{1}{4{,}091\ l}$$

$$p_M = 9 * 3{,}091\ l * \frac{1}{4{,}091\ l} = 6{,}8\%$$

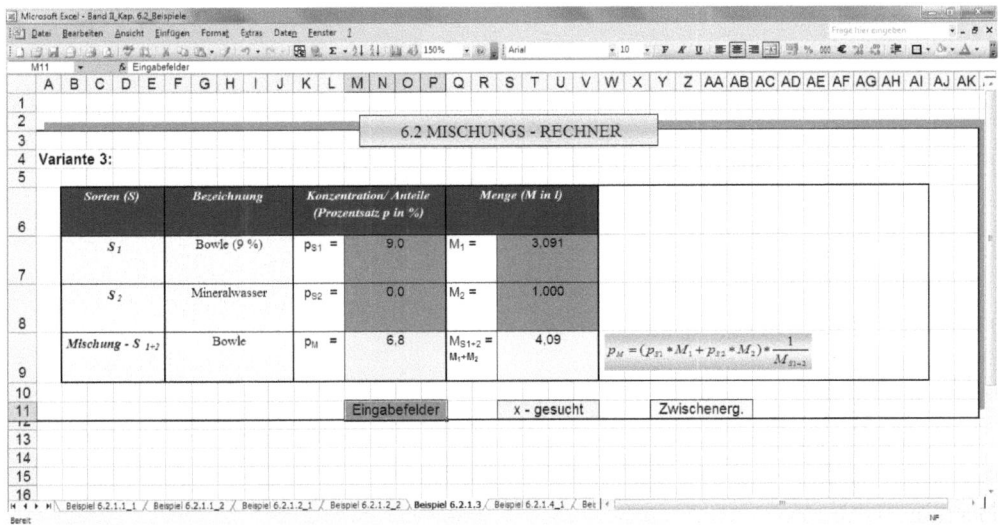

Abbildung II_6.10: Variante 3 der Mischungsrechnung

Die Bowle hat einen **Alkoholgehalt** von **6,8 %**.

6.2.1.4 Berechnung der Konzentration einer Sorte (Variante 4)

1. Sie haben zu 1,9 Liter Bowle 0,7 Liter Wein hinzu gegeben und messen einen Alkoholgehalt von 8,5 Prozent. Welchen Alkoholgehalt hatte der Wein?

Tabelle II_6.5: Variante 4 der Mischungsrechnung

Sorten (S)	Bezeichnung	Konzentration/ Anteile (Prozentsatz p in %)	Menge (M in l)		
S_1	Bowle (6,8 %)	$p_{S1} = 6{,}8\ \%$	M_1	=	1,9
S_2	Wein	$p_{S2} = X\ \%$	M_2	=	0,7
Mischung - S_{1+2}	Bowle	$p_M = 8{,}5\ \%$	M_{S1+2}	=	2,6

Lösung:

$$\frac{p_{S1}}{100\,\%} * M_1 + \frac{p_{S2}}{100\,\%} * M_2 = \frac{p_M}{100\,\%} * M_{S1+2}$$

$$p_{S2} = (p_M * M_{S1+2} - p_{S1} * M_1) * \frac{1}{M_2}$$

$$p_{S2} = (8,5 * 2,6 - 6,8 * 1,9) * \frac{1}{0,7}$$

$$p_{S2} = (22,1 - 12,92) * \frac{1}{0,7} \approx \frac{9,18}{0,7} = 13,1\,\%$$

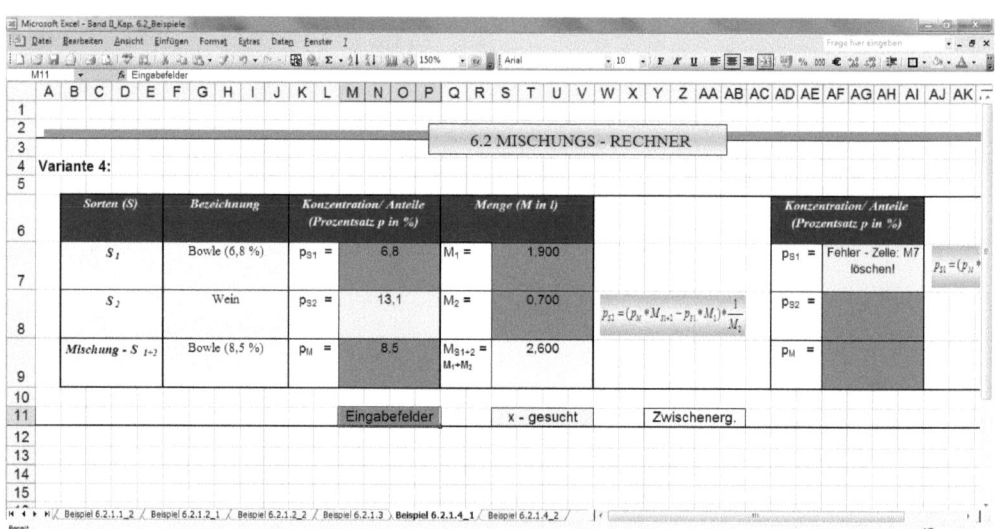

Abbildung II_6.11: Variante 4_1 der Mischungsrechnung

2. Probe:

$$p_{S1} = (p_M * M_{S1+2} - p_{S2} * M_2) * \frac{1}{M_1}$$

$$p_{S1} = (8,5 * 2,6 - 13,1 * 0,7) * \frac{1}{1,9}$$

$$p_{S1} = (22,1 - 9,17) * \frac{1}{1,9} \approx \frac{12,93}{1,9} = 6,8\%$$

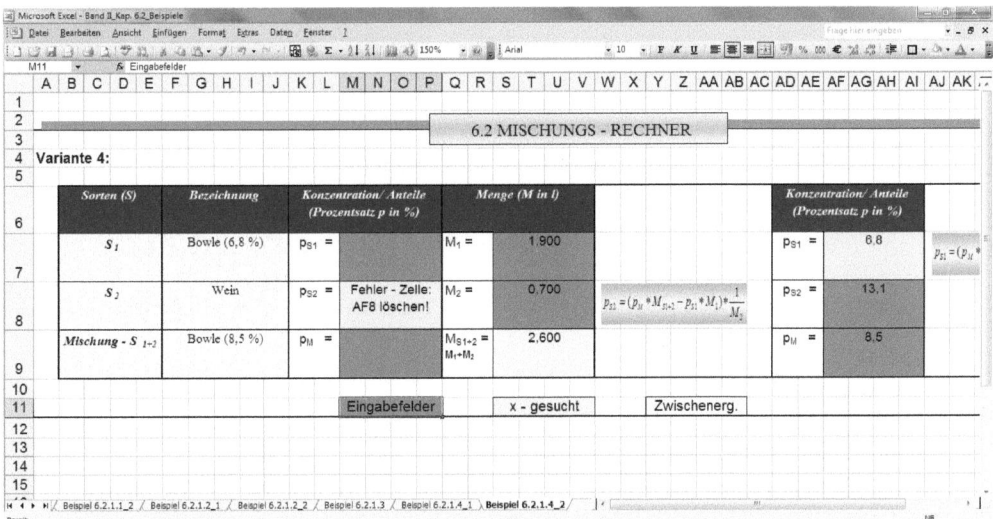

Abbildung II_6.12: Variante 4_1 der Mischungsrechnung - Probe_2

Der **Wein** hatte einen Alkoholgehalt von **13,1%**.

225

6.3 Übungsaufgaben zur Durchschnitts- und Mischungsrechnung

6.3.1 Für eine Teemischung, die folgende Sorten enthält, ist der Preis pro Kilogramm zu berechnen:

Tabelle II_6.6: Teesorten zum Mischen

Teesorte	Menge in kg	Preis je kg in Euro
I. Sorte	3	25,00
II. Sorte	1	22,00
III. Sorte	2	21,00
IV. Sorte	1,5	30,00
V. Sorte	2,5	40,00
VI. Sorte	0,5	41,00

6.3.2 Der Preis eines Artikels ist in den Jahren von 2005 bis 2007 um 1,8 %, 2,1 % und 3,4 % gestiegen.
Berechnen Sie für diesen Zeitraum die durchschnittliche Preissteigerung.

6.3.3 Ein LKW fährt von Hamburg nach Berlin und zurück mit den Geschwindigkeiten von 80 km/h und 92 km/h.
Mit welcher Durchschnittsgeschwindigkeit fährt der LKW die gesamte Strecke?

6.3.4 Sie beginnen Ihre Reise mit voll getanktem Auto um 8.00 Uhr und kommen um 13.40 Uhr nach 540 km am Urlaubsort an. Hierbei haben Sie jeweils nach zwei Stunden eine Pause von 20 Minuten eingelegt.
a) Berechnen Sie die Durchschnittsgeschwindigkeit.
b) Am Urlaubsort haben Sie 43,2 Liter Kraftstoff getankt.
   Wie groß ist der Kraftstoffverbrauch auf 100 km?

6.3.5 Mit wie viel Wasser müssen 0,5 *l* Essigessenz (15,5 %) verdünnt werden, damit eine 5%-ige Essigsäure entsteht.

6.3.6 Im Chemieunterricht werden 4,5 *ml* einer 0,02 %-Lösung einer Säure benötigt. Es steht aber nur eine 0,25 %-Lösung dieser Säure zur Verfügung.

6.3.7   a) Es ist der Prozentgehalt einer Alkoholmischung, die aus 0,5*l* prima Sprit (69,5 %) und 2,5 *l* eines 40%-igen Alkohols hergestellt wird, zu bestimmen.

b) 2 *l* prima Sprit werden mit *4,5 l* einer anderen Sorte gemischt.
Der Alkoholgehalt der Mischung ist 60 %. Wie groß ist der Alkoholgehalt der zweiten Sorte?

6.3.8   Zwei gleiche Mengen Gold mit 24 und 8 Karat (↑ Band I_Kap. 3.2.1.2, Tabelle I_3.8) werden verschmolzen.
Welchen Feingehalt hat die Legierung?

6.4 Lösungen der Übungsaufgaben zur Durchschnitts- und Mischungsrechnung

zu 6.3.1: Ein **Kilogramm der Teemischung** kostet **1,70 Euro**.

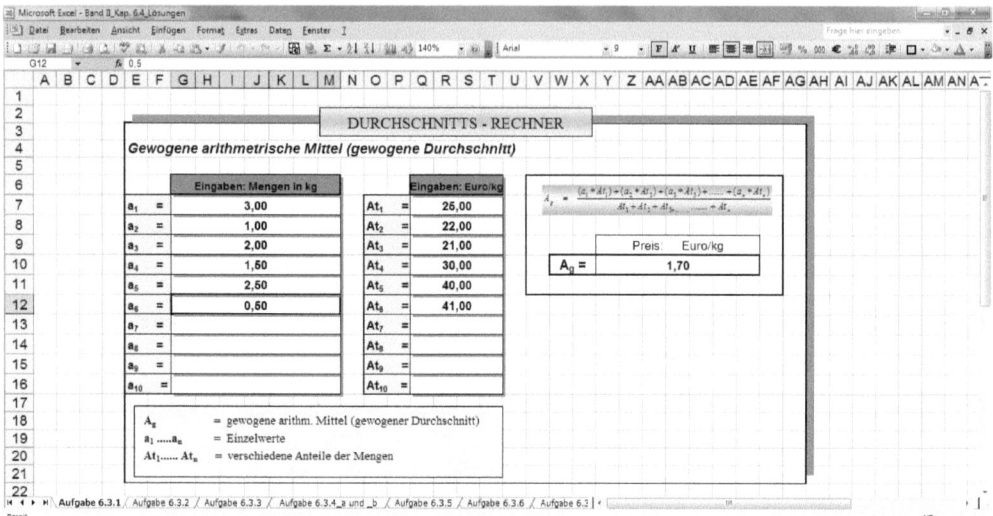

Abbildung II_6.13: Lösung der Übungsaufgabe 6.3.1

zu 6.3.2: Die **durchschnittliche Preissteigerung** liegt bei **1,0243**.

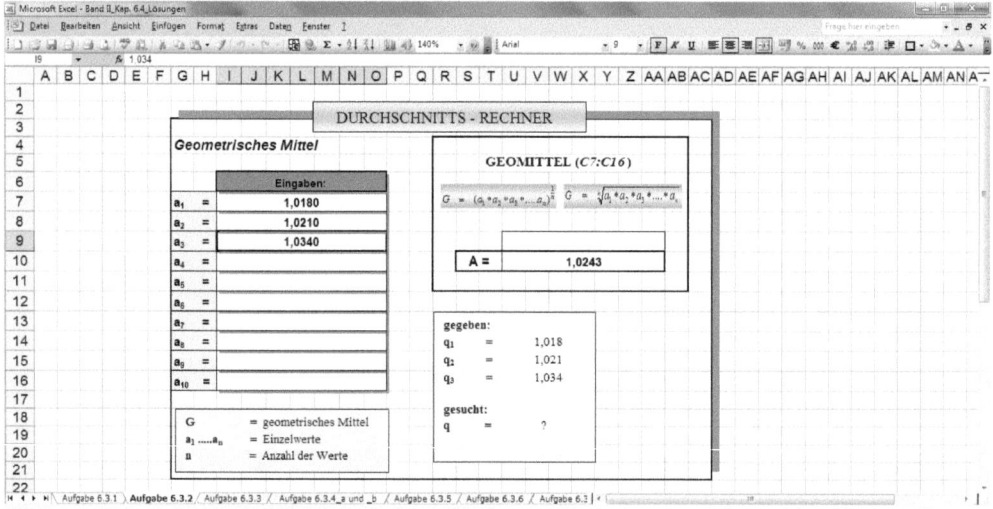

Abbildung II_6.14: Lösung der Übungsaufgabe 6.3.2

zu 6.3.3: **Der** LKW fährt die gesamte Strecke mit einer Durchschnittsgeschwindigkeit von **circa 86 km/h**.

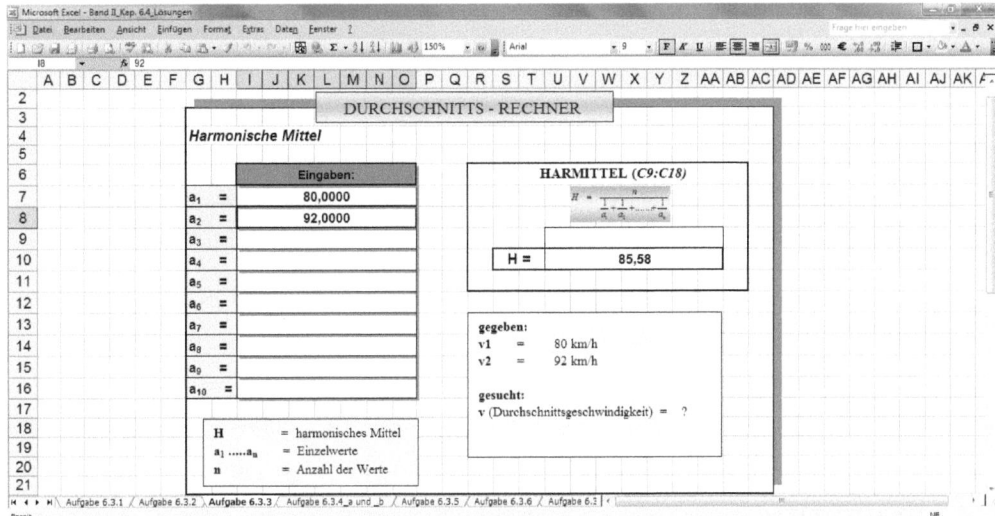

Abbildung II_6.15: Lösung der Übungsaufgabe 6.3.3

zu 6.3.4: Die **Durchschnittsgeschwindigkeit** lag bei **108 km/h** und Ihr Auto hatte einen **durchschnittlichen Kraftstoffverbrauch** von **8 *l* / 100 km**.

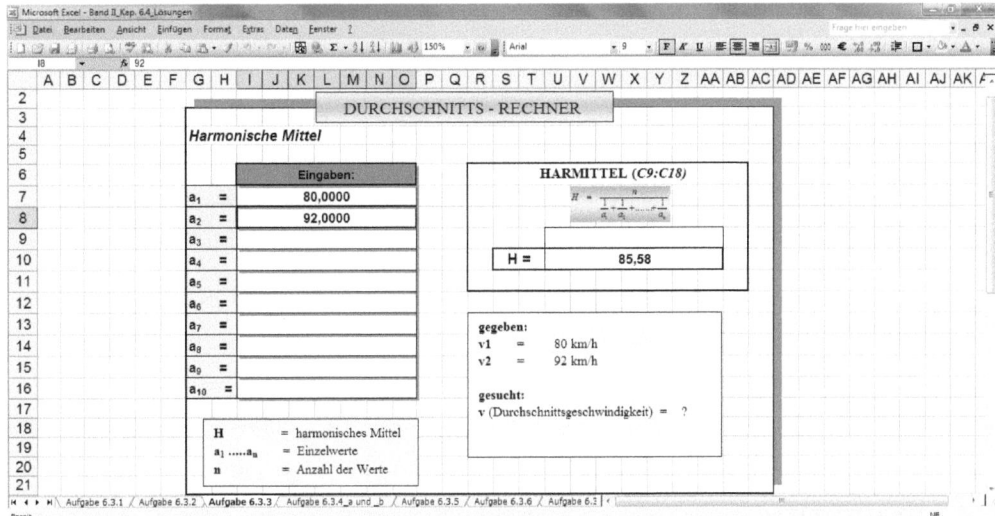

Abbildung II_6.16: Lösung der Übungsaufgabe 6.3.4

zu 6.3.5:   Essigessenz muss mit **1,05 *l* Wasser** verdünnt werden, damit eine 5%ige Essigsäure entsteht.

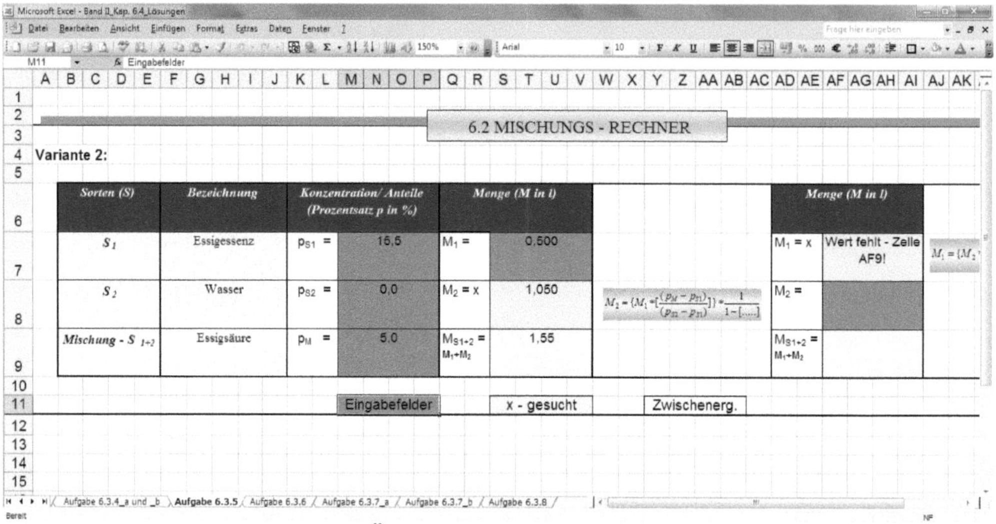

Abbildung II_6.17: Lösung der Übungsaufgabe 6.3.5

zu 6.3.6:   Die Säure muss mit **4,14 *ml* destilliertem Wasser** verdünnt werden.

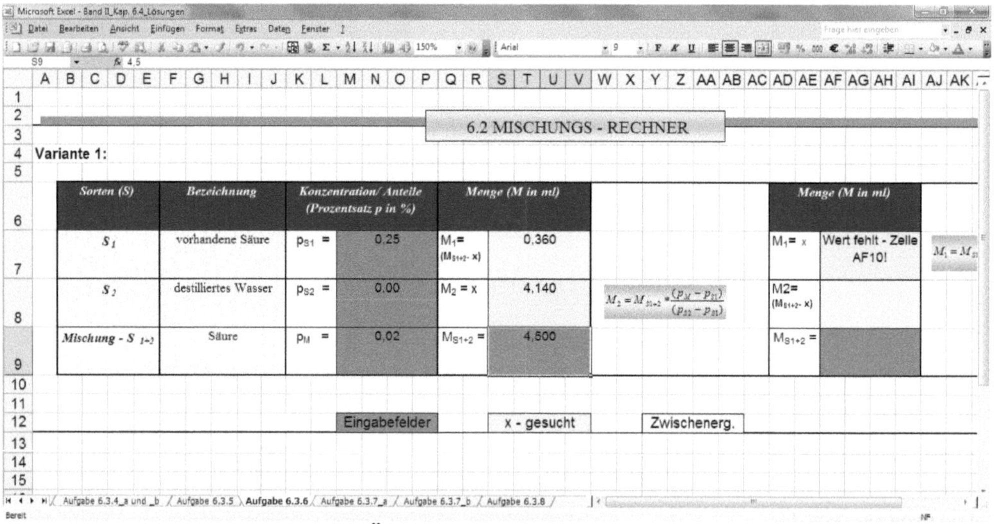

Abbildung II_6.18: Lösung der Übungsaufgabe 6.3.6

230

zu 6.3.7:   **a)** Prozentgehalt der Alkoholmischung: **44,9 %**

Abbildung II_6.19: Lösung der Übungsaufgabe 6.3.7_a

zu 6.3.7:   **b)** Alkoholgehalt der zweiten Sorte: **55,8 %**

Abbildung II_6.20: Lösung der Übungsaufgabe 6.3.7_b

zu 6.3.8: Feingehalt hat die Legierung: **666,5 ‰**

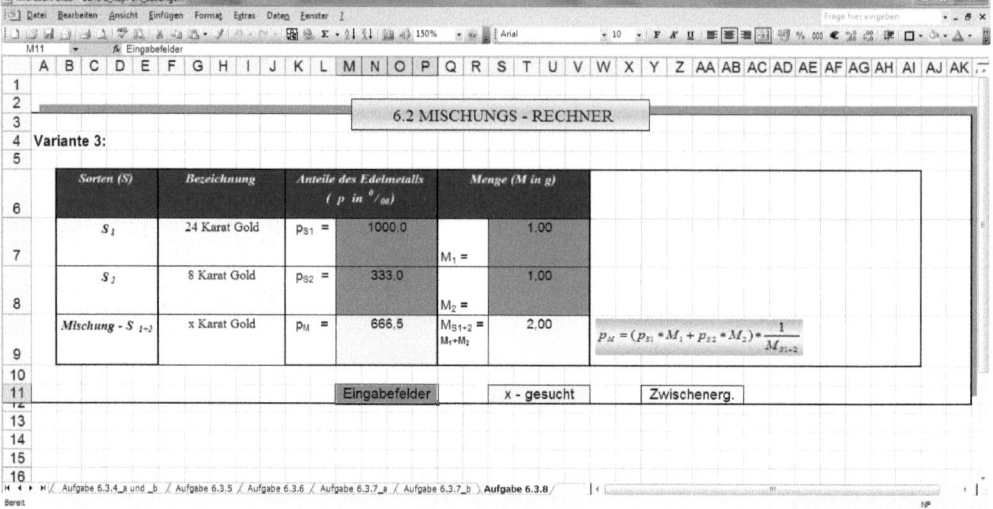

Abbildung II_6.21: Lösung der Übungsaufgabe 6.3.8

7. Dreisatz

Sie werden sehen, dass man mit einem überschaubaren Lösungsansatz und einfachen Überlegungen einige Alltagsaufgaben lösen kann. Beim Dreisatz unterscheidet man den einfachen und zusammengesetzten.

7.1 Einfacher Dreisatz

Wird aus drei bekannten Größen eine vierte, unbekannte Größe gesucht, so bezeichnet man das als einfachen Dreisatz.

7.1.1 Einfacher direkter Dreisatz

Beim einfachen direkten Dreisatz wirken sich Veränderungen der einen Größe in gleicher Weise auf die andere Größe aus [7.1].

7.1.1.1 Beispiel - Kosten für Fußbodenbelag

Je mehr von einer Ware gekauft wird,
desto mehr ist zu zahlen oder
je weniger, desto weniger.

10 m² Fußbodenbelag kosten 90,00 Euro.
Wie viel kosten 14,25 m²?

Tabelle II_7.1: Lösungsansatz [7.2]

	bekannte Zuordnung	*Bezug auf*	*gesuchte Zuordnung*
Menge in m2	a = 10	1 m²	c = 14,25
Kosten in Euro	b = 90,00	b/a	x

$$
\begin{aligned}
&10,00 \text{ m}^2 \text{ kosten } \quad 90,00 \text{ Euro} \\
&14,25 \text{ m}^2 \text{ kosten } \quad x \quad \text{Euro} \\[6pt]
&1,00 \text{ m}^2 \quad \text{kostet } \quad 90/10 \quad\quad = \quad 9,00 \text{ Euro} \\
&14,25 \text{ m}^2 \quad \text{kosten } \quad 9,00 * 14,25 \quad = 128,25 \text{ Euro}
\end{aligned}
$$

$$
x = \frac{b * c}{a} \qquad = \frac{90\,Euro * 14,25\,m^2}{10\,m^2} = 128,25\,Euro
$$

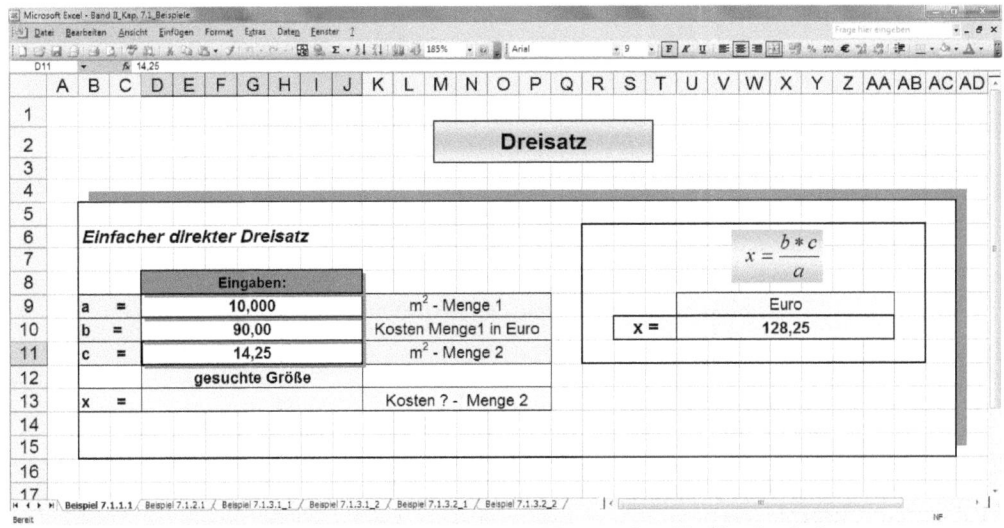

Abbildung II_7.1: Proportionale Zuordnung, Kosten für Fußbodenbelag

$14{,}25 \ m^2$ Fußbodenbelag kosten **128,25 Euro.**

7.1.2 Einfacher umgekehrter Dreisatz

Beim einfachen umgekehrten Dreisatz wirken sich Veränderungen der einen Größe in umgekehrter Weise auf die andere Größe aus [7.1].

7.1.2.1 Beispiel - Zeit zum Errichten eines Spielplatzes

Je größer die Anzahl der Arbeitskräfte ist,
desto weniger Zeit wird benötigt oder
je geringer, desto mehr.

Für die Errichtung eines Spielplatzes benötigen 8 Arbeitskräfte 100 Stunden.
In welcher Zeit ist der Spielplatz errichtet, wenn die Baufirma 5 Arbeitskräfte einsetzt?

235

Tabelle II_7.2: Lösungsansatz [7.2]

	bekannte Zu-ordnung		Bezug auf	gesuchte Zu-ordnung	
Arbeitskräfte:	a	= 8	1	c	= 5
Zeit (Stunden):	b	= 100	a * b ^1)	x	

8 Arbeitskräfte benötigen 100 Stunden
5 Arbeitskräfte benötigen x   Stunden

1 Arbeitskraft benötigt 8 * 100 Stunden = 800 Stunden
[1] Wenn 8 Arbeiter 100 Stunden für diese Arbeiten
benötigen, dann muss ein Arbeiter 8 -mal solange arbeiten.

5 Arbeitskräfte benötigten 160 Stunden
Weil 5 Arbeiter nur $^1/_5$ der Zeit eines Arbeiters benötigen.

$$x = \frac{a * b}{c} \qquad = \frac{8 * 100}{5} = 160 \; Stunden$$

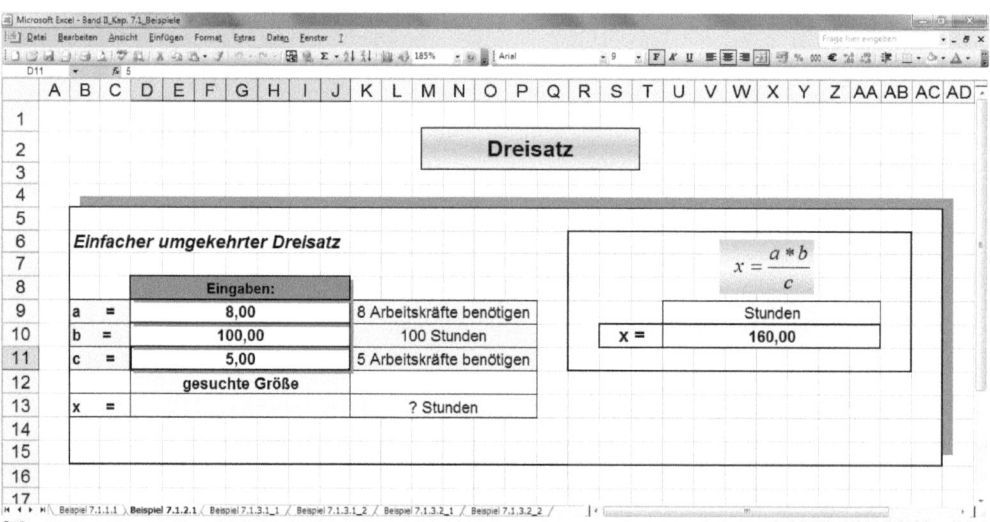

Abbildung II_7.2: Umgekehrt proportionale Zuordnung, Arbeitszeitberechnung - Spielplatz

Der Spielplatz ist in **160 Stunden** mit 5 Arbeitskräften errichtet.

7.1.3 Zusammengesetzter Dreisatz (Doppelter Dreisatz)

Beim zusammengesetzten Dreisatz werden aus mehr als drei bekannten Größen eine unbekannte Größe gesucht. Beim zusammengesetzten Dreisatz können zwei oder mehr einfache Dreisätze zur Anwendung kommen, die sowohl direkt als auch umgekehrt sein können [7.1].

7.1.3.1 Beispiel - Maschendrahtzaun herstellen

Aus 100 kg Draht werden 40 m Maschendrahtzaun mit einer Höhe von 1,40 m hergestellt. Wie viel Meter Maschendrahtzaun mit einer Höhe von 1,00 m entstehen aus 140 kg Draht?

1. Einfacher direkter Dreisatz

> **Zuordnungen:**
> **bei einer Zaunhöhe von 1,40m ergeben:**
> **100 kg Draht 40 m Zaun**
> **140 kg Draht x m Zaun**

Tabelle II_7.3: Lösungsansatz [7.2]

	bekannte Zuordnung		*gesuchte Zuordnung*	
kg Draht	a	= 100	c	= 140
Zaunlänge in m	b	= 40	x	

Anwendung des Dreisatzes mit proportionaler Zuordnung, denn aus 140 kg Draht kann man eine größere Menge Zaun als aus 100 kg herstellen.

$$x = \frac{b*c}{a} \quad = \frac{40*140}{100} = 56$$

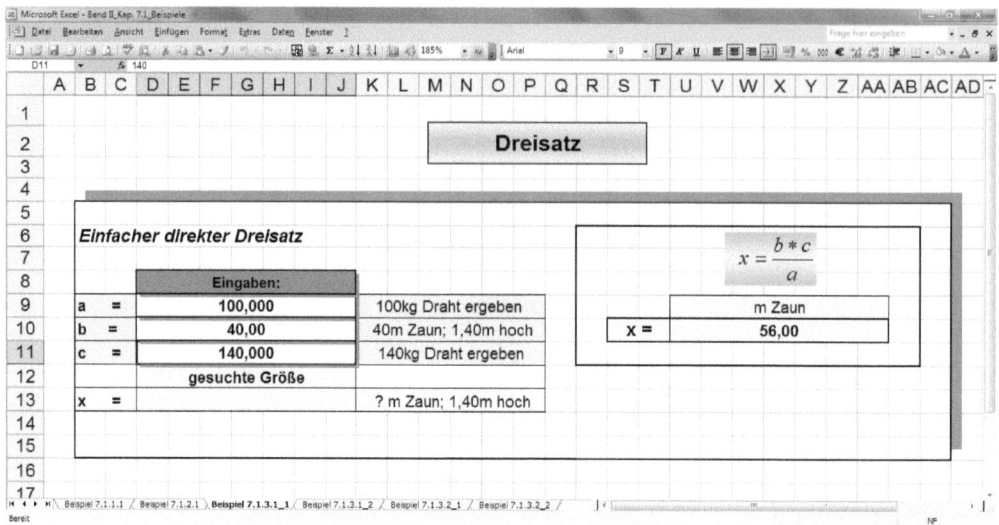

Abbildung II_7.3: Proportionale Zuordnung – Zaunlänge

2. Einfacher umgekehrter Dreisatz

> **Zuordnungen:**
> **aus 140 kg Draht entstehen:**
>> **bei einer Zaunhöhe von 1,40 m 56 m Zaun**
>> **bei einer Zaunhöhe von 1,00 m   x m Zaun**

Tabelle II_7.4: Lösungsansatz [7.2]

	bekannte Zuordnung	gesuchte Zuordnung
Zaunhöhe in m	a = 1,40	c = 1,00
Zaunlänge in m	b = 56	x
	(siehe **1.**)	

Anwendung des Dreisatzes mit umgekehrt proportionaler Zuordnung, denn aus 140 kg Draht können bei einer kleineren Zaunhöhe mehr laufende Meter Maschendrahtzaun herstellt werden.

Lösung:

$$x = \frac{a * b}{c} \qquad = \frac{1,4 * 56}{1} = 78,4$$

238

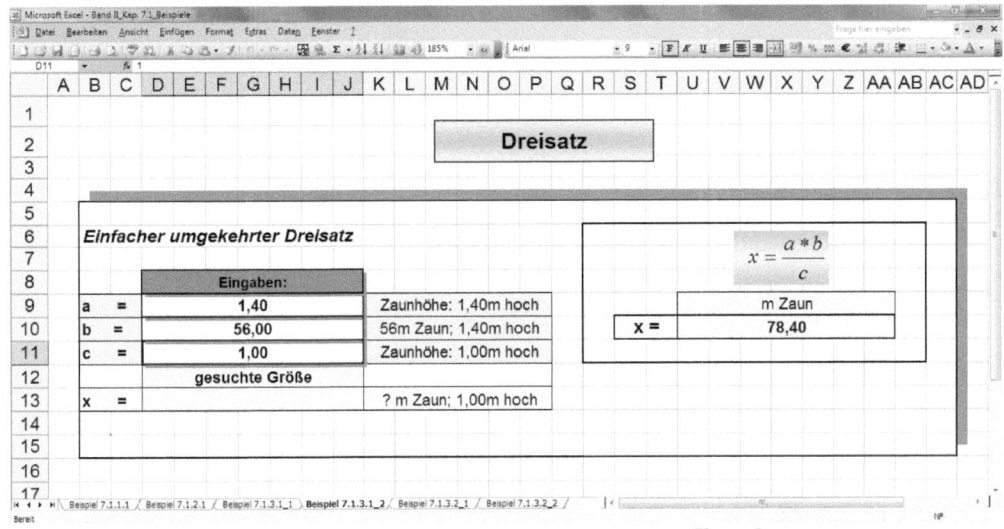

Abbildung II_7.4: Umgekehrt proportionale Zuordnung – Zaunlänge

Bei einer Zaunhöhe von einem Meter stellt man aus 140 kg Draht **78,4 m Maschendrahtzaun** her.

7.1.3.2 Beispiel - Montage eines Fertigteilehauses

Ein Haus wird von 8 Monteuren in 11 Tagen errichtet. Jeder Monteur arbeitet täglich 8 Stunden. Wie viele Tage benötigt man für die Montage, wenn zusätzlich drei Monteure eingesetzt werden und die tägliche Arbeitszeit für alle Monteure um eine Stunde verlängert wird?

1. Einfacher umgekehrter Dreisatz

> **Zuordnungen:**
> **bei einer täglichen Arbeitszeit von 8 Stunden benötigen:**
> > **8 Monteure 11 Tage**
> > **11 Monteure   x Tage**

Tabelle II_7.5: Lösungsansatz

	bekannte Zuordnung		gesuchte Zuordnung	
Monteure	a	= 8	c	= 11
Tage	b	= 11	x	

Lösung:

$$x = \frac{a*b}{c} \qquad = \frac{8*11}{11} = 8$$

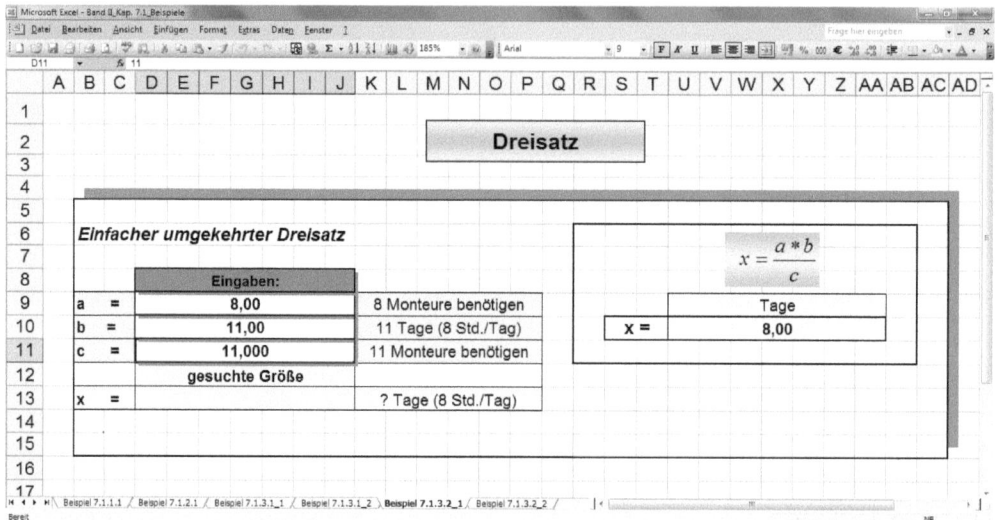

Abbildung II_7.5: Umgekehrt proportionale Zuordnung – Montagezeit bei mehr Arbeitskräften

11 Monteure sind bei einer täglichen Arbeitszeit von 8 Stunden **8 Tage** im Einsatz.

2. Einfacher umgekehrter Dreisatz

Zuordnungen:
11 Monteure benötigen:
bei einer Arbeitszeit von 8 Stunden/Tag 8 Tage
bei einer Arbeitszeit von 9 Stunden/Tag x Tage

Tabelle II_7.6: Lösungsansatz

	bekannte Zuordnung		gesuchte Zuordnung	
Stunden/Tag	a	= 8	c	= 9
Tage	b	= 8	x	

Lösung:

$$x = \frac{a * b}{c} \qquad = \frac{8 * 8}{9} = 7{,}11$$

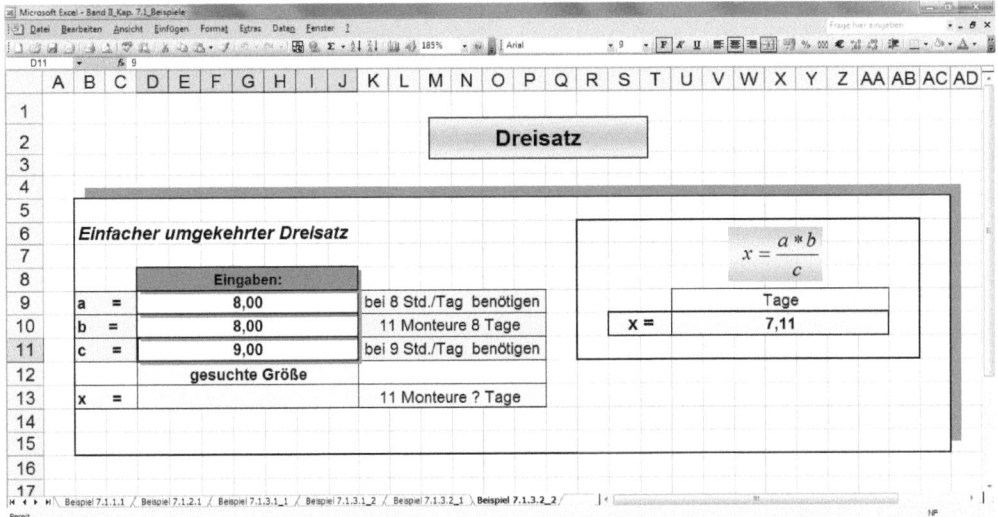

Abbildung II_7.6: Umgekehrt proportionale Zuordnung – Montagezeit bei längerer Arbeitszeit

$$0{,}11\,Tage \;=\; 7\,Stunden \;*\; 0{,}11 = 0{,}77\,Stunden \;\approx\; \tfrac{3}{4}\,Stunde$$

Die Montage des Fertigteilhauses ist nach **sieben Tagen und einer** $^3/_4$ **Stunde** erledigt.

7.2 Übungsaufgaben zum Dreisatz

7.2.1   Beim Tanken an der Zapfsäule fließen in 2 Minuten 40 *l* Diesel.
In welcher Zeit ist der Tank mit 50 *l* Inhalt gefüllt?

7.2.2   Für ein Haus werden 33 laufende Meter Fußbodenbelag mit einer Breite von 3 m benötigt. Wie viele laufende Meter Fußbodenbelag benötigt man, wenn der Belag mit einer Breite von 2,5 m zur Verfügung steht?

7.2.3   Bei der Umgestaltung eines Gartens kalkuliert eine Gartenbaufirma 4 Arbeitskräfte 5 Tage mit einer täglichen Arbeitszeit von 8 Stunden einzusetzen.
Wie lange dauert die Umgestaltung, wenn 10 Arbeitskräfte nur 7 Stunden täglich arbeiten?

7.3 Lösungen der Übungsaufgaben zum Dreisatz

zu 7.2.1:   Der Tank ist in **2,5 Minuten** gefüllt.

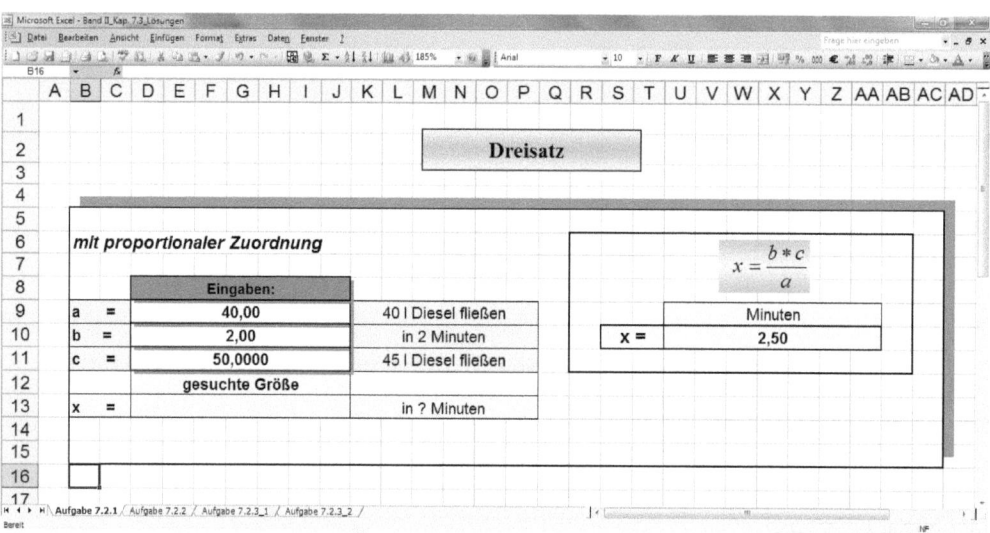

Abbildung II_7.7: Lösung der Übungsaufgabe 7.2.1

zu 7.2.2:   Von dem 2,5 m breiten Fußbodenbelag sind **39,60 laufende Meter Fußbodenbelag** erforderlich.

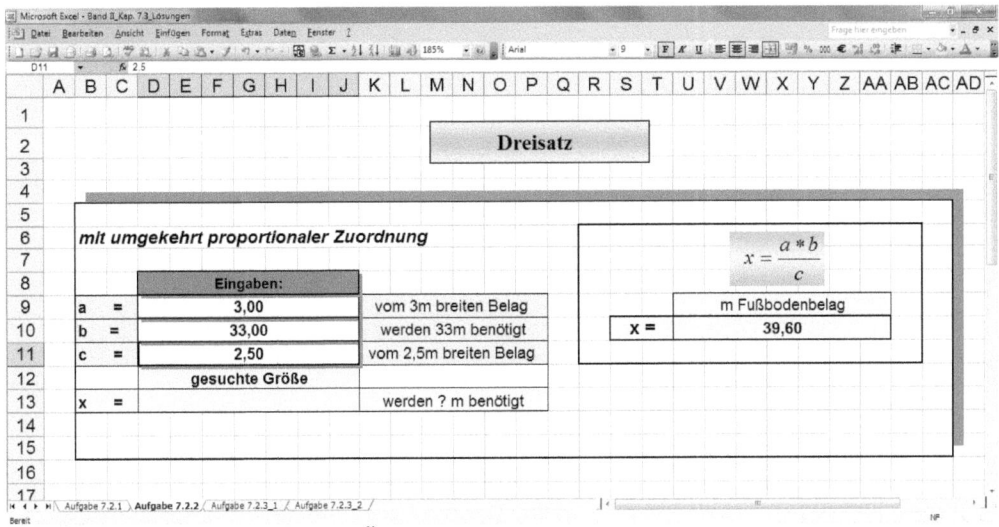

Abbildung II_7.8: Lösung der Übungsaufgabe 7.2.2

zu 7.2.3:   Die Umgestaltung des Gartens dauert **2,29 Tage**, wenn 10 Monteure 7 Stunden pro Tag arbeiten.

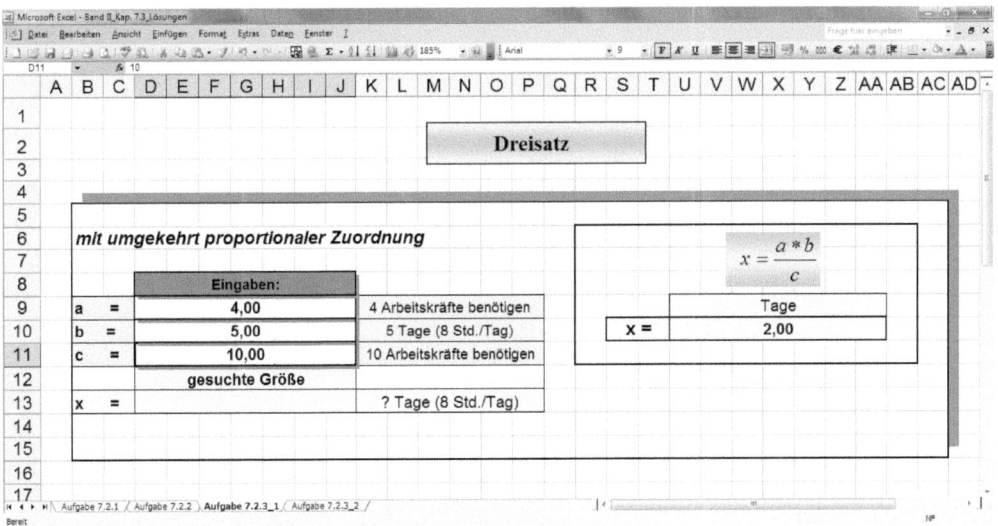

Abbildung II_7.9: Lösung der Übungsaufgabe 7.2.3_1

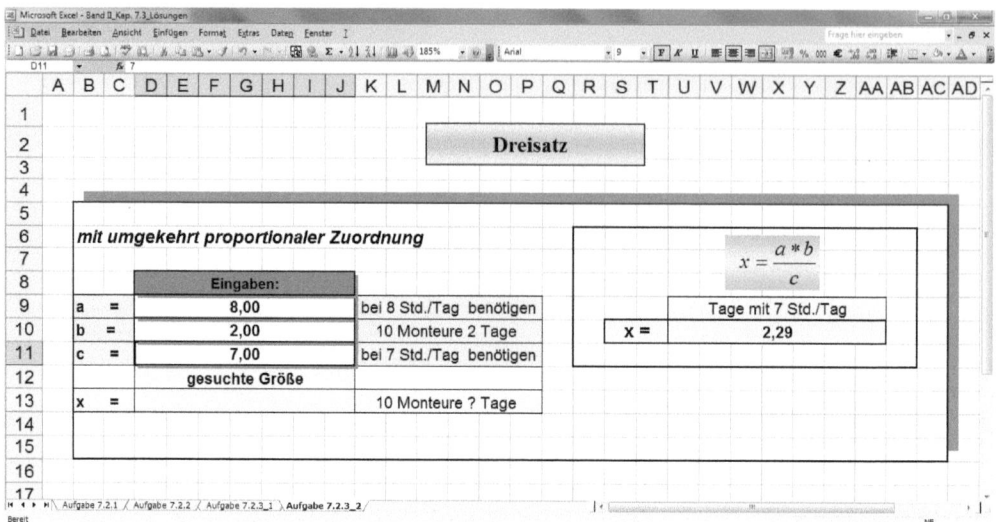

Abbildung II_7.10: Lösung der Übungsaufgabe 7.2.3_2

8. Kombinatorik und Wahrscheinlichkeit

8.1 Kombinatorik

In der Kombinatorik werden die verschiedenen Möglichkeiten der Auswahl und Anordnung von Elementen aus endlichen Mengen betrachtet und die Anzahl dieser Möglichkeiten berechnet. Aus einer n-Menge (n Elemente) werden auf verschiedene Arten k Elemente ausgewählt. Hierbei unterscheidet man, ob die Reihenfolge der Elemente eine Rolle spielt oder nicht. Des Weiteren ist entscheidend, ob ein Element nur einmal oder mehrmals ausgewählt wird.

In der folgenden Tabelle sind die Fälle der Kombinatorik zusammengestellt:

Tabelle II_8.1.1: Fälle 1 und 3 der Kombinatorik [8.1]

k-Elemente aus einer n-Menge	Variationen *(mit Berücksichtigung der Reihenfolge)*	Kombinationen *(ohne Berücksichtigung der Reihenfolge)*
mit Wiederholung	**Fall 1:** geordnete Auswahl von k-Elementen aus einer n-Menge mit Wiederholung	**Fall 3:** ungeordnete Auswahl von k-Elementen aus einer n-Menge mit Wiederholung
Formel:	Anzahl der Variationen: $$n^k$$	Anzahl der Kombinationen: $$\frac{(n+k+-1)(n+k-2)\cdots(k+1)}{(n-1)(n-2)\cdots 1}$$ $$= \frac{(n+k-1)!}{(n-1)!\,k!}$$

Tabelle II_8.1.2: Fälle 2 und 4 der Kombinatorik [8.1]

k-Elemente aus einer n-Menge	Variationen *(mit Berücksichtigung der Reihenfolge)*	Kombinationen *(ohne Berücksichtigung der Reihenfolge)*
ohne Wiederholung	**Fall 2:** geordnete Auswahl von k-Elementen aus einer n-Menge ohne Wiederholung	**Fall 4:** ungeordnete Auswahl von k-Elementen aus einer n-Menge ohne Wiederholung
Formel:	Anzahl der Variationen: $$n(n-1)\cdots(n-k+1)$$ $$= \frac{n!}{(n-k)!}$$ **Permutationen:** $$n!$$,wenn k = n	Anzahl der Kombinationen: $$\frac{n(n-1)\cdots(n-k+1)}{k(k-1)\cdots 1}$$ $$= \frac{n!}{(n-k)!\,k!}$$

Fakultät [8.2]:
n! (lies: n Fakultät) = 1 * 2 * 3 * .... * n
Fakultät ist das Produkt der n natürlichen Zahlen.

Man definiert: 0! = 1
1! = 1
2! = 1 * 2 = 2
3! = 1 * 2 * 3 = 6
4! = 1 * 2 * 3 * 4 = 24
5! = 1 * 2 * 3 * 4 * 5 = 120
6! = 1 * 2 * 3 * 4 * 5 * 6 = 720

Excel-Funktion 'Fakultät':

FAKULTÄT (Zahl)
- Liefert die Fakultät einer *Zahl*
- Zahl ist eine nicht negative natürliche Zahl
- 38! – obere Grenze

247

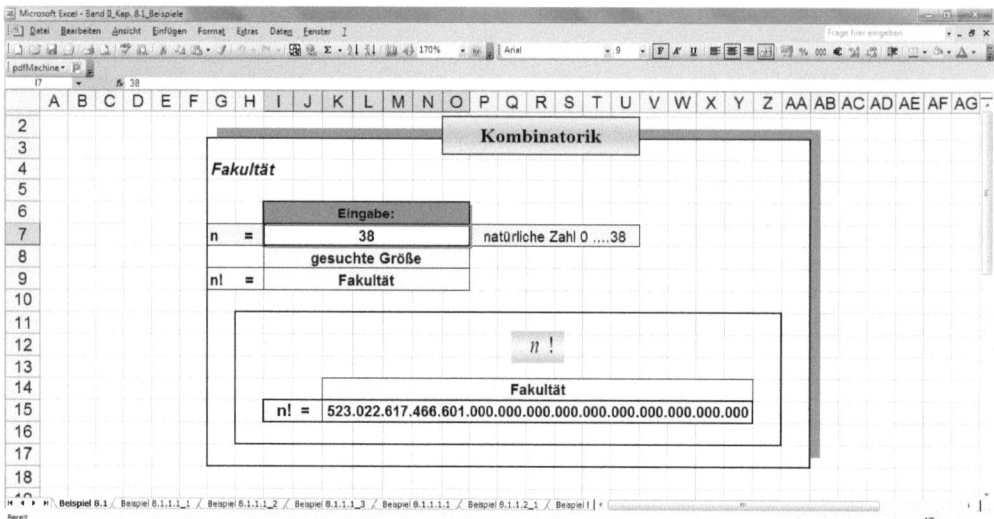

Abbildung II_8.1: Berechung der Fakultät

8.1.1 Beispiele zur Kombinatorik

8.1.1.1 Varianten mit Ziffern und Buchstaben nach Fall 1

Varianten mit Berücksichtigung der Reihenfolge und mit Wiederholung der Elemente [8.1]

1. Wie viele dreistellige Zahlen lassen sich aus den Ziffern 1 bis 4 bilden?
Lösung:

n-Menge:	1, 2, 3 und 4	$n = 4$	
k-Menge:	3	$k = 3$	
1 1 1	2 1 1	3 1 1	4 1 1
1 1 2	2 1 2	3 1 2	4 1 2
1 1 3	2 1 3	3 1 3	4 1 3
1 1 4	2 1 4	3 1 4	4 1 4
1 2 1	2 2 1	3 2 1	4 2 1
1 2 2	2 2 2	3 2 2	4 2 2
1 2 3	2 2 3	3 2 3	4 2 3
1 2 4	2 2 4	3 2 4	4 2 4
1 3 1	2 3 1	3 3 1	4 3 1
1 3 2	2 3 2	3 3 2	4 3 2
1 3 3	2 3 3	3 3 3	4 3 3
1 3 4	2 3 4	3 3 4	4 3 4
1 4 1	2 4 1	3 4 1	4 4 1
1 4 2	2 4 2	3 4 2	4 4 2

1 4 3	2 4 3	3 4 3	4 4 3	
1 4 4	2 4 4	3 4 4	4 4 4	= 64 Zahlen

$$n^k \; = 4^3 = 64$$

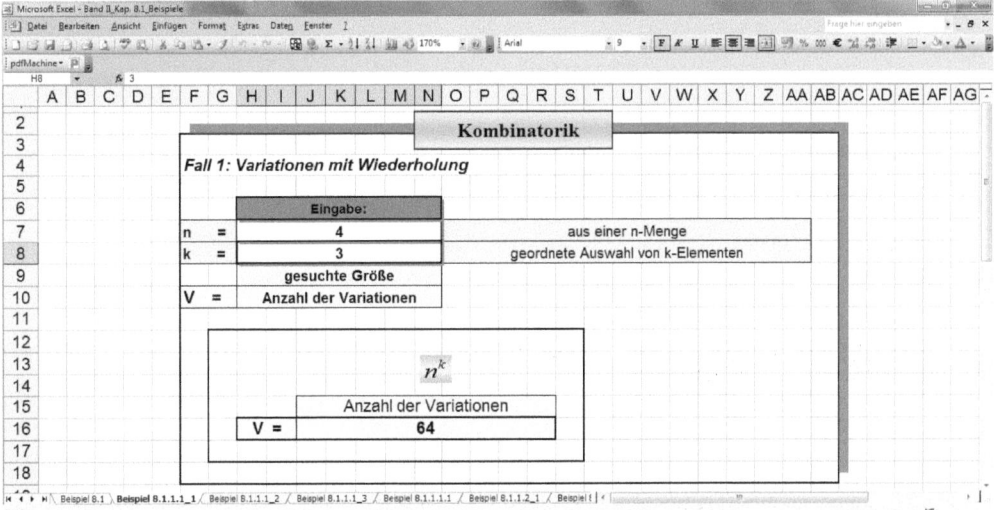

Abbildung II_8.2: Fall 1_1 – Variationen von dreistelligen Zahlen

2. Wie viele zweistellige Zahlen lassen sich aus den Ziffern 1 bis 3 bilden?

Lösung:
n-Menge:	**1, 2 und 3**	**n = 3**
k-Menge:	**2**	**k = 2**

1 1	2 1	3 1	
1 2	2 2	3 2	
1 3	2 3	3 3	= 9 Zahlen

$$n^k \; = 3^2 = 9$$

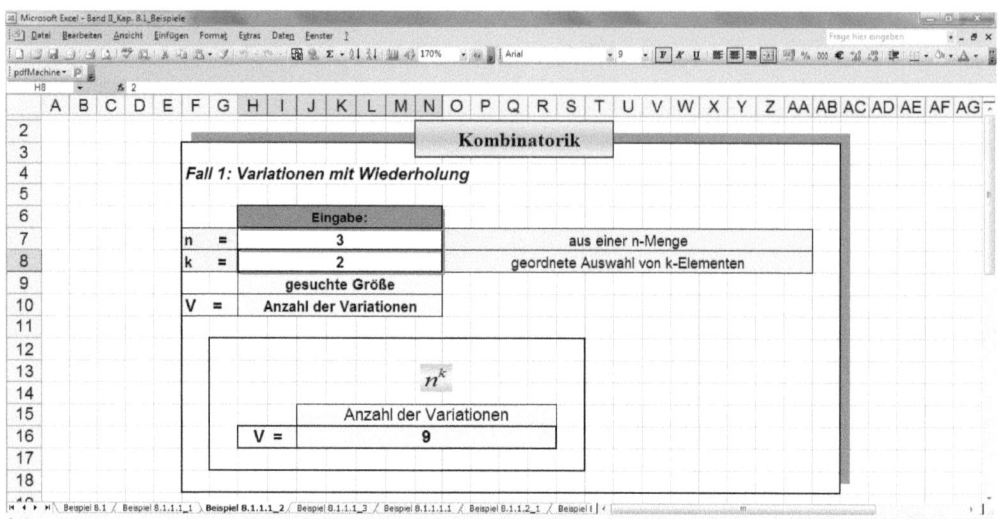

Abbildung II_8.3: Fall 1_2 – Variationen von zweistelligen Zahlen

3. Wie viele Varianten gibt es, wenn aus der n-Menge (A, B, C) alle Elemente (k-Elemente) ausgewählt werden?

Lösung:

n-Menge:	**1, 2 und 3**	**n=3**
k-Menge:	**3**	**k=2**

A A A	B A A	C A A	
A A B	B A B	C A B	
A A C	B A C	C A C	
A B A	B B A	C B A	
A B B	B B B	C B B	
A B C	B B C	C B C	
A C A	B C A	C C A	
A C B	B C B	C C B	
A C C	B C C	C C C	**= 27 Varianten**

$$n^k \quad = 3^3 = 27$$

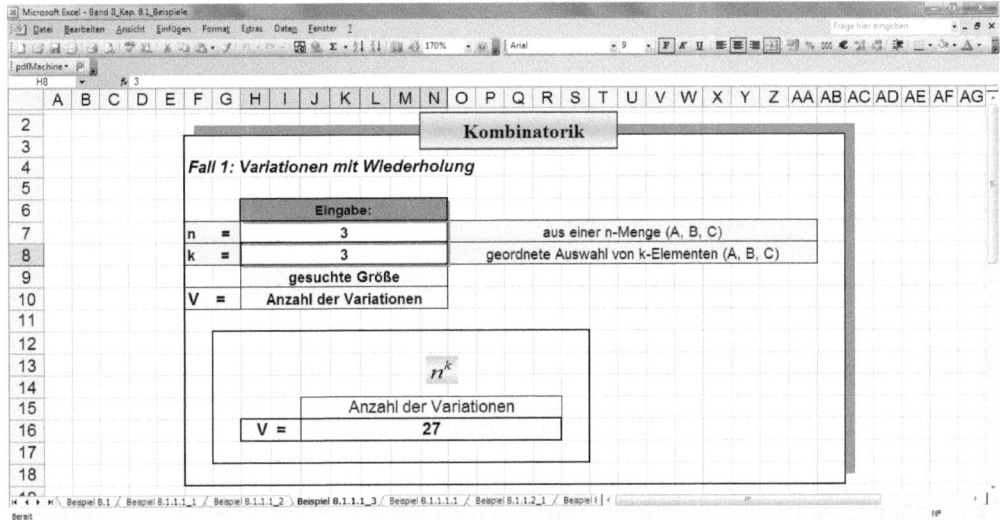

Abbildung II_8.4: Fall 1_3 – Variationen von drei Elementen

8.1.1.1.1 Variationen beim Würfeln

Wie viele Varianten gibt es beim Würfeln mit zwei Würfeln?

Lösung:
n = 1, 2, 3, 4, 5 und 6   **- Augenzahl**
k = 2   **- Anzahl der Würfel**

1 1	2 1	3 1	4 1	5 1	6 1
1 2	2 2	3 2	4 2	5 2	6 2
1 3	2 3	3 3	4 3	5 3	6 3
1 4	2 4	3 4	4 4	5 4	6 4
1 5	2 5	3 5	4 5	5 5	6 5
1 6	2 6	3 6	4 6	5 6	6 6

= 36 Würfe

$$n^k = 6^2 = 36$$

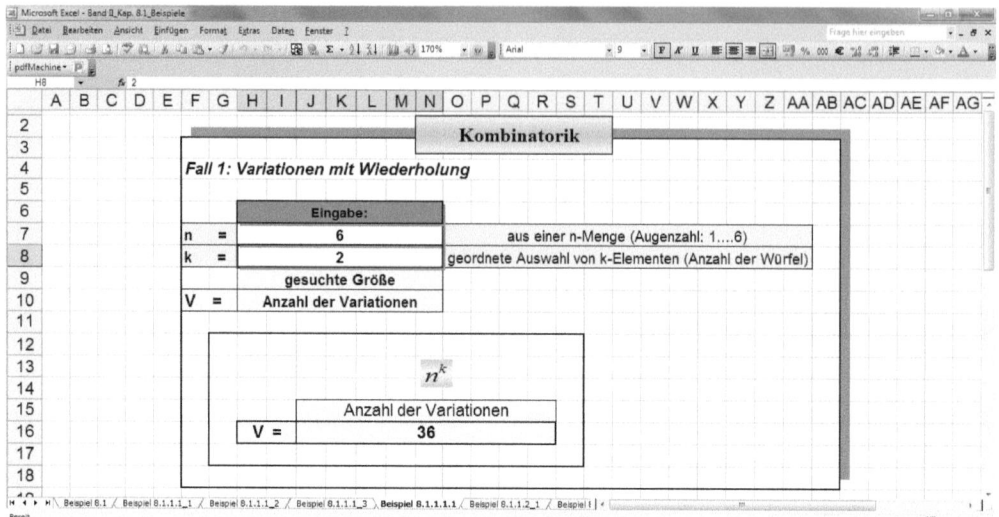

Abbildung II_8.5: Fall 1 – Variationen beim Würfeln

8.1.1.2 Varianten mit Ziffern und Buchstaben nach Fall 2

Variationen mit Berücksichtigung der Reihenfolge und ohne Wiederholung der Elemente [8.1]

1. Wie viele dreistellige Zahlen lassen sich aus den Ziffern 1, 2, 3 und 4 bilden?

Lösung:
n = 4
k = 3

1 2 3	2 1 3	3 1 2	4 1 2
1 2 4	2 1 4	3 1 4	4 1 3
1 3 2	2 3 1	3 2 1	4 2 1
1 3 4	2 3 4	3 2 4	4 2 3
1 4 2	2 4 1	3 4 1	4 3 1	= 24 Zahlen

$$\frac{n!}{(n-k)!} = \frac{4!}{(4-3)!} = \frac{24}{1} = 24$$

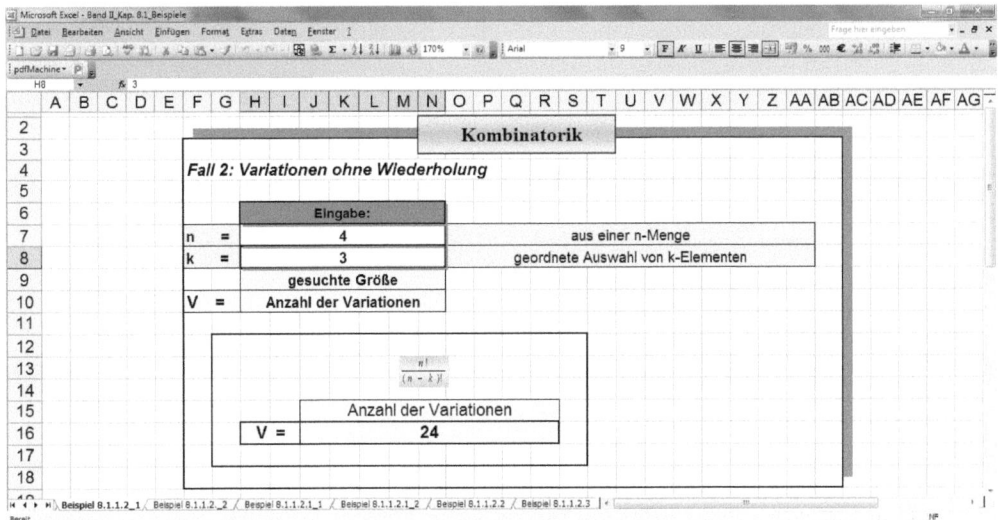

Abbildung II_8.6: Fall 2_1 – Variationen von dreistelligen Zahlen

2. Wie viele zweistellige Zahlen lassen sich aus den Ziffern 1 und 2 bilden?

Lösung:
n = 1, 2 und 3   = 3
k = 2

1 2	2 1	3 1	
1 3	2 3	3 2	= 6 Zahlen

$$\frac{n!}{(n-k)!} \quad = \frac{3!}{(3-2)!} = \frac{6}{1} = 6$$

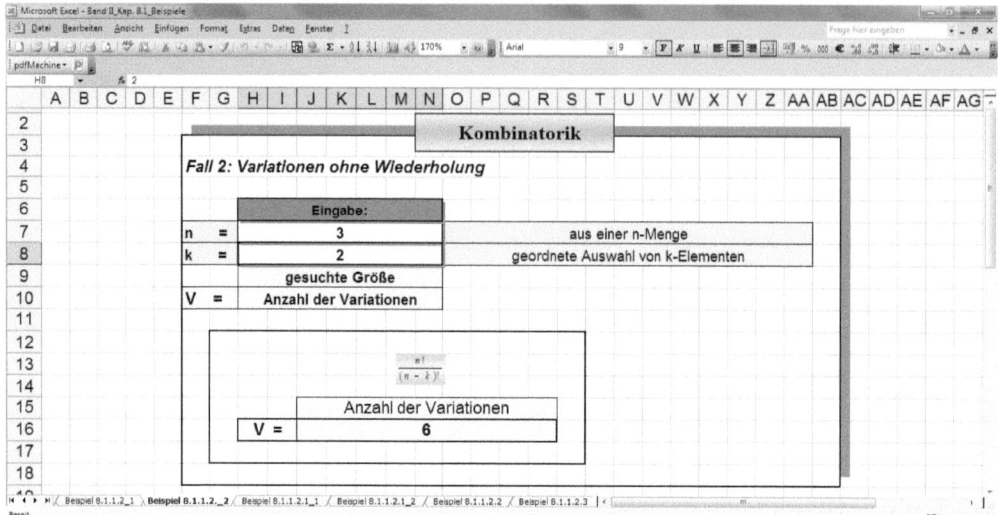

Abbildung II_8.7: Fall 2_2– Variationen von zweistelligen Zahlen

8.1.1.2.1 Permutationen

Werden bei der Auswahl alle Elemente verwendet, so spricht man von Permutationen.

1. Aus drei Elementen a, b und c lassen sich 6 Permutationen [8.3], [8.4] bilden.

Lösung:
n = 3
k = 3

a b c	b a c	c a b
a c b	b c a	c b a

= 6 Permutationen

$$n! \quad 3! = 1 * 2 * 3 = 6$$

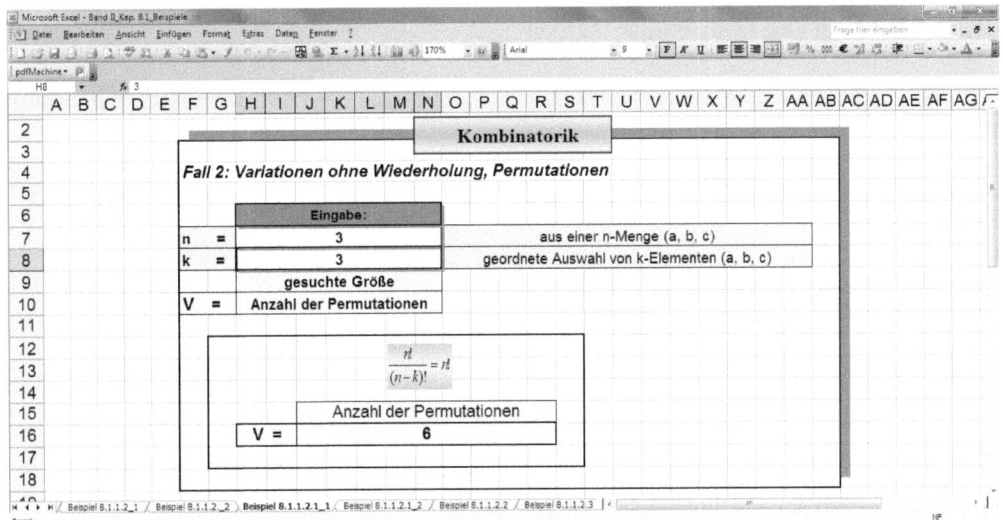

Abbildung II_8.8: Fall 2 - Permutationen von drei Elementen

2. Für zwei Elemente a und b erbeben sich 2 Permutationen.

a b　　　　　b a

$$n!　　2! = 1 * 2 = 2$$

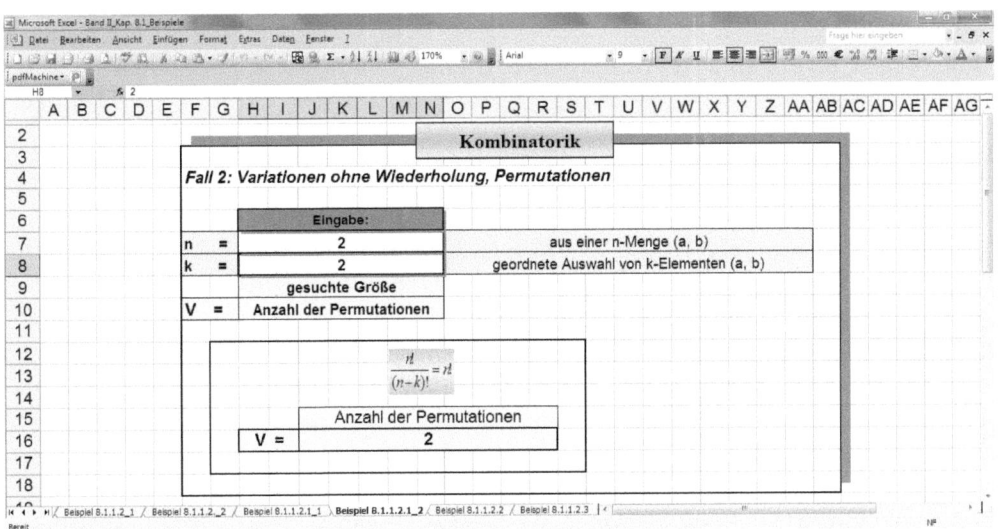

Abbildung II_8.9: Fall 2 - Permutationen von zwei Elementen

8.1.1.2.2 Bildung von fünfstelligen Zahlen

Wie viel Zahlen lassen sich aus den Ziffern 1, 2, 3, 4, und 5 bilden, wenn jede der Ziffern nur einmal verwendet wird?

Lösung:
n = 5
k = 5

$$n! \qquad 5! = 1 * 2 * 3 * 4 * 5 = 120$$

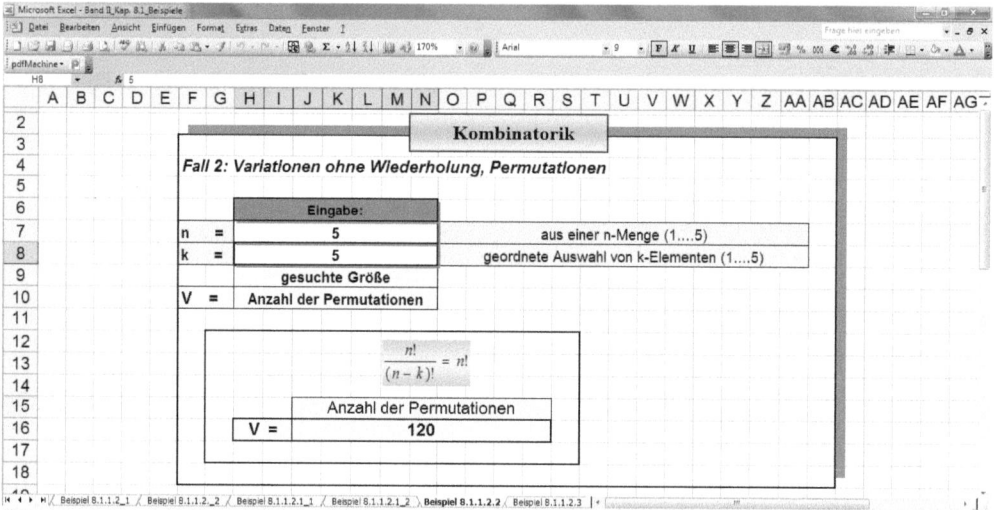

Abbildung II_8.10: Fall 2 – Permutationen, Bildung von fünfstelligen Zahlen

Aus den fünf Ziffern lassen sich **120 fünfstellige Zahlen** bilden.

8.1.1.2.3 Permutationen mit Gruppen von gleichen Elementen

In diesem Beispiel wird die n-Menge (Zahlen: 1....5) in zwei Gruppen von gleichen Elementen aufgeteilt. Hierbei ist die Anzahl der Permutationen kleiner. Die Ziffern 1, 2 (2!) sind Elemente der Gruppe a und 3, 4 und 5 gehören zur Gruppe b.

Die Gesamtzahl der unterschiedlichen Permutationen [8.5] ist:

$$\frac{n!}{a! \, b!} \qquad = \frac{5!}{2! \, 3!} = \frac{120}{2 * 6} = 10$$

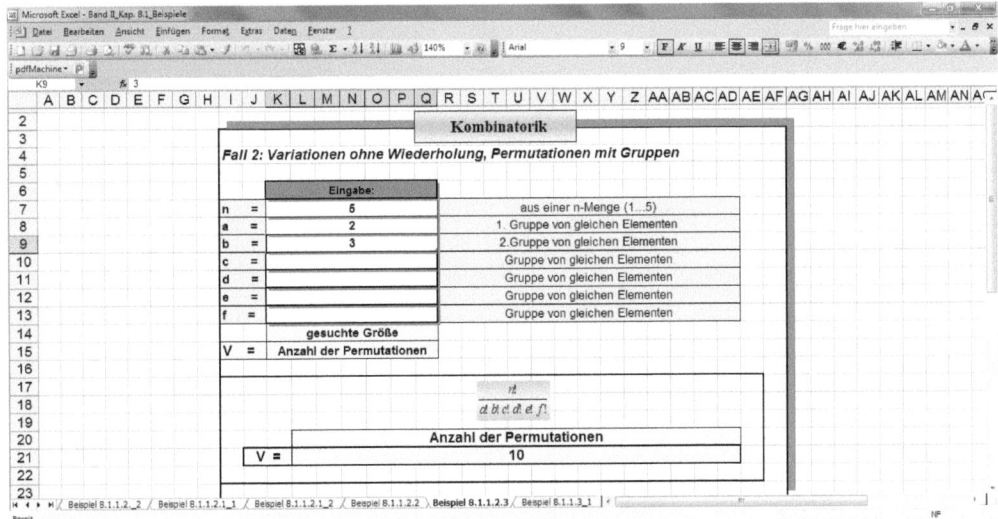

Abbildung II_8.11: Fall 2 – Permutationen mit Gruppen

8.1.1.3 Kombinationen mit Ziffern und Buchstaben nach Fall 3

Kombinationen ohne Berücksichtigung der Reihenfolge und mit Wiederholung der Elemente [8.1], [8.6]

1. Wie viele dreistellige Zahlen lassen sich aus den Ziffern 1, 2, 3 und 4 bilden?

Lösung:

n-Menge:	1, 2, 3 und 4	n=4
k-Menge:	3	k=3

1 1 1	2 2 2	3 3 3	4 4 4
1 1 2	2 2 3	3 3 4	
1 1 3	2 2 4	3 4 4	
1 1 4	2 3 3		
1 2 2	2 3 4		
1 2 3	2 4 4		
1 2 4			
1 3 3			
1 3 4			
1 4 4			= 20 Zahlen

$$\frac{(n+k-1)!}{(n-1)!\,k!} \qquad \frac{(4+3-1)!}{(4-1)!\,3!} = \frac{6!}{3!\,3!} = \frac{720}{36} = 20$$

257

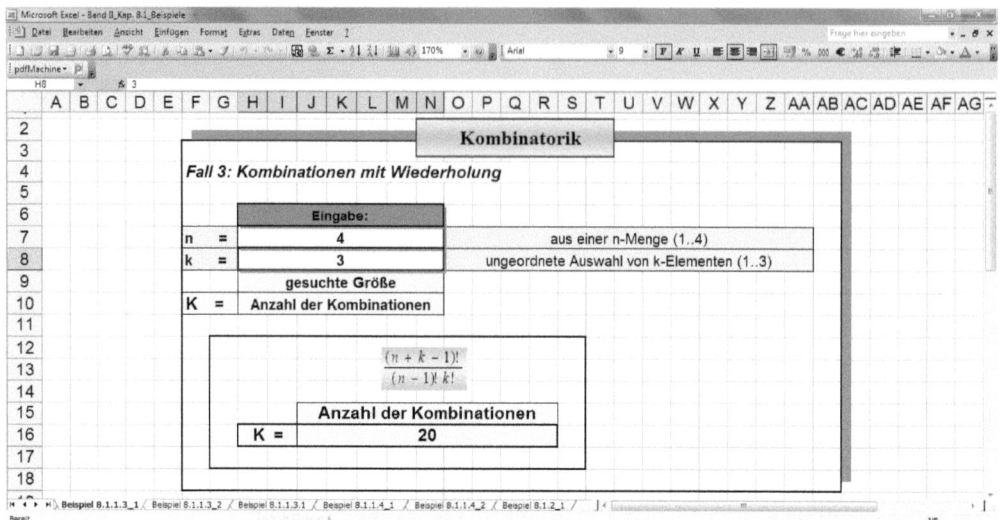

Abbildung II_8.12: Fall 3_1 – Kombinationen dreistelliger Zahlen

2. Wie viele zweistellige Zahlen lassen sich aus den Ziffern 1, 2, und 3 bilden?

Lösung:

n-Menge:	**1,2 und 3**	**n=3**
k-Menge:	**2**	**k=2**

1 1   **2 2**   **3 3**
1 2   **2 3**
1 3   **= 6 Zahlen**

$$\frac{(n+k-1)!}{(n-1)!\,k!} \qquad \frac{(3+2-1)!}{(3-1)!\,2!} = \frac{4!}{2!\,2!} = \frac{24}{4} = 6$$

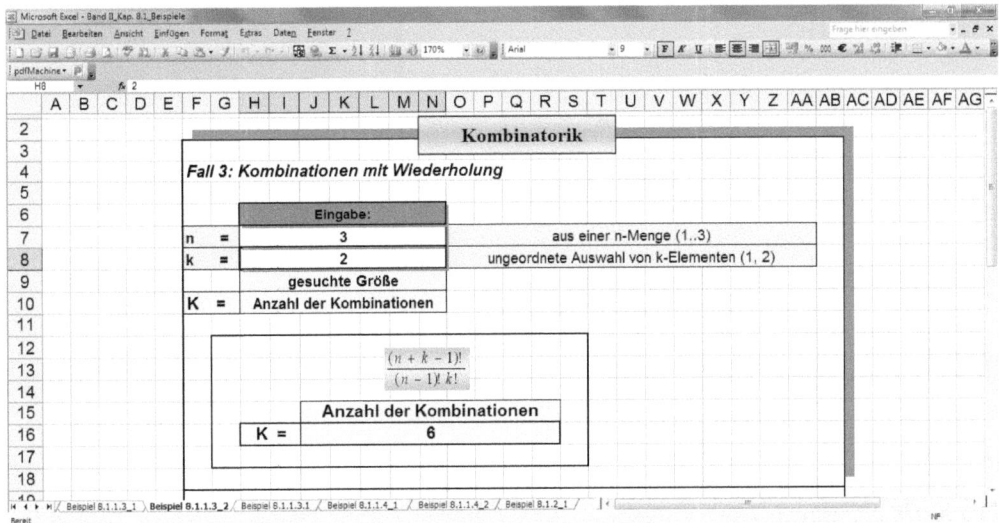

Abbildung II_8.13: Fall 3_2 – Kombinationen zweistelliger Zahlen

8.1.1.3.1 Anzahl der Würfe mit verschiedenen Augenzahlen

Es ist die Anzahl der Würfe mit zwei Würfeln zu bestimmen. Bei diesem Beispiel spielt die Reihenfolge der gewürfelten Augenzahlen der einzelnen Würfel keine Rolle, denn es ist egal ob:

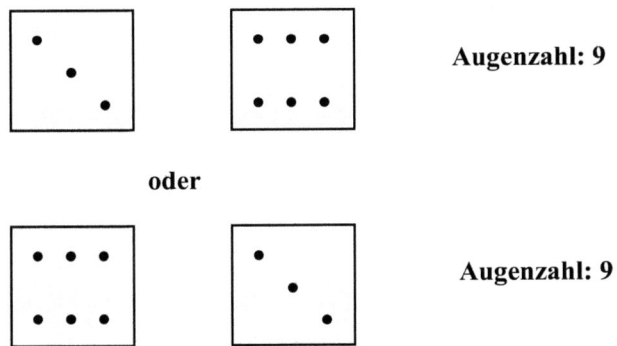

Abbildung II_8.14: Augenzahl 9 mit zwei Würfeln

Anzahl der Würfe:

11	22	33	44	55	66
12	23	34	45	56	
13	24	35	46		
14	25	36			
15	26				
16					

= 21 WÜRFE

Lösung:
Die Lösung ergibt sich, wenn aus der n-Menge (Augenzahlen: 1....6) die Anzahl der Würfe (zwei Würfel – k-Elemente) mit verschiedenen Augenzahlen bestimmt werden.

n-Menge:	1....6	= 6 (Augenzahl)
k-Menge:	1, 2	= 2 (Anzahl Würfel)

$$\frac{(n + k - 1)!}{(n - 1)!\, k!} \qquad \frac{(6 + 2 - 1)!}{(6 - 1)!\, 2!} = \frac{7!}{5!\, 2!} = \frac{7 * 6}{2} = 21$$

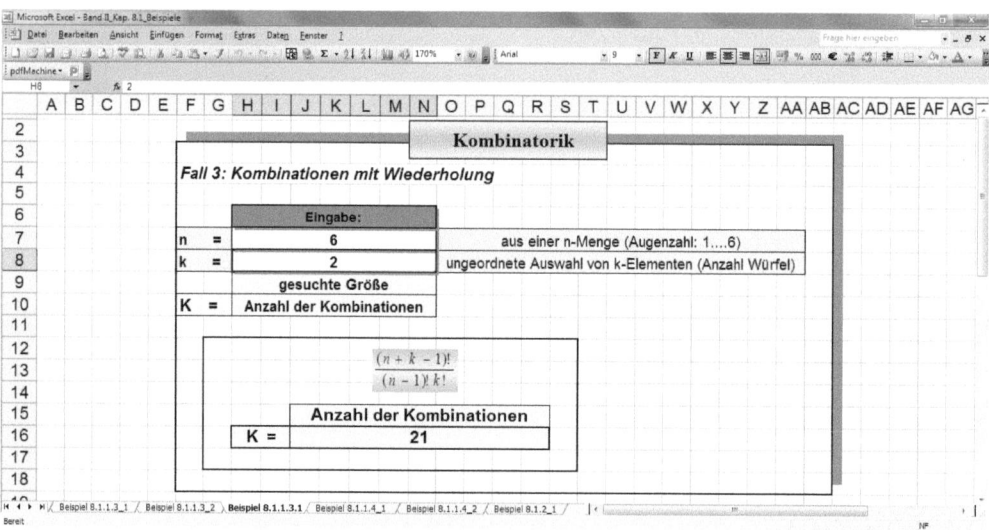

Abbildung II_8.15: Fall 3 – Kombinationen, Würfe mit verschiedenen Augenzahlen

Mit zwei Würfeln können **21 Würfe** mit verschiedenen Augenzahlen gewürfelt werden.

8.1.1.4 Kombinationen mit Ziffern und Buchstaben nach Fall 4

Kombinationen ohne Berücksichtigung der Reihenfolge und ohne Wiederholung der Elemente [8.1], [8.7]

1. Wie viele dreistellige Zahlen lassen sich aus den Ziffern 1, 2, 3 und 4 bilden?

Lösung:

n-Menge:	**1, 2, 3 und 4**	**n = 4**	
k-Menge:	**3**	**k = 3**	

123   234
124
134   = 4 Zahlen

$$\frac{n!}{(n-k)!\,k!} = \frac{4!}{(4-3)!\,3!} = \frac{4!}{1!\,3!} = 4$$

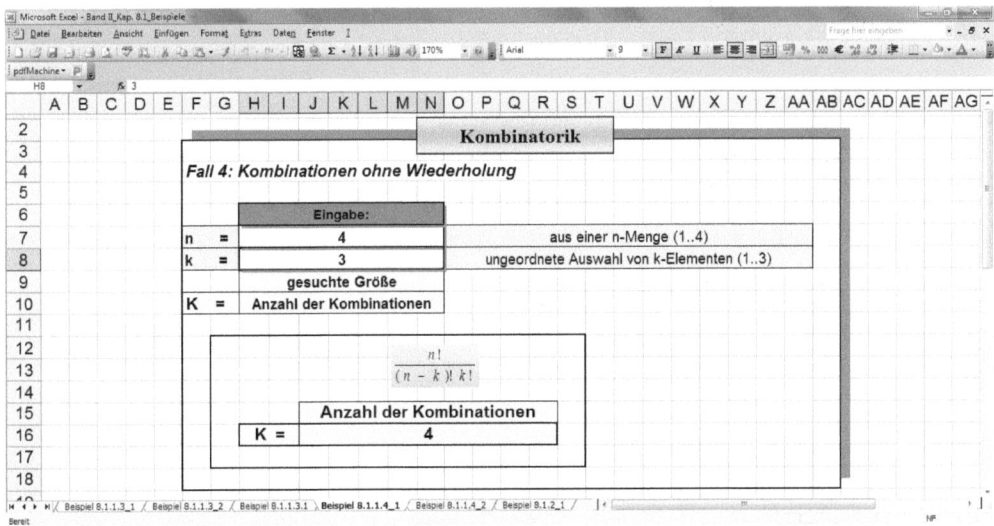

Abbildung II_8.16: Fall 4_1 – Kombinationen mit dreistelligen Zahlen

2. Wie viele zweistellige Zahlen lassen sich aus den Ziffern 1, 2 und 3 bilden?

Lösung:

n-Menge:	**1, 2 und 3**	**n=3**
k-Menge:	**2**	**k=2**

12   23
13   = 3 Zahlen

$$\frac{n!}{(n-k)!\,k!} \qquad = \frac{3!}{(3-2)!\,2!} = \frac{3!}{1!\,2!} = 3$$

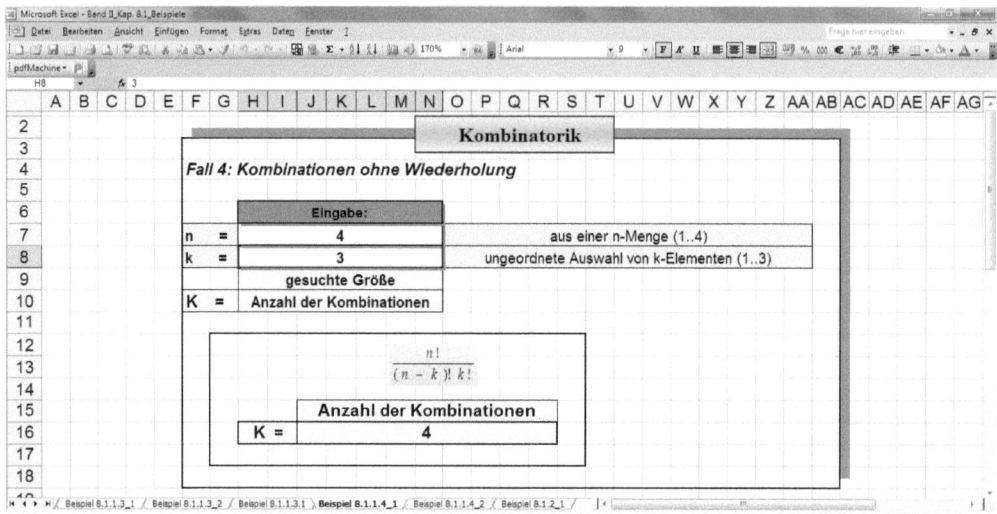

Abbildung II_8.17: Fall 4_2 – Kombinationen mit zweistelligen Zahlen

8.1.2 Wahrscheinlichkeit

1. Berechnung:
Nach der klassischen Definition ist die Wahrscheinlichkeit P eines Ereignisses E das Verhältnis aus der Anzahl der für E günstigen Ereignisse (u) zur Gesamtzahl der möglichen Ergebnisse (v) [8.8].

$$P(E) = \frac{u}{v}$$

Die Wahrscheinlichkeit P(E) liegt im **Bereich: 0.......1**
Wahrscheinlichkeit des sicheren Ereignisses: **P(S) = 1**
Wahrscheinlichkeit des unmöglichen Ereignisses: **P(U) = 0**

Beispiele zur Wahrscheinlichkeitsberechnung finden Sie in Band 1_Kap. 8.1.3 bei der Berechnung der Wahrscheinlichkeiten in den Gewinnklassen beim LOTTO 6 aus 49.

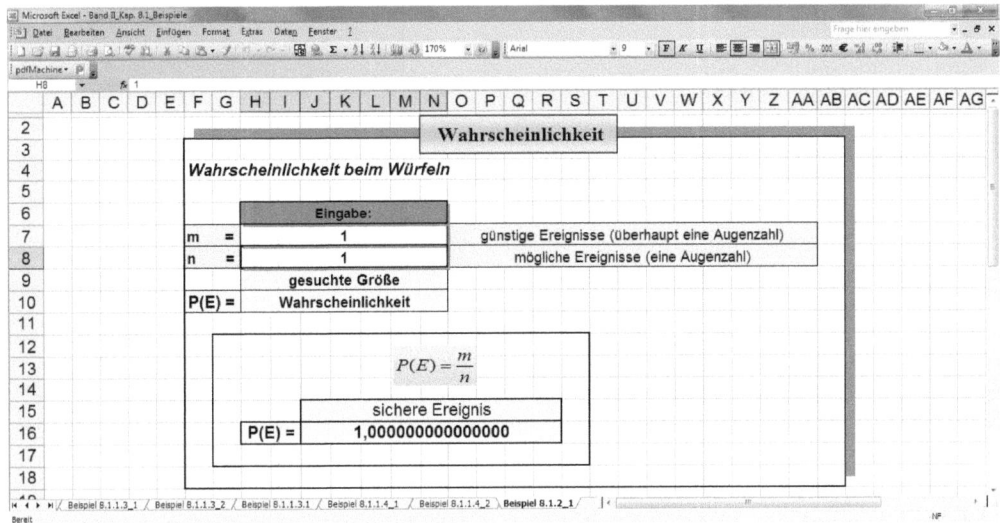

Abbildung II_8.18: Wahrscheinlichkeit des sicheren Ereignis

In [8.9] sind die Wahrscheinlichkeiten für bestimmte Kartenkombinationen beim Pokern aufgeführt.

Tabelle : Wahrscheinlichkeiten für Pokerblätter

Position	Wahr- schein- lichkeit	Wahrschein- lichkeit als Dezimalzahl	Wahrschein- lichkeit in %	Bemerkungen
1.	1 zu 650.000	0,000001538	0,0001538	ROYAL FLUSH (As, König, Dame, Bube, 10 derselben Farbe)
2.	1 zu 72.000	0,000013888	0,0013888	STRAIGHT FLUSH (fünf aufeinander folgende Karten derselben Farbe, etwa 7, 8, 9, 10, Bube in Herz)
3.	1 zu 4.000	0,00025	0,025	VIERLING (vier gleiche Werte)
4.	1 zu 700	0,001428571	0,1428571	FULL HOUSE (Drilling und Paar)
5.	1 zu 500	0,002	0,2	FLUSH (fünf Karten derselben Farbe)
6.	1 zu 256	0,00390625	0,390625	STRASSE (fünf aufeinander folgende Karten unterschiedlicher Farben)
7.			2	DRILLING (drei gleiche Werte)
8.			5	ZWEI PAARE (etwa zwei Achten und zwei Dreier)
			42	EIN PAAR (etwa zwei Damen)

2. Zufallsgenerator:

In Excel gibt es die Funktion 'ZUFALLSZAHL', die eine Zahl zwischen 0 und 1 liefert.

Excel-Funktion 'ZUFALLSZAHL':

ZUFALLSZAHL ( )

- kein Argument notwendig

Mit dieser Funktion können Sie einen Würfel simulieren, indem aus der Zufallszahl sechs verschiedene Ergebnisse bebildet werden. Die Augenzahlen des Würfels entstehen, wenn Sie die Zufallszahl mit fünf multiplizieren und dann Eins addieren.

f_x = ZUFALLZAHL ( )*5 + 1

Diese Funktion liefert Dezimalzahlen von 1 bis 6, wie zum Beispiel: **4,32185178 ......**
Um aus den Dezimalzahlen ganze Zahlen (Augenzahlen) zu bilden, muss man runden.

Excel-Funktion 'RUNDEN':

RUNDEN (Zahl; Anzahl_Stellen)

- *Zahl* ist die Zahl, die Sie auf- oder abrunden möchten
- Rundet eine Zahl auf eine bestimmte *Anzahl an Dezimalstellen*

fx = RUNDEN((ZUFALLZAHL ( )*5 + 1);0)

Der „Würfelbecher" und der LOTTO – Zahlengenerator „6 aus 49" in den Beispielen 8.1.1.1 und 8.1.3.1 (↑ Band 1_Kap. 8) basieren auf dieser Funktion.

8.2 Übungsaufgaben zur Kombinatorik und Wahrscheinlichkeit

8.2.1   Aus den Ziffern 1, 2, 3, 4 und 5 sollen alle zweistelligen Zahlen gebildet werden.

8.2.2   An einem dreistelligen Zahlenschloss wurde aus Versehen der Code zum Öffnen verstellt. Wie viele Einstellungen müssen maximal vorgenommen werden, um das Schloss zu öffnen?

8.2.3   Wie viele Varianten gibt es beim Würfeln mit 3 Würfeln?

8.2.4 Wie viele zweistellige Zahlen lassen sich aus den Ziffern 0 bis 9 bilden, wenn die Reihenfolge der Ziffern eine Rolle spielt und keine Wiederholung der Ziffern auftreten soll?

8.2.5 Wie viele verschiedene Sitzanordnungen gibt es für 4 Personen an einem Tisch mit vier Stühlen?

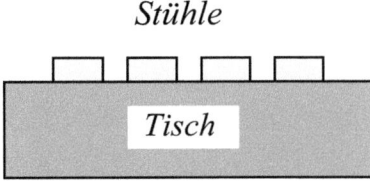

Abbildung II_8.19: Sitzordnung

8.2.6 Bestimmen Sie die verschiedenen Reihenfolgen, nach denen sich 11 Spieler einer Fußballmannschaft auf dem Rasen aufstellen können? Berechnen Sie die erforderliche Zeit für alle Reihenfolgen, wenn pro Aufstellung 30 Sekunden benötigt werden.

8.2.7 Wie viele verschiedene Wörter kann man aus H-a-m-b-u-r-g bilden, wenn alle Varianten, auch die ohne Sinn berücksichtigt werden?

8.3.8 In einem Raum mit 5 Tischen und 4 Stühlen pro Tisch sitzen insgesamt 20 Leute. Berechnen Sie die verschiedenen Sitzanordnungen, wenn nur die Sitzanordnungen an den einzelnen Tischen variieren. Geben Sie vorm Rechnen eine Schätzung ab.

8.2.9 Bilden Sie aus den Ziffern 0 bis 9 vierstellige Zahlen, bei denen die Reihenfolge der Ziffern keine Rolle spielt und Wiederholungen der Ziffern zugelassen sind.

8.2.10 Für drei Würfel ist die Anzahl der Würfe mit verschiedenen Augenzahlen zu bestimmen.

8.2.11 Berechnen Sie beim LOTTO '6 aus 49' die Anzahl der Tippmöglichkeiten für 6 Richtige mit Superzahl (↑ Band I_Kap. 8.1.3 Tabelle I_8.1: Gewinnklasse I).

8.3 Lösungen der Übungsaufgaben zur Kombinatorik und Wahrscheinlichkeit

zu 8.2.1:   Es lassen sich **25 zweistellige Zahlen** bilden.

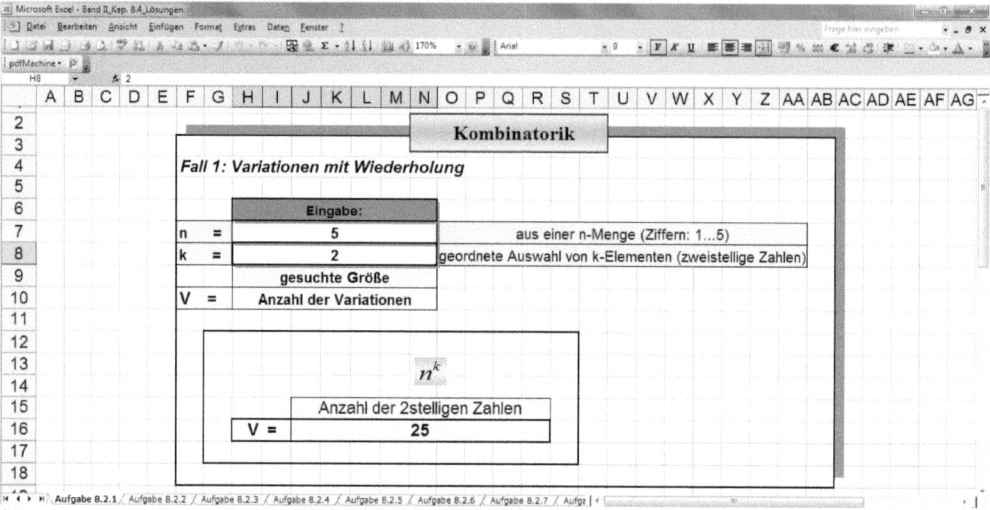

Abbildung II_8.20: Lösung der Übungsaufgabe 8.2.1

zu 8.2.2:   Nach **maximal 1.000 Einstellungen** ist das Schloss geöffnet.

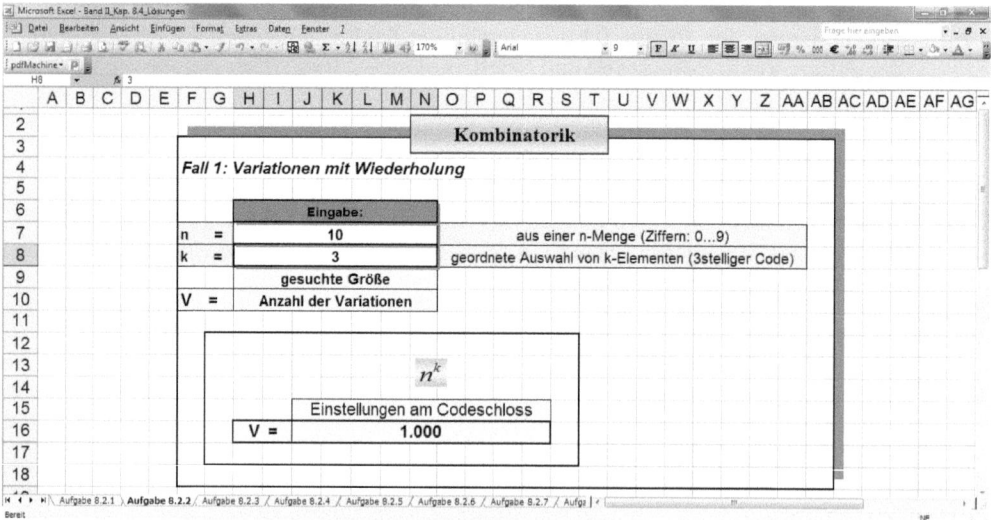

Abbildung II_8.21: Lösung der Übungsaufgabe 8.2.2

zu 8.2.3: Beim Würfeln mit **3 Würfeln** gibt es **216 Varianten**.

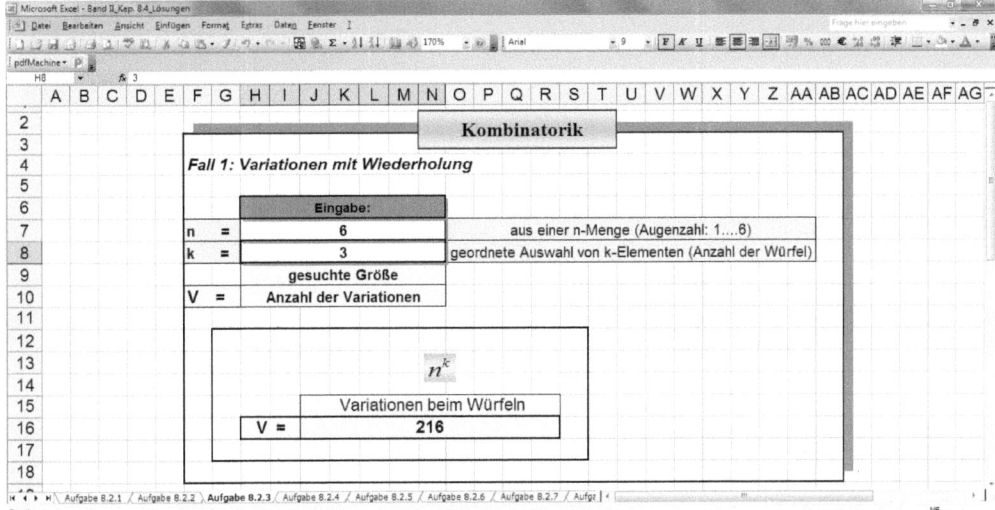

Abbildung II_8.22: Lösung der Übungsaufgabe 8.2.3

zu 8.2.4: Es lassen sich **90 zweistellige Zahlen** bilden.

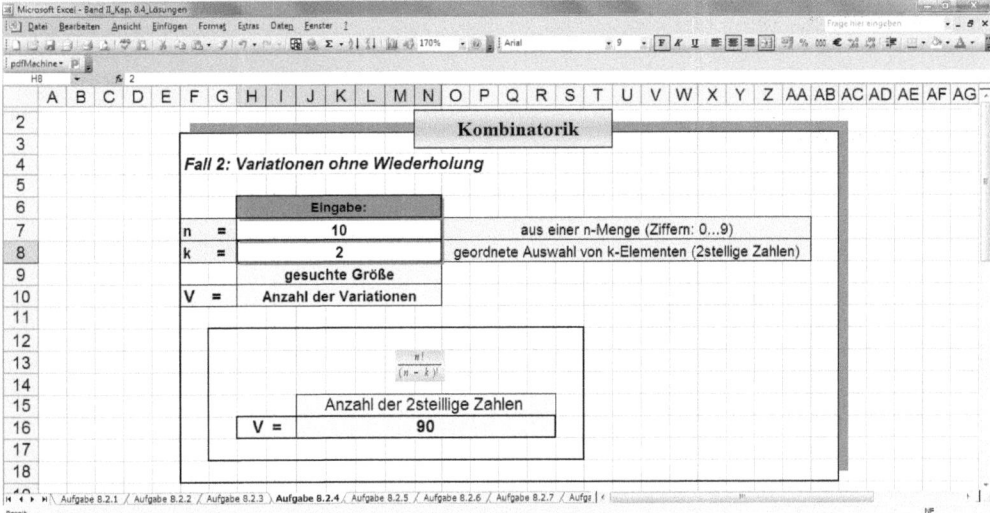

Abbildung II_8.23: Lösung der Übungsaufgabe 8.2.4

zu 8.2.5: Die Lösung ist: **24 verschiedene Sitzanordnungen**

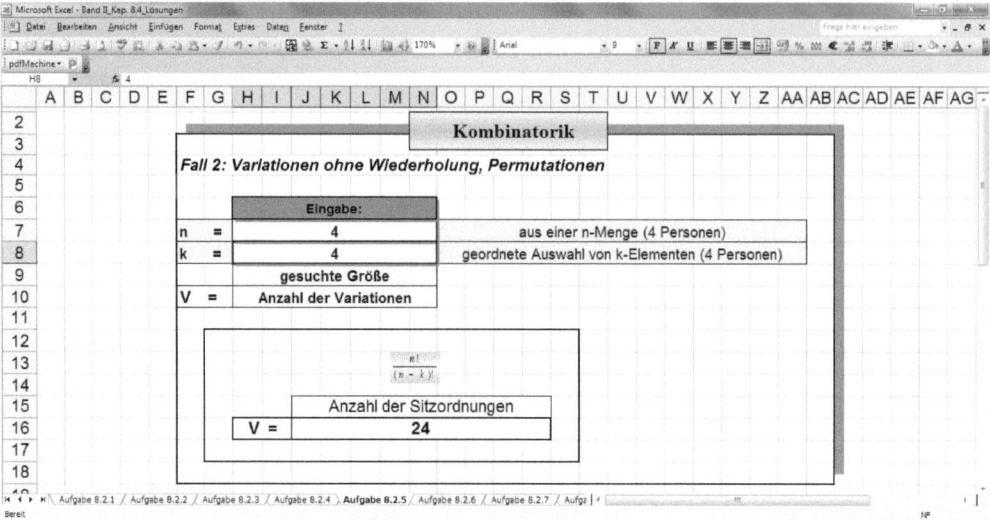

Abbildung II_8.24: Lösung der Übungsaufgabe 8.2.5

zu 8.2.6: Die 11 Spieler einer Fußballmannschaft können sich in **39.916.800 verschiedenen Reihenfolgen** aufstellen und benötigen dafür **13.860 Tage**.

Abbildung II_8.25: Lösung der Übungsaufgabe 8.2.6

zu 8.2.7: Aus **H-a-m-b-u-r-g** kann man **5.040 verschiedene Wörter** bilden (Varianten auch ohne Sinn).

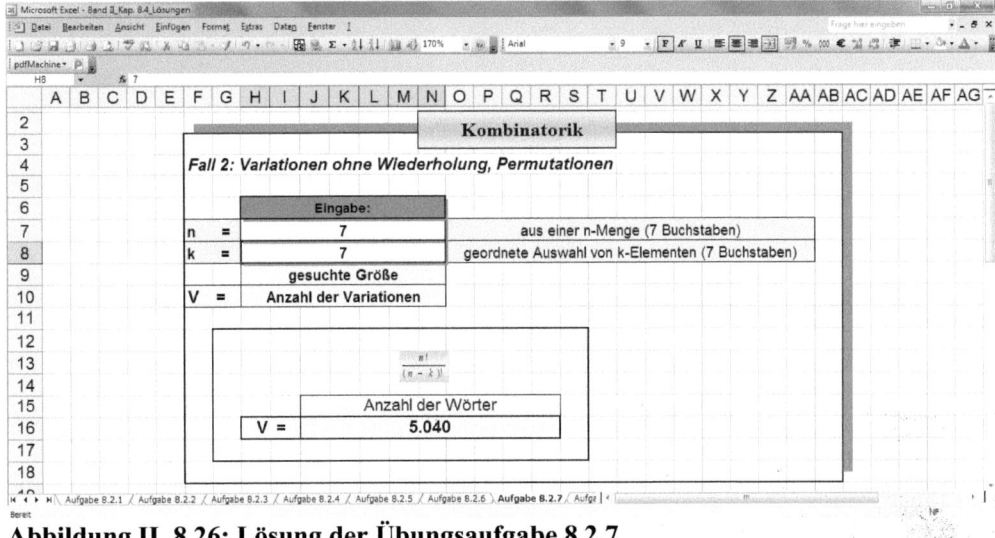

Abbildung II_8.26: Lösung der Übungsaufgabe 8.2.7

zu 8.2.8: Lösung: **305.540.235.000** verschiedenen Sitzanordnungen Was hatten Sie geschätzt? Wahrscheinlich sehr viel weniger, oder?

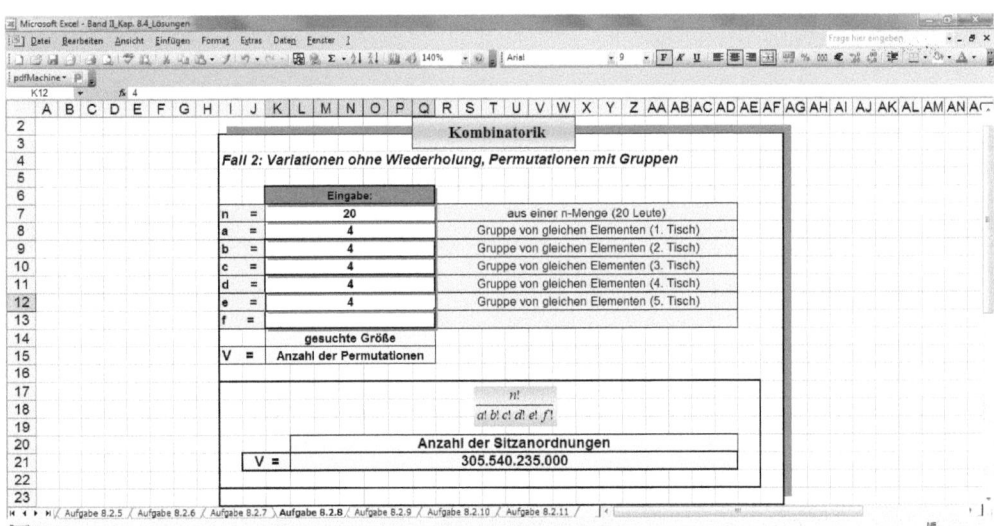

Abbildung II_8.27: Lösung der Übungsaufgabe 8.2.8

zu 8.2.9:   Aus den Ziffern 0 bis 9 lassen sich **715 vierstellige Zahlen** bilden.

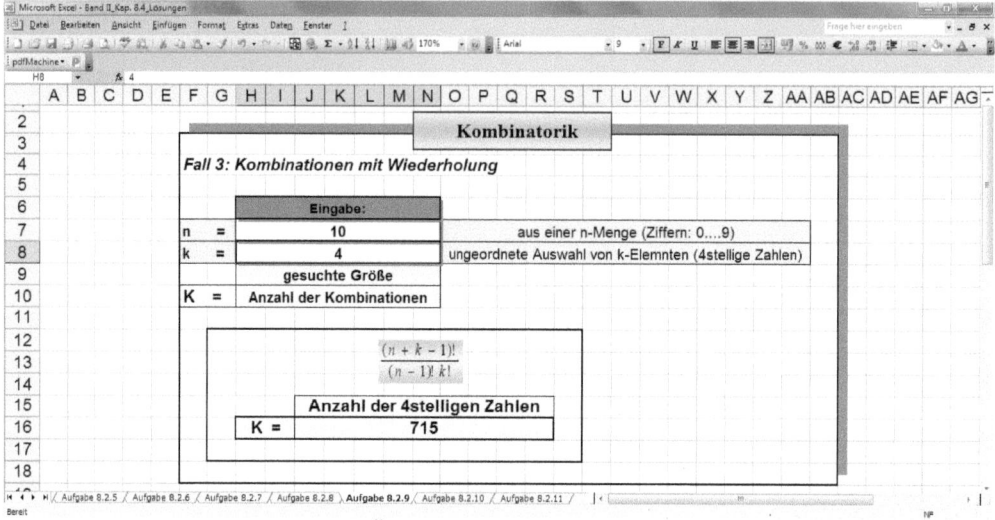

Abbildung II_8.28: Lösung der Übungsaufgabe 8.2.9

zu 8.2.10:   Mit **drei Würfeln** kann man **56 Würfe** mit verschiedenen Augenzahlen würfeln.

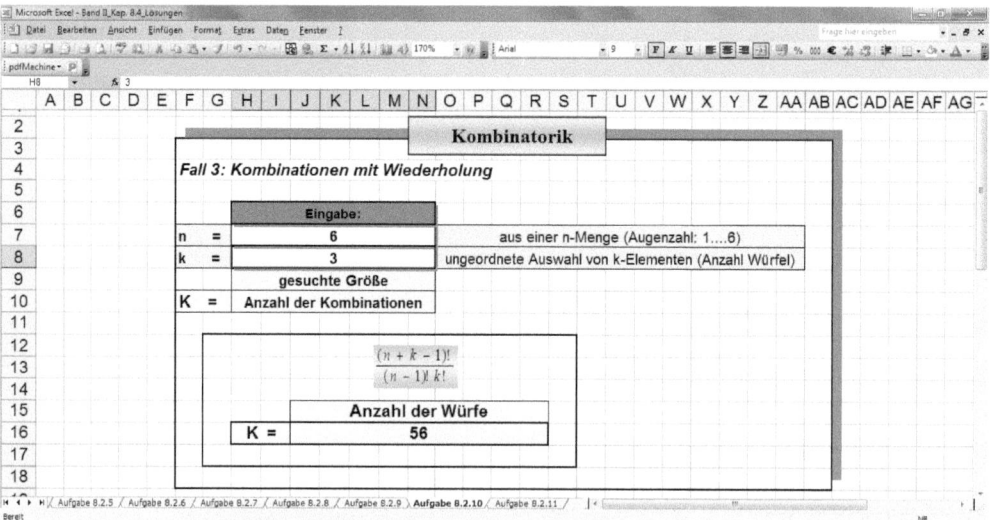

Abbildung II_8.29: Lösung der Übungsaufgabe 8.2.10

zu 8.2.11: Um 6 Richtige mit Superzahl (LOTTO '6 aus 49') zu erreichen, müssen Sie **139.838.160 verschiedene Tipps** spielen.
Bei fast 140 Millionen Kombinationen kann man nur auf das Glück hoffen.

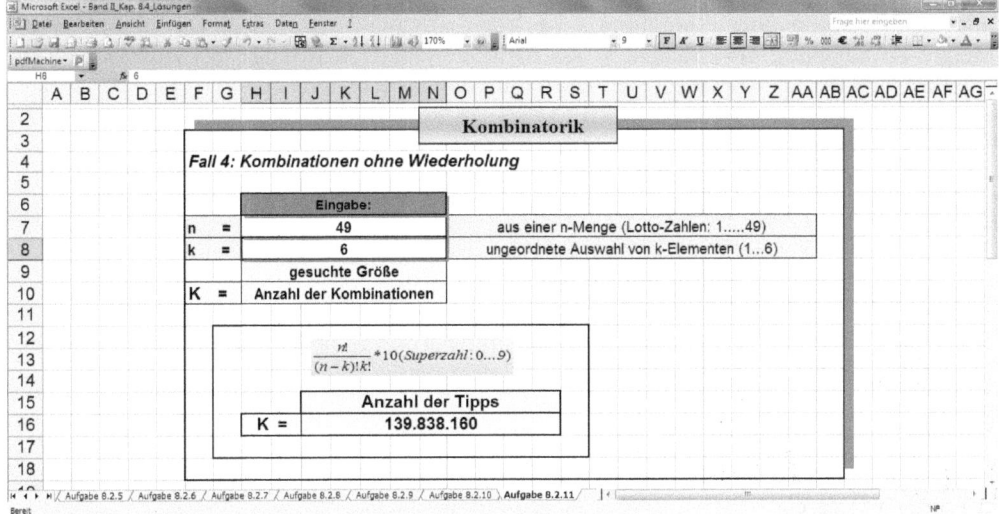

Abbildung II_8.30: Lösung der Übungsaufgabe 8.2.11

9. Mathematische Funktionen

9.1 Funktionsbegriff

Bei einer Funktion oder Abbildung f ist jedem Element x aus dem Definitionsbereich (Menge D) eindeutig ein Element y aus dem Wertebereich (Menge W) zugeordnet. Die Funktion f mit der Gleichung $y = f(x)$ heißt Funktionsgleichungen von f [9.1].

Für die Funktionsgleichung f gibt es einige Sprech- und Schreibweisen:
- x wird abgebildet auf f von x
- y gleich f von x
- y ist eine Funktion von x
- y als Funktion von x

Als Schaubild oder Funktionsgraphen (kurz: Graphen) bezeichnet man die Darstellung einer Funktion in einem Koordinatensystem.

Wichtige Funktionen sind:
- Lineare Funktionen
- Quadratische Funktionen
- Potenzfunktionen
- Exponential- und Logarithmusfunktionen
- Trigonometrische Funktionen (Winkelfunktionen)

9.2 Lineare Funktionen

9.2.1 Allgemeines

$$y = f(x) = mx + n$$

(↑ Abbildung II_9.2.1: $f_1 = 2x + 3$)

| - **m, n** beliebige Konstanten |

Anstieg: [9.2], [9.3]

$$m = \frac{f(x_2) - f(x_1)}{x_2 - x_1} = \frac{y_2 - y_1}{x_2 - x_1}$$

| - steigende Gerade: **m > 0**
 - fallende Gerade: **m < 0** |

272

1. Schnittpunkt des Graphen von *f* mit der x- Achse - Nullstelle (x₀;0) [9.2], [9.3]:

$$y = f(x) = m * x + n$$

$$0 = m * x + n \qquad ; y = 0$$

$$x_0 = -\frac{n}{m}$$

2. Schnittpunkt des Graphen von *f* mit der y-Achse - S(0; y₀) [9.2], [9.3]:

$$y = f(x) = m * x + n$$

$$y = m * 0 + n = n \qquad ; x = 0$$

$$y_0 = n$$

Tabelle II_9.2.1: Spezialfälle von linearen Funktionen

Spezialfälle	Definitionsbereich	Wertebereich	Bemerkungen
$n = 0$ $\qquad y = mx$ $m \neq 0$	$(-\infty; +\infty)$	$(-\infty; +\infty)$ ∞ Unendlichzeichen	Der Graph bildet eine Gerade mit dem Anstieg m ($\uparrow$ Abbildung II_9.2.1: $f_2 = 2x$)
$m = 0$ $\qquad y = n$ $\qquad y = 0$	$(-\infty; +\infty)$ $(-\infty; +\infty)$ ∞ Unendlichzeichen	(n) (0)	Der Graph bildet eine Gerade, die parallel zur x-Achse verläuft. ($\uparrow$ Abbildung II_9.2.1: $f_3 = 8$ und $f_6 = 0$)

3. Funktionsgraphen [9.2], [9.3]

Die Abbildung II_9.2.1 zeigt die Darstellung von linearen Funktionen im Koordinatensystem. Für die Darstellung der Funktionen sind folgende Eingaben vorzunehmen:

273

1. Der Anfangs- und Endwert (x_A, x_B) des Definitionsbereiches sind in den Eingabefeldern einzugeben. Hierbei ist zu beachten, dass der Anfangswert kleiner als der Endwert ist. Es werden keine Funktionswerte berechnet, wenn diese Bedingung nicht zutrifft. Für 25 Werte aus dem Definitionsbereich werden entsprechend der Funktionen $f_1(x)$ *bis* $f_6(x)$ y-Werte berechnet.

2. Für die Berechnung der Funktionen $f_1(x)$, $f_3(x)$ bis $f_6(x)$ sind die Werte m und n einzugeben. Eine Funktion wird nicht berechnet und dargestellt, wenn die Eingabezellen für m und n gelöscht sind. Für die Funktionen werden die Nullstellen x_0 (Schnittpunkt mit der x-Achse) und der Schnittpunkt S des Graphen ($f_1(x)$) mit der y-Achse ausgegeben.

3. Die Darstellung der Funktion $f_2(x)$ erfolgt, wenn zwei Wertepaare (x_1; y_1) und (x_2; y_2) eingeben werden. Anhand der Wertepaare wird der Anstieg m und aus dem Wertepaar (x_1; y_1) n berechnet. Fehlt einer dieser Werte, so wird die Funktion $f_2(x)$ nicht berechnet und auch nicht dargestellt.

3.1 Welche Punkte liegen auf dem Funktionsgraphen?

Untersuchen Sie, welche Punkte auf dem Graphen der Funktion y = 2x + 3 liegen.

Tabelle II_9.2.2: Welche Punkte liegen auf den Graphen?

Funktion (↑ Abbildung II_9.2.1: f_1)	Punkte (x;y)	Liegt auf dem Graphen?
y= 2x + 3	P_1 (0;3)	ja
y= 2x + 3	P_2 (-1;-4)	nein
y= 2x + 3	P_3 (1;5)	ja

Lösungen:
  y = 2x + 3

Punkt 1: P_1 (0;3)
  x = 0
  y = 2*0 + 3 = 3

Punkt 2: P_2 (-1;-4)
  x = -1
  y = 2*(-1) + 4 = 2

Punkt 3: P_3 (1;5)
  x = 1
  y = 2*1 + 3 = 5

3.2 Schnittpunkte des Graphen mit den Koordinatenachsen

In welchen Punkten schneiden die Graphen folgender Funktionen die Koordinatenachsen?
Lösungen:

1. $f_4(x) = 4x + 1$

      Nullstelle $(x_0; 0)$:   **$S(0; y_0)$:**

$$x_0 = -\frac{n}{m} \qquad\qquad y_0 = n$$

$$x_0 = -\frac{1}{4} = -0,25 \qquad\qquad y_0 = 1$$

2. $f_5(x) = -2x - 1$

      Nullstelle $(x_0; 0)$:   **$S(0; y_0)$:**

$$x_0 = -\frac{-1}{-2} = -0,5 \qquad\qquad y_0 = -1$$

Tabelle II_9.2.3: Schnittpunkte mit x- und y-Achse

Funktion	Nullstellen $x_0 = -n/m$ (Schnittpunkt mit x-Achse)	$S(0;n)$ (Schnittpunkt mit y-Achse)
$f_4(x) = 4x + 1$	bei -0,25	bei 1
$f_5(x) = -2x - 1$	bei -0,5	bei -1

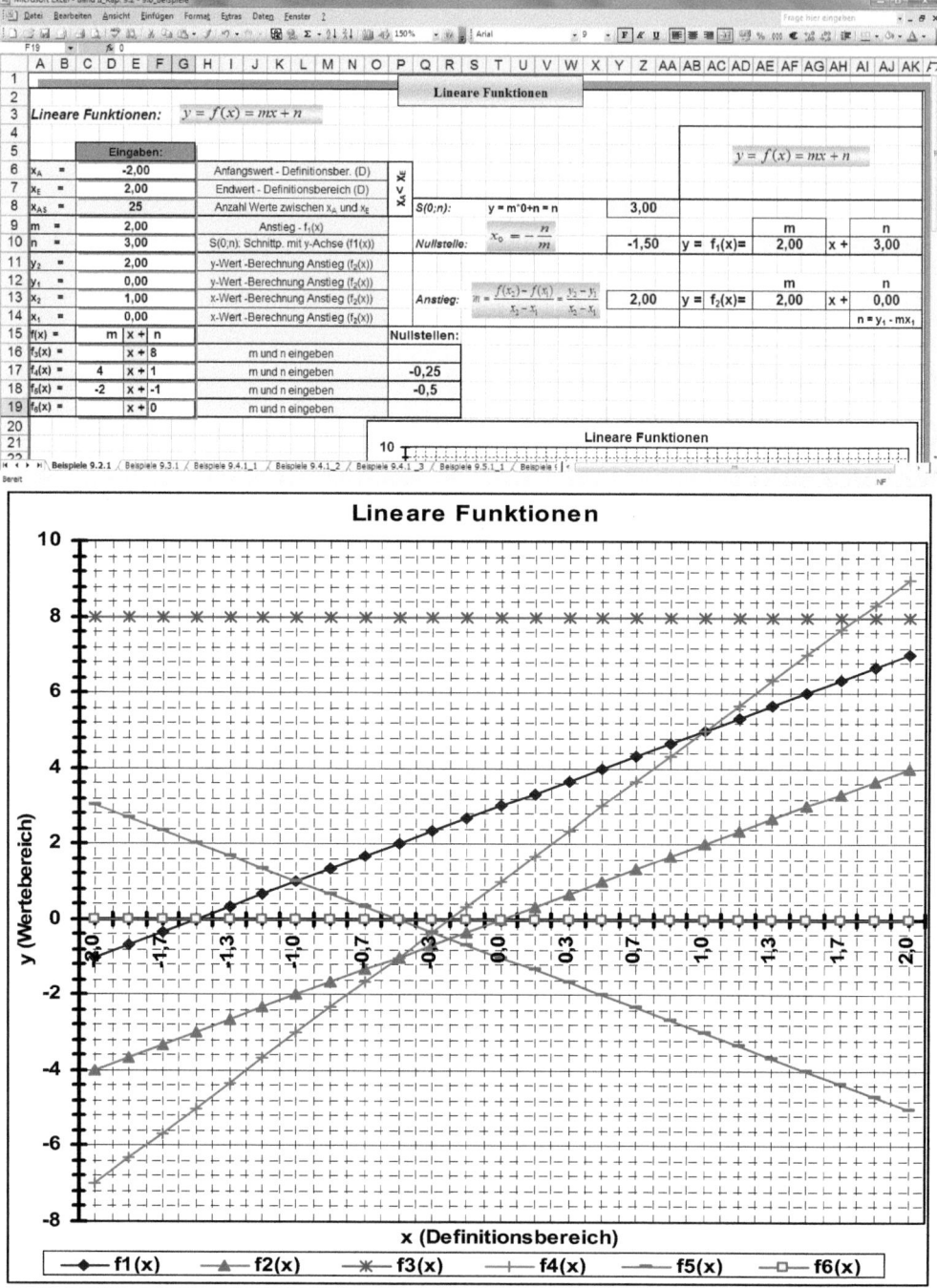

Abbildung II_9.2.1: Eingaben (oben) und Graphen (unten) für lineare Funktionen

9.3 Quadratische Funktionen

9.3.1 Allgemeines

Betrachtet man quadratische Funktionen, so muss man - insbesondere für die Lösung von schulischen Aufgaben – sich mit der allgemeinen Form, der Normalform, der Scheitel-punktform, den Nullstellen und der Diskriminante auseinandersetzen.

1. Allgemeine Form [9.4], [9.5]

$$y = f(x) = ax^2 + bx + c$$

- a, b, c beliebige reelle Konstanten, $a \neq 0$

Der Graph ist eine Parabel mit dem Scheitel:

$$S\left(-\frac{b}{2a}; \frac{4ac - b^2}{4a}\right)$$

Bei $-\left(^b/_{2a}\right)$:

- hat die Funktion für **a > 0**
  ein Minimum

- hat die Funktion für **a < 0**
  ein Maximum

2. Normalform [9.5]

Aus der allgemeinen Form

$$y = f(x) = ax^2 + bx + c$$

entsteht die Normalform, wenn p = b/a und q = c/a gesetzt werden:

$$y = f(x) = x^2 + px + q$$

2.1 Nullstellen [9.5]:

$$x_{1,2} = -\frac{p}{2} \pm \sqrt{\left(\frac{p}{2}\right)^2 - q}$$

$$= -\frac{p}{2} \pm \sqrt{\frac{p^2}{4} - q}$$

2.2 Diskriminante (D) [9.5]:

$$D = \left(\frac{p}{2}\right)^2 - q$$

Für die Diskriminante ergeben sich:
- zwei verschiedene Nullstellen für $D > 0$
- eine (Doppel-) Nullstelle für $D = 0$
- keine (reelle) Nullstellen für $D < 0$

2.3 Scheitelpunkt des Graphen von f [9.5]:

$$S\left(-\frac{p}{2};\ -\frac{p^2}{4} + q\right)$$

3. Spezialfälle der quadratischen Funktionen [9.5]:

Wird die Normalform

$$y = f(x) = x^2 + px + q$$

durch die quadratische Ergänzung ($(p/2)^2$ - Quadrat des halben Koeffizienten vom linearen Glied - erweitert, so ergibt sich die Scheitelpunktform. Aus dieser Form kann man den Scheitelpunkt **S(-d;e)** direkt ablesen.

$$y = f(x) = \left(x + \frac{p}{2}\right)^2 + \left(q - \frac{p^2}{2}\right) \quad für: d = \frac{p}{2} \quad e = q - \frac{p^2}{4}$$

$$y = f(x) = x^2 + px + q = x^2 + px + \left(\frac{p}{2}\right)^2 - \left(\frac{p}{2}\right)^2 + q$$

$$y = f(x) = (x + d)^2 + e$$

3.1 Nullstellen:

$$d = \frac{p}{2} \quad p = 2d \qquad e = q - \frac{p^2}{4} \qquad q = e + \frac{p^2}{4} = e + \frac{(2d)^2}{4}$$

$$x_{1,2} = -\frac{p}{2} \pm \sqrt{\frac{p^2}{4} - q} = -\frac{2d}{2} \pm \sqrt{\frac{(2d)^2}{4} - \left(e + \frac{(2d)^2}{4}\right)}$$

$$x_{1,2} = -d \pm \sqrt{\frac{(2d)^2}{4} - e - \frac{(2d)^2}{4}} \qquad \boxed{x_{1,2} = -d \pm \sqrt{-e}}$$

3.2 Diskriminante:

$$D = \left(\frac{p}{2}\right)^2 - q = \frac{p^2}{4} - q \qquad\qquad p = 2d \qquad q = e + \frac{p^2}{4} = e + \frac{(2d)^2}{4}$$

$$D = \frac{(2d)^2}{4} - \left(e + \frac{(2d)^2}{4}\right) \qquad D = \frac{(2d)^2}{4} - e - \frac{(2d)^2}{4} \qquad \boxed{D = -e}$$

3.3 Spezialfälle:

$$y = f(x) = x^2 \qquad\qquad S(0;0)$$

$$y = f(x) = (x+d)^2 \qquad\qquad S(-d;0)$$

$$y = f(x) = (x+d)^2 + e \qquad\qquad S(-d;e)$$

Tabelle II_9.3.1: Spezialfälle der quadratischen Funktion

Nr.	Spezialfälle	Definitionsbereich	Wertebereich	Bemerkungen
1.	Normalparabel : $y = x^2$	$(-\infty; +\infty)$	$\langle 0 ; +\infty)$	
2.	$y = ax^2 + c$ $(f_1(x), (f_4(x))$	$(-\infty; +\infty)$	$a > 0: \langle c ; +\infty)$	Minimum: $y = f(0) = c$ ($\uparrow$ Abbildung II_9.3.1)
3.	$y = ax^2 + c$ $(f_1(x), (f_4(x))$	$(-\infty; +\infty)$	$a < 0: (-\infty; c\rangle$	Maximum: $y = f(0) = c$ ($\uparrow$ Abbildung II_9.3.1)
4.	$y = (x+d)^2 + e$ $(f_3(x), (f_6(x))$	$(-\infty; +\infty)$	$\langle e ; +\infty)$	Minimum: $y = f(-d) = e$ ($\uparrow$ Abbildung II_9.3.1)
5.	Normalform: $y = x^2 + px + q$ $(f_2(x), (f_5(x))$	$(-\infty; +\infty)$	$\langle -p^2/4 + q; +\infty)$	Minimum: $y = f(-p/2) = -p^2/4 + q$ ($\uparrow$ Abbildung II_9.3.1)
		∞ Unendlichzeichen	∞ Unendlichzeichen	

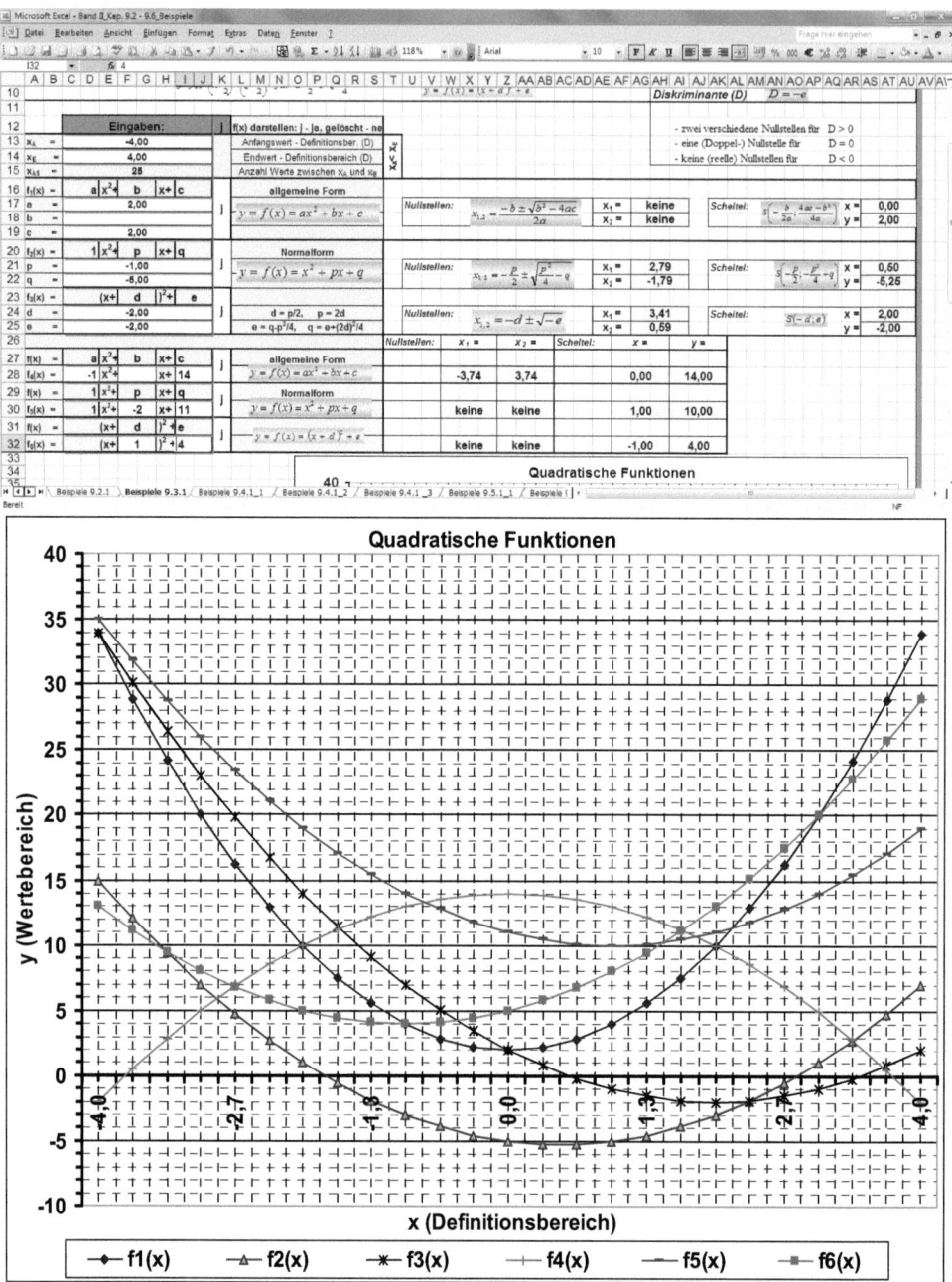

Abbildung II_9.3.1: Spezialfälle der quadratischen Funktion – Eingaben (oben) und grafische Darstellung (unten)

9.4 Potenzfunktionen

9.4.1 Allgemeines – Parabeln, Hyperbeln und Wurzelfunktionen

1. Parabeln [9.6], [9.7]

$$y = f(x) = x^n$$

- für n > 0; ganze Zahlen
- Die Graphen nennt man Parabeln n. Grades

Tabelle II_9.4.1: Fälle der Potenzfunktionen - Parabeln

Nr.	Fälle	Definitionsbereich	Wertebereich	Bemerkungen
1.	$y = x^{2m}$ $m = 1, 2, 3 \dots$ $y = x^2; x^4 \dots$ $(f_1(x), (f_3(x))$	$(-\infty; +\infty)$	$\langle 0 ; +\infty)$	$f(-x) = f(x)$ gerade Funktionen ($\uparrow$ Abbildung II_9.4.1 u. 2)
2.	$y = x^{2m+1}$ $m = 1, 2, 3 \dots$ $y = x^3; x^5 \dots$ $(f_2(x))$	$(-\infty; +\infty)$ ∞ Unendlichzeichen	$(-\infty; +\infty)$ ∞ Unendlichzeichen	$f(-x) = -f(x)$ ungerade Funktionen ($\uparrow$ Abbildung II_9.4.1 u. 2)

Nullstellen: $x_0 = 0$

Gemeinsame Punkte aller Graphen: $(-1; 1), (0; 0), (1; 1)$ **für n = 2m**

                                           $(-1; -1), (0; 0), (1; 1)$ **für n = 2m+1**

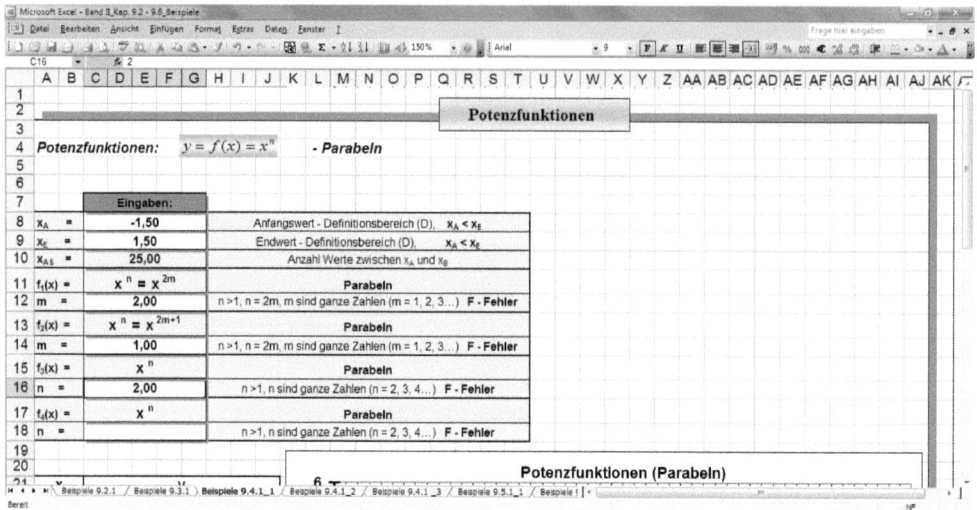

Abbildung II_9.4.1: Eingaben für Parabeln

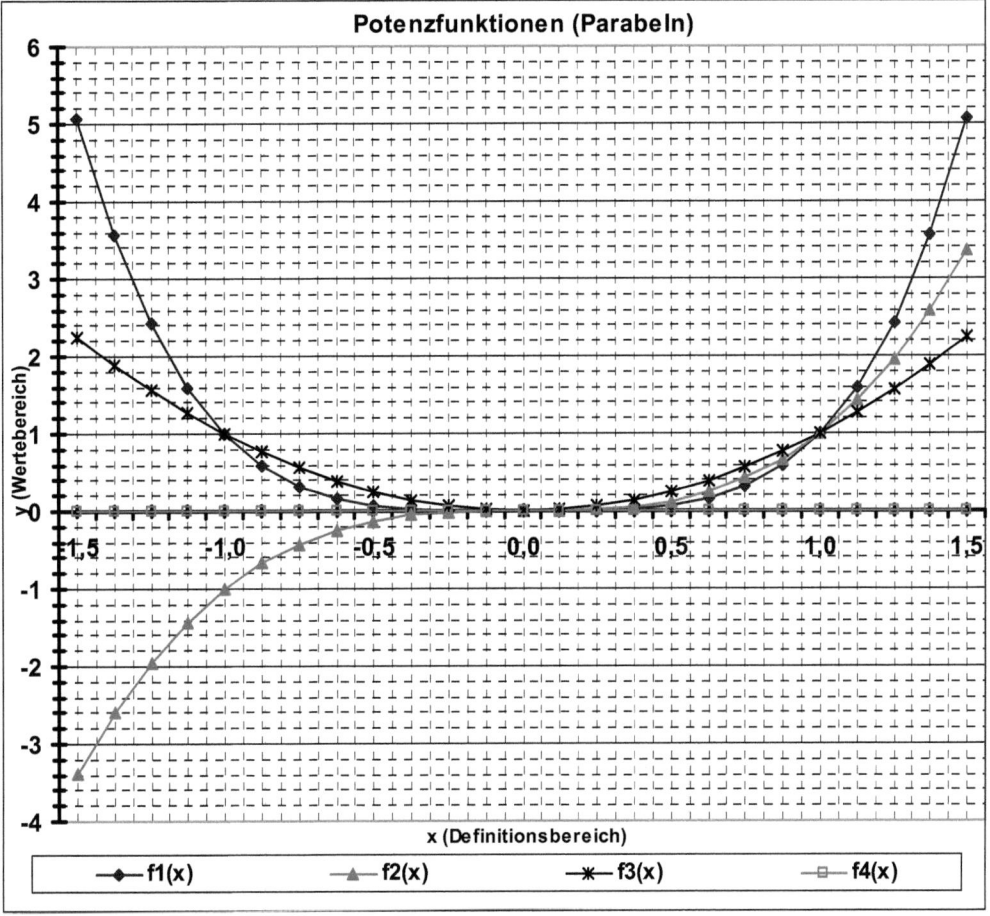

Abbildung II_9.4.2: Grafische Darstellung der Parabeln

2. Hyperbeln [9.6], [9.7]

$$y = f(x) = x^n$$

- für n < 0; ganze Zahlen;
  x ≠ 0

- Die Graphen nennt man
  Hyperbeln

Tabelle II_9.4.2: Fälle der Potenzfunktionen - Hyperbeln

Nr.	Fälle	Definitionsbereich	Wertebereich	Bemerkungen
1.	$y = x^{-2m}$ $m = 1, 2, 3 \ldots$ $y = 1/x^2; 1/x^4 \ldots$ $(f_1(x), (f_4(x))$	$(-\infty; 0)$ $(0; +\infty)$	$(0; +\infty)$	$f(-x) = f(x)$ ($\uparrow$ Abbildung II_9.4.3 u. 4)
2.	$y = x^{-2m-1}$ $m = 1, 2, 3 \ldots$ $y = 1/x^3; 1/x^5 \ldots$ $(f_2(x))$	$(-\infty; 0)$ $(0; +\infty)$ ∞ Unendlichzeichen	$(-\infty; 0)$ $(0; +\infty)$ ∞ Unendlichzeichen	$f(-x) = -f(x)$ ($\uparrow$ Abbildung II_9.4.3 u. 4)

1. Nullstellen: **keine**

2. Gemeinsame Punkte aller Graphen: **(-1; 1), (1; 1)**   **für n = -2m**

                                                  (-1; -1), (1; 1)   **für n = -2m-1**

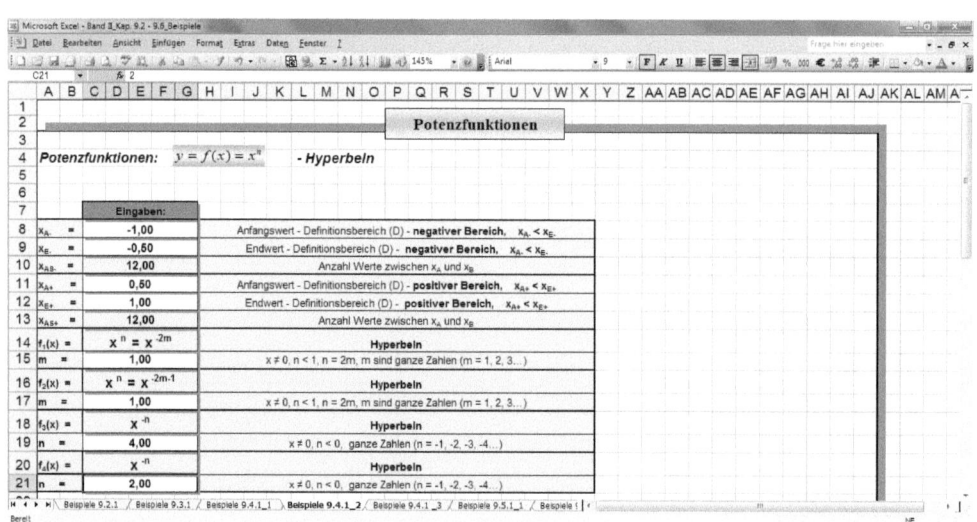

Abbildung II_9.4.3: Eingaben für Hyperbeln

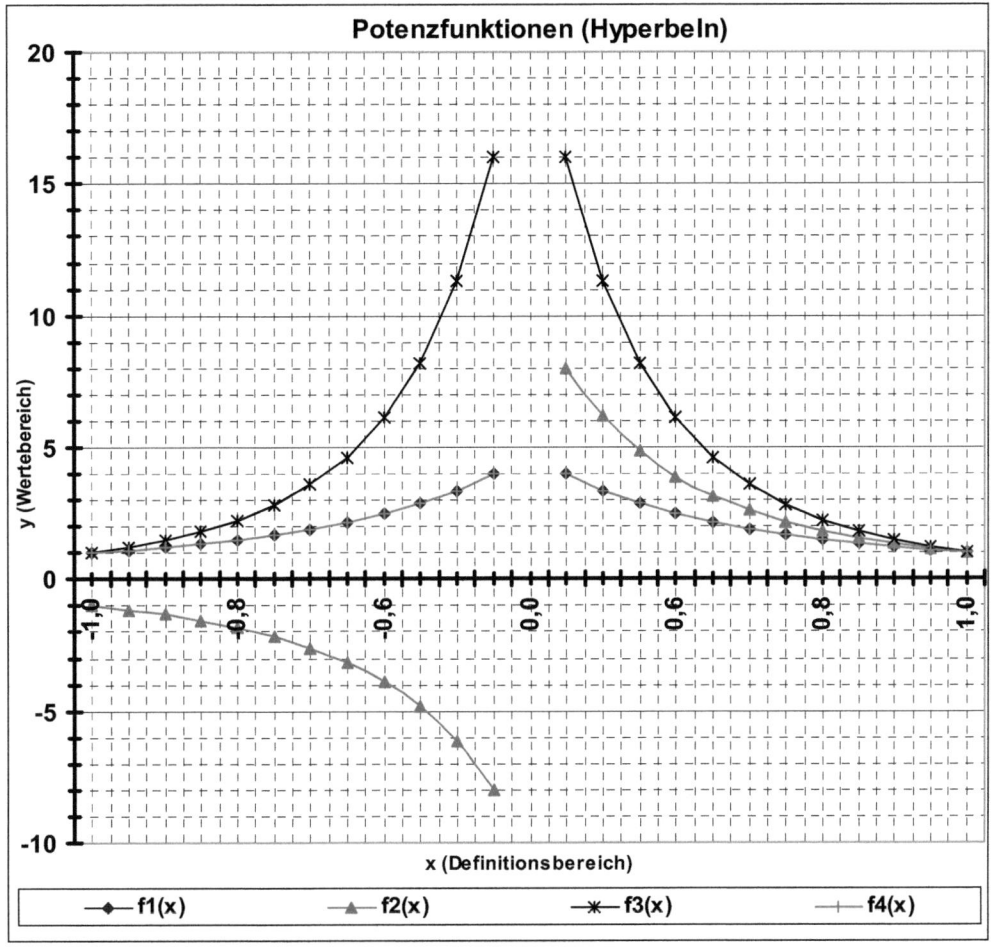

Abbildung II_9.4.4: Grafische Darstellung der Hyperbeln

3. Wurzelfunktionen [9.8]

$$y = f(x) = x^n = x^{\frac{p}{q}} = \sqrt[q]{x^p}$$

n = p/q;
p, q sind ganze Zahle,
q > 0,
p nicht Vielfaches von q

Tabelle II_9.4.3: Fälle der nichtrationalen Potenzfunktionen

Nr.	Fälle	Definitionsbereich	Wertebereich	Bemerkungen
1.	$y = x^{p/q}$ $p > 0$ $y = x^{1/2} = \sqrt{x}$ $(f_1(x),\ (f_3(x))$	$\langle 0\ ;\ +\infty)$	$\langle 0\ ;\ +\infty)$	($\uparrow$ Abbildung II_9.4.5 u. 6)
2.	$y = x^{p/q} = x^{-p/q}$ $p < 0$ $y = x^{-1/2} = 1/\sqrt{x}$ $(f_2(x),\ (f_4(x))$	$(0\ ;\ +\infty)$ ∞ Unendlichzeichen	$(0\ ;\ +\infty)$ ∞ Unendlichzeichen	($\uparrow$ Abbildung II_9.4.5 u. 6)

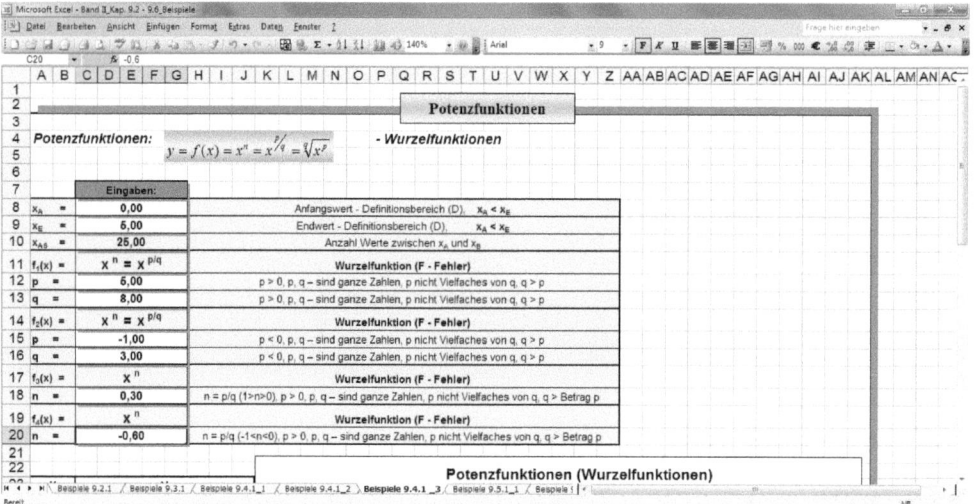

Abbildung II_9.4.5: Eingaben für Wurzelfunktionen

1. Nullstellen: $x_0 = 0$

2. Gemeinsame Punkte aller Graphen: **(1; 1)**   **für** $y = x^{p/q}$
                                            ($\uparrow$ Abbildung II_9.4.6)
                                            (1; -1)   **für** $y = -x^{p/q}$
(kein Graph in Abbildung II_9.4.6 vorhanden)

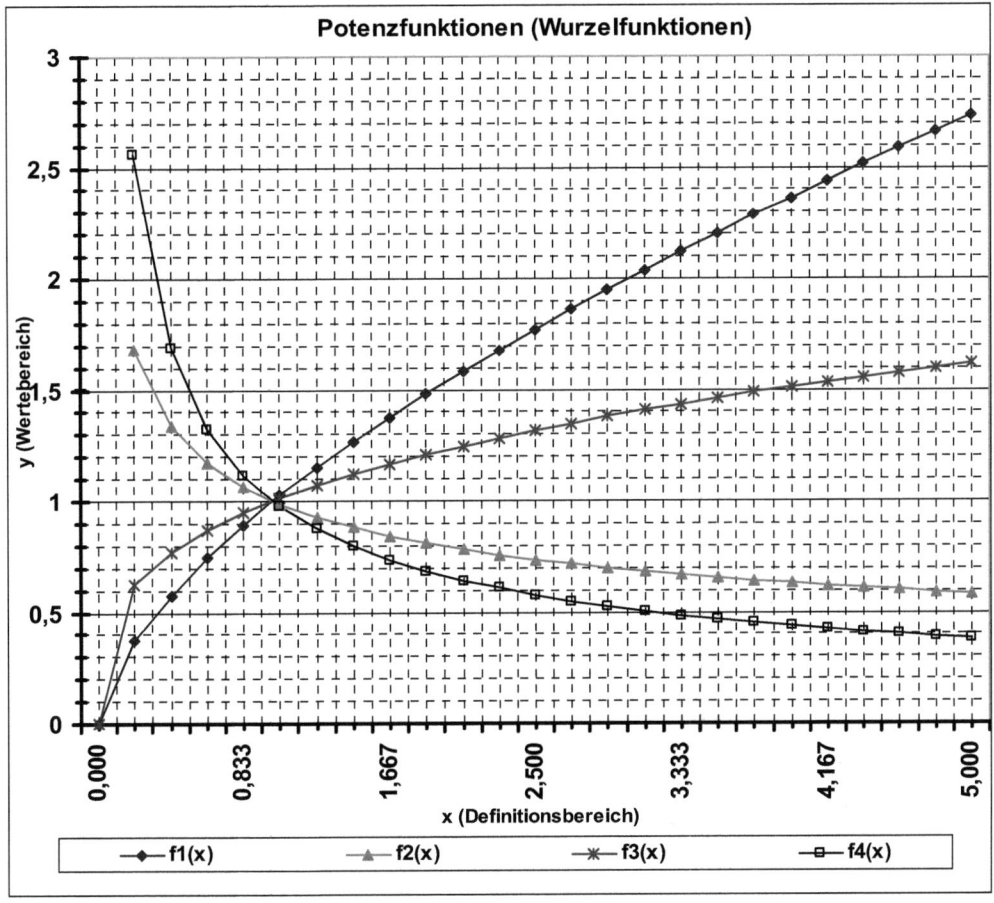

Abbildung II_9.4.6: Grafische Darstellung der Wurzelfunktionen

9.5 Exponential- und Logarithmusfunktionen

9.5.1 Allgemeines - Exponential- und Logarithmusfunktionen

1. Exponentialfunktionen [9.9], [9.10]

$$y = f(x) = a^x$$

$$a > 0; \ a \neq 1$$

Tabelle II_9.5.1: Exponentialfunktionen

Nr.	Fälle	Definitionsbereich	Wertebereich	Bemerkungen
1.	$y = a^x$ $a > 1$ $(f_1(x))$	$(-\infty\,;\,+\infty)$	$\langle 0\,;\,+\infty)$	(↑ Abbildung II_9.5.1 u. 2)
2.	$y = a^x$ $0 < a < 1$ $(f_2(x))$	$(-\infty\,;\,+\infty)$	$\langle 0\,;\,+\infty)$	(↑ Abbildung II_9.5.1 u. 2)
3.	$y = e^x$ $0 < a < 1$ $(f_4(x))$	$(-\infty\,;\,+\infty)$	$\langle 0\,;\,+\infty)$	(↑ Abbildung II_9.5.1 u. 2)
4.	**Spezialfall** $y = 1^x$ $(f_3(x))$	$(-\infty\,;\,+\infty)$	1 (Parallele zur x-Achse)	(↑ Abbildung II_9.5.1 u. 2)
		∞ Unendlichzeichen	∞ Unendlichzeichen	

Nullstellen: **keine**

Gemeinsame Punkte aller Graphen: **(0; 1)**

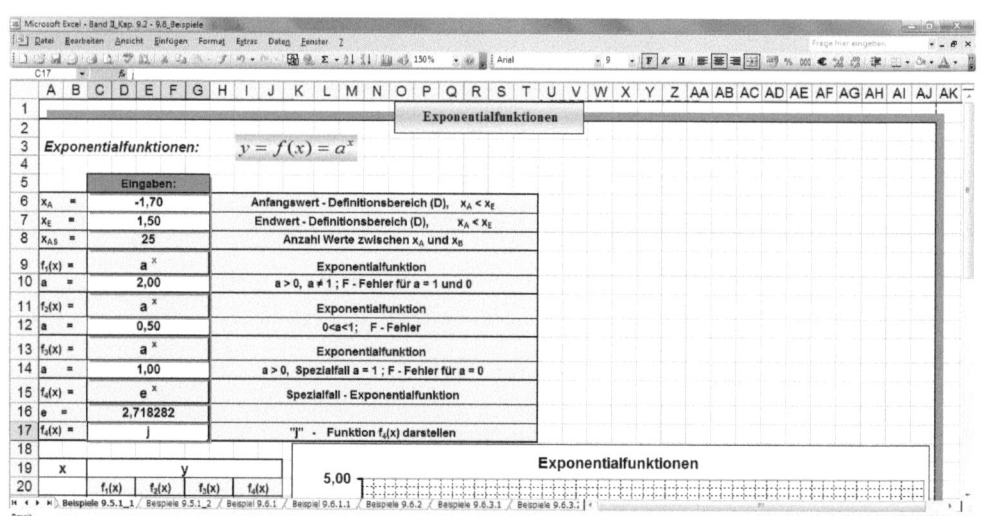

Abbildung II_9.5.1: Eingaben für Exponentialfunktionen

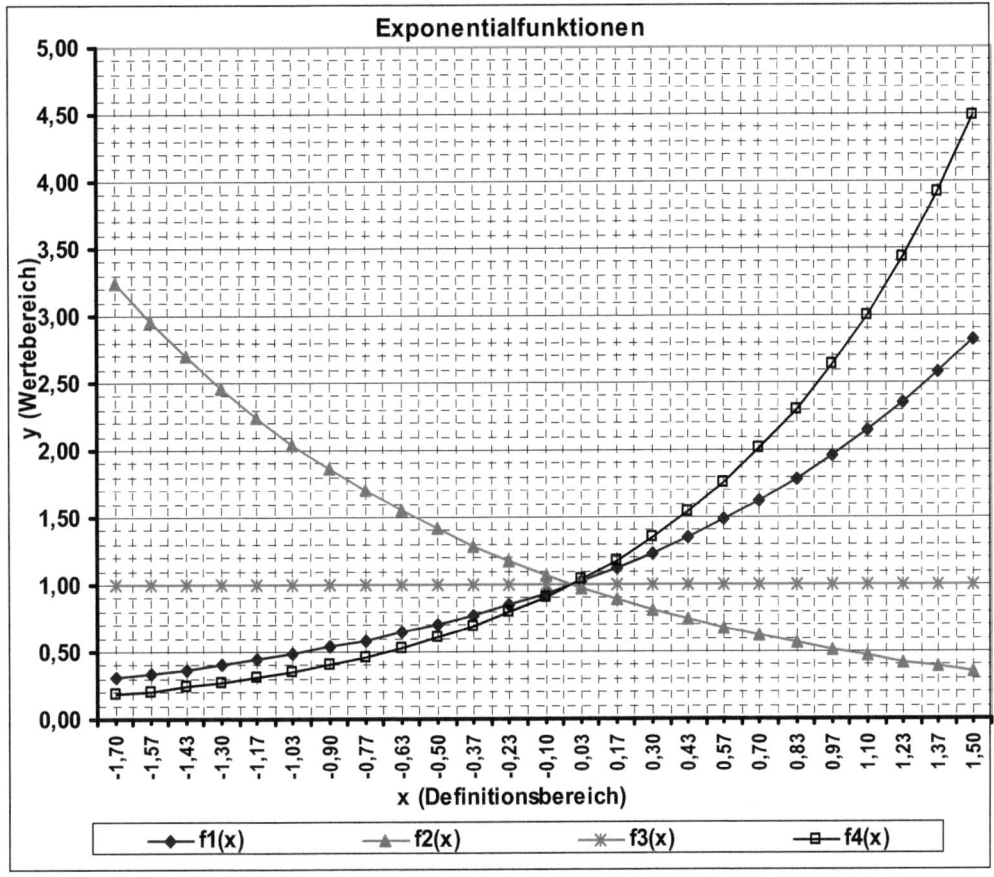

Abbildung II_9.5.2: Grafische Darstellung der Exponentialfunktionen

2. Logarithmusfunktionen [9.11], [9.12]

$$y = f(x) = \log_a x$$

$$a > 0; a \neq 1$$

Nullstellen: $x_0 = 1$

Gemeinsame Punkte aller Graphen: **(1; 0)**

Tabelle II_9.5.2: Logarithmusfunktionen

Nr.	Fälle	Definitionsbereich	Wertebereich	Bemerkungen
1.	$y = \log_a x$ $a > 1$ $(f_3(x) - (f_5(x))$	$(0; +\infty)$	$(-\infty; +\infty)$	(↑ Abbildung II_9.5.3 u. 4)
2.	$y = \log_a x$ $0 < a < 1$	$(0; +\infty)$	$(-\infty; +\infty)$	
3.	$y = \log_{10} x = \lg x$ (dekadischer Logarithmus) $(f_3(x))$	$(0; +\infty)$	$(-\infty; +\infty)$	(↑ Abbildung II_9.5.3 u. 4)
4.	$y = \log_e x = \ln x$ (natürlicher Logarithmus) $(f_5(x))$	$(0; +\infty)$	$(-\infty; +\infty)$	(↑ Abbildung II_9.5.3 u. 4)
5.	$y = \log_2 x = \text{lb } x$ (Basis:2) $(f_4(x))$	$(0; +\infty)$ ∞ Unendlichzeichen	$(-\infty; +\infty)$ ∞ Unendlichzeichen	(↑ Abbildung II_9.5.3 u. 4)

Abbildung II_9.5.3: Eingaben für Logarithmusfunktionen

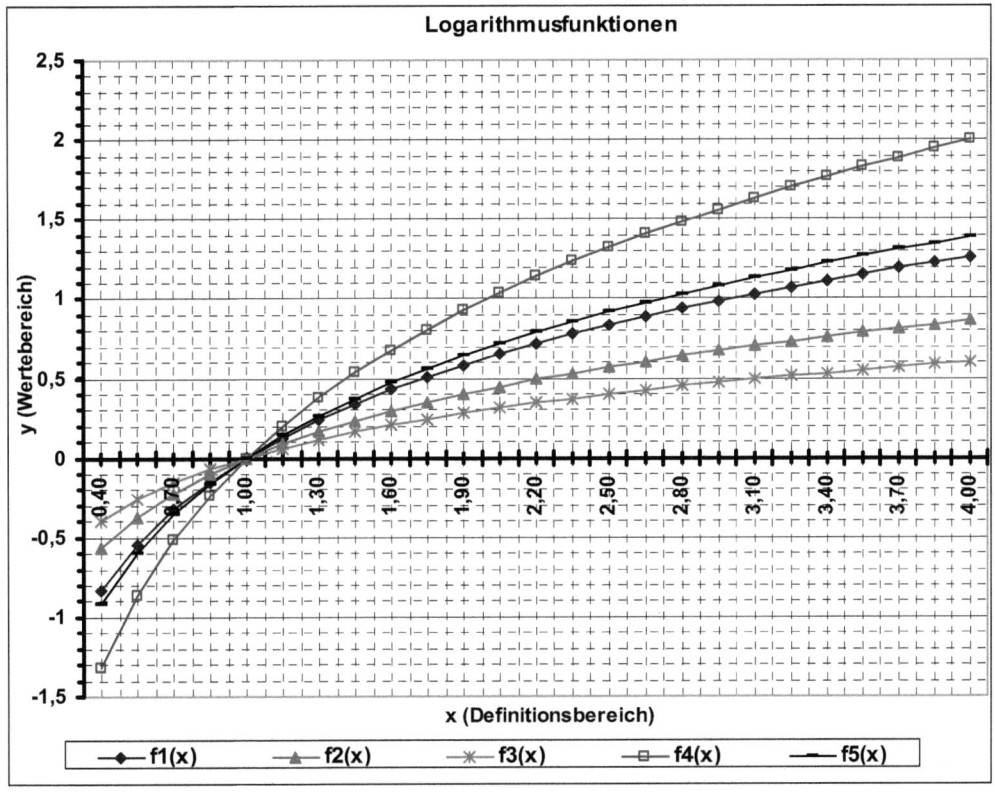

Abbildung II_9.5.4: Grafische Darstellung der Logarithmusfunktionen

9.6 Trigonometrische Funktionen (Winkelfunktionen)

9.6.1 Bogenmaß

Das Bogenmaß [9.13], [9.14] ist der Quotient aus der Bogenlänge und dem Radius am Kreisausschnitt mit dem Winkel α (↑ Abbildung II_9.6.5). Diesem Quotien ordnet man die Maßeinheit **Radiant (rad)** zu.

$$arc\ \alpha = \frac{bo}{r} \quad in\ rad$$

arc α	- arcus alpha
	- Bogenmaß
bo (AP)	- Bogenlänge eines Kreis-ausschnittes
α	- Winkel am Kreisausschnitt
r	- Radius

Herleitung:

Kreisumfang (↑Band II 5.2.1.6 Kreis)

$$U = 2 * \pi * r$$

$U = 2 * \pi * r \quad r = 1 (Einheitskreis)$

$U = 2\pi$

$360°(Vollkreis) = 2\pi$

$180°(Halbkreis) = \pi$

Zusammenhang zwischen Bogenmaß und Grad

$$\frac{bo}{\pi} = \frac{\alpha}{180°}$$

Umrechnung von Bogenmaß in Grad

$$\alpha = \frac{180° * bo}{\pi} \quad in \; ° \; (Grad)$$

Umrechnung von Grad in Bogenmaß

$$bo = \frac{\alpha * \pi}{180°} \quad in \; rad$$

Tabelle II_9.6.1: Bogenmaße für ausgewählte Winkel

Grad	0°	30°	45°	60°
Bogenmaß in rad	0	$\pi/6 \approx 0{,}5236$	$\pi/4 \approx 0{,}7854$	$\pi/3 \approx 1{,}0472$
Grad	90°	180°	270°	360°
Bogenmaß in rad	$\pi/2 \approx 1{,}5708$	$\pi \approx 3{,}1416$	$3\pi/2 \approx 4{,}7124$	$2\pi \approx 6{,}2832$

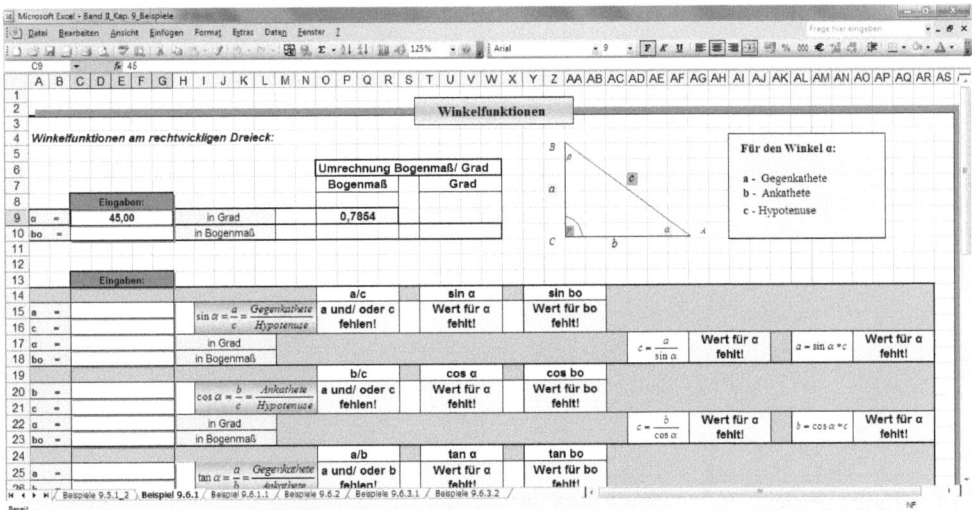

Abbildung II_9.6.1: Umrechnung von Grad in Bogenmaß

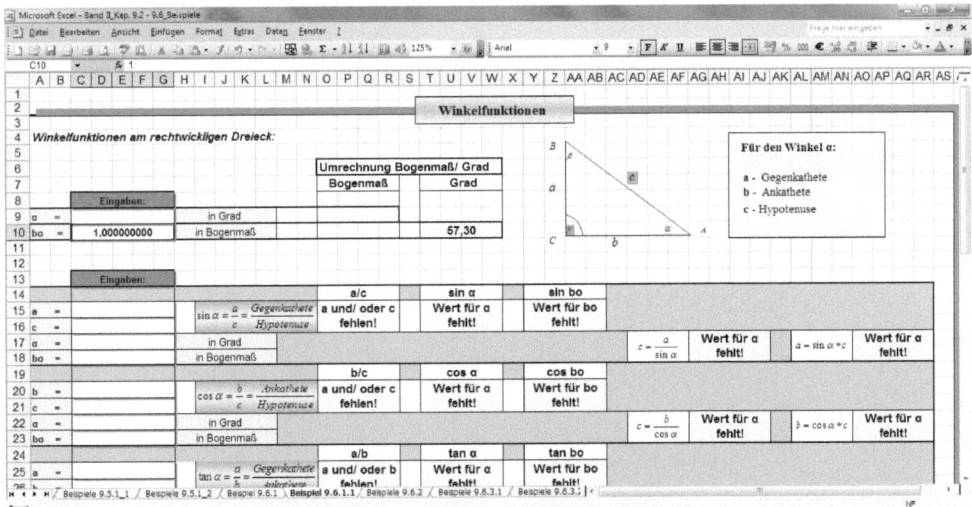

Abbildung II_9.6.2: Umrechnung von Bogenmaß in Grad

9.6.1.1 Winkel bei 1 rad

Bei welchem Winkel ist die Bogenlänge gleich dem Radius? Betrachtet man den Einheitskreis (r = 1), so ist die Bogenlänge auch eins.

Lösung:

$$\alpha = \frac{180° * bo}{\pi} = \frac{180°}{\pi} \approx 57{,}3°$$

Der Winkel bei 1 rad [9.14] hat einen Wert von **57,3°** (↑ Abbildung II_9.6.2).

9.6.2 Trigonometrie am rechtwinkligen Dreieck

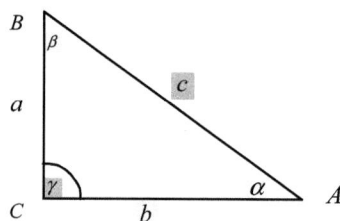

Für den Winkel α:
a - Gegenkathete
b - Ankathete
c - Hypotenuse

Abbildung II_9.6.3: Rechtwinkliges Dreieck

Die trigonometrischen Funktionen [9.15], [9.16] werden zunächst am rechtwinkligen Dreieck (ACB) betrachtet. Als Bezeichnungen (↑ Kapitel 5) für die Katheten ergeben sich An- und Gegenkathete, je nachdem, ob die Kathete dem betrachteten Winkel an- oder gegenüberliegt.

Der **Sinus** eines Winkels x:

$$\sin \alpha = \frac{a}{c} = \frac{Gegenkathete}{Hypotenuse} \qquad c = \frac{a}{\sin \alpha} \qquad a = \sin \alpha * c$$

Der **Kosinus** eines Winkels x:

$$\cos \alpha = \frac{b}{c} = \frac{Ankathete}{Hypotenuse} \qquad c = \frac{b}{\cos \alpha} \qquad b = \cos \alpha * c$$

Der **Tangens** eines Winkels x:

$$\tan \alpha = \frac{a}{b} = \frac{Gegenkathete}{Ankathete} \qquad b = \frac{a}{\tan \alpha} \qquad a = \tan \alpha * b$$

Der **Kotagens** eines Winkels x:

$$\cot \alpha = \frac{b}{a} = \frac{Ankathete}{Gegenkathe\ te} \qquad a = \frac{b}{\cot \alpha} \qquad b = \cot \alpha * a$$

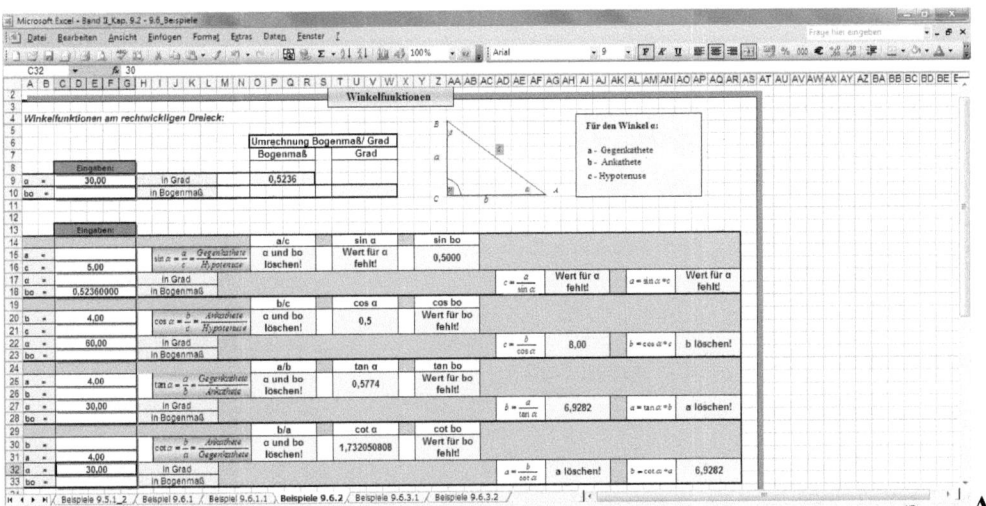

bbildung II_9.6.4: Berechnungen mit den Winkelfunktionen

9.6.3 Winkelfunktionen

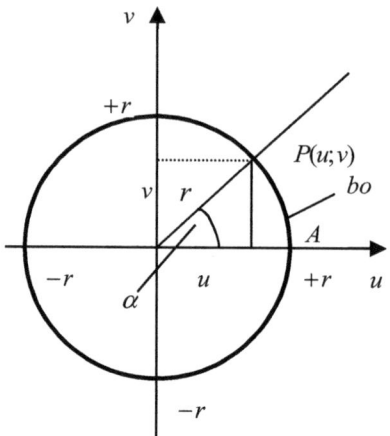

Der Punkt P (u, v) entsteht durch den freien Schenkel des Winkels α mit der Kreislinie.

Abbildung II_9.6.5: Winkelfunktionen [9.15], [9.16] **am Kreis**

Tabelle II_9.6.2: Übersicht zu den Winkelfunktionen

Nr.	Fälle	Definitionsbereich	Wertebereich	Bemerkungen
1.	$y = \sin \alpha = {}^v/_r$ ($f_1(x)$)	$(-\infty ; +\infty)$	$\langle -1; +1 \rangle$ (Radius $r = 1$)	(↑Abbildung II_9.6.6 u. 7)
2.	$y = \cos \alpha = {}^u/_r$ ($f_2(x)$)	$(-\infty ; +\infty)$	$\langle -1; +1 \rangle$ (Radius $r = 1$)	(↑Abbildung II_9.6.6 u. 7)
3.	$y = \tan \alpha = {}^v/_u$ ($f_1(x)$)	$(-\infty ; +\infty)$ $x \neq (2k+1)\,\pi/2$ $k =$ ganze Zahl	$(-\infty ; +\infty)$	(↑Abbildung II_9.6.8 u. 9)
4.	$y = \cot \alpha = {}^u/_v$ ($f_2(x)$)	$(-\infty ; +\infty)$ $x \neq k\pi$ $k =$ ganze Zahl ∞ Unendlichzeichen	$(-\infty ; +\infty)$ ∞ Unendlichzeichen	(↑Abbildung II_9.6.8 u.9)

9.6.3.1 Sinus- und Kosinusfunktionen

1. Sinusfunktion

$y = \sin x$

Definitionsbereich: reelle Zahlen   **Wertebereich:** $\langle -1; +1 \rangle$
Periode: 2π
Nullstellen: $x_k = k\pi$ (k ganze Zahlen)
            $\sin (x + 2k\pi) = \sin x$

Allgemeine Form: **y = a sin (bx+c)**

                       Nullstellen: $x_k = (k\pi - c)/b$ (k ganze Zahlen)

                       Periode: $2\pi/b$

Die Kurve von $y = a \sin (bx+c)$ ist gegenüber der Kurve von $y = \sin x$ um c/b (> 0) auf der x-Achse in negativer Richtung verschoben.

2. Kosinusfunktion

                       y = cos x

Definitionsbereich: reelle Zahlen   **Wertebereich:**   ‹ -1; + 1 ›

   Periode: 2π, denn

Nullstellen: $x_k = (2k+1)\pi/2$ (k ganze Zahlen)

                      cos (x+2kπ) = cos x

Der Graph der Kosinusfunktion entsteht aus der Sinusfunktion durch Verschieben durch $\pi/2$.

                     cos x = sin (x+π/2)

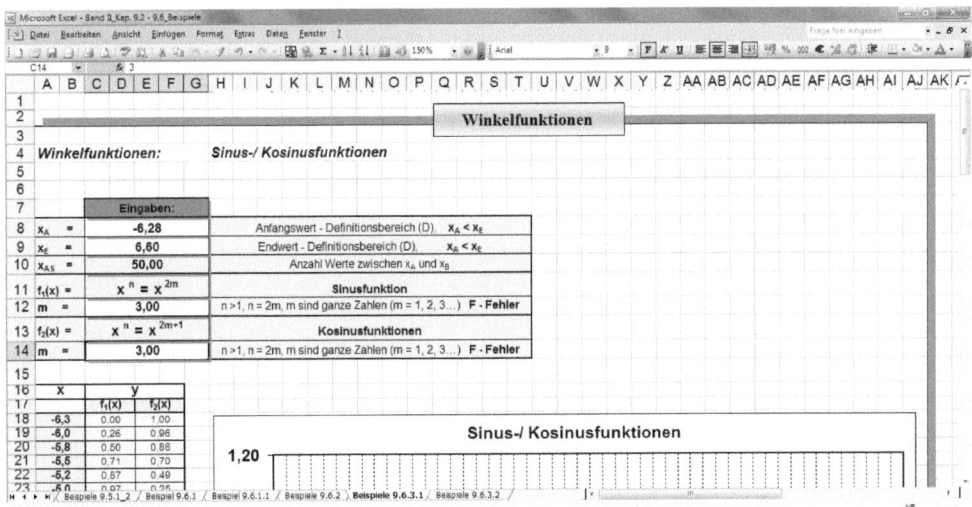

Abbildung II_9.6.6: Eingaben für eine Sinus- und Kosinusfunktion

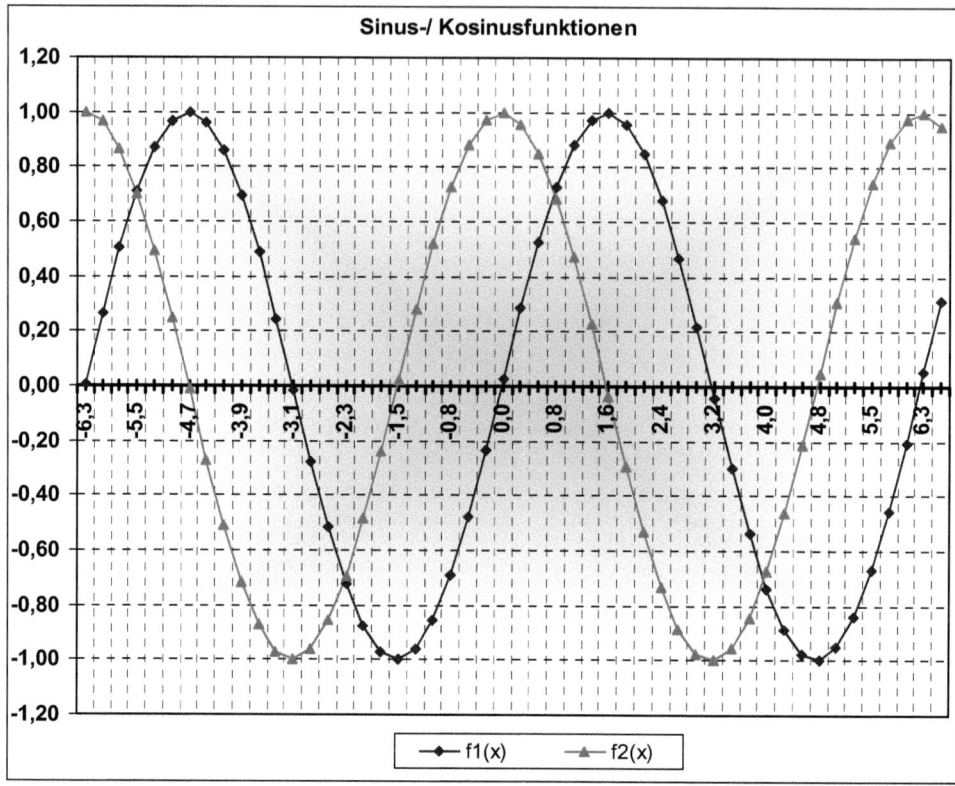

Abbildung II_9.6.7: Grafische Darstellung einer Sinus- und Kosinusfunktion

9.6.3.2 Tangens- und Kotangensfunktionen

1. Tangensfunktion

$$y = \tan x = \sin x / \cos x$$

Definitionsbereich: reelle Zahlen   **Wertebereich:**   reelle Zahlen
$x_k \neq (2k+1)\pi/2$ (k ganze Zahlen)
Die Funktion ist nur dort definiert, wo die Kosinusfunktion
keine Nullstellen hat.

Periode: π

Nullstellen: $x_k = k\pi$ (k ganze Zahlen)
Die Nullstellen stimmen mit denen der Sinusfunktion überein.
$\tan (x+k\pi) = \tan x$

2. Kotangensfunktion

$$y = \cot x = \cos x / \sin x$$

Definitionsbereich: reelle Zahlen   **Wertebereich:**   reelle Zahlen

$x_k \neq k\pi$ (k ganze Zahlen)

Die Funktion ist nur dort definiert, wo die Sinusfunktion keine Nullstellen hat.

Periode: π

Nullstellen: $x_k = k\pi$ (k ganze Zahlen)

Die Nullstellen stimmen mit denen der Kosinusfunktion überein.

$$\cot (x+k\pi) = \cot x$$

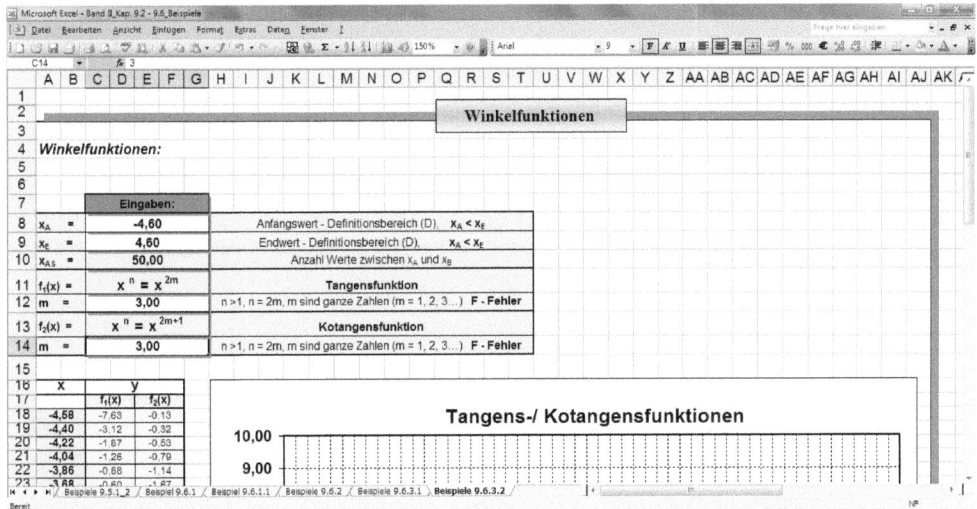

Abbildung II_9.6.8: Eingaben für eine Tangens- und Kotangensfunktion

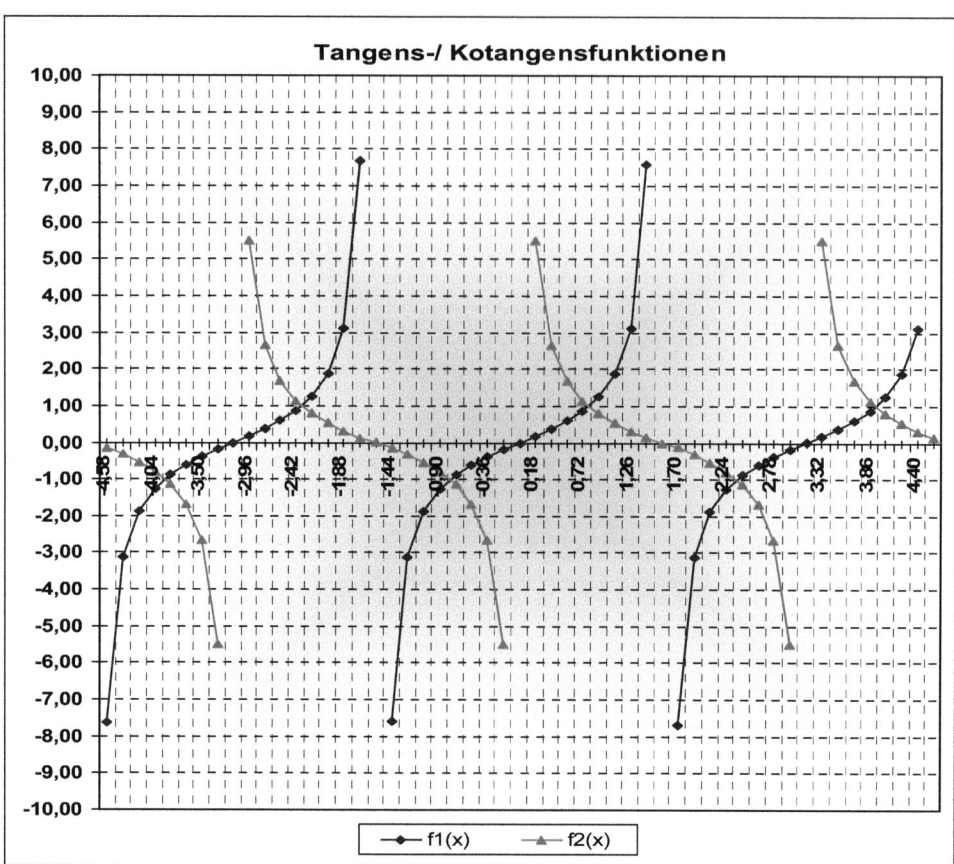

Abbildung II_9.6.9: Grafische Darstellung für eine Tangens- und Kotangensfunktion

9.7 Übungsaufgaben zu den mathematischen Funktionen

Lineare Funktionen:

9.7.1 Bestimmen Sie BMI-Werte für einen 1,77 m großen Mann im Gewichtsbereich von 77,5 bis 79,5 kg. Die BMI-Werte sind grafisch darzustellen.

9.7.2 Ein Fahrzeug hat zum vorausfahrenden Fahrzeug einen Abstand von 40 m. Mit welcher Geschwindigkeit darf das Fahrzeug fahren, damit bei einer Abstandskontrolle kein Verstoß vorliegt.

9.7.3 Eine 40 W Glühlampe soll durch eine 9 W Energiesparlampe ersetzt werden. Die Energiesparlampe leuchtet fünf Stunden am Tag und soll 2 Jahre genutzt werden. Die Glühlampe (Lebensdauer: 1.000 h) kostet 0,50 Euro, die Energiesparlampe (Lebensdauer: 8.000 h) 8,70 Euro und die Kilowattstunde 0,25 Euro. Welche Kosten entstehen für beide Lampen während der Nutzung und nach welcher Zeit hat sich die Energiesparlampe amortisiert?

Quadratische Funktionen

9.7.4 Ein Fahrzeug fährt mit einer Geschwindigkeit von 100 km/h und wird bis zum Stillstand abgebremst. Die Bremsverzögerung liegt bei 6,5 m/s^2. Bestimmen Sie den Anhalteweg des Fahrzeuges.

Potenzfunktionen:

9.7.5 Bei einer monatlichen Rate von 100 Euro und Verzinsungen von zwei, drei, fünf und acht Prozent sind die Kapitalerträge von 40- und 55-jährigen Sparern bis zum Renteneintritt (67 Jahre) zu berechnen.
(↑ Band I Beispiel 9.4.1.1 Darstellung des Zinseszinseffektes - Mit Zinseszins zum Millionär)

Exponentialfunktion (e – Funktion):

9.7.6 Für einen 825 Meter hohen Berg ist nach der Höhenformel der Luftdruck zu berechnen (↑ Band I Beispiel 9.5.1.2 Barometrische Höhenformel).

Logarithmusfunktionen:

9.7.7 Der Schalldämpfer eines Autos reduziert den Lärm um 20 dB. Wie empfindet das menschliche Ohr die Lautstärke ohne Schalldämpfer.

9.8 Lösungen zu den Übungsaufgaben mathematische Funktionen

zu 9.7.1: **BMI-Werte** für einen **1,77 m großen Mann**

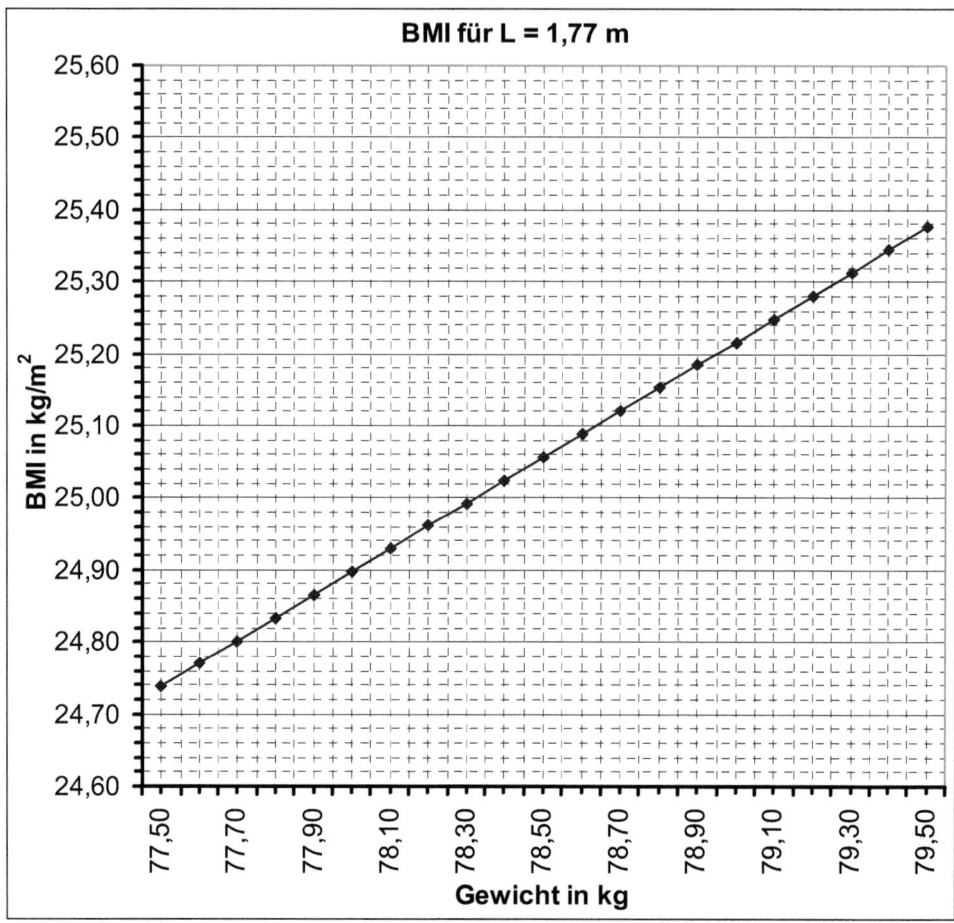

Abbildung II_9.7.1: Lösung der Übungsaufgabe 9.7.1

zu 9.7.2:

$$v = \frac{2 * A}{Q} = \frac{2 * 40}{5/10} = \frac{800}{5} = 160 \quad km \ / \ h$$

Das Fahrzeug darf maximal **160 km/h** fahren, darüber hinaus könnte es zu einem Bußgeld führen.

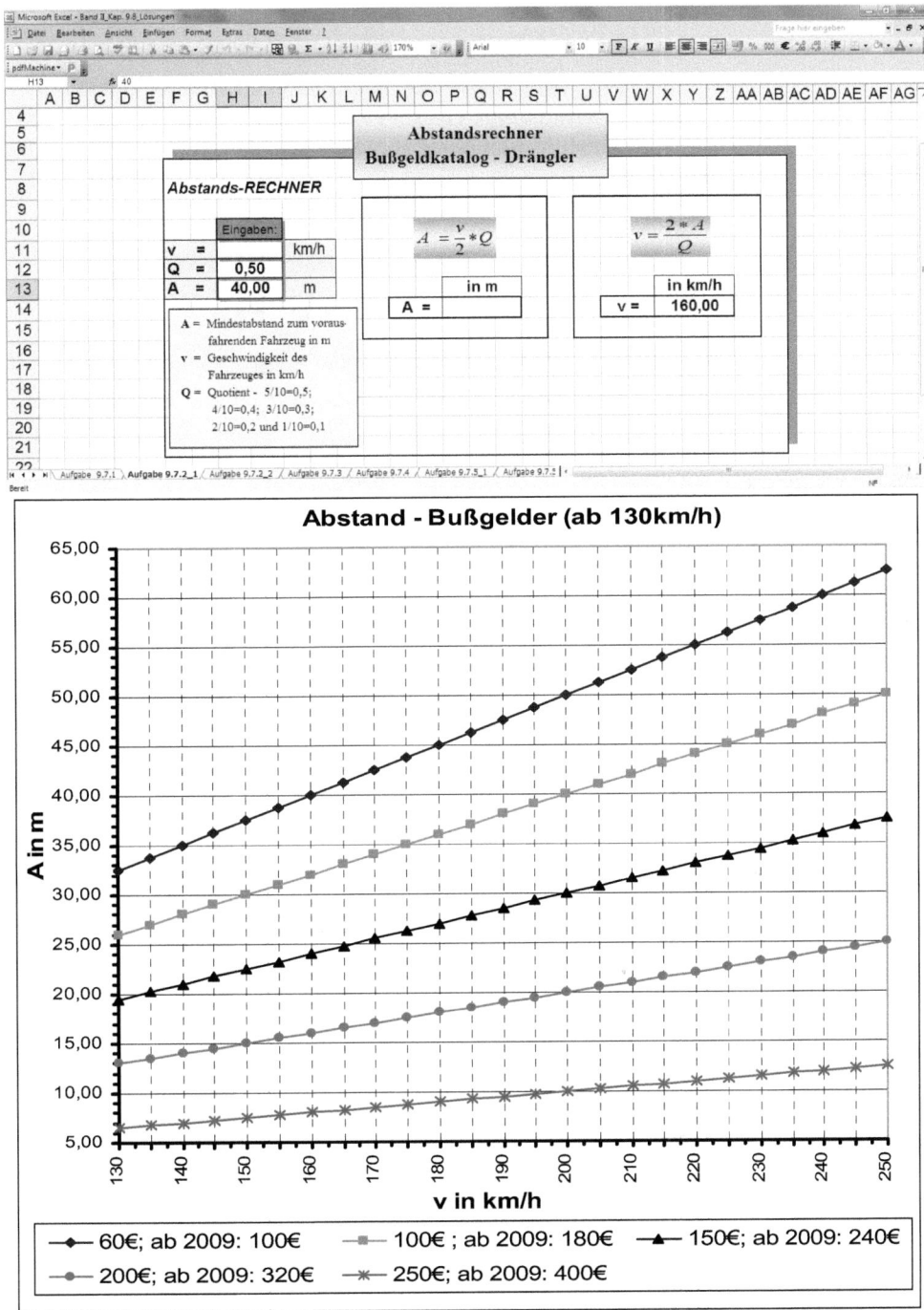

Abbildung II_9.7.2: Lösung der Übungsaufgabe 9.7.2 – Berechnung (oben) und grafische Darstellung (unten)

zu 9.7.3: Die Energiesparlampe hat sich nach **knapp 7 Monaten** amortisiert (Schnittpunkt der Geraden - ↑Abbildung II_9.7.3). Für die Nutzungsdauer von zwei Jahren entstehen folgende Kosten: **Glühlampe circa 38 Euro** und **Energiesparlampe circa 17 Euro** (↑ Abbildung II_9.7.3). Die Knicke in der Gerade bei der Darstellung der Kosten für die Glühlampe entstehen immer dann, wenn eine neue Glühlampe notwendig ist (2 Jahre = 730 h; 730 h * 5 h/Tag = 3.650 h gesamte Brenndauer; 3.650 h : 1.000 h = 3,65 ≈ 4 Glühlampen in zwei Jahre)

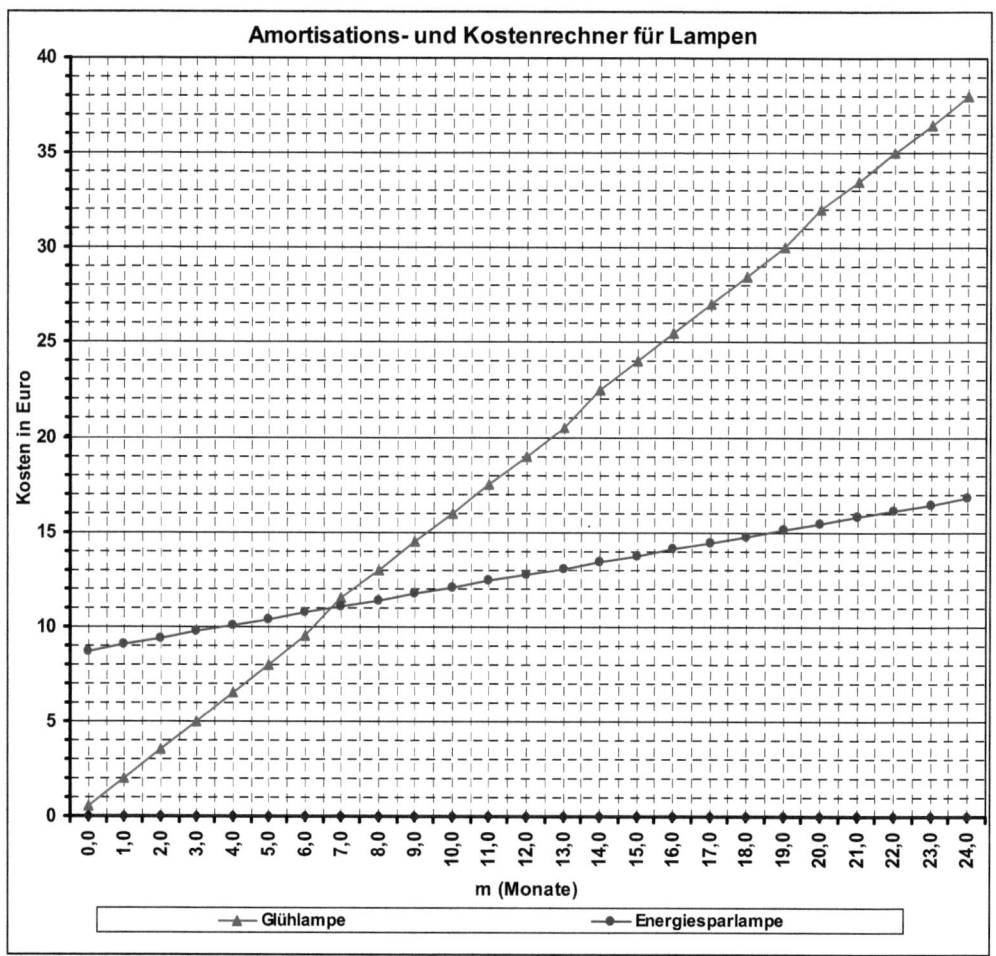

Abbildung II_9.7.3: Lösung der Übungsaufgabe 9.7.3

zu 9.7.4: Das Fahrzeug wird bei einer Geschwindigkeit von 100 km/h mit einem **Anhalteweg** von **circa 87 m** bis zum Stillstand abgebremst.

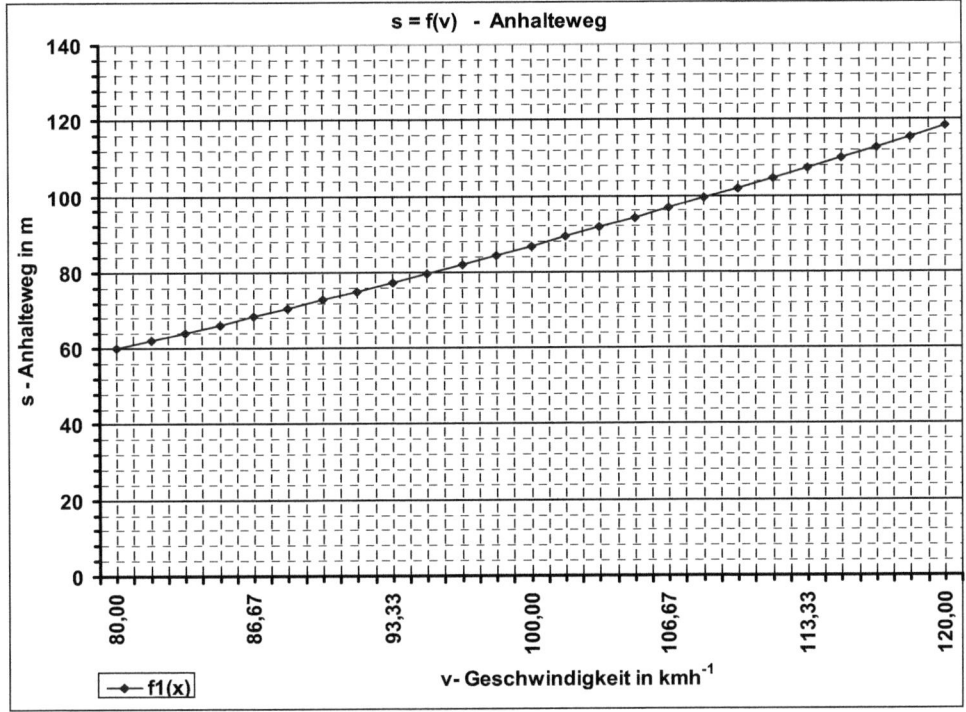

Abbildung II_9.7.4: Lösung der Übungsaufgabe 9.7.4

zu 9.7.5:

Tabelle II_9.7.1

p – Zinssatz in %	Kapital nach 27 Jahren in Euro	Kapital nach 12 Jahren in Euro
2	42.986	16.287
3	49.950	17.351
5	68.604	19.758
8	144.899	24.211

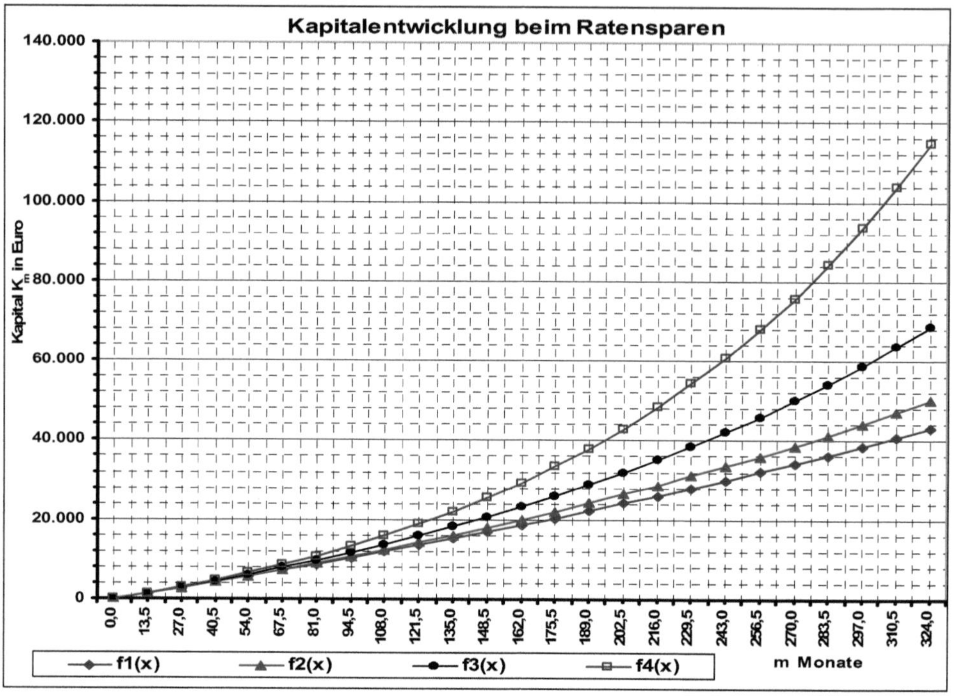

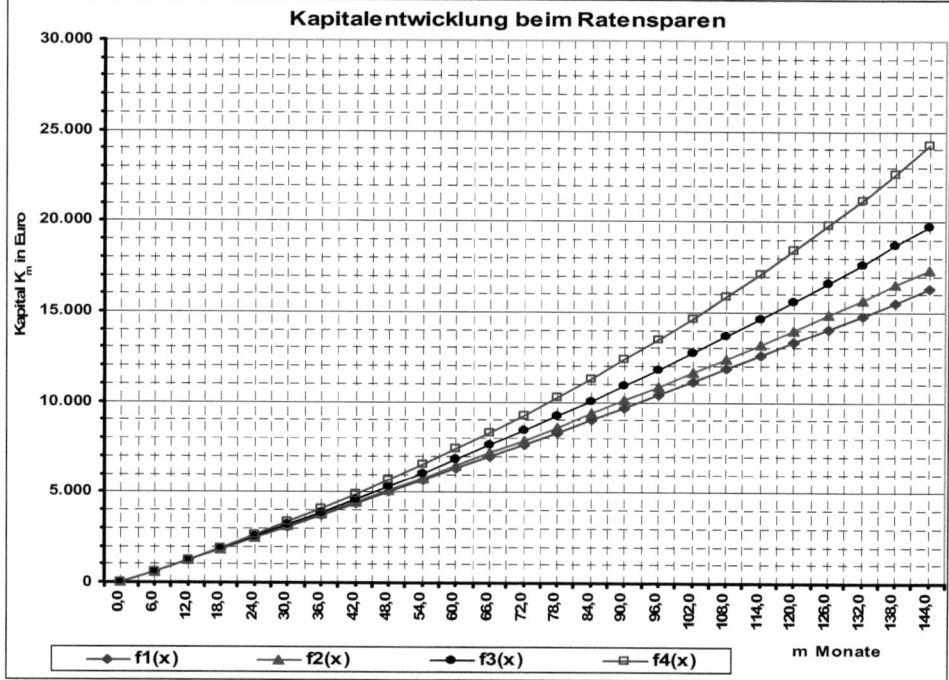

Abbildung II_9.7.5: Lösung der Übungsaufgabe 9.7.5

zu 9.7.6: Aus der unten aufgeführten Abbildung kann man einen Luftdruck von circa 910 mbar (berechneter Wert: 914,05) für den 825 Meter hohen Berg entnehmen.

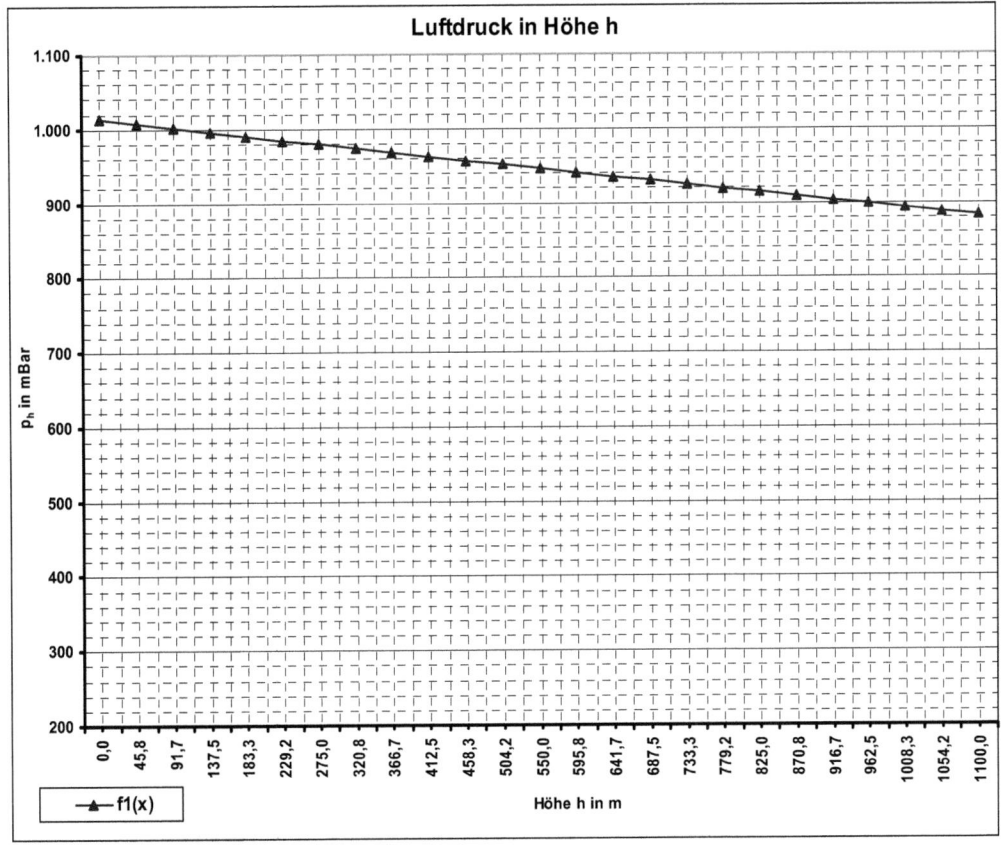

Abbildung II_9.7.6: Lösung der Übungsaufgabe 9.7.6

zu 9.7.7: Der Mensch empfindet Schallpegelerhöhungen um 10 dB als Lautstärkeverdopplung. Ohne Schalldämpfer wäre der Autolärm viermal so laut.

10. Verschiedenes

10.5 Übungsaufgaben zum Kapitel Verschiedenes

10.5.1 Bestimmen Sie die Kochzeit für ein perfektes Frühstücksei (weich). Das Ei hat einen Durchmesser von 36 Millimeter, lagert im Kühlschrank und soll unter normalen Bedingungen gekocht werden

10.5.2 Welche Jahre (1500, 1582, 1700, 2000) sind Schaltjahre?

10.5.3 Am 12. Oktober 1492 entdeckte Christoph Kolumbus die „neue" Welt (Amerika). Berechnen Sie den Wochentag.

10.5.4 Bestimmen Sie den Wochentag vom 10. Oktober 1582.

10.5.5 Berechnen Sie nach der Excel-Zeitrechnung (Beginn: 01.01.1900) die Zahl für den 02.01.2010.

10.5.6 In welchem Sternzeichen liegt der 13. Mai?

10.5.7 Für das Jahr 2014 ist der Ostertermin und der Kalender zu bestimmen.

10.5.8 Ein Marmeladentoast misst 5 x 5 cm und fällt von einem Tisch mit der Höhe von 75 Zentimeter. Landet das Toastbrot auf der Marmeladenseite?

10.6 Lösungen der Übungsaufgaben zum Kapitel Verschiedenes

zu 10.5.1:   Die **Kochzeit** für das Frühstücksei liegt bei **3,47 min (3 min 28 s)**.

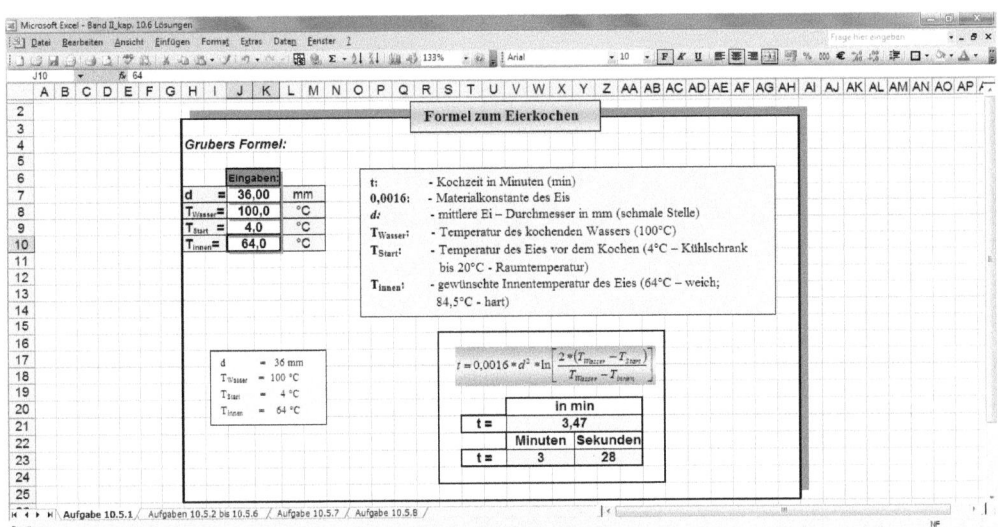

Abbildung II_10.6.1: Lösung der Übungsaufgabe 10.5.1

zu 10.5.2 bis 6:

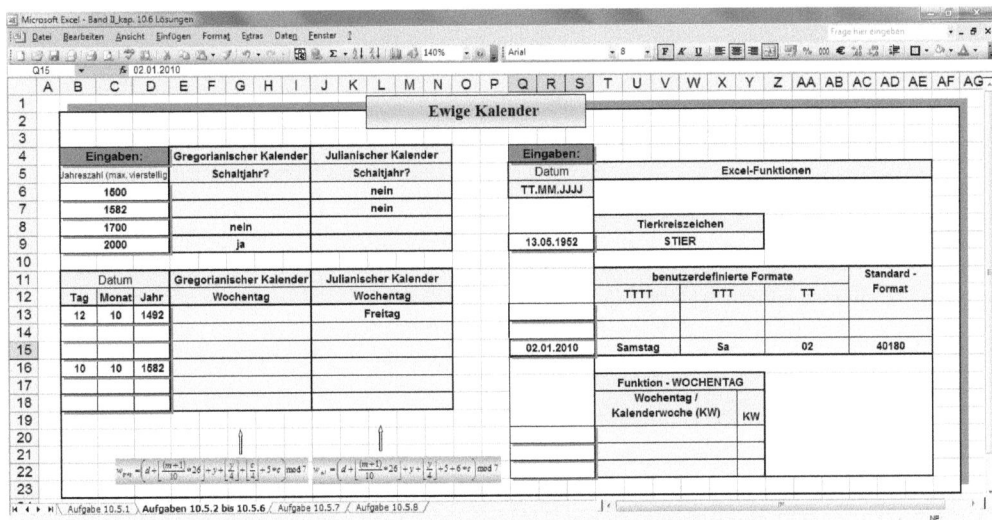

Abbildung II_10.6.2: Lösung der Übungsaufgaben 10.5.2 bis 10.5.6

zu 10.5.2:
Die Jahre 1500,1582, 1700 sind keine **Schaltjahre** und **2000** ist eins.

zu 10.5.3:
Christoph Kolumbus entdeckte Amerika an einem **Freitag** (↑ Abbildung II_10.6.2).

zu 10.5.4:
Das **Datum 10.10.1582 gibt es nicht** (↑ Abbildung II_10.6.2). Im gregorianischen Kalender wurden zehn Tage gestrichen, so folgte auf Donnerstag, den 4. Oktober Freitag, der 15. Oktober 1582.

zu 10.5.5:
Für das Datum 02.01.2010 ergibt sich nach Excel-Zeitrechnung ein Zahlenwert von **40.180** (↑ Abbildung II_10.6.2).

zu 10.5.6:
Der 13. Mai liegt im **Sternzeichen „STIER"** (↑ Abbildung II_10.6.2).

zu 10.5.7:   **Ostersonntag** liegt **2014** auf dem **20. April.**

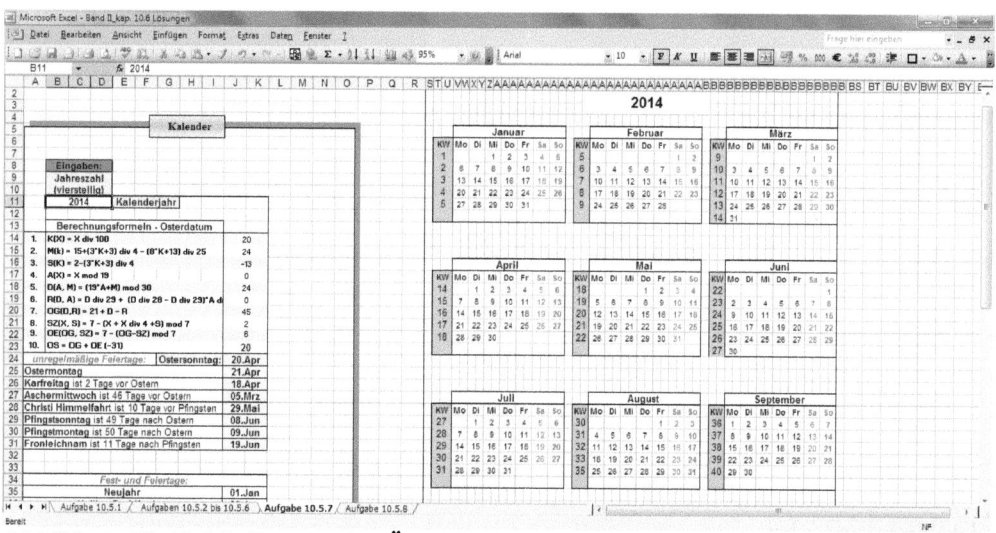

Abbildung II_10.6.3: Lösung der Übungsaufgabe 10.5.7

zu 10.5.8: Der Toast macht **fast eine Umdrehung** und landet somit **nicht** auf der Marmeladenseite.

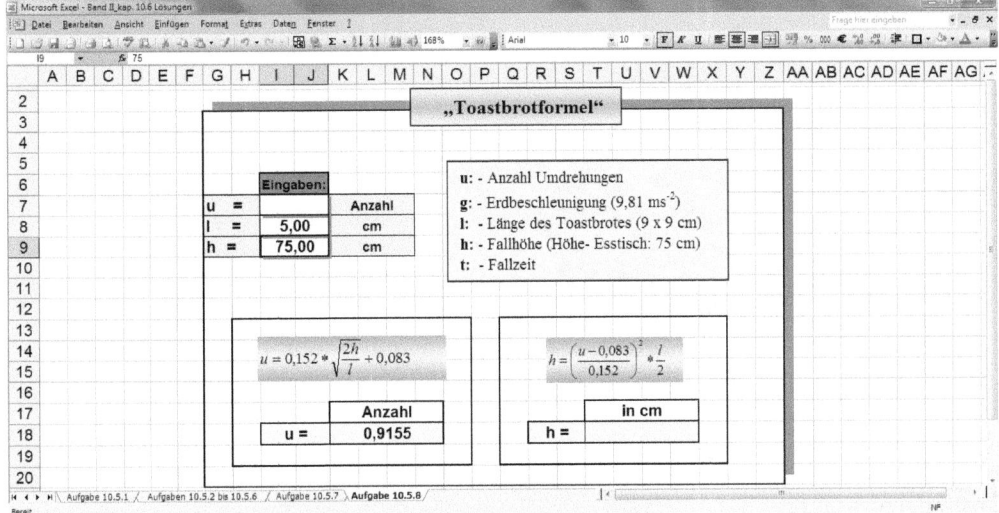

Abbildung II_ 10.6.4: Lösung der Übungsaufgabe 10.5.8

Index

A

B

D

E

Literatur

[1.1]   SCHÜLER-DUDEN Die Mathematik I, 5., neu bearb. Aufl. – 1990,
        S. 422 ff - Stellenwertsystem
[1.2]   SCHÜLER-DUDEN Die Mathematik I, 5., neu bearb. Aufl. – 1990,
        S. 512 ff - Zehnerpotenzen
[1.3]   SCHÜLER-DUDEN Die Mathematik I, 5., neu bearb. Aufl. – 1990,
        S. 401 ff - römische Zahlen
[1.4]   elektronik-kompendum.de - Duales Zahlensystem (Dualsystem)
[1.5]   BCD - Code – Wikipedia
[1.6]   DCF77 – Wikipedia
[1.7]   Electronic Actuell Magazin 7/2008 S.16ff, S. 38
[1.8]   American Standard Code for Information Interchange (ASCII) – Wikipedia
[1.9]   http://elektronik-kompendum.de - Umrechnung der Zahlensysteme
[1.10] http://elektronik-kompendum.de - Hexadezimales Zahlensystem

[2.1]   Addition, Subtraktion, Multiplikation, Division, Potenz, Wurzel - Wikipedia
[2.2]   SCHÜLER-DUDEN Die Mathematik I, 5., neu bearb. Aufl. – 1990,
        S. 129 – Kommutativ-, Assoziativ- und Distributivgesetz
[2.3]   SCHÜLER-DUDEN Die Mathematik I, 5., neu bearb. Aufl. – 1990,
        S. 41 – binomische Formeln
[2.4]   SCHÜLER-DUDEN Die Mathematik I, 5.,   neu bearb. Aufl. – 1990,
        S. 45 ff – Bruchrechnen, Bruchzahlen
[2.5]   SCHÜLER-DUDEN Die Mathematik I, 5., neu bearb. Aufl. – 1990,
        S. 349 – Potenz, S. 351 ff – Potenzregeln
[2.6]   SCHÜLER-DUDEN Die Mathematik I, 5., neu bearb. Aufl. – 1990,
        S. 512 ff – Zehnerpotenzen
[2.7]   SCHÜLER-DUDEN Die Mathematik I, 5., neu bearb. Aufl. – 1990,
        S. 499 ff – Wurzel
[2.8]   SCHÜLER-DUDEN Die Mathematik I, 5., neu bearb. Aufl. – 1990,
        S. 277 – Logarithmenrechnung, S. 279 ff – Logarithmus

[3.1]   SCHÜLER-DUDEN Die Mathematik I, 5., neu bearb. Aufl. – 1990,
        S. 364 ff - Prozentrechnung
[3.2]   Formelsammlung elementare Algebra: Prozentrechnung - Wikipedia
[3.3]   Erbschaftssteuer in Deutschland -Wikipedia
[3.4]   Wirtschaftswoche vom 11.08.2008 Nr. 33 Seite 1 „Brot und Spiele"
[3.5]   Promille -Wikipedia

[4.1]   Jürgen Brück Mathematik für jedermann   © 2009 Compact Verlag München,
        S. 129 ff - Zinsrechnung
[4.2]   Adams/ Oligschläger/ Schenkelberg/ Wamper   Kaufmännisches Rechnen für be-
        rufliche Schulen 5. Auflage © Copyright 1988: Verlag H. Stam GmbH Köln
        S. 143 - Laufzeit von Zinsen
[4.3]   Jürgen Brück Mathematik für jedermann   © 2009 Compact Verlag München,
        S. 133 ff – Berechnung des Zinseszinses
[4.4]   Meyers kleine Enzyklopädie Mathematik 14., neue bearb. und erw. Auflage

hrsg. von Siegfried Gottwald ... - Mannheim ; Leipzig; Wien; Zürich: Meyers
Lexikonverl., 1995   S. 151 - Zinseszinsrechnung

[4.5]   SCHÜLER-DUDEN Die Mathematik I, 5., neu bearb. Aufl. – 1990,
        S. 519 – Zinsrechnung

[4.6]   Meyers kleine Enzyklopädie Mathematik 14., neue bearb. und erw. Auflage
        hrsg. von Siegfried Gottwald ... - Mannheim ; Leipzig; Wien; Zürich: Meyers
        Lexikonverl., 1995   S. 153 ff – Rentenrechnung

[4.7]   www.math.uni-kiel.de/didaktik/   - 2. Rentenrechnung

[4.8]   www.math.uni-kiel.de/didaktik/   - 3. Tilgung

[4.9]   Meyers kleine Enzyklopädie Mathematik 14., neue bearb. und erw. Auflage
        hrsg. von Siegfried Gottwald ... - Mannheim ; Leipzig; Wien; Zürich: Meyers
        Lexikonverl., 1995   S. 154 ff – Tilgung einer Anleihe

[4.10] Tilgung (Geldverkehr) - Wikipedia

[5.1.1] www.mathematik-lexikon.at/grundlagen/   - Längenmaß, Flächenmaß, Raummaß
        und Litermaße

[5.2.1] Jürgen Brück Mathematik für jedermann   © 2009 Compact Verlag München,
        S. 17 ff – Quadrat, Rechteck

[5.2.2] Jürgen Brück Mathematik für jedermann   © 2009 Compact Verlag München,
        S. 19 ff – Parallelogramm

[5.2.3] Jürgen Brück Mathematik für jedermann   © 2009 Compact Verlag München,
        S. 21 ff – Trapez

[5.2.4] Jürgen Brück Mathematik für jedermann   © 2009 Compact Verlag München,
        S. 9 ff – Dreieck

[5.2.5] Jürgen Brück Mathematik für jedermann   © 2009 Compact Verlag München,
        S. 23 ff – Kreis

[5.2.6] SCHÜLER-DUDEN Die Mathematik I, 5., neu bearb. Aufl. – 1990,
        S. 254 – Kreisring

[5.2.7] www.ivenacker-eichen.de/   - 1000-jährige Eichen

[5.3.1] Jürgen Brück Mathematik für jedermann   © 2009 Compact Verlag München,
        S. 71 ff - Der Würfel – ein ganz regelmäßiger Quader

[5.3.2] Jürgen Brück Mathematik für jedermann   © 2009 Compact Verlag München,
        S. 70 ff - Der Quader

[5.3.3] Jürgen Brück Mathematik für jedermann   © 2009 Compact Verlag München,
        S. 60 ff - Der Zylinder

[5.3.4] Meyers kleine Enzyklopädie Mathematik 14., neue bearb. und erw. Auflage
        hrsg. von Siegfried Gottwald ... - Mannheim ; Leipzig; Wien; Zürich: Meyers
        Lexikonverl., 1995   S. 207 – Hohlzylinder

[5.3.5] Jürgen Brück Mathematik für jedermann   © 2009 Compact Verlag München,
        S. 72 ff - Der Kegel

[5.3.6] Jürgen Brück Mathematik für jedermann   © 2009 Compact Verlag München,
        S. 75 ff - Der Kegelstumpf

[5.3.7] Jürgen Brück Mathematik für jedermann   © 2009 Compact Verlag München,
        S. 63 ff - Die Kugel

[5.4.1] SCHÜLER-DUDEN Die Mathematik I, 5., neu bearb. Aufl. – 1990,
        S. 388 – rechtwinkliges Dreieck

[5.4.2] SCHÜLER-DUDEN Die Mathematik I, 5., neu bearb. Aufl. – 1990,
        S. 370 ff – Pythagoras, Satz des Pythagoras

[5.4.3] SCHÜLER-DUDEN Die Mathematik I, 5., neu bearb. Aufl. – 1990,
S. 373 – pythagoreisches Zahlentripel

[5.4.4] SCHÜLER-DUDEN Die Mathematik I, 5., neu bearb. Aufl. – 1990,
S. 202 – Kathetensatz

[5.4.5] SCHÜLER-DUDEN Die Mathematik I, 5., neu bearb. Aufl. – 1990,
S. 181 –Höhensatz

[5.4.6] Meyers kleine Enzyklopädie Mathematik 14., neue bearb. und erw.
Auflage hrsg. von Siegfried Gottwald ... - Mannheim ; Leipzig; Wien; Zürich:
Meyers Lexikonverl., 1995   S. 182 ff – Strahlensätze

[6.1] SCHÜLER-DUDEN Die Mathematik I, 5., neu bearb. Aufl. – 1990,
S. 85 - Durchschnitt

[6.2] SCHÜLER-DUDEN Die Mathematik I, 5., neu bearb. Aufl. – 1990,
S. 300 ff - Mittelwert

[6.3] Jürgen Brück Mathematik für jedermann   © 2009 Compact Verlag München,
S. 334 ff - Das arithmetische Mittel

[6.4] Jürgen Brück Mathematik für jedermann   © 2009 Compact Verlag München,
S. 341 ff - Das geometrische Mittel

[6.5] Jürgen Brück Mathematik für jedermann   © 2009 Compact Verlag München,
S. 342 ff - Das harmonische Mittel

[6.6] Jürgen Brück Mathematik für jedermann   © 2009 Compact Verlag München,
S. 337 ff - Der Median

[6.7] 3Sat.online: Arm und reich – EU-Definition misst am mittleren Einkommen

[6.8] SCHÜLER-DUDEN Die Mathematik I, 5., neu bearb. Aufl. – 1990,
S. 298 ff - Mischungsrechnung

[7.1] Jürgen Brück Mathematik für jedermann   © 2009 Compact Verlag München,
S. 109 ff - Dreisatz

[7.2] SCHÜLER-DUDEN Die Mathematik I, 5., neu bearb. Aufl. – 1990,
S. 81 ff – Dreisatzrechnung

[8.1] SCHÜLER-DUDEN Die Mathematik I, 5., neu bearb. Aufl. – 1990,
S. 214 ff – Kombinatorik

[8.2] SCHÜLER-DUDEN Die Mathematik I, 5., neu bearb. Aufl. – 1990,
S. 105 – Fakultät

[8.3] SCHÜLER-DUDEN Die Mathematik I, 5., neu bearb. Aufl. – 1990,
S. 338 – Permutation

[8.4] Jürgen Brück Mathematik für jedermann   © 2009 Compact Verlag München,
S. 311 ff - Permutationen ohne Wiederholung

[8.5] Jürgen Brück Mathematik für jedermann   © 2009 Compact Verlag München,
S. 313 ff - Permutationen mit Wiederholung

[8.6] Jürgen Brück Mathematik für jedermann   © 2009 Compact Verlag München,
S. 319 ff - Kombinationen mit Wiederholung

[8.7] Jürgen Brück Mathematik für jedermann   © 2009 Compact Verlag München,
S. 316 ff - Kombinationen ohne Wiederholung

[8.8] Jürgen Brück Mathematik für jedermann   © 2009 Compact Verlag München,
S. 287 ff - Wahrscheinlichkeiten

[8.9]   Kjartan Poskitt Sagt die Null zur Acht: „Schicker Gürtel"
          Für die deutschsprachige Ausgabe: Copyright © 2011 Bastei Lübbe GmbH
          & Co. KG, Köln   S. 162 - Wahrscheinlichkeit - Pokerblätter

[9.1]   SCHÜLER-DUDEN Die Mathematik I, 5., neu bearb. Aufl. – 1990,
          S. 126, 268 – Funktion
[9.2]   Jürgen Brück Mathematik für jedermann   © 2009 Compact Verlag München,
          S. 144 ff - Lineare Funktionen
[9.3]   Meyers kleine Enzyklopädie Mathematik 14., neue bearb. und erw. Auflage
          hrsg. von Siegfried Gottwald ... - Mannheim ; Leipzig; Wien; Zürich: Meyers
          Lexikonverl., 1995 S. 123 - Lineare Funktionen
[9.4]   Jürgen Brück Mathematik für jedermann   © 2009 Compact Verlag München,
          S. 186 ff - Quadratische Funktionen
[9.5]   Meyers kleine Enzyklopädie Mathematik 14., neue bearb. und erw. Auflage
          hrsg. von Siegfried Gottwald ... - Mannheim ; Leipzig; Wien; Zürich: Meyers
          Lexikonverl., 1995 S. 124 ff - Quadratische Funktionen
[9.6]   SCHÜLER-DUDEN Die Mathematik I, 5., neu bearb. Aufl. – 1990,
          S. 350 ff – Potenzfunktion
[9.7]   Meyers kleine Enzyklopädie Mathematik 14., neue bearb. und erw. Auflage
          hrsg. von Siegfried Gottwald ... - Mannheim ; Leipzig; Wien; Zürich: Meyers
          Lexikonverl., 1995 S. 126 bis 128 - Kubische Funktionen, ...
[9.8]   Meyers kleine Enzyklopädie Mathematik 14., neue bearb. und erw. Auflage
          hrsg. von Siegfried Gottwald ... - Mannheim ; Leipzig; Wien; Zürich: Meyers
          Lexikonverl., 1995 S. 139 ff – Wurzelfunktionen
[9.9]   SCHÜLER-DUDEN Die Mathematik I, 5., neu bearb. Aufl. – 1990,
          S. 101 ff – Exponentialfunktion
[9.10]   Meyers kleine Enzyklopädie Mathematik 14., neue bearb. und erw. Auflage
          hrsg. von Siegfried Gottwald ... - Mannheim ; Leipzig; Wien; Zürich: Meyers
          Lexikonverl., 1995 S. 140 ff – Exponentialfunktionen
[9.11]   SCHÜLER-DUDEN Die Mathematik I, 5., neu bearb. Aufl. – 1990,
          S. 282 ff – Logarithmusfunktion
[9.12]   Meyers kleine Enzyklopädie Mathematik 14., neue bearb. und erw. Auflage
          hrsg. von Siegfried Gottwald ... - Mannheim ; Leipzig; Wien; Zürich: Meyers
          Lexikonverl., 1995 S. 142 – Logarithmische Funktionen
[9.13]   SCHÜLER-DUDEN Die Mathematik I, 5., neu bearb. Aufl. – 1990,
          S. 42 ff – Bogenmaß
[9.14]   Meyers kleine Enzyklopädie Mathematik 14., neue bearb. und erw. Auflage
          hrsg. von Siegfried Gottwald ... - Mannheim ; Leipzig; Wien; Zürich: Meyers
          Lexikonverl., 1995 S. 160 – Bogenmaß
[9.15]   SCHÜLER-DUDEN Die Mathematik I, 5., neu bearb. Aufl. – 1990,
          S. 446 ff – Trigonometrie
[9.16]   SCHÜLER-DUDEN Die Mathematik I, 5., neu bearb. Aufl. – 1990,   S. 449 ff –
          trigonometrische Funktionen